やりたいことから引ける！

ガンプラ テクニックバイブル

GUNPLA TECHNIC BIBLE

改造・ジオラマ編 ver.2.0

［監修］小西和行・瀬川たかし

JN004245

ようこそ、改造の世界へ！

基本的な組み立てや塗装の技術などを身につけ、
ガンプラづくりに慣れてきた。もっと凝ったものをつくれるようになりたい。
そう思ったら、「改造」へのステップアップのときだ。
自らの手で、世界に１つのガンプラを生み出していこう！

Introduction

ガンプラは自由だ。

ガンプラづくりは、今や世界中で愛好されるホビーとなっている。

ガンプラのコンテストや展示会が各地で開催され、
多くのガンプラモデラーたちが腕を競い合い、
アイデアと技術、そして情熱の結晶である作品を披露し合っている。

また、SNSで検索したり雑誌を読んだりするだけでも、
つくり込まれた緻密かつ高度な作品、思わず息をのむような美しい作品、
ド肝を抜かれるような大迫力の作品などがいくつも見つかる。

そんなガンプラを、自分でもつくってみたい。
思い浮かんだイメージを、目の前にあるガンプラでカタチにしてみたい。
もっと、とことんガンプラづくりを楽しめるようになりたい……！

そのためには、いったい何から始めればいいのだろう――。

本書は、そのような思いを抱える人たちの道しるべとなるべく、誕生した。
MISSION1改造編では、数ある改造テクニックを7カテゴリーに分類し、
それぞれ基本から応用、発展的なテクニックまで幅広く紹介している。
また、作品プランを練るための考え方やヒントも、たくさん取り上げている。

まだどんな作品をつくりたいのか、ぼんやりしている。
そんな状態でも構わない。
できることが増えれば、イメージやアイデアが広がりやすくなる。
まずは、できそうなテクニックから始めてみよう。

そして、できることを少しずつ増やし、試行錯誤を楽しみ、
充実したガンプラライフを送っていこう！

改造7つのカテゴリー

彫るDU（ディテールアップ）	スジボリを入れて、パネルラインなどを表現すること。	→P.76〜86
貼るDU（ディテールアップ）	装甲パーツを貼ったり、情報量の多いパーツに交換したりすること。	→P.87〜101
表面処理	ゲート処理、合わせ目消し、肉抜き穴埋めなどをしておくこと。	→P.102〜105
シャープ化	パーツの角やフチをとがらせ、全体を鋭い印象にしていくこと。	→P.106〜115
プロポーション変更	各部を大型化・小型化することで、姿形を変えること。	→P.116〜129
ミキシングビルド＆セミスクラッチ	別キットのパーツと組み合わせたり、オリジナルパーツをつくったりすること。	→P.130〜145
塗装等	ガンプラをすべて塗り替えたり、細部を塗り分けたりすること。	→P.146〜154

一歩ずつステップアップし、いつか最高のガンプラを！

「ENTRY GARDE νガンダム」を用い、「彫るDU」と「貼るDU」をメインに仕上げた3体。一歩ずつステップアップさせて、使うテクニックの難易度を高めた。

素組み

説明書通りに組み立てたもの。ガンプラはデザイン性に優れ、色分けもされているので、これで十分格好よい。だけど、説明書通りに組むだけでは物足りない、もっと工作を楽しみたいと思ったら、「改造」にチャレンジ。

1

ザ・ファーストチャレンジ！

スジボリツールが1本あればできるスジボリ（彫るDU）オンリーで、ガンプラの表面にオリジナルのデザインを設けていく。「はじめての改造」にうってつけ。
詳しくは→P.22

2

レベルアップしたワザを見せる！

スジボリに加え、市販されている追加パーツやデカールを貼ること（貼るDU）で、より豊富な情報をガンプラに加えた。材料は少し増えるが、工作は難しくない。
詳しくは→P.24

3

時間も技術も投入し、最高のガンプラを！

応用的なスジボリを行い、かつプラ板やプラ棒で自作したパーツを貼る。細部のつくり込み＆塗り分け、デカールの増量など、持てる技術を惜しみなく投入し、最高の一体に仕上げる。
詳しくは→P.26

とことんつくり込み、極限まで密度を高める!

何かしらのテーマを設け、とことんつくり込む。テーマを設けることで用いるべきテクニックが絞られ、作品としてのまとまりが生み出されていく!

ウェイブ・ライダーに可変するゼータガンダムには、航空機のイメージが似合う。全体をシャープにとがらせ、スジボリで各所にハッチを設け、小さく切り出したプラ板を貼って情報量を高めた。
詳しくは→P.40

航空機のイメージでつくり込む!

ベースキット
MG MS-006 Zガンダム Ver.2.0

やっぱり
メタルがカッコイイ!

モビルスーツは何かしらの
金属製。だから、ピカピカの
金属感を出したい。そこで
市販のメタルパーツを各所
に貼り、メタリック塗料で部
分的に塗装した。メタル部
分のメリハリが効いている!
詳しくは→P.42

ベースキット
HG MS-04 ブグ(ランバ・ラル機)

ベースキット
HGUC 1/144 ガンダムMK-Ⅱ(エゥーゴ仕様)

ガンプラは安全性への配慮
などから、パーツの角や先
端に丸みがある。やすりが
けで各部をとがらせ、面を
フラットに研ぎすますこと
により、シャープなシルエット
に!
詳しくは→P.44

ギリギリまで
シャープに研ぎすます!

※撮影角度の都合により、アクションベースの
一部を残して切り抜きを行っています。

己の理想の「カッコイイ」ににじり寄る!

アニメやコミック、設定画とガンプラで姿形が微妙に異なることがある。あるいは自分にとっての理想体型もあるだろう。そうした自分の「理想」のプロポーションにガンプラを改造する!

設定画の迫力を再現!

設定画に寄せるのは王道パターンの1つ。たとえば、このガンダムNT-1は設定画に比べるとスマートな印象なので、プラ板やパテで各部を大型化し、厚みを持たせた。
詳しくは→P.46

ベースキット
HGUC ガンダムNT-1

コミック作品の画風に寄せる!

コミック版『機動戦士ガンダム THE ORIGIN』で描かれたような、肉厚でたくましいプロポーションに!プラ板やパテで大型化したほか、部分的にMGのパーツをミキシングしている。
詳しくは→P.48

ベースキット
HG シャア専用ザクⅡ(THE ORIGIN)

見上げるような巨大さを感じられるジオングにしたい。HGUCとMGというスケールの異なるジオングをミキシングし、下半身や手を巨大化させた。スケールが違うのに、作品として見事にまとまる。意外性にあふれた良作!
詳しくは→P.58

2つのスケールを融合させる!

ベースキット
HGUC MSN-02 ジオング

イチからつくり
生み出すよろこび
を味わい尽くす！

改造の最大の楽しみは、「ないもの」を自らの手で
つくり出すことかもしれない。まだキット化されてい
ないモビルスーツでも、自分だけのオリジナル設定
のモビルスーツでも、改造テクニックを身につけれ
ば生み出すことができる！

ベースキットに別キットの
「HWS」と「Hi-ν」の武装を
ミキシングし、最強のνガン
ダムに。武装はネオジム磁
石で脱着可能にするなど、
アイデアが詰まった一作！
詳しくは→P.30

ベースキット
ENTRY GRADE νガンダム

武装全部盛りの
最強νガンダム！

存在しないガンプラを
自分の手で！

ジム・ライトアーマーは
MSVシリーズで人気の機
体だが、まだキット化されて
いない。そこで、ベースキッ
トに複数のジムをミキシング。
ミキシングビルドメインで、
ここまでできる！
詳しくは→P.52

懐かしくも
新しいデザインに！

ジム・キャノンもMSVで人
気の1つ。特徴的な右肩を
プラ板でセミスクラッチし
たのがポイント。改造テク
ニックを身につければ、設
定画やアニメで見たあの機
体を自分の手で再現できる
のだ。
詳しくは→P.54

とことん
可動性を高める！

リバイブシリーズ（→P.18）
は可動性に優れているが、
まだジムは発売されてい
ない。そこで、ベースキットと
「HGUC ジム」などをミキ
シングし、リバイブ版ジム
に！
詳しくは→P.50

ベースキット
HGUC 1/144 RX-78-2ガンダム

「どうすればいいの？」がすっきりわかる！
ガンプラ **Q** & **A**

「改造にチャレンジしてみたい」「ガンプラだけでなく、ジオラマもつくってみたい」けれど、「何を用意し、どこから始めればいいのかわからない」という人は少なくありません。そこで、ここでは改造＆ジオラマ入門者が感じる疑問に、1つずつ答えていきます。気になる悩みをすっきり解消して、さらなるガンプラライフを楽しみましょう。

▶ 「改造」をやってみたいけれど、どうすればいいのかわからない！

Q 改造って、たとえばどんなことをするの？

A パーツを削ったり、追加したりして格好よくします。

装甲パーツを追加したり、脚を長くしたり、胸板を厚くしてみたり、やり方はさまざまですが、自分好みに格好よくするのが「改造」です。いきなり高度な改造は難しいと思う人には、ガンプラの情報量を増やしていく「ディテールアップ」というやり方があります。改造の中でも難易度が低めで、たくさんの道具や材料を必要としないのでおすすめです。

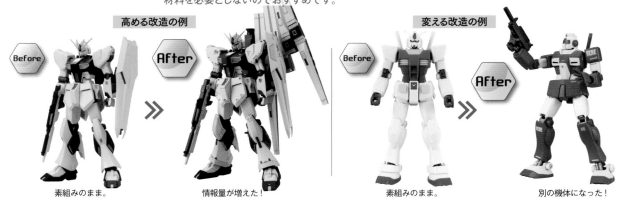

高める改造の例

Before 素組みのまま。 → After 情報量が増えた！

変える改造の例

Before 素組みのまま。 → After 別の機体になった！

Q 改造って、めちゃくちゃ時間がかかるんじゃないの？

A かんたんなものはやすり1本から、3分でできます！

改造は、手軽なものから難易度が高いものまで、さまざまなテクニックがあります。たとえば、「アンテナのシャープ化」（→P.108）などは、やすり1本でできます！　また、ハンドパーツを格好いいものにつけ替えるなど、ただパーツを取り替えるだけのテクニックも紹介しています。本書は各テクニックに難易度を表示していますので、自分ができそうなものからチャレンジしてみましょう。

Q 改造って、どこから着手すればいいの？

A 本書では、難易度別・テーマ別におすすめプランを紹介しています！

「ガンプラは自由だ！」、これは間違いありません。でもはじめてやる人にとっては、何かとっかかりはほしいものです。本書では、改造の考え方＆基礎知識からスタートし、おすすめプランを紹介しています（→P.22〜、P.40〜）。テーマ別の上級プランもあるので、それぞれのスキルややり込み具合に応じて、自分に合ったやり方を見つけられるでしょう。

Q 改造をしたら、塗装が必要なんでしょう？エアブラシはハードルが高くて腰が引けてしまうなぁ。

A 塗装せずに改造する方法もあります！

今はそのまま貼るだけでも十分見栄えがよくなるディテールアップパーツがあります。スジボリで凹モールドを入れる方法もあります。そうした方法を駆使すれば、エアブラシ塗装をせずとも見違える作品をつくれるでしょう。たとえば、「はじめてのディテールアップ」でつくったνガンダム（→P.22）は、塗装なしでつくったディテールアップ作品です。また、多少塗るくらいなら筆塗りでも十分カバーできますから、エアブラシ塗装にこだわる必要はありません。

無塗装でつくったνガンダムのディテールアップ作品。塗装なしで、ここまでの仕上がりに！

Q どのスケールやシリーズのキットを使うのがいいですか？

A ## 1/144のENTRY GRADEシリーズや HG/HGUCシリーズが入門におすすめです

HG/HGUCシリーズは組み立てやすく、ディテールもほどほどなので、改造のベースキットとして重宝します。ラインナップ数が非常に豊富で、共通の構造を持つキットもたくさんあるので、ミキシングビルド（→P.130）もしやすいです。ENTRY GRADEははじめての人でもかんたんにつくれるように、よりシンプルな構造となっており、かつディテールはさらに少なめなので、改造ビギナーの人にとくにおすすめです。安価なので、テクニックの練習として用いるのもよいでしょう。

▶「ジオラマ」をつくってみたいけど、どこから始めればいいのかわからない！

Q ジオラマは大がかりな印象があって、つくるのが大変そうです……。

A ## まずは「ヴィネット」から 始めてみるといいでしょう！

「ヴィネット」はガンプラ1体を置く程度のサイズでつくる、いわばミニジオラマです。ジオラマの一部分を切り取ったものといえます。比較的短い時間で完成させることができて、十分楽しめますし、テクニックの練習などにも最適です。

Q ジオラマって、道具や材料を集めるのにお金がかかるんじゃない？

A ## かんたんなものは数百円でできます！

いきなり大がかりなものをつくる必要はありません。ちょっとしたヴィネット（小サイズのジオラマ）なら比較的安い予算でつくることができます。今は100円ショップで買える材料もあるなど、安い素材が増えています。最初から欲張ってアレもコレもと買い揃えるのではなく、技術の向上に合わせて、徐々に道具や材料を増やしていけば、コストの負担感は小さくなるでしょう。

Q ジオラマって、どこから始めたらいいの？

A ## プランづくりから土台づくり、 つくり込みまで丁寧に解説します！

ジオラマには地面や樹木、建物、その他小物など、さまざまな要素が組み合わさるので、どこから着手すればいいのかわからない人も少なくありません。そこで、本書ではプランづくりから材料集め、さらには土台から情景をつくり込んでいく方法まで、ゼロから始められるように丁寧に解説しています。ガンプラジオラマに合うテクニックを多数掲載しているので、すぐにあなたのアイデアを形にできるでしょう。

Q ビルや工場などの建物ってどうやってつくるの？

A ## 鉄道模型の素材がおすすめです！

ガンプラは1/144スケールと1/100スケールが主流なので、主に1/150スケールの鉄道模型の素材が合います。とくにHGUC（1/144）とのサイズ感がぴったりなので、どんどん活用していきましょう。ウェザリングやダメージ表現を施せば、同じ完成品の素材でもメリハリをつけることができます。

鉄道模型用の建物を活かせば、市街地でも手軽につくれる！

Q どうすれば見応えのあるジオラマがつくれるの？

A ## その情景のストーリーを しっかりと考えましょう！

大切なのはジオラマのサイズではなく、ストーリーです。「場所はどこか」「平時か戦時か」「登場人物（ガンプラ）は何をしているところなのか」などの視点で考えてレイアウトすることで、小さな世界から多くの物語が伝わるジオラマになります。リアリティと臨場感、これを意識してプランを練りましょう。本書では、そのための考え方からテクニックまで、ひととおりの基本をレクチャーします（→P.162）。

7つのカテゴリーでわかる！改造テクニック集

本書では、改造で使われるテクニックを7つのカテゴリーに分類しました。まずはどんなテクニックがあるかを知り、やりたいものからチャレンジしてみてください。

彫るDU （ディテールアップ）

スジボリといって、ガンプラに凹モールドを彫り込むテクニックを用いてディテールアップするもの。彫り込むほどにメカらしさが増していく！

直線の凹モールドを組み合わせ、パネル分割を表現。情報量が増した！

貼るDU （ディテールアップ）

ガンプラに何かを貼ってプラスするディテールアップ。市販パーツを取りつけるものから、プラ板で自作して貼るものまで幅広いテクニックがある。

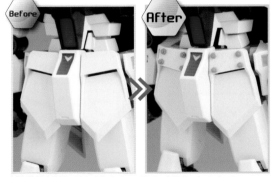

追加装甲を取りつけたようなイメージで、六角ボルトのディテールアップパーツをつけた。立体感や情報量が高まる。

表面処理

完成時の見栄えをよくするため、ゲート跡や合わせ目などを処理すること。地道な作業が多いので、求める完成度に応じてどこまでやるか決めよう。

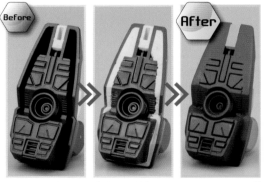

パテで肉抜き穴を埋めて塗装した。製造上、どうしてもあいてしまう箇所を埋めるテクニックだ。

シャープ化

ガンプラのフチをやすりなどで磨いて丸みをなくし、鋭くしていくテクニック。メカらしい精悍さを表現できる。

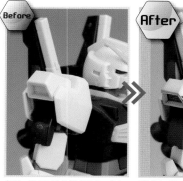

各パーツのフチを鋭く磨き、角（エッジ）を立てた！

プロポーション変更

ガンプラの部位やパーツを大型化／小型化することで、全体の姿形を変えるテクニック。

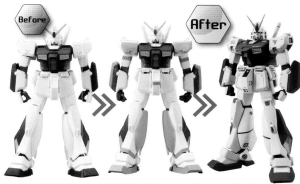

HGUC ガンダムNT-1を設定画に寄せて、プロポーション変更した！

ミキシングビルド&セミスクラッチ

複数のガンプラをミックスしたり、オリジナルの部位やパーツをつくったりして改造するテクニック。

ENTRY GRADE νガンダムをベースに、Hi-νの武装とHWSの装甲をミックスして、キット化されていない「Hi-ν×HWS」に！

塗装等

改造方法によっては、塗装が必要になる。また、色替えによって機体を変身させることも、1つの改造テクニックといえる。

ENTRY GRADE νガンダムを「陸戦型」というオリジナル設定で色替えした！

その他のテクニック

7つのカテゴリーには含まれない改造テクニックもある。一風変わったテクニックたちだ。

塗装によってマーキングラインを加えた！

本書の見方

本書は、ガンプラの改造やジオラマづくりに必要な道具や基本的な考え方とテクニックについて、写真とともにわかりやすく解説しています。それぞれの解説内容に合わせて、「基本 [キホン]」「道具 [ドウグ]」「テクニック」という3つのカテゴリーに分けてまとめました。初めて「ガンプラを改造してみよう」「ジオラマをつくりたい」という人から、「もっと改造やジオラマを極めたい」という人まで、幅広いガンプラ愛好家を対象とした最良のガンプラのテクニック本です。

テクニック

ガンプラの完成度を高めるためのテクニックを解説。
作業のポイントを理解してから、
各工程の手順を読んで内容を確認してください。

❻ レベル

各作業の目安として、「難易度」と「におい」について、それぞれ3段階で表示しています。

難易度

- **かんたん** ……… 初めて改造・ジオラマづくりをする場合でも、比較的すぐにできるもの。
- **ふつう** ……… 初めて改造・ジオラマづくりをする場合には、ある程度コツや準備が必要なもの。
- **むずかしい** ……… 初めて改造・ジオラマづくりをする場合には、少し難しいもの。

におい

- **しない** ……… ほとんどにおいがしないもの。
- **よわめ** ……… 本人が気にならないなら、どうということはない程度のにおい。
- **つよめ** ……… 周囲に迷惑がかかるレベルのにおい。家族や近隣などに配慮して、行うかどうか決める。

※方法や使用する塗料によって、発生するにおいの強さが異なるものは、2つ以上示しています。

❼ Before・After

作業前と作業後の写真を掲載。そのテクニックによって、どのような効果が得られるのかが一目でわかります。

❽ 使用する道具

そのテクニックで使用する主な道具を紹介。事前の準備に活用してください。

❾ 手順

そのテクニックの基本的な手順を解説。においに注意が必要な作業については、**よわめ**・**つよめ**・**つ/よ**マークで示しています。

- **よわめ** ……においが「よわめ」の工程。
- **つよめ** ……においが「つよめ」の工程。
- **つ/よ** ……においの強さは使用する塗料によって変わる工程。

---

❶ ❷ ❸

彫るDU① スジボリの基本

▶ スジボリとは、ラインチゼルなどのスジボリツールを用いて、パーツに凹モールドを彫り込んでいき、より緻密な部品の集合体に見せて情報量を高めるテクニック。まずは直線から練習するのがおすすめ。

▶ 複雑な形状のスジボリも基本パターンの組み合わせでできるし、専用のテンプレートを使う手もある（→P.83）。

ガンプラは設定よりも細かい部分が省略されています。本当は装甲板同士を貼り合わせたパネルラインやメンテナンス用のハッチがあるはずですし、取り付ける部分は別の部品になっているはずです。そうした装甲板や部品などが合わさるラインなどを表現するのがスジボリです。

スジボリはラインチゼルなど専用のスジボリツールを使って、凹モールドを彫っていくものです。まっさらなパーツに彫るのもいいですし、元からガンプラに入っている凹モールドと組み合わせて入れるのもよいでしょう。まずは練習も兼ねて、直線の凹モールドを彫るのがおすすめ。複雑な形状は直線の組み合わせでつくったり、専用のテンプレートなどを活用することで彫ったりすることができます。

実際の機械製品や上手な人の作例なども参考に、彫る場所と形状を決めて彫っていきましょう。

まっさらなボディやアーマーにスジボリを追加した。本物のメカのような複雑なパネル構成が表現できた。

もともとある凹モールド（下側の2つ）にぴったりなマイナスモールドを追加し、自然なディテールアップに。

スジボリはどこに彫るのか

モビルスーツは機械なので、必ず内部構造がある。そこがどんな構造になっているか、実際の機械製品などを見て考えてみよう。

①実在するメカからヒントを探る

パネルラインを見る	整備用のハッチを見る	装甲板のつなぎ方をイメージする	身近な乗り物を観察してみる
戦車はいくつかの金属板の集合体。どこで金属板が分割されているのか、パネルラインを見てみよう。	内部の部品等を整備するためのハッチがたくさんあるはず。ガンプラのどこが開きそうか、想像してみよう。	装甲板などを貼りつけるために、四方をボルトでとめていたり、鋲を撃つための穴があいていたりする。	近所で見られる乗り物も、おおいに参考になる。どんな形で組み立てられているか、実物を参考にしてみよう。

②ほかのキットを参考にする

RGのキットを見てみる	オリジン系は凹モールドが豊富
1/144で驚くべき精度さなので、RGシリーズのキット、実物や写真などを観てモールドを観察してみよう。	HGの中でも、「HG THE ORIGIN」シリーズは細かいモールドがたくさんついているのが特徴で、スジボリの参考になる。

プラスα モデラーの作品を参考にする

上級者の作品には、さまざまなテクニックが詰まっていて、見るだけでも大いに参考になる。たとえば、模型店に展示されているものやガンプラコンテストで入賞したもの、あるいは模型専門誌に載っているプロの作品などはお手本の宝庫だ。また、SNSで交流を深めるのもいい。上手な人のSNSをフォローすれば、参考になる画像にきっと出会えるだろうし、上級者の考え方ややり方を知ることができるかもしれない。

076

---

❻

難易度
かんたん
ふつう
むずかしい

におい
しない
よわめ
つよめ

彫るDU② スジボリで凹モールドをつくる① 直線

▶ スジボリの基本として、まずは直線の凹モールドを引いてみよう。

▶ ラインチゼルは刃先が凹型になっており、スジボリの幅を均一にしやすいので初心者にもおすすめ。

▶ 失敗したときは瞬間接着剤などで埋めて、やすりがけをしてきれいにリカバーできる。

❼

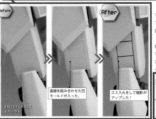

Before / After

直線を組み合わせた凹モールドが入った。

スミ入れをして撮影がアップした。

ENTRY GRADE
νガンダム

スジボリは自由に凹モールドを設けられるのが魅力ですが、いきなり曲線や複雑な形を入れるのは難しいものです。まずは直線とその組み合わせで、スジボリを練習しましょう。

上達のコツは3つ。下書きをすること、ガイドテープを使うこと、なでるように薄く何度も彫っていくこと。2～3回で彫り切ってしまうようでは、力が入りすぎています。薄く、薄く、丁寧にという気持ちを忘れず、じっくりと彫っていくのが成功の秘訣です。

❽ 使用する道具

- ・ガイドテープ
- ・デザインナイフ
- ・紙やすり（600番くらい）
- ・歯ブラシ
- ・スジボリツール（ラインチゼルがおすすめ。HGなら0.2mm刃）
- ・イージーサンディング（リカバー時）
- ・瞬間接着剤（リカバー時）
- ・シャープペンシル（方法①のみ）
- ・スミ入れペン

❾ 方法① ラインチゼルで直線を彫る

直線のスジボリを引くには、ラインチゼルとガイドテープがあればOK。コツは、一気に彫ろうとしないこと。何度もやさしくなぞって、少しずつスジボリを深くしていこう。

1 シャープペンシルで下書きする

スジボリを入れたいところに、シャープペンシルで下書き。シャープペンシルなら失敗してもかんたんに消せる。

2 ガイドテープを用意する

スジボリには、ガイドテープが必須。どんな形でも場所でも必ず使おう。硬い素材のテープがいい。

3 ガイドテープを貼る

ガイドテープをデザインナイフなどでほしい長さに切って、下書きに合わせて貼る。

プラスα ガイドテープは自作もできる

セロハンテープを3枚ほど重ねて貼り、デザインナイフでカットすればガイドテープとして使える。やわらかい素材のものはNG。

4 ラインチゼルでなぞる

ガイドテープに沿って、ラインチゼルでなぞるように彫っていく。薄紙を少しずつけずり取るようにやさしく。

5 紙やすりでフチを整える

スジボリをしたあとのフチはバリが立っていることがあるので、紙やすりでフチを整えると仕上がりがよくなる。

6 歯ブラシでクリーニングする

削りカスがスジの奥に残っていることがあるので、スミ入れがうまくできないなど、歯ブラシなどで丁寧にこすり取る。

7 完成

スジボリができあがった。仕上げにスミ入れをすると、凹モールドの陰影がより際立つ。

078

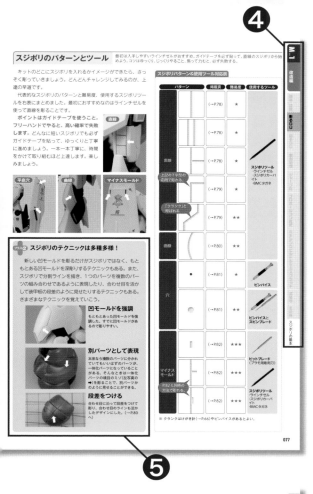

スジボリのパターンとツール

最初は入手しやすいラインチゼルがおすすめ。ガイドテープを必ず貼って、直線のスジボリから彫っていきましょう。コツはズバリ、じっくりやること。焦って力むと、必ず失敗する。

キットのどこにスジボリを入れるかイメージができたら、さっそく彫っていきましょう。どんどんチャレンジしてみるのが、上達の早道です。

代表的なスジボリのパターンと難易度、使用するスジボリツールを右表にまとめました。最初におすすめなのはラインチゼルを使って直線を彫ることです。

ポイントはガイドテープを貼ること。フリーハンドでやると、高い確率で失敗します。どんなに短いスジボリでも必ずガイドテープを貼って、ゆっくりと丁寧に進めましょう。一本一本丁寧に、時間をかけて取り組むほど上達します。楽しみましょう。

スジボリパターン&使用ツール対応表

パターン	掲載度	難易度	使用するツール
直線	(→P.78)	★	
	(→P.78)	★	
	(→P.78)	★	スジボリツール・ラインチゼル・スジボリカーバイト・BMCタガネ
	(→P.79)	★	
	(→P.79)	★★	
曲線	(→P.80)	★★	
穴	(→P.81)	★	ピンバイス
	(→P.81)	★★	ピンバイスとスピンブレード
	(→P.82)	★★★	ビットブレード(プラ板用彫刻刀)
マイナスモールド	(→P.82)	★★★	
	(→P.82)	★★★	スジボリツール・ラインチゼル・スジボリカーバイト・BMCタガネ

※クランクはけがき針(→P.66)やピンバイスがあるとよい。

プラスα スジボリのテクニックは多種多様!

新しい凹モールドを彫るだけがスジボリではなく、もともとある凹モールドを深彫りするテクニックもある。また、スジボリで分割ラインを描き、1つのパーツを複数のパーツの組み合わせであるように見せたり、パーツの項目をミゾ(凸字面の➡)を彫ることで、別パーツのように見せることができる。さまざまなテクニックを覚えていこう。

凹モールドを強調
もともとあった凹モールドを強調する。すでに凹モールドがあるので彫りやすい。

別パーツとして表現
本来なら複数のパーツに分割されていてもいいはずのパーツを、一体化パーツになっていることがある。そんなときはミゾを彫って一体化パーツの項目をミゾ(太字面の➡)を彫ることで、別パーツのように見せることができる。

段差をつける
合わせ目に沿って段差をつけて彫り、合わせ目のラインも活かしたデザインにした。(→P.80へ)

基本[キホン]

各テクニックの基本の考え方やポイントを解説しています。
事前に基本を押さえておくことで、実際の作業が
スムーズになります。

❶ ページのカテゴリー
本書は、主に「基本[キホン]」「道具[ドウグ]」「テクニック」という
3つのカテゴリーで構成されています。

❷ ダイジェスト
重要な内容を簡潔にまとめてあり、ここを読むだけでも各ページの
基本的な内容をつかむことができます。とくに大切な内容は、色文字
で示しています。

❸ 解説
各ページの内容を、わかりやすく説明。とくに大切な内容は、色文字
で示しています。

❹ インデックス
知りたい項目を探したいときは、インデックスを目印にしてください。

❺ さまざまな補足情報を掲載!
ちょっとしたコツや気をつけたいNG例などをピックアップして掲載。
次のものがあります。

 [プラスα]
ガンプラづくりに役立つちょっとしたコツを紹介。

 [NG]
失敗例、やってはいけないことなどを解説。

POINT [POINT]
その作業に関係するポイントやコツを解説。

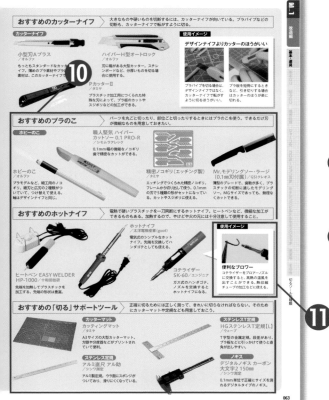

おすすめのカッターナイフ
大きなものや硬いものを切断するには、カッターナイフが向いている。プラパイプなどの切断も、カッターナイフで転がすように切る。

カッターナイフ

小型刃Aプラス／オルファ
もっともスタンダードなカッターナイフ。薄めのプラ板やプラ材の素材には、このカッターナイフ。

ハイパーH型オートロック／オルファ
刃に幅のある大型カッター。ステンレスのプラ板など、分厚いものを切る場合に使用する。

PカッターII／タミヤ
プラスチック加工用につくられた特殊なカッターナイフ。プラ板のカットやスジボリなどの加工ができる。

使用イメージ
デザインナイフよりカッターのほうがいい

プラパイプを切る場合はデザインナイフではなく、カッターナイフで転がすように切るといい。／プラ板を短冊状にするときなど、引きリする場合はカッターのほうが楽に切れる。

おすすめのプラのこ
パーツを丸ごと切ったり、部位ごとに切ったりするときはプラのこを使う。できるだけ刃が微細なものを用意したい。

ホビーのこ

ホビーのこ／オルファ
プラモデルなど、細工用のノコギリ。細いと広刃の2種類がついていて、つけ刃も同じ。

職人堅気 ハイパーカットソー 0.1 PRO-R／シモムラアレック
0.1mm幅の極薄なノコギリ歯で精密なカットができる。

精密ノコギリ(エッチング製)／タミヤ
エッチングでつくられた精密ノコギリ。フレームから切り出して使う。0.1mmの刃で5種類の形がセットになっている。ホットスジボリにも使える。

Mr.モデリングソー・ラージ(0.1mm刃付属)／GSIクレオス
薄型のブレードで、歯数が多く、プラスチックの切断に適したモデリングソー。MGサイズでも、無理なくカットできる。

おすすめのホットナイフ
電熱で硬いプラスチックを一刀両断にするホットナイフ。ヒートペンなど、繊細な加工ができるものもある。加熱するので、やけどや火の元には十分注意して使用すること。

ヒートペン EASY WELDER HP-1000／ウェーブ
先端を加熱してプラスチックを加工する。先端の形状は選べる。

ホットナイフ／太洋電機産業(goot)
電気式のシンプルなホットナイフ。先端を交換してハンダゴテとしても使える。

コテライザー SK-60／エンジニア
ガス式のハンダゴテ。ノズルを交換するとホットナイフになる。

使用イメージ
便利なブロワー
コテライザーをエアーノズルに交換すると、風が強く、熱収容に出すことができる。熱収容チューブの加工などに使える。

おすすめの「切る」サポートツール
正確に切るためには正しく測って、きれいに切らなければならない。そのためにカッターマットや定規なども用意しておこう。

カッティングマット
カッティングマット／タミヤ
A3サイズの大型カッターマット。方眼や分度器などもプリントされている。

ステンレス定規
アルミ直尺 アル助／シンワ測定
アルミ製定規。裏面にスポンジがついていて、滑りにくくなっている。

ステンレスT定規
HGステンレスT定規[L]／ウェーブ
T字型の金属定規。段差があり、プラ板などに引っかけて使うと直角が出しやすい。

ノギス
デジタルノギス カーボン 大文字2 150mm／シンワ測定
0.1mm単位で正確にサイズを測れるデジタルタイプのノギス。

道具[ドウグ]

ガンプラづくりに役立つ道具を紹介。
さまざまな道具を活用することで、
作業効率やキットの完成度を高めることができます。

❿ おすすめの道具
初心者でも扱いやすいもの、作業効率が高まるものなど、おすすめ
の道具を紹介。道具選びに迷ったら、この中から選ぶとよいでしょう。
「テクニック」と同様の意味で、においが発生する道具には「においア
イコン＝ つよめ ほどほど ひかえ 」を示しています。

⓫ 使用イメージ
各道具の基本的な使いみちや使い方を解説。正しく使用しないと、
ガンプラづくりに支障をきたすだけでなく、思わぬケガなどの原因に
なることもありますので、注意しましょう。

※Before/Afterの写真の間には、そこで解説しているテクニック以外に「塗装」「スミ入れ」などを施している場合があります。
※「使用する道具」には、そのページで紹介しているテクニックに必要なもののみ掲載しています。たとえば、Afterの写真で塗装やスミ入れなどが施されていても、それに必要な道具は掲載していません。
※「使用する道具」の「塗装セット」とは、「エアブラシ、缶スプレー、塗装用筆、使用する塗料、使用する溶剤、塗料皿、調色スティック」など、塗装に必要な道具一式を指します。

Contents

※※本書は、原則として2023年11月現在の情報に基づいています。紹介しているキットやツールは販売終了になることがありますので、ご了承ください。

改造したい人のための ガンプララインナップ！

ガンプラの歴史は長く、たくさんのシリーズが展開されています。
ここでは、その中から改造するにあたっておすすめのシリーズをピックアップして紹介します。
自分のつくりたい作品、やってみたい改造テクニックに合ったガンプラを選びましょう。

改造の入門にぴったり！

ラインナップが豊富で
改造の定番！

ENTRY GRADE

エントリーグレード

▶ ENTRY GRADE RX-78-2 ガンダム

はじめてガンプラをつくる人でも、かんたんにつくれるようにと設計
されたシリーズ。シンプルなディテールながら、色分けはしっかりし
ている。スケールは1/144。現時点でのラインナップは多くない。

おすすめポイント
- 凹モールドがさほど多くないので、彫るDU（→P.76〜86）、貼るDU（→P.87〜101）の練習にピッタリ！
- 構造がかんたんなので、セミスクラッチ（→P.138〜145）やミキシングビルド（→P.130〜137）の練習にも使える！
- 値段が安価。

HG/HGUC

ハイグレード／ハイグレードユーシー

▶ HGUC 1/144 RX-78-2 ガンダム

1/144スケールで展開されるシリーズで、キット数は全シリーズ最多。
ディテールはほどほどで、改造のベースキットとして使いやすい。同
じ構造のキットが多くラインナップされており、ミキシングビルドも
しやすい。

おすすめポイント
- キット数が多く、選択肢が豊富！
- シンプルな構造で組み立てやすい！
- 手ごろなサイズでつくりやすい！
- 同じ構造のキットが多く、ミキシングビルドもしやすい！

プラスα ENTRY GRADEから始めよう

　ENTRY GRADEは組み立てやすく、デザイ
ンや構造がシンプルなので、ディテールアップ
やプロポーション変更、ミキシングビルド、セ
ミスクラッチなどで幅広く活用しやすい。安価
なので、テクニックの練習に使ってもいいだろ
う。また、HG/HGUCシリーズと同じ1/144
なので、パーツの流用などもしやすい。はじめ
て改造にチャレンジする人におすすめだ。

プラスα より洗練された HGリバイブシリーズ

　ガンダムやガンキャノン、ザク、グフなど
定番の人気モビルスーツが、最新技術で生まれ
変わったものが2015年から発売されている
「HGリバイブ（新生）」シリーズだ。プロポー
ションは従来のHG/HGUCに比べて細身だが、関
節可動域が広く、よりさまざまなポージングが
可能。組み立てやすさも向上しているので、はじ
めてHG/HGUCをつくる人におすすめ。

Q&A RGは改造に使える？

RGは ENTRY GRADE や HG/HGUC と同じ 1/144 スケールでありながら、MG や PG に匹敵する緻密なディテールが詰め込まれたものだ。パーツがかなり細かいので工作の難易度が高く、ディテールアップをしなくても情報量満点なので、改造のベースとしてはあまり使われない。ただし、HG/HGUC をベースにしたミキシングビルドや、一部のパーツを流用したディテールアップに活用するケースはある。また、HG/HGUC のディテールアップ時の参考にしてもいいだろう。

▶ RG 1/144 RX-78-2 ガンダム

プラスα その他のラインナップもチェック！

PG

1/60 というビッグスケールのガンプラ。パーツ数は非常に多く、価格も高いので上級者でも改造のベースにはなかなかしない。ディテールの観察には◎。

▶ PG 1/60 RX-78-2 ガンダム

旧キット

HG/HGUC よりも前に発売されていたキットの総称。今でも売られている。設計が古いので最新のキットに比べるとつくるのは大変だが、HG 化されていない機体もあるので、ミキシングの素材に使われることがある。改造の余地が非常に広く、愛好する上級者は多い。

▶ 1/100 RX-78-2 ガンダム

MG

マスターグレード

圧倒的迫力の 1/100スケール！

1/100 スケールで展開されるシリーズ。部品数も多く、ディテールやパーツの密度が高い。全体の作業量が多いので改造の難易度は高いが、パーツが大きい分、細かい表現をしやすいメリットがある。ラインナップはHG/HGUC よりは少ない。

▶ MG 1/100 RX-78-2
ガンダム Ver.3.0

おすすめ
ポイント

● 完成時の迫力は、HG/HGUC の比ではない！
● パーツが大きい分、より細かな表現が可能！

ディテールに優れるオリジンシリーズ

『機動戦士ガンダム』をリメイクした「THE ORIGIN」に登場する機体をガンプラ化したものが、「HG THE ORIGIN」シリーズだ。ほかの HG/HGUC に比べて、劇中のモビルスーツさながらに細かいディテールが再現されている。ディテールアップのベースや、凹モールドの追加箇所の参考にしよう。

はじめての改造なら発売年が新しいキットで

ガンプラの技術は年々進化している。20年前に発売されたものと、最新のものではだいぶ構造や色分けが変化している。とくにパーツ構成の面では、合わせ目が目立つところに出にくくなっていたり、塗装後でも組み立てしやすい設計になっていたりする。はじめて改造にチャレンジする人は、発売年が新しいキットを使うといいだろう。

ガンプラ改造プランをチェック

▶ ガンプラづくりは自由で、改造方法は数限りない。しかし、自由すぎると何から始めたらいいのか迷うもの。そこで本書では、テクニックの難易度などに応じて選べる5プランを用意した。

▶ P.40〜61にも、さまざまなテーマで作品プランを紹介している。改造プランづくりの参考にしよう。

ガンプラは自由です。素組みでそのまま完成させるのも楽しいですが、**本書ではそこにひと手間もふた手間も加えて、オリジナルの作品に仕上げる方法を解説していきます。**そうした改造のテクニックは数限りなくあり、あまりにも自由すぎて最初のうちは何か始めればよいか迷ってしまうかもしれません。

そこで本書では、**テクニックの難易度などに応じて選べる5つのプランを用意しました。**

P.22〜31で紹介する5つのプランを参考に、自分に合いそうなものを見つけて参考にしてみてください。少しずつ使えるテクニックなどを増やし、楽しんでいきましょう。

前面

Before

背面

ENTRY GRADE νガンダム

ベースキット紹介

νガンダムは劇場版『機動戦士ガンダム 逆襲のシャア』の主人公機。ENTRY GRADEははじめての人でも、気軽に組み立てられるキットとして発売されたシリーズである。ニッパーがなくてもパーツが切り離せるタッチゲートを採用し、細かく色分けされていて、素組みでもほぼ設定通りのカラーリングとなる。武装はビームライフルとシールドが付属している。

5つのプランでベースキットとするのは、「ENTRY GRADE νガンダム」。初心者でも約60分ほどでサクッと組み立てられて、ほぼ完璧な色分けで劇中さながらのポージングが楽しめる良キットです。肩アーマー、腰アーマー、ひざからスネの装甲など、各部ともモールドの少ないデザインで、まるでまっさらなキャンバスのよう。どの改造テクニックを用いるにせよ、手軽かつやりがいのあるキットといえます。

難易度&テクニック別
5つのプラン

P.22〜31で詳しく紹介する5つのプランについて、概要とポイントをまとめました。プラン探しの参考にしてみてください。

プラン1
はじめての
ディテールアップ

詳しくは→ P.22-23

**ザ・ファースト
チャレンジ！**

かんたん	★★★★☆
満足	★★★☆☆
コスパ	★★★★★

ラインチゼル1本でバッチリ仕上げる、スジボリをメインにしたプラン。改造ビギナーにおすすめ。休日1日で完成できる手軽さも魅力。まずは、やってみよう。

プランのPOINT！
・ラインチゼル1本あればOK！
・かんたんなテクニックの積み重ねで完成できる！
・お手軽だけど、お気に入りの1体に！

プラン2
ステップアップ
ディテールアップ

詳しくは→ P.24-25

**レベルアップした
ワザを見せる！**

かんたん	★★★☆☆
満足	★★★★☆
向上心	★★★★★

スジボリに加えて、貼るDUや塗装などを施し、より情報量を高めるプラン。いろいろなテクニックやツールを試してみたいセカンドステップモデラーにおすすめ。

プランのPOINT！
・スジボリだけでなく、貼るDUなど幅広いテクニックを試せる！
・塗装を施せば、本格的な仕上がりになる！

プラン3
とことん本気で
ディテールアップ

詳しくは→ P.26-27

**時間をかけて
最高の1作を！**

かんたん	★★☆☆☆
満足	★★★★★
探究心	★★★★★

彫るDU、貼るDU、シャープ化、塗装など技術を注ぎ込んで、とことんディテールアップしてみたい人向け。人生最高のガンプラを生み出してほしい。

プランのPOINT！
・あらゆるDUテクニックを総動員する！
・細部まで、こだわって仕上げる！
・シャープ化やミキシングビルド、セミスクラッチなども一部に用いて抜群の完成度に！

プラン4
福岡立像にプロ
ポーション変更

詳しくは→ P.28-29

**福岡立像が
あなたの手元に！**

かんたん	★★☆☆☆
満足	★★★★★
模写力	★★★★★

福岡にあるνガンダム立像にプロポーションを寄せるプラン。ちょっと似ているだけでは満足できない人におすすめ。究極にそっくりな一体をつくり上げよう。

プランのPOINT！
・理想のプロポーションにこだわってつくり上げる！
・事前にしっかり観察することが完成への道！
・さまざまなテクニックの応用力が求められる！

プラン5
完全武装
νガンダム

詳しくは→ P.30-31

**Hi-ν+HWS全部
盛りで大満足！**

かんたん	★★☆☆☆
満足	★★★★★
贅沢度	★★★★★

ミキシングビルドで、最強の完全武装νガンダムを組み上げるプラン。複数のキットをミックスして、1機に凝縮した改造プランだ。完成したら全パーツを並べて飾りたい。

プランのPOINT！
・複数のキットを組み合わせてつくる、ミキシングビルドが軸！
・どのパーツを組み合わせるのか、取りつけ箇所はどうするのかが思案のポイント！

プランの見方

こんな人におすすめ！
ここに書かれていることに当てはまるかも、と思ったら内容をチェックしてみよう。

作業の目安
完成までに要する時間（目安）、塗装の範囲、作業で生じるにおいの程度、用いられるテクニックの難易度などを表示している。

基本説明
このプランの基本的な内容と、ポイントを解説しています。

基本チャート
完成までのおおまかな作業の流れを示している。順番が前後できない工程はとくに注意して、作業計画を立てていこう。

お好みでトッピング！
このプランに加えることができるテクニックを取り上げています。お好みで自由に取り入れましょう。

用意するアイテム／KEY ITEM
このプランで使われる主な材料や道具を掲載。とくに重要なものは、「KEY ITEM」として表示している。

作品&見どころ紹介
作品の全体写真と、主な見どころをピックアップしている。気になるところをよく見て、自分の作品に取り込んでみよう。

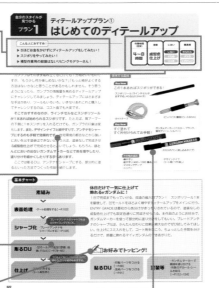

ディテールアッププラン①
はじめてのディテールアップ

こんな人におすすめ！

▶ さほどお金をかけずにディテールアップをしてみたい！

▶ スジボリをやってみたい！

▶ 模型作業用の部屋はないリビングモデラーさん！

作業時間（目安）	塗装	におい	難易度
4〜8時間	成型色仕上げ	しない / よわめ / つよめ	かんたん / ふつう / むずかしい

ガンプラはそのまま組み立てるだけでも十分格好いいものですが、「もう少し何か楽しめないかな？」「もっと格好よくする方法はないかな」と思うことがあるかもしれません。そう思うようになったら、ガンプラの情報量を高めるディテールアップにチャレンジしてみましょう。ディテールアップにはさまざまな手法があり、ツールもいろいろ。いきなりあれこれと購入してチャレンジするのは、コスト面でも大変です。

そこでおすすめなのが、ラインチゼルなどスジボリツールが1本あれば始められるスジボリです。たとえば、肩アーマーの下側に1本スジボリを入れるだけでも、ガンプラの印象は変化します。**また、デザインナイフと紙やすりで、アンテナをシャープにするのも手軽で効果的です。**自宅環境の都合などから強いにおいを出す塗装はできないという人は、塗装なしで完成させる**成型色仕上げ**で完成させるとよいでしょう。もちろん、**ほとんどにおいの出ないガンダムマーカーなどで色を増やしたり、塗り分けを細かくしたりする手もあります。**

ここでは彫るDU、アンテナをシャープにする、部分的に塗るといった方法でつくった作品を紹介します。

使用する道具

Key Item

この1本あればスジボリができる！

・スジボリツール（ラインチゼルがおすすめ。HGなら0.2mm刃）

・ガイドテープ

・ピンバイス（直径0.5〜0.8mm）

Key Item

すぐ塗れてすぐ片付けられてお手軽！

・ガンダムマーカー（イエロー、ブラック、蛍光グリーン、シルバー）

・スミ入れペン（流し込みタイプ）

その他の道具

・棒やすり
・紙やすり（400〜1000番あたり）
・マスキングテープ
・ニッパー
・デザインナイフ
・コート剤（つや消し）

基本チャート

休日だけで一気に仕上げて飾れるvガンダムに！

1日で完成までもっていける、改造の超入門プラン！ スジボリツール1本を駆使して、凹モールドをほどよく増やすディテールアップをメインに行う。ENTRY GRADEは最初から色分けがきっちりされているので、塗装なしの成型色仕上げでも設定色通りに完成させられる。本作品のようにお好みで、ガンダムマーカーを使って部分的に塗り分けをしてもいい。ブレードアンテナのシャープ化は、かんたんなわりに効果は絶大なのでぜひ試してみてほしい。仕上げにスミ入れをして、コート剤を吹こう。ちょっとした手間をかけるだけで、部屋に飾れるマイvガンダムのできあがりだ。

素組み

表面処理 ・ゲート処理をする [→P.103]

ブレードアンテナのシャープ化はどのタイミングでもOK。

シャープ化 ・ブレードアンテナをシャープにする [→P.108]

彫るDU ・凹モールドの追加（直線、曲線、穴など）[→P.78〜86]

ゴミをよく落としてから仕上げに進もう。洗浄するのもおすすめ。

お好みでトッピング！

仕上げ ・スミ入れをする ・コート剤を吹く

貼るDU ・市販パーツをつける [→P.88] ・流用パーツをつける [→P.91]

塗装等 ・ガンダムマーカーで細部を塗り分ける ・市販のデカール・シールを貼る [→P.152〜154]

はじめての改造におすすめ！
スジボリメインのお手軽コース

ENTRY GRADE νガンダムをベースに、スジボリツールとピンバイスなどを用いて、ごくかんたんなスジボリテクニックだけでつくった作品。成型色を活かし、ちょっとした細部の塗り分けとデカール貼り、スミ入れを行い、つや消しのコート剤を吹いて仕上げている。じっくりと取り組んでも半日あれば完成させられる、ファーストステップに最適なプランだ。

各部にスミ入れ

各部にスミ入れを施し、立体感や陰影を強調させた。

**スジボリで
凹モールドを追加**

肩アーマーにスジボリを1本入れた（→ P.78）。より細かいパーツ構成に見えて情報量がアップ！

**ブレードアンテナを
シャープに**

ブレードアンテナの出っ張りを薄刃ニッパーでカットし、デザインナイフと紙やすりでとがらせた（→ P.108）。シャープさが増した！

**ピンバイスで
凹モールドを追加**

肩アーマーや腰の角などにピンバイスで穴をあけた（→ P.81）。とめ具を打つ箇所のような演出で、メカらしさをより醸し出せる。

**細部をガンダムマーカー
で塗り分け**

腰パーツ裏の一部をブラック系で、バーニアをシルバー系で塗った。ガンダムマーカーなら、手軽に色数を増やせる。

**左右対称にスジボリを
入れた**

左右対称のスジボリは、プラ板でテンプレートを自作して彫った（→ P.85）。自作のテンプレートは、スジボリの自由度が高まるおすすめテクニックだ。

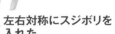

**曲線のスジボリを
入れた**

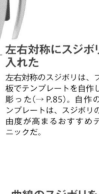

曲線のスジボリは、下書きした線をガイドテープに転写する方法で入れた（→ P.80）。

▲ENTRY GRADE νガンダム

ディテールアッププラン②
ステップアップディテールアップ

こんな人におすすめ！

▶ パーツやデカールなど、市販のアイテムを使ってよりハイディテールの
ガンプラをつくりたい。

▶ じっくりと手間をかけて、1つの作品を仕上げたい。

作業時間 （目安）	塗装	におい	難易度
15 **時間**	**全塗装**	しない よわめ つよめ	かんたん ふつう むずかしい

「ガンプラづくりに慣れてきた」「ある程度、お金をかけても
いい」「環境的に筆やエアブラシなどを使った塗装もできる」と
いう人におすすめのプランを紹介します。

　まずは、貼るだけで情報量をアップできる**ディテールアップ
パーツ**（→ P.74）やデカールの活用です。さまざまな種類のも
のが市販されているので、使いたいものを選んで購入しましょ
う。また、他キットからパーツやデカールを流用するのもいい
でしょう。

　塗装に関して、筆は準備や片づけの面で考えれば、エアブラ
シよりも手軽です。ただし、広い面をムラなく塗るには相応の
技術が求められます。エアブラシが使えるなら、ガンダムマー
カーや筆に比べて広範囲をきれいに塗ったり、自由に調色して
塗ったりできます。**部分的に塗り替えるのもいいし、全塗装す
るものあります**。ツールとテクニックを駆使していきましょう。

使用する道具

Key Item

使いたいものを選んで
貼るだけ！

流用パーツ
市販パーツ

流用デカール
市販デカール

その他の道具
・スジボリツール（ラインチゼルが
おすすめ。HGなら0.2mm刃）
・紙やすり（400〜1000 番あたり）
・マスキングテープ
・ニッパー
・デザインナイフ
・ピンバイス
・スピンブレード
・コート剤（つや消し）
・スチロール系接着剤
・パテ
・塗装セット

基本チャート

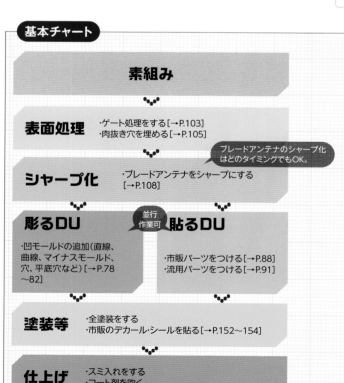

素組み

表面処理
・ゲート処理をする[→P.103]
・肉抜き穴を埋める[→P.105]

ブレードアンテナのシャープ化
はどのタイミングでもOK。

シャープ化
・ブレードアンテナをシャープにする
[→P.108]

彫るDU
・凹モールドの追加（直線、
曲線、マイナスモールド、
穴、平底穴など）[→P.78
〜82]

並行
作業可

貼るDU
・市販パーツをつける[→P.88]
・流用パーツをつける[→P.91]

塗装等
・全塗装をする
・市販のデカール・シールを貼る[→P.152〜154]

仕上げ
・スミ入れをする
・コート剤を吹く

素材を活かして
さらに高度なディテールアップを！

プラン1から一歩進んだ、ステップアッププラン。彫る
DUに加えて、市販のディテールアップパーツや他キッ
トから流用したパーツなどを貼り、全塗装も行って、よ
り完成度を高める。市販パーツをつけるのは、基本的に
パーツを接着剤で貼るだけなので決して難しくはない。
スジボリはさらに工夫をして、元からあるモールドを活
かしながらスジボリを増やしていくと、自然かつまとま
りのあるディテールアップを行うことができる。設定色
のままで全体を塗り替えれば、より高い完成度に仕上げ
ることができる。

✎ **お好みでトッピング！**

シャープ化
・ボディをシャープにする[→P.110]
・各部の先端をシャープにする[→P.112]

より複合的なスジボリと DUパーツ貼りで情報量アップ！

ディテールアッププラン①から、用いるスジボリテクニックの幅を広げ、元からある凹モールドやパーツの形状に合わせて拡張するようにスジボリを入れた。市販のディテールアップパーツも取りつけ、デカールも複合的に貼ることで、一層の情報量アップを行っている。成型色と同じ配色（設定色）ながら、全塗装を行い、質感を高めているのもポイント。

市販デカールで ロゴなどを表現

腰アーマーに英文字や注意書きなどの市販デカール（→P.153）を組み合わせて貼り、本物のプロダクトらしく見せている。

マイナスモールドを 入れた

マイナス記号のような短い直線のマイナスモールド（→P.82）を肩アーマーに入れた。もともとのモールドとの相性もいいので、使いやすいテクニックだ。

首元に流用パーツを 貼った

別キットのパーツを流用して、首元に接着した（→P.156）。顔まわりの迫力が高まった。

シールドに 平底穴を設けた

ピンバイスで穴をあけ、スピンブレードで底を平らにするのが平底穴（→P.81）。ここではマイナスモールドと組み合わせており、装甲の分厚いシールドなどによく似合う。

市販パーツを貼った

腰アーマーの左右にピンバイスで穴をあけて、市販のモールドパーツを埋め込んだ。装甲板のとめ具というイメージだ。

▲ENTRY GRADE νガンダム

ディテールアッププラン③
とことん本気でディテールアップ

こんな人におすすめ！

▶ プラ板を使ってオリジナルパーツをつくって貼りたい。

▶ 難しいテクニックにチャレンジし、とことんレベルアップしたい。

▶ 人に「いいね！」「すごい！」といわれる作品をつくりたい。

作業時間（目安）	塗装	におい	難易度
30〜40時間	全塗装	しない／よわめ／つよめ	かんたん／ふつう／むずかしい

ひと通りディテープアップのテクニックに触れて、経験も積んで上達していくと、持てる技術をすべて注ぎ込んで最高の1体をつくりたいと思うものです。

「見るからにすごい」というオーラを感じる作品は何が違うのか。それは、かけた情熱の量です。手間をかけた時間の多さです。作業時間は人それぞれですが、すごい作品は例外なく、時間も手間もかかっています。

たとえば、肩アーマー1つだけなら、ものすごく細かくディテールアップをすることはできそうです。それが反対側もとなると？　全身となると？　そうした地道な作業を積み重ねた先に、思い出に残るあなたのベストの作品が待っています。

ここで紹介する作品では、P.22〜25で取り上げたテクニックに加え、**プラ板やプラ棒でオリジナルのディテールアップパーツをつくって貼る方法**も盛り込んでいます。市販のディテールアップパーツだけでは、自分の好み通りのものがつくれないという場合に、プラ板やプラ棒でディテールアップパーツを自作して貼るのです。表現の幅が格段に広がるテクニックなので、ぜひ挑戦してみてください。

使用する道具

Key Item
ディテールアップパーツを自作できる！

プラ棒

プラ板

Key Item
使いたいものを選んで貼るだけ！

流用デカール
市販デカール

その他の道具
・スジボリツール（ラインチゼルがおすすめ。HGなら0.2mm刃）
・紙やすり（400〜1000番あたり）
・マスキングテープ
・ニッパー
・デザインナイフ
・コート剤（つや消し）
・スチロール系接着剤
・パテ
・塗装セット

基本チャート

素組み

表面処理
・ゲート処理をする[→P.103]
・合わせ目消し[→P.104]
・肉抜き穴を埋める[→P.105]

シャープ化
・ブレードアンテナをシャープにする[→P.108]
・ボディをシャープ化する[→P.110]

ミキシングビルド
・武装やパーツを移植する

彫るDU
・凹モールドの追加（直線、曲線、マイナスモールド、穴、平底穴など）[→P.78〜82]

並行作業可

貼るDU
・市販パーツをつける[→P.88]
・プラ板でつくったチップを貼る[→P.95]
・プラ板でつくったパーツを貼る[→P.96]
・プラ棒でつくったパーツを貼る[→P.97]

塗装等
・全塗装をする
・市販のデカール・シールを貼る[→P.152〜154]

仕上げ
・スミ入れをする
・コート剤を吹く

持てるテクニックをつぎ込み、最高のDU作品に！

シンプルなENTRY GRADEのキットを、自分の手でとことんディテールアップして至高の「作品」に仕上げるプラン。表面処理から丁寧に行い、ボディ各部をシャープ化し、その上にスジボリやディテールアップパーツ貼りなどを加える。とくに貼るDUでは、プラ板やプラ棒でパーツを自作して貼ることで、より緻密かつ自由度の高いディテールアップが可能になる。加えて、追加したい武装はHGUCのキットから移植する。そうした作業を繰り返した先に、最高峰のガンプラが待っている。

お好みでトッピング！

シャープ化
・各部の先端をシャープにする[→P.112]
・面出しをする[→P.114]

セミスクラッチ
・プラ板を貼りつける[→P.140]
・箱組みをする[→P.144]

創意工夫と緻密な技術を
惜しむことなく詰め込んだ！

時間も予算もテクニックも無制限で、どこまでENTRY GRADEをディテールアップできるかにチャレンジした作品。表面のスジボリをあえて控えめにし、胸のフィンや肩のセンサー、スラスターなどを構造から再構築するなど、ENRTRY GRADEがゆえに省略されている箇所の情報量を大幅にプラスしている。創意工夫と緻密な技術が詰め込まれた、最高クラスのνガンダムに仕上がった。

胸の上のセンサーを
プラ板で作成

胸の上にあるセンサー部分をカットし、プラ板でつくり直した。自作すれば、より自分の理想に近いディテールにできる。

フィンファンネルは
HGUCから！

ENTRY GRADEに付属していないフィンファンネルは、「HGUC RX-93 ν ガンダム」から流用した。スジボリなどを加えて、本体との情報量を揃えている。

胸のフィンを
プラ板で構築

胸の排気ダクトのフィンを全部くり抜いて、プラ板を貼り重ねてつくり直した。胸部の主張がより強くなった。

ひざの下側まで
つくり込む！

ひざ下のスラスターを下までカットして大型化し、内部パーツを自作して埋め込んでいる。

肩アーマーに
プラ板を貼った

肩アーマーにあるスラスターをくり抜いて、重ねたプラ板をカットして貼った。情報量と立体感がアップ。

プラ板で
スラスターを作成

スラスターを完全にくり抜いて、プラ板を重ねて貼った。内側もメカらしく、パネルを取りつけている。

▲ENTRY GRADE νガンダム

027

プロポーション変更プラン
福岡立像にプロポーション変更

▶ 設定画などのプロポーションに近づけたい。
▶ 自分の理想のプロポーションに変えたい。
▶ 自由にガンプラのプロポーションを変えられるようにしたい。

作業時間（目安）	塗装	におい	難易度
30時間	全塗装	しない / よわめ / つよめ	かんたん / ふつう / むずかしい

部位やパーツを大型化（太く、長く）したり、小型化（細く、短く）したりすることで、ガンプラの姿形を変えることをプロポーション変更（改修）といいます。キットのデザインは、必ずしも設定画やアニメの中の姿のままではありません。たとえば、福岡にあるνガンダム立像は、1/1スケールだからこそ細かいディテールまでつくり込まれていますし、プロポーションもガンプラとはやや異なります。まったく同じガンプラがほしいと思ったら、プロポーション変更の出番です。

プロポーション変更のコツは、とにかく目指すものと手元のガンプラを比較してよく見ること。何がどう違うのかを理解することが第一歩です。プロポーション変更では、パーツの切削や延長など、難易度の高いテクニックが求められます。そうした技術を身につければ、ガンプラづくりの自由度がさらに高まることでしょう。

使用する道具

Key Item

ない部分は自分でつくる！

エポキシパテ

ラッカーパテ

プラ板

プラ棒

その他の道具
・流用＆市販パーツ
・流用＆市販デカール
・スジボリツール（ラインチゼルがおすすめ。HGなら0.2mm刃）
・紙やすり（400〜1000番あたり）
・マスキングテープ
・ニッパー
・デザインナイフ
・コート剤（つや消し）
・スチロール系接着剤
・塗装セット

基本チャート

素組み

表面処理
・ゲート処理をする[→P.103]
・合わせ目消し[→P.104]
・肉抜き穴を埋める[→P.105]

シャープ化
・ブレードアンテナをシャープにする[→P.108]

プロポーション変更
・パーツの小型化、大型化を行う[→P.120〜127]
・パーツの分割、再構築を行う
・パーツの形状を変更する

塗装等
・全塗装をする
・市販のデカール・シールを貼る[→P.152〜154]

仕上げ
・スミ入れをする
・コート剤を吹く

1/1立像のど迫力を手のひらサイズに再現！

福岡にある1/1（実物大）のνガンダム立像（実物の写真は→P.116）に寄せるプラン。実物サイズというだけあって、立像は細部まで細かくデザインされている。肩や足首など、元のデザインから大きくアレンジされた箇所も数多くあるのが特徴だ。νガンダム立像と今回ベースにするENTRY GRADEと見比べると、けっこう違っているのがわかる。そこで、パーツの大型化・小型化、パーツの分割・再構成、パーツの形状など、プロポーション変更のテクニックを駆使していく。

プロポーション変更の主なポイントをチェック！

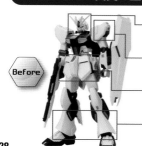

Before

頭部の形状を変更

肩のパーツ構成を変更

腰回りの形状を変更

スネ下側のパーツ構成を変更

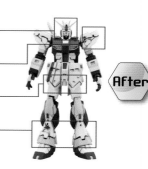

After

プロポーション変更の醍醐味！
福岡立像にどこまで寄せられるか

福岡限定のキットは、福岡立像に寄せたデカールが付属する以外は、従来の「ENTRY GRADE νガンダム」の成型色違いであるために、福岡立像のデザインが細部まで反映されているわけではない。こうしたことが改造モデラーの楽しみどころで、肩や腰、脚などのパーツに大胆に手を入れてプロポーション変更を行い、福岡立像に寄せた。手首パーツも改造して、実物に近い雰囲気を醸し出している。

ひさしの先端を削り
目つきを調整した

目の上のひさし部分の先端を削ってとがらせて、福岡立像の目つきに寄せている。頭部はちょっとした変更でも、大きく印象が変わる。

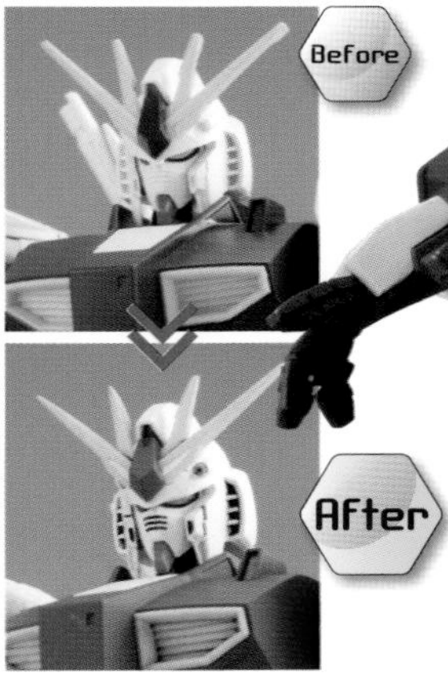

Before

After

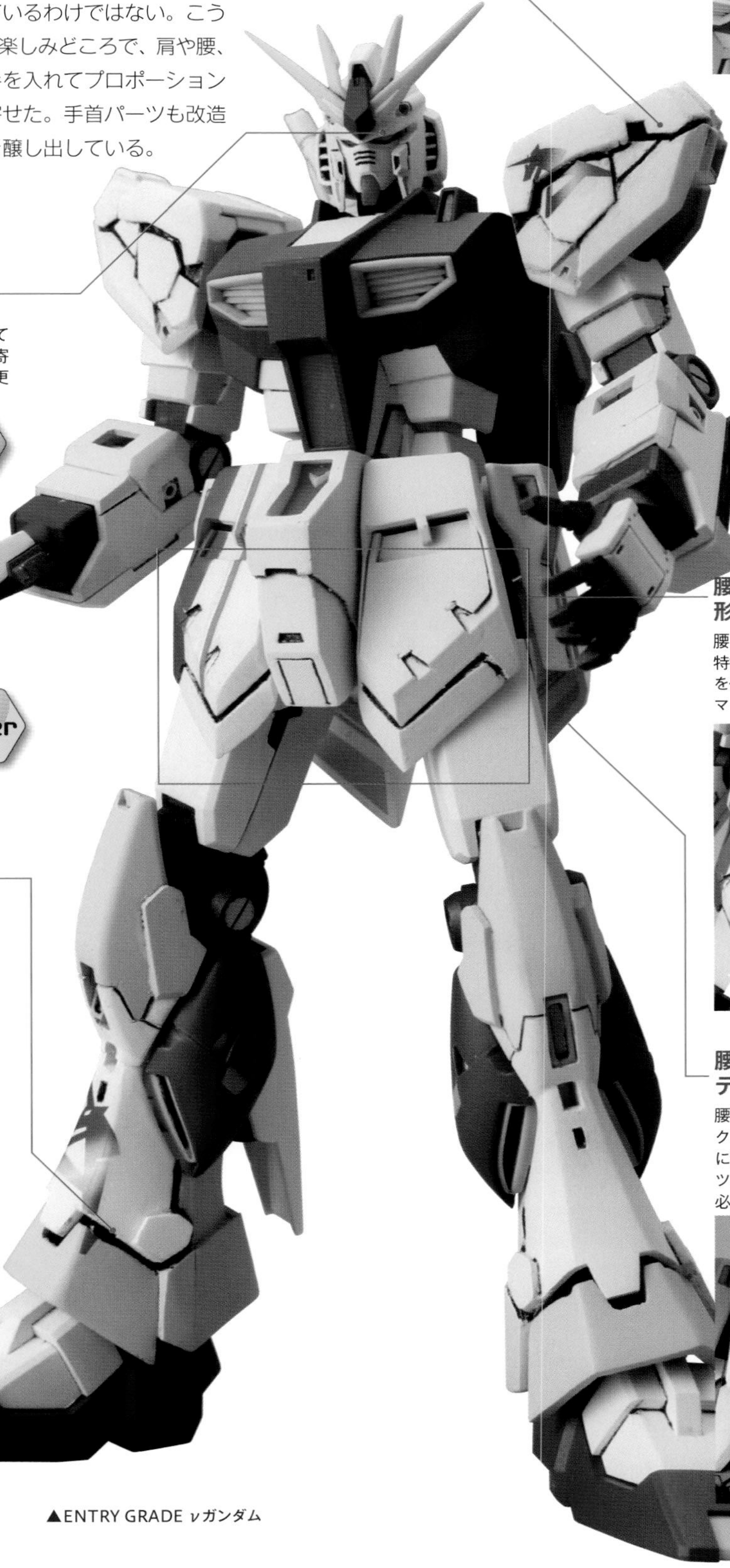

スネアーマーの
パネル分割を変更

スネアーマーの下端は細かいパーツに分割されている。スネアーマーの下部を切り離し、ウラ側でつないで組み合わせた。

肩アーマーの
パネル分割を変更

福岡立像の肩アーマーは、細かい部品に分かれて構成されている。そこで、パーツを細かく分割してから、プラ板を加え、ウラ側でつないで組み合わせた。

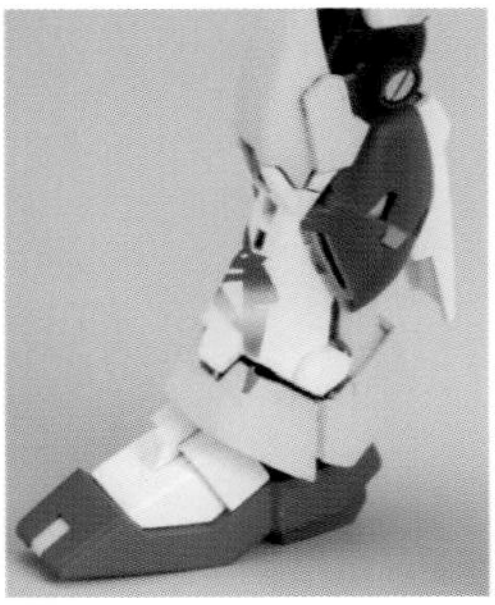

腰パーツの
形状を変更

腰アーマーの中央の形状はとくに特徴的なところで、プラ板とパテを使って形状を変更した。腰アーマー下部はだいぶ厚みを増した。

腰リアアーマーの
デザインを調整

腰リアアーマーの赤い部分を、スクエア形から福岡立像と同じ台形に変更した。赤いパーツと白いパーツの両方を、左右対称に加工する必要があり、難易度の高い作業だ。

▲ENTRY GRADE νガンダム

自分のスタイルが見つかる

プラン5

ミキシングビルドによる改造プラン
完全武装νガンダム

こんな人におすすめ！

▶ 自分だけのオリジナル作品をつくりたい。

▶ キット化されていない機体をつくりたい。

▶ ミキシングビルドのテクニックを身につけたい。

作業時間（目安）	塗装	におい	難易度
24時間	全塗装	しない / よわめ / **つよめ**	かんたん / **ふつう** / むずかしい

情報量を高めるためのディテールアップとは別に、**新たなるパーツを自作するセミスクラッチ**や、**複数のキットを組み合わせて1つのガンプラにするミキシングビルド**というテクニックを用いて、ガンプラを「改造」することができます。

改造のアプローチ方法はさまざまですが、たとえば①**キット化されていないガンプラをつくる、②自分の考えたオリジナルの機体にする、③設定やリアリティも無視した奇抜なガンプラをつくる**、などが考えられます。

いずれの場合も上記のセミスクラッチやミキシングビルドの積み重ね、組み合わせです。もちろん、ディテールアップやプロポーション変更を盛り込んでもいいでしょう。

ミキシングビルドやセミスクラッチのテクニックを身につければ、ガンプラづくりの幅が格段に広がります。

使用する道具

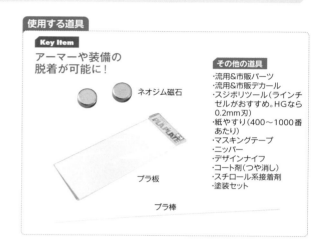

Key Item
アーマーや装備の脱着が可能に！

ネオジム磁石

プラ板

プラ棒

その他の道具
・流用&市販パーツ
・流用&市販デカール
・スジボリツール（ラインチゼルがおすすめ。HGなら0.2mm刃）
・紙やすり（400～1000番あたり）
・マスキングテープ
・ニッパー
・デザインナイフ
・コート剤（つや消し）
・スチロール系接着剤
・塗装セット

基本チャート

素組み
⌄⌄⌄

表面処理
・ゲート処理をする［→P.103］
・合わせ目消し［→P.104］
・肉抜き穴を埋める［→P.105］
⌄⌄⌄

シャープ化・ブレードアンテナをシャープにする［→P.108］
⌄⌄⌄

ミキシングビルド
・部位を組み替え、移植する［→P.132～137］
・移植パーツを取りつける［→P.134］
⌄⌄⌄

塗装等
・全塗装をする
・市販のデカール・シールを貼る［→P.152～154］

> **仕上げ**
・スミ入れをする
・コート剤を吹く

ENTRY GRADEから最強のνガンダムを完成させる！

複数のキットを組み合わせて、1つのガンプラをつくるミキシングビルドを軸にして、完全武装のνガンダムをつくるプランだ。ENTRY GRADEのνガンダムには付属されていないフィンファンネルのほか、強化型の設定であるHWSやHi-νガンダムなどの武装をすべて盛りつける。ただ取りつけるのでは芸がないので、ネオジム磁石を使い、全武装取り外しできる形にした。最高のプレイバリューも実現したプランだ。

ミキシングビルドの主なポイントをチェック！

Before

バックパック取付部を改造して取り外し可能に

胸アーマーはウラ面も構築して取り外し可能に

腰アーマーを改造して取り外し可能に

脚部追加武装を移植して取り外し可能に

After

武装全部盛りの最強のνガンダムに！

「ENTRY GRADE νガンダム」をベースにして、「HGUC νガンダムHWS」と「HGUC Hi-νガンダム」をミキシングして、「武装全部盛り」νガンダムを実現した作品。単なるパーツ交換ではなく、全武装が着脱可能になるようにしている。HGUC版とENTRY GRADE版のνガンダムはよく似ているが、アーマー装着のために細部まで加工調整を念入りに行ったほか、取り外し状態での展示も考えて武装のウラ面までしっかりとつくり込んでいる。

デカールをアレンジして「らしさ」を演出！

キット化されていないので専用のデカールはない。そこで別のνガンダムのキットのデカールを流用＆アレンジして、専用のデザインのように「らしく」仕上げた。

全武装を取り外し可能に！

ミキシングに用いた2キット分の豊富な追加アーマーと武装はすべて取り外し式にした。多くのパーツはネオジム磁石を仕込んでいるので、かんたんに装着できる。

ウラ面までしっかりとディテールアップ

各アーマーや武装は取り外しを前提に、本来は見えないウラ側まで、プラ板を貼りつけたり、細かく塗装したりしてきちんとつくり込んでいる。

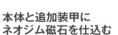

本体と追加装甲にネオジム磁石を仕込む

本体胸部の内側と追加装甲の内側に、それぞれネオジム磁石を仕込んでおり、ここがくっつくしくみ。ネオジム磁石の上にディテールを施して塗装すると、そういうデザインの装甲として見せることができる。

▲ENTRY GRADE νガンダム

＼まずはこれだけ！／
キーワードで知る★改造の世界

ガンプラに限らず、模型づくりにおいてはさまざまな専門用語が飛びかいます。ここでは、そうした専門用語のうち、本書でよく用いられるキーワードをピックアップしました。気になる用語はチェックしておきましょう。

改造
キットを説明書にはない方法で加工して、完成させること。スジボリやパーツ貼り、全身のプロポーション変更、ミキシングビルドやセミスクラッチまでさまざま。

彫るDU

ディテール
「細部」「詳細」を意味する言葉。ガンプラでは、主に表面などに細かく表現されたメカニカルなデザインやマーキング（注意書き）などのことをいう。

ディテールアップ
手を入れてディテールを増やし、より緻密な外観にすること。本書では、「DU」とも表記する。

モールド
プラモデルの表面にある、立体的な凹凸の総称。もとは鋳型や金型を意味する言葉だが、転じてプラモデルの表面に刻まれたディテールを指すようになった。加えて、追加で彫られたスジボリや貼りつけたパーツも含めてモールドと呼んでいる。表面に対して飛び出しているものを「凸モールド」、凹んでいるものを「凹モールド」と呼ぶ。

スジボリ
凹モールドをパーツ表面に彫ること、または彫られた凹モールドのこと。ラインチゼルやタガネなどの工具を用いて、パーツの表面を薄く彫り、パネルラインなどを表現する。

白化
プラスチックに一定以上の圧力がかかるといくつもの細かなヒビが入り、白く見える現象。パーツのカット、スジボリ、やすりがけなどによって発生する。白化が生じる作業をする場合、原則として塗装が必要。ただし、ガンダムマーカーで塗って見えにくくする方法もある。

貼るDU

市販パーツ
一般販売されている部品。本書ではガンプラ専用のものに限らず、模型全般で販売されているパーツの総称として用いる。プラスチック製のものが多いが、金属製のものもある。

ジャンクパーツ／流用パーツ
ジャンクパーツとは、キットの完成までに使わなかったパーツのこと。「余剰パーツ」ともいう。似た言葉に、流用パーツがある。流用パーツはミキシングビルドなどのために、ほかのキットからパーツ取りをする場合にいう。

プラ板、プラ棒
プラスチック製の板・棒で、切り出し、加工してさまざまな改造素材として活用できる。さまざまな厚みとサイズがあるので、用途に応じて選ぼう。

表面処理

素組み
塗装や改造をしないで、説明書通りにキットを組み立てたもの。プラモデル全体では塗装も含めて素組みというが、ガンプラは塗装なしでも完成度が高いので、塗装なしで完成させる場合も素組みと呼ぶようになった。「パチ組み」ともいう。塗装や改造をするために、ダボ切りなどをしていったん組み立てることを、「仮組み」と呼ぶこともある。

表面処理
ゲート処理やパーティングライン消し、合わせ目消し、肉抜き穴埋めなど、プラモデルの表面を整える作業全般のこと。表面処理の精度次第で、完成時の身栄えが変わる。

ゲート処理
パーツをランナーから切り離した跡（ゲート跡）を、デザインナイフや紙やすりなどできれいに整えること。ゲートとは、プラスチック成型材がランナーからパーツに流れ込む入り口になっている部分のこと。

シャープ化

シャープ化
パーツやディテールの角やフチを、紙やすりなどで研いで鋭角にすること。輪郭をはっきりさせ、精密さを感じられるようにするテクニック。

プロポーション変更

プロポーション
本来は割合や比率を表す英語だが、ここではガンプラの体型のバランスを指す言葉。各部の長さや厚み、全体バランスなどを変えるテクニックをプロポーション変更という。

工作
模型を加工する作業全般を指す。とくに基本の組み立てに対して、改造として追加する加工についていう。基本的に塗装は含まない。

パテ
造形用の材料。やわらかい状態で成型し、乾燥硬化させる。ペースト状のものから粘土状のものまで、さまざまな性質のものがある。模型用にはラッカーパテ、ポリエステルパテ、エポキシパテ、瞬間パテなどが使用される。

設定画
アニメを製作する際に、作画の元としてメカニカルデザイナーが描く画稿のこと。ガンプラもこの画稿を元につくられるが、製造過程や組み立てやすさなどの理由から、まったく同じにはなっていないことが多い。

ミキシングビルド＆セミスクラッチ

ミキシングビルド
複数のキットを組み合わせて、1つの作品に仕上げること。ミキシングともいう。武装のみを借用することや、一部のパーツを流用するだけでもよい。とくに2つのキットを、1つに組み合わせることを「ニコイチ」と呼ぶこともある。

セミスクラッチ
一部のパーツをプラ棒やパテで自作して改造すること。スクラッチは、もともと「ひっかく」「削る」という意味で、木片や粘土から削り出して模型を製作していたことに由来する。一部だけ自作する「セミスクラッチ」に対し、作品まるごと自作することを「フルスクラッチ」という。

塗装等

成型色
キットのプラ素材そのものの色。ガンプラは色分けが細かく、塗装せずとも完成度が高い。塗装しないで仕上げることを、「成型色仕上げ」と呼ぶこともある。

デカール
模様や標識などの文字や記号、部隊マークなどを転写するシートのこと。元はシールも含めた貼りつけるものの総称だが、主に「水転写デカール」（水に浸してから貼りつけるもの）を指すことが多い。

スミ入れ
凹モールドや凹みを黒色などに塗装して、影のように見せるテクニック。スミ入れ専用のガンダムマーカーで描く、塗料を流し込むなどの方法がある。塗装のあとで行うことが多いので、水性塗料で塗装した場合は油彩系のスミ入れ塗料を使うなど、性質の異なる塗料を使うことで塗膜を侵さないようにする。なお本書では、「仕上げ」の一環として扱うこともある。

MISSION
1
改造編

本書では改造を
①貼るディテールアップ（DU）、②彫るディテールアップ（DU）、
③表面処理、④シャープ化、⑤プロポーション変更、
⑥ミキシングビルド＆セミスクラッチ、⑦塗装等という
7つのカテゴリーに分けて解説します。
好きなテクニックにチャレンジしてOKですが、
初心者の方は①②のディテールアップから
スタートするのがおすすめです。

改造プランの考え方

▶ ガンプラの改造アプローチは大きく分けて、高める方向性と変える方向性の２つがある。
▶ 改造プランを立てるにあたり、キットそのもの、作品、テクニックの３つを知ることが大切だ。
▶ 本書では、改造テクニックを７つのカテゴリーに分けて紹介する。

ガンプラづくりは自由に楽しんでいいものですが、いきなり「自由にやろう！」といわれても戸惑うかもしれません。そこで、ここでは改造プランのイメージを膨らませるための考え方やヒントを紹介していきます。

まず、改造のアプローチ方法には大きく分けて、高める方向性と変える方向性の２種類があります。

高める方向性は、ベースとなるガンプラの設定は変えずに情報量を高めるディテールアップなどを行うことです。

一方、変える方向性は、「陸戦型に変える」「特定のキャラクターの専用機に変える」「オリジナル設定の機体に変える」など、ベースとなるガンプラの設定から変えていくものです。

自由に楽しむための足がかりとして、こうした改造の基本的な考え方を押さえていきましょう。

２つの改造アプローチ

改造には、高める方向性と変える方向性がある。この２つが両立されることもよくある。この２つの方向性を踏まえ、改造プランを練っていこう。

改造には、大きく分けて２つの方向性があります。

１つめは、高める方向性です。具体的には、各部の情報量を高め、より精密で凝ったディテールにすることをいいます。

２つめは、変える方向性です。ベースとなるガンプラとは異なる設定の機体に変貌させるアプローチです。公式設定があるものやアニメに登場するものをつくるのもよいですし、自分だけのオリジナル設定のガンプラをつくっても楽しいでしょう。

２つのアプローチは完全に分離したものではなく、両立されることもあります。その両立の度合いは、作品によってさまざまです。まずはこの２つの方向性を知り、どんな改造プランにしていくのか、イメージを膨らませていきましょう。

素組みで完成させたもの。十分格好よいが、さらに自分だけのガンプラに仕上げていきたいと思ったら、改造の世界に足を踏み出してみよう。

高める方向性

元の設定は変えずに、ディテールアップやプロポーション変更を行うアプローチ。全体の情報量を高め、作品としての完成度を上げる改造といえる。

ディテールアップ

ディテールアップ

ディテールアップ

▼はじめてのディテールアップ

全身にほどよくスジボリを入れた作品。スジボリツールとガイドテープがあればできるので、はじめて改造に取り組む人におすすめ。ていねいな作業の積み重ねで、見栄えは大きく変わる。
→P.22

◀ステップアップ
ディテールアップ

スジボリに加えて、ディテールアップパーツやシール・デカールを貼ったプラン。テクニック自体はわりとかんたんなので、材料費をある程度かけられるならぜひやってみよう。
→P.24

▶とことん本気で
ディテールアップ

プラ板やプラ棒を使ったディテールアップ。塗装など、あらゆるディテールアップテクニックを盛り込んだ作品。時間も技術も惜しまずに投入し、最高の１体を完成させよう。
→P.26

高める方向性 作品としての完成度を高める改造

高める方向性では、スジボリや追加パーツ貼りをしたり（ディテールアップ→P.76〜101）、ガンプラの姿形を変更したり（プロポーション変更→P.116〜129）するテクニックなどを用います。ガンプラのデザインは必ずしも細部まで設定通りに再現されているとは限りませんし、実在する機械製品や兵器などとのギャップもあります。

そうしたガンプラでは「省略」や「変更」された細部のつくり込みを行うことで、全体の情報量を増やして、おおもとの設定に近づけたり、メカらしさを高めたりしていくのです。ガンプラの密度を上げ、完成度をアップさせましょう。

「高める方向性」のアプローチ	●彫るディテールアップ（→P.76〜） ●貼るディテールアップ（→P.87〜） ●シャープ化（→P.106〜） ●プロポーション変更（→P.116〜） ●細部塗装やマーキング（→P.146〜）

変える方向性 キットを別の機体に変える改造

変える方向性では、別のキットからパーツをもってきたり（ミキシングビルド→P.130〜137）、プラ板などでオリジナルのパーツをつくったり（セミスクラッチ→P.138〜145）といったテクニックを用います。高める方向性に比べて、基本的に難易度は高めです。ほかには、まるごと塗り替えることで、誰かの専用機にしたり、陸戦型や水陸両用などオリジナル設定の機体としたりというアイデアもあります。

アニメやゲームに登場してまだキット化はされていない機体、旧キットにしかない機体、自分の考えたオリジナルの機体など、自分のほしいガンプラを自分の手でつくり上げていきましょう。

「変える方向性」のアプローチ	●ミキシングビルド（→P.130〜） ●セミスクラッチ（→P.138〜） ●別のカラーリングに塗り替える（→P.60）

変える方向性

ベースとなるガンプラから、別の機体に変えるアプローチ。設定にある機体をつくってもいいし、自分で考えたオリジナルの機体をつくるのもありだ。

設定にある別の機体にする

▶完全武装νガンダム
「ENTRY GARADE νガンダム」をベースに、別キットのパーツを組み合わせるミキシングビルドで、完全武装のνガンダムへと進化させた作品。全武装・装甲は着脱式になっている。
→P.30

プロポーション変更

オリジナルの機体にする

▶塗装によってオリジナルの機体に！
「もしνガンダムを陸戦仕様で配備したら？」という発想のもと、ミキシングビルドやセミスクラッチといった高度なテクニックは使わずに、塗装や「貼るDU」だけでオリジナルの機体をつくった作品。
→P.60

◀福岡立像にプロポーション変更
福岡にあるνガンダム立像に細かいところまで寄せた作品。ガンプラの姿形を変えるプロポーション変更を軸としたものだ。目標とするものとガンプラを、よく見比べることが大事。
→P.28

キットを知ろう

ガンプラにはキットによって共通する点、似ている点、異なる点がある。そうしたキットそのものの情報を知ることから、ガンプラの改造が始まる。

まずは、ガンプラのキットそのものを知りましょう。改造のベースとするガンプラを入手してもいいですし、雑誌やウェブサイト、SNSの情報を読んでもいいでしょう。実際にガンプラを入手して素組みをしてみるのもあり、です。

どのくらいのサイズなのか、パーツ数は多いのか少ないのか、組み立ては難しいのか。また、ディテールが細かいのか、シンプルなのかも改造していくにあたって重要なポイントです。

さまざまなガンプラについて知っていくと、それぞれのバックボーンがわかってきます。たとえば、同じシリーズや同時期に発売されたキットは、構造に共通点が見られることが多いと気づきます。同型でバージョンの異なる機体は、先行して発売されているキットの成型色を変えたり、追加パーツをつけたりして発売されていることもよくあります。**それらの場合は、パーツの交換などがかんたんにできて便利です。**

このようにキットについて詳しく知っておけば、いざ改造を考えるときの引き出しが増え、アイデアが広がりやすくなります。

説明書には、パーツの形状や構造について詳細に記されている。公式サイトなどでチェックすることもできる。

実際にキットを手に入れて、パーツを確認するのが一番確実なチェック方法だ。

キットを知る	
●雑誌を読む。 ●ウェブサイトを見る。 ●SNSを見る。 ●ガンプラを組み立てる。	●改造すべきポイントはどこかが、見えてくるかもしれない ●つくろうとしたキットが、実はすでに商品化されていると判明するかもしれない ●構造上の共通点が見つかり、かんたんにパーツの流用ができるかもしれない ●リサーチする前よりも、よいプランが思い浮かぶかもしれない

素組みしたキットをじっくりと眺めながら、改造プランを考えるのもいい。とても楽しい時間だ。

多くのキットを知ると、共通するパーツなどがだんだんわかってくる。

作品を知ろう

ガンダムを知らなくても、ガンプラはつくれる。しかし、知っていればもっと深く、楽しくつくれるし、ガンプラ作品の説得力も増すだろう。

必ずしもガンダム作品を熟知していなくても、ガンプラを改造することはできます。**しかし、もしどう改造しようかと悩むなら、作品を見てその機体がどんな活躍をするか知るとよいでしょう。**作品を見たことで、「戦車のようなイメージに感じたから、戦車風にディテールアップしてみよう」「キットにはない武装を使っていたから、それをつくって追加したい」などのアイデアが出てくるかもしれません。あるいは、「連邦軍のあの時期に登場した機体だから、劇中にはなかったけれど、この武装をしていてもおかしくないかも」など、説得力のある自己流の設定が思い浮かぶかもしれません。

そうした設定を度外視して、自由な発想でつくるのももちろんOKです。**いずれにせよ、作品に関する知識は、作品がもたらす説得力につながります。**ガンプラづくりのためにアニメ作品を見ても、まったく損はないでしょう。

『機動戦士ガンダム 逆襲のシャア』より。νガンダムの初登場シーン。工場で出荷を待つところ。メカらしさが演出できる名場面だ。

『機動武道伝Gガンダム』より。ネオオランダ代表ネーデルガンダム。同作は多数のガンダムが登場するが、キット化されてないものが多い。

『機動戦士ガンダム 第08MS小隊』より。現地改修型など、その機体が運用されたシチュエーションを決めて、改造プランを練るのもいい。

『ガンダムビルドファイターズトライ』より。自由な発想で改造されたガンプラが多数登場する「ビルド系」はアイデアの宝庫だ。ぜひチェックしたい。

作品を知る	
●テレビや配信、劇場などでアニメ作品を見る。 ●コミック作品を読む。 ●設定資料集を読む。 ●ネットで検索する。	●活躍シーンなどを見ることで、機体のイメージがつかめる ●知らなかった設定に気づける ●設定を崩さない改造プランを考えられる ●説得力のある「IF」が思い浮かびやすくなる ●キットへの愛着が増す

テクニックを知ろう

本書では、数多ある改造テクニックを7つのカテゴリーに分類。自分のやりたいもの、できそうなものを見つけてチャレンジしてみよう。

　ガンプラを知り、作品を知ったら、どんな改造をしたいかイメージが具体的になっている人もいるかもしれません。そこで**大事になるのが、どのようにそのプランを実現するのか、つまり改造のテクニックを知ることです。**

　プラモデルの改造は多くのモデラーが研究し続けており、確立されたテクニックがたくさんあります。**やりたいこととできることをマッチさせれば、理想のゴールへたどり着けるようになるでしょう。**

　本書では、たくさんある改造テクニックを右の7つのカテゴリーに分類しました。MISSON1の構成もこの通りになっています。各カテゴリーの冒頭にある「キホン」のページを読むなどして、自分のやりたいテクニック、自分のできそうなテクニック、チャレンジしてみたいテクニックを見つけてください。

　上手にできるようになるためには練習が必要なものもありますし、失敗してしまうことだってあるでしょう。そうした試行錯誤も、ガンプラ改造の醍醐味と思ってぜひ楽しみながら取り組んでみてください。

テクニックを知る	
●本書を読む。 ●模型誌やハウツー本を読む。 ●モデラーに習う。 ●動画やSNSを見る。	●どんな改造テクニックがあるのかがわかる ●自分の改造プランに必要なテクニックがわかる ●自分にできそうなテクニックが見つかる ●そのテクニックに必要な道具などがわかる

改造7つのカテゴリー
各カテゴリーの具体的なテクニックはP.10-11を参照。

彫るDU（ディテールアップ）
スジボリを入れて、パネルラインなどの表現すること。
→P.76～86

貼るDU（ディテールアップ）
装甲パーツを貼ったり、情報量の多いパーツに交換したりすること。
→P.87～101

表面処理
ゲート処理、合わせ目消し、肉抜き穴埋めなどをしておくこと。
→P.102～105

シャープ化
パーツの角やフチをとがらせ、全体を鋭い印象にしていくこと。
→P.106～115

プロポーション変更
各部を大型化・小型化することで、姿形を変えること。
→P.116～129

ミキシングビルド&セミスクラッチ
別キットのパーツと組み合わせたり、オリジナルパーツをつくったりすること。
→P.130～145

塗装等
ガンプラをすべて塗り替えたり、細部を塗り分けたりすること。
→P.146～154

自分に合ったプランを見つけよう

自分がつくりたいガンプラと、自分にできることをすり合わせながら、プランを具体化していこう。

　キット、作品、そしてテクニックについてある程度理解をしたら、いよいよ自分の改造プランを具体化していきましょう。

　ガンプラづくりは自由です。自由な発想で取り組んでかまいません。ただし、最初のうちは「自由に！」といわれても、何をどうしたらよいのか見当がつかないかもしれません。

　考え方に決まりはありませんが、
①**自分の考えたプランに必要なテクニックや道具を調べて考え**る（理想から考える）。
②**自分が使えるテクニックや道具でできるプランを考える**（現実から考える）。
の2方向からプランを練るのがいいでしょう。①と②を行き来し、いかに理想に現実を近づけるかという考え方もできます。

　P.22～31に5つのおすすめプランを用意しています。まずはこれらのプランを下敷きにして考えるのもよいでしょう。

高める方向性のヒント

高める方向性では、とくに「彫るDU」や「貼るDU」のうち「難易度」かんたんのテクニックは、ビギナーにもおすすめのテクニックです。ていねいに何度も取り組めば技術は自然と上達しますし、各部に細かく盛り込んでいくことで全体の完成度は見違えるほどアップします。パッと見ですごい！と思える作品も、実は基礎的な工作の積み重ねや、ちょっとした応用の産物だったりするのです。まずは1本のスジボリを入れてみる、1枚のディテールアップパーツを貼ってみる、そんなところからスタートしてみましょう。

変える方向性のヒント

キットと異なる設定のガンプラをつくるので、難易度はやや高めです。とくにプラ板やパテでオリジナルのパーツをつくるのは、ある程度の練習を重ねる必要があるでしょう。ビギナーにもおすすめなのが、他のキットからパーツを持ってきてベースキットに組み合わせるミキシングビルドです。求める形状やデザインのものが他のキットにあり、サイズが合うなら、あとは塗装すれば完成です。まずミキシングビルドでつくってみて、どうしても足りない部分だけプラ板やパテでセミスクラッチしてみましょう。

改造プランを具体化する

▶ どんなガンプラをつくりたいのかおおよそのイメージがまとまったら、具体的にどんなテクニックを用いるのか決めていこう。自分ができること、できそうなこととのすり合わせが大切だ。

▶ 用いるテクニックが決まれば、作業の順番は自然と決まってくる。ポイントは、二度手間が生じない順番で行うこと。

どんなガンプラをつくりたいかがイメージができたら、次は完成までの具体的な段取りを考えていきます。実際にどこまでイメージ通りにつくれるかは、自分ができるテクニックや用意できる道具などで変わってきます。「やりたいこと」と「できること／できそうなこと」をよく考えて、用いるテクニックを決めていきましょう。

作業する順番の組み立ては難しそうに感じますが、実は用いるテクニックによって「できる順番」がある程度はっきりしているので、何をやるかが見えてくれば自然に決まってきます。

右ページに、本書に掲載されているいくつかの作品について、発想のポイントや用いたテクニック、作業の順番をまとめました。プランづくりの参考にしてみてください。

単純な線引きは難しいが、高める方向性と変える方向性の分類は上記のようになる。実際には、何かしらの表現（テーマ）を軸にし、いくつかのテクニックを複合させた作品になるだろう。

用いるテクニックを決める

つくりたいもの（理想）と、今の自分ができること・できそうなこと（現実）をすり合わせて考えていこう。理想と現実、どちらを発想の起点にしてもOKだ。

つくりたいものに必要なテクニックや道具を調べたら、**テクニックの難易度や道具の価格、流通状況などから、実際に今の自分にできそうかを検討します。**ハードルが高いと思ったとき、思いきってチャレンジしてみるのもOKですし、できそうなことから地道にスキルアップを目指していくのもよいです。「つくりたいもの」と「できること／できそうなこと」をすり合わせて、実際に用いるテクニックを決めていきましょう。

例 つくりたいもの		できること／できなそうなこと
塗装しない成型色仕上げで完成させたい	⇔	塗装なしでもいけるテクニックを洗い出そう ガンダムマーカーや筆で部分的に塗ることはできそう
とことんモールドを増やしたい	⇔	あまり予算はないので、スジボリを増やす方向で考えてみよう ディテールアップパーツは数を絞ってつけてみよう
設定画通りのスタイルに変更したい	⇔	完璧に合わせるのは難しいので、特徴的な部位だけやってみよう

作業の順番を決める

作業の順番を決めるポイントは、二度手間が生じないようにすること。下記の図は、7カテゴリーすべての順番を示したもので、このすべてを毎回行うわけではない。

実際に用いるテクニックが決まったら、次は作業する順番（工程）を考えていきます。**ポイントは、「二度手間にならない順番」で行うことです。**たとえばスジボリ（彫るDU）をしたあとで、合わせ目消し（表面処理）をしたらせっかくのスジボリが消えてしまうので、この順番を逆にすることはできません。基本的には「ガンプラのパーツの構成や形状に関わる作業」→「パーツの表面に関わる作業」の順番で行うと、二度手間がなくなります。

右図は、改造の7カテゴリーすべての順番を示したものです。自分のプランに必要なテクニックをチョイスし、この順番に並べれば、基本的な作業手順が決まるでしょう。

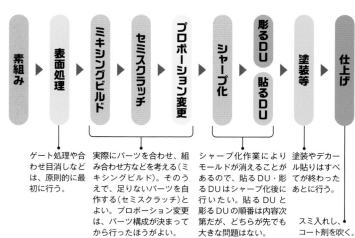

ゲート処理や合わせ目消しなどは、原則的に最初に行う。

実際にパーツを合わせ、組み合わせ方などを考える（ミキシングビルド）。そのうえで、足りないパーツを自作する（セミスクラッチ）とよい。プロポーション変更は、パーツ構成が決まってから行ったほうがよい。

シャープ化作業によりモールドが消えることがあるので、貼るDU・彫るDUはシャープ化後に行いたい。貼るDUと彫るDUの順番は内容次第だが、どちらが先でも大きな問題はない。

塗装やデカール貼りはすべてが終わったあとに行う。

スミ入れし、コート剤を吹く。

M-1 改造編

基本・道具

彫るDU
貼るDU
表面処理
シャープ化
プロポーション変更
ミキシングビルド&セミスクラッチ
塗装等　その他

改造プランを具体化する

●プラン例

**手軽に
ディテールアップしてみたい！**

素組み
↓
表面処理
↓
彫るDU
↓
仕上げ

≫詳しくは**P.22**

シンプルなスジボリとスミ入れを中心に、手軽に格好よく仕上げた。塗装なしの成型色仕上げだ。つや消しのコート剤を吹いて仕上げると、ぐっと引き締まる。

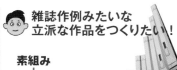
**雑誌作例みたいな
立派な作品をつくりたい！**

素組み
↓
表面処理
↓
シャープ化
↓
彫るDU
貼るDU
↓
塗装等
↓
仕上げ

≫詳しくは**P.26**

スジボリに加え、プラ板でのディテールアップを徹底的に行ったプラン。全塗装してデカールもふんだんに使って、仕上げている。

**全身をバッキバキに
シャープにしたい！**

素組み
↓
表面処理
↓
シャープ化
↓
塗装等
↓
仕上げ

≫詳しくは**P.44**

アンテナから装甲のエッジまで、全身くまなく研ぎ上げ、バキバキにシャープにしたプラン。鋭さや精悍さが際立つ。

**航空機のイメージで
つくりこみたい！**

素組み
↓
表面処理
↓
シャープ化
↓
貼るDU
彫るDU
↓
塗装等
↓
仕上げ

≫詳しくは**P.40**

全身に細かくプラ板チップを貼りつけ、リアルな戦闘機のような精密ディテールにしたプラン。手間はかかるが、強烈なインパクトを与えられるだろう。

**メタルパーツを使って
つくりこみたい！**

素組み
↓
表面処理
↓
貼るDU
↓
塗装等
↓
仕上げ

≫詳しくは**P.42**

金属製のディテールアップパーツをふんだんに配置したプラン。金属の精密感と質感は、メカらしさをダイレクトに表現してくれる。

**設定画に寄せて
プロポーション変更したい！**

素組み
↓
表面処理
↓
プロポーション変更
↓
塗装等
↓
仕上げ

≫詳しくは**P.46**

キットを設定画通りの形状とバランスに改造するプラン。絵でしか見たことのない機体を、ガンプラとして手元に置ける喜びを味わえる。

**塗り替えを軸に、オリジナル
設定の作品をつくりたい！**

素組み
↓
表面処理
↓
貼るDU
↓
塗装等
↓
仕上げ

≫詳しくは**P.60**

オリジナル設定のカラーリングに塗装するプラン。ディテールアップパーツを貼りつけ、色以外の情報量も高めている。自由な発想で、自分だけのガンプラに！

**HGUCでは発売されていない
キットをつくりたい！**

素組み
↓
表面処理
↓
ミキシングビルド
セミスクラッチ
↓
塗装等
↓
仕上げ

≫詳しくは**P.54**

HGUCのキットに旧キットを組み合わせて、HGUCでは未発売の機体をつくるプラン。足りない部品を自分でつくるのがポイント。

**キットを組み合わせて
最強の機体をつくり上げる！**

素組み
↓
表面処理
↓
ミキシングビルド
↓
塗装等
↓
仕上げ

≫詳しくは**P.30**

複数のキットを組み合わせて、理想の機体をつくり上げるプラン。武装と装甲は、すべて取り外しができるようにしている。

※ガンダム系などはブレードアンテナをシャープにする作業も行っていますが、それだけの場合はここでは「シャープ化」を工程として表示していません。

テーマ別作品①
緻密にリアリティを極める

▶ 航空機風に仕上げるというテーマで、ゼータガンダムをディテールアップした。

▶ MGサイズ（1/100）をベースキットにして、スジボリによる加工、プラ板によるモールド追加などを丹念に施していく。サイズが大きい分、作業はやりやすいが、面積が大きいため、根気との勝負になる。

ディテールアップのプランを考えるとき、何をテーマにするかはとても大事なことです。モビルスーツは架空の存在ですが、人間がつくるものである以上、今ある兵器の延長線上にあると考えれば、さまざまなものをモチーフにすることができます。

たとえば、陸戦用モビルスーツならば、実際の戦車が参考になるでしょうし、飛行形態になるモビルスーツであれば、航空機が参考になります。ここではゼータガンダムを航空機に見立てて、各部に非常に細かなスジボリを施し、プラ板を切り出してパネルを追加して、全体的に緻密でリアルな機体に仕上げました。

航空機のイメージでつくり込むプラン

ウェイブ・ライダーに変形する設定から、航空機風にディテールアップ。スジボリとプラ板によるモールド追加を中心に行い、注意書き（コーションマーク）のデカールを貼ってアクセントにした。

ベースキット紹介

「MG Zガンダム」のリニューアル版として登場した「2.0」。差し替えなしの可変機構を備えながら、モビルスーツ形態とウェイブ・ライダー形態のプロポーションを向上させたキットになっている。2005年発売なので、最近のMGキットに比べると全体的にモールドなどが少なく、ディテールアップの余地が大いにある。

ディテールアップのポイント

ウェイブ・ライダーに変形するモビルスーツということで、航空機風のディテールアップを行った。MGサイズなので細かい作業がやりやすい分、作業する面積も大きくなるので、最後までやりとげる根気も必要になる。

● 全体的にきめ細かなスジボリを施す。
● プラ板でモールドパーツをつくり、全身にまんべんなく配置していく。
● 各部のエッジを紙やすりで研いで、シャープにしていく。
● 注意書き（コーションマーク）のデカールも随所に貼って、情報に幅を持たせる。

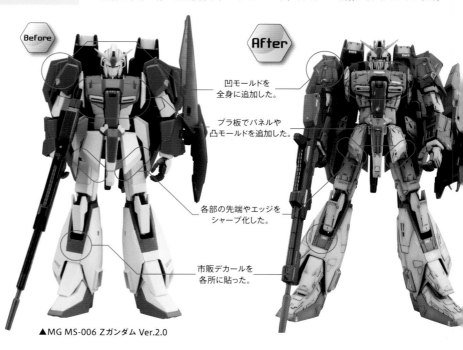

Before / After

凹モールドを全身に追加した。

プラ板でパネルや凸モールドを追加した。

各部の先端やエッジをシャープ化した。

市販デカールを各所に貼った。

▲MG MS-006 Zガンダム Ver.2.0

主な使用パーツ・テクニック

基本的にはスジボリとプラ板の切り出し＆貼りつけをひたすら繰り返すだけだが、MGサイズなのでとにかく根気と効率化が勝負。スジボリは専用ツールを使用して、効率化しよう。

凹モールドを全身に追加する

≫詳しくはP.76～86

タガネやラインチゼルなどスジボリツールを活用して、凹モールドを増やしていく。短いところでも、必ずガイドテープを使用して正確性を保とう。

プラ板を全身に追加する

≫詳しくはP.95

モールドパーツに見立てるプラ板はあらかじめ何種類かに細切りにしておく。そこから貼りつける場所に合わせて、形を整えるように切って貼る。

エッジをシャープにする

≫詳しくはP.110

各部のエッジを紙やすりなどで研いでシャープにすることで、より鋭利な航空機のイメージに近づけることができる。

航空機のイメージで緻密に仕上げる!

ウェイブ・ライダーに変形するゼータガンダムは、航空機風のディテールアップが似合うのではないかという発想のもとで生まれた作品。各部のエッジをシャープにした以外は、ほぼ元のキットのままである。あとは、ひたすら全身に凹モールドを加え、細かく切ったプラ板を凸モールドとして貼りつけただけで、ここまで重厚で、立体感のあるガンプラに仕上がった。

モビルスーツの顔にもこだわる

ゼータガンダムはガンダムタイプの中でも、とくに顔の造形がスマートだ。そこでブレードアンテナはもちろん、アゴのラインからフェイスガードまでシャープに研いで、精悍イメージを強調させた(→P.109)。

全身のエッジと先端をシャープに

もともとシャープな印象が強いゼータガンダムを、さらに鋭く精悍な雰囲気になるように紙やすりで磨き上げた。

After

フライング・アーマーにも手を加える

背面についているフライング・アーマーにも、徹底してスジボリを施し、プラ板で凸モールドを貼りつけ、デカールを貼った。

プラ板でモールドを追加

実際の航空機の装甲は決して真っ平らではない。そこで、プラ板を切り出し、ゼータガンダムの装甲に段差をつけて立体感を演出していく(→P.95)。

Before **After**

全身に凹モールドを追加

モールドがあるほど精密さが増すが、ただやみくもに増やせばよいというわけでもない。メンテナンス用ハッチや装甲の継ぎ目など、何を表現するかを考えながら作業をしていくことが重要だ。

Before

After

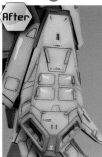

全体的にデカールも増量

デカールの量も増やして、文字やマークによる情報量もアップさせた。そこに何が書かれているかを考えながら、全身にバランスよく貼りつけていこう(→P.151)。

テーマ別作品②
メタルパーツで質感を変える

> ▶ プラモデル用のメタルパーツ（金属パーツ）も市販されている。取り扱いにコツは必要だが、手軽にメカらしさを演出できる。
>
> ▶ メタルパーツは元からエッジがシャープで、ディテールが細かくつくられている。ガンプラの各部に少しずつ埋め込んでいくことで、質感がぐっと変化し、重厚感がおおいに高まる。

モビルスーツは架空の存在ですが、何かしらの金属でつくられているはずです。そのため、**メタルパーツを盛り込めば、より本物らしい見栄えになります。**

金属らしさは塗装で表現することもできますが、金属特有のツヤはなかなか出せるものではありません。それならば、メタルパーツを直接盛り込んでしまうのが早道です。しかも、金属パーツは最初からエッジがシャープになっているので、貼るだけで精悍な印象にすることができます。

メタルパーツは比較的高価なものが多いですが、その価格だけの効果を得られます。上手にガンプラに組み込んで、メカらしい質感を追求してみましょう。

メタルパーツ盛り込みプラン

メタルパーツは、ポイントを絞って盛り込むとよい。たとえば、動力パイプや装甲の四隅などに埋め込むと、メカらしさが増す。

ベースキット紹介

「HG THE ORIGIN」シリーズのラインナップの1つとして登場したキット。ブグは、ザクの前身という設定のMS。「HG THE ORIGIN」シリーズのキットは最初から凹モールドがしっかりと施されていて、すでに十分なディテールがある。基本のディテールが細かいので、一層レベルの高いディテールアップを狙うにはよい選択肢といえる。

ディテールアップのポイント

全身の各所にバランスよくメタルパーツを盛り込んでいくことで、質感を変えていく。
- ザク系モビルスーツの特徴である動力パイプをメタルパイプに置き換える。
- モノアイや肩のステップなどを金属部品に置き換えていく。
- 装甲パネルの各所にビスヘッドなどを埋め込み、アクセントをつける。
- 関節や足ウラ、武装などもメタリック系塗料で細かく塗り分ける。

Before / **After**

- ディテールアップパーツをつけた
- 自作のメタルパーツをつくって装着した。
- メタリック塗装で細部を塗り分けた。
- 市販メタルパーツをつけた。
- 動力パイプをメタルパーツに交換した。

▲HG MS-04 ブグ（ランバ・ラル機）

主な使用パーツ・テクニック

金属の塗装や接着には、少しコツがいる。高価なパーツが多いため、コストはかかるが、メタルパーツのシャープさが際立つので、かかった手間に対して仕上がりはよくなる。

メタルパーツに交換する

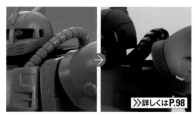

≫詳しくはP.98

動力パイプやバーニアなどは、メタル化が似合う部位。モノアイはベース部をメタル化したうえで、クリアレンズを貼り重ねると格好よく仕上がる。

使えるメタルパーツ
バーニア　パイプ　スパイク　メッシュパイプ

メタルパーツを取りつける

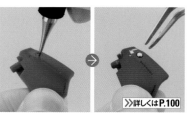

≫詳しくはP.100

ビスヘッドやメタルビーズなどのメタルパーツは、そのまま貼りつけられる。貼りつけには、ピンバイスや瞬間接着剤（低白化タイプ）を使う。

使えるメタルパーツ
エッチングパーツ　リベット　ビスヘッド

メタルパーツを自作して取りつける

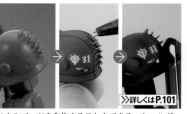

≫詳しくはP.101

メタルパーツを自作することもできる。ショルダー部のステップ（上写真）やアーマーのグリップなどは、メタル化しやすいポイント。

使えるメタル素材
真鍮線　真鍮パイプ　ピアノ線　金属板　アルミ線
スプリング　銅線　銅パイプ

重厚感と緻密さを高めた
メタルパーツメガ盛り仕様

　ふんだんにメタルパーツを盛り込んだプラン。ジオン系モビルスーツに多い動力パイプは、メタル化が活きる代表的な部位だ。さらに装甲の各部にメタルのリベットやビスヘッドを埋め込み、メタル塗装も加えて、全身の金属感を高めていく。

**モノアイに
メタルパーツを使用**

モノアイもメカらしさを高めたい部位。ベース部にメタルパーツを取りつけて、そのうえでクリアレンズを埋め込むと、雰囲気がガラリと変わる（→P.98）。

**ショルダーのステップを
メタルパーツで自作**

ショルダーのステップを、金属線で自作したメタルパーツに交換。元のステップはニッパーでカットし、ピンバイスで穴をあけてコの字型に曲げた金属線を埋め込んだ（→P.101）。

**メタリック塗装で
塗り分け**

武器や関節などをメタリック系塗料で塗り分けすると、メタルパーツとの相乗効果で、プラスチックすらメタルパーツに見えてくる。

After

**動力パイプを
メタルパーツに交換**

動力パイプは目立つので、パイプだけでなく、そのスキマからのぞくスプリングも完全にメタル化すると全体の印象が大きく変わる（→P.99）。

グリップを自作

シールドのグリップを真鍮パイプに置き換えた。

**全身にメタルパーツを
取りつけ**

装甲の四隅などに、メタルのビスヘッドなどを埋め込んでいく。金属の質感を活かすために塗装せず、そのまま取りつける（→P.100）。

足ウラまでメタル化

足ウラのように目立たない箇所にまでメタルパーツを貼り、メタリック系塗料で塗り分けた。ポージング次第でちらりと見える。ここまでこだわると、深みが増してくる。

テーマ別作品③
とことんシャープ化を極める

▶ ガンプラは安全性や製造上の都合などで、先端や角が丸みを帯びた形状となっている。やすりがけなどで先端や角を鋭く磨き上げることで、メカらしい精悍さを醸し出せる。

▶ シャープ化は、あらゆる改造をテーマとした作品の完成度を下支えするテクニックともいえる。

ガンプラは年齢性別を問わず幅広い人が楽しめるようにという安全対策の観点などから、キットの先端に出っぱりをつけていたり、角に丸みをつけたりしています。

もちろんこのまま仕上げても十分に格好いいのですが、ディテールアップやプロポーション変更、そして塗装などをしたときに、**よりメカらしい精悍さを醸し出したいと思ったらシャープ化の出番です。**

ガンダム系であれば、まずはブレードアンテナの先端にある出っぱりをカットし、やすりがけで鋭くすることから始めるとよいでしょう。次に、**各パーツの角をジョリジョリと感じるぐらいにとがらせていくと、全体が鋭い印象になります。**あわせて、各パーツの面をフラットにする**面出し**（→P.114）を行うことで、より美しい仕上がりになります。

先端や角、面のシャープ化は基本的にディテールアップやプロポーション変更、塗装などをメインテーマとした作品の完成度を引き上げるためのもので、シャープ化だけで作品が完結することはほぼありません。しかし本書では、シャープ化の効果をよりわかりやすくするため、シャープ化に特化した作品を紹介します。

改造作品の完成度をグンと引き上げるものとして、ぜひシャープ化のテクニックを身につけてください。

全身を徹底してシャープにするプラン

頭の上からつま先まで、全身を徹底的にシャープ化して、いまだかつてない精細な作品に仕上げたい。

ベースキット紹介

はじめての続編である『機動戦士Zガンダム』の前期主人公機として人気のガンダムMk-Ⅱ。リバイブシリーズとして、HGUCのラインナップに再投入された。旧HGUCに比べて、スマートなプロポーションになっている。

改造のポイント

スタイリッシュになったリバイブ版のガンダムMk-Ⅱの各部をやすりで徹底的に磨き、さらに鋭いイメージにしていく。

▶ HGUC 1/144 ガンダムMk-Ⅱ（エゥーゴ仕様）

Before

各部を徹底的にシャープ化し、サフを吹いた。サフを吹くと、フチのシャープさや面出しの甘いところがよくわかる。この段階でよくチェックしよう。

主な改造テクニック

ブレードアンテナの先端から始め、各部の先端やフチを鋭く磨き上げることで、精細な印象を強めることができる。

各部の先端をとがらせる

≫詳しくはP.112

省略されている先端に手を入れて、しっかりととがらせる。

角をシャープに研ぐ

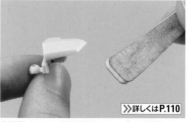

≫詳しくはP.110

各装甲パーツのC面を削り、シンプルな形状にしてかつ角を鋭角にとがらせていく。

面をフラットに整える

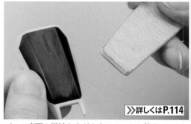

≫詳しくはP.114

パーツ表面の微妙なゆがみをフラットに整えて、キットの精度を高める。

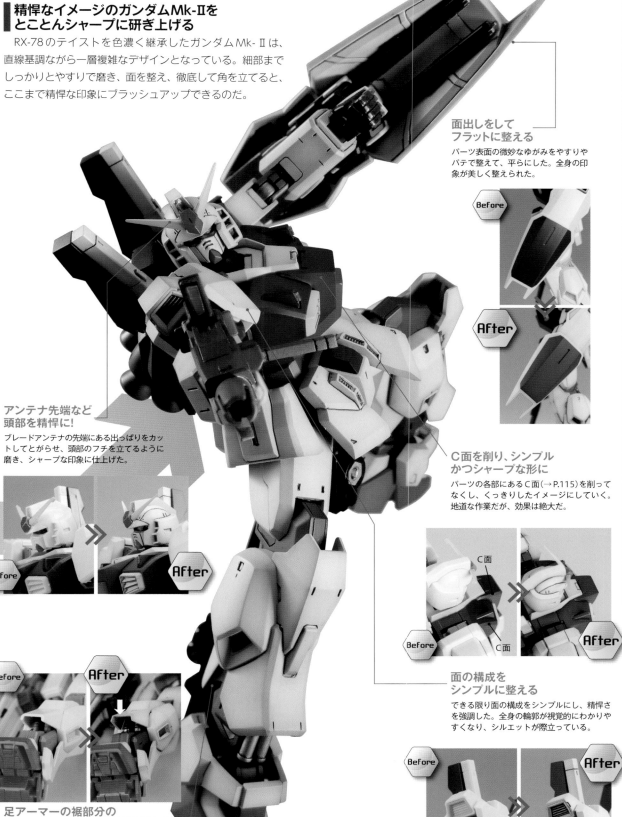

M-1

改造編

基本・道具

彫るDIY

貼るDIY

裏面処理

シャープ化

プロポーション変更

ミキシングビルド＆セミスクラッチ

塗装等 その他

とことんシャープ化を極める

精悍なイメージのガンダムMk-Ⅱを
とことんシャープに研ぎ上げる

RX-78のテイストを色濃く継承したガンダムMk-Ⅱは、直線基調ながら一層複雑なデザインとなっている。細部までしっかりとやすりで磨き、面を整え、徹底して角を立てると、ここまで精悍な印象にブラッシュアップできるのだ。

**面出しをして
フラットに整える**

パーツ表面の微妙なゆがみをやすりやパテで整えて、平らにした。全身の印象が美しく整えられた。

**アンテナ先端など
頭部を精悍に！**

ブレードアンテナの先端にある出っぱりをカットしてとがらせ、頭部のフチを立てるように磨き、シャープな印象に仕上げた。

**C面を削り、シンプル
かつシャープな形に**

パーツの各部にあるC面(→P.115)を削ってなくし、くっきりしたイメージにしていく。地道な作業だが、効果は絶大だ。

**面の構成を
シンプルに整える**

できる限り面の構成をシンプルにし、精悍さを強調した。全身の輪郭が視覚的にわかりやすくなり、シルエットが際立っている。

**足アーマーの裾部分の
ウラ面を削る**

裾やアーマーのフチなどは、ウラ側を削り込んで薄く仕上げることで一層繊細な印象にできる。

※撮影角度の都合により、アクションベースの一部を残して切り抜きを行っています。

045

キホン テーマ別作品④
キットを改修して理想形に

▶ ガンプラの形状を修正して、全体の姿形を変えることをプロポーション変更（改修）と呼び、大型化（太くする/長くする）、小型化（細くする/短くする）といった方向性がある。

▶ 「アニメ風のプロポーションにする」「設定画に近づける」などのアプローチもあり、自分好みにプロポーション変更できる。

パーツや部位の形状を修正して、全体の姿形を変えることをプロポーション変更（改修）と呼びます。大型化（太くする/長くする）、小型化（細くする/短くする）といった方向性がありますが、最新キットでも古いキットでも、自分の好みのプロポーションに改修する愛好家はたくさんいます。また、「アニメ風のプロポーションにする」「設定画に近づける」などのアプロー

チもあります。

今回は「アレックス」の愛称で人気のガンダムNT-1を、メカニックデザインを担当した出渕裕氏の設定画（→P.118）に少しだけ近づけるというテーマで、全面改修を行いました。手足を延ばし、各部をボリュームアップさせて、設定画に近いプロポーションを目指しています。

NT-1アレックスをプロポーション変更するプラン

キットを好みのプロポーションに修正する。今回は手足を延ばし、各部をボリュームアップさせる。プラ板を使った作業が主となる。

ベースキット紹介

今回のベースとなるのは、HGUCシリーズNo.47で、2004年にリリースされたキット。HGUCシリーズでも初期のキットだ。色分けはされているが、細部は自分で塗り分ける必要がある。劇中で装備していたチョバムアーマーが付属し、腕に内蔵の武装もしっかりと再現されている。

改造のポイント

プロポーション変更のモチーフとして、今回は出渕裕氏の設定画（→P.118）に寄せることを意識して、四肢を延長する。肩や胸のボリューム感、腰中央の角度、脚部の厚みなどにこだわった。加工方法としては、プラ板の貼りつけを主にして、できるだけ加工が少なくなる工夫をした。

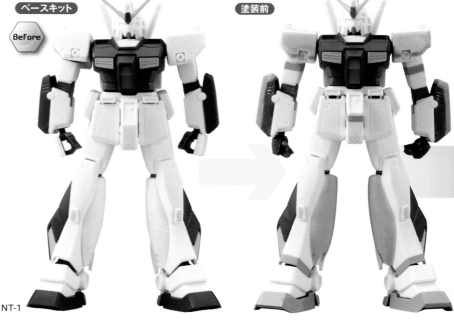

ベースキット　Before　塗装前

▶HGUC ガンダムNT-1

主な改造テクニック

ガンダムNT-1（アレックス）は『機動戦士ガンダム0080 ポケットの中の戦争』に登場するモビルスーツ。今回は出渕裕氏の設定画に近づけるコンセプトで、各部のプロポーション変更をする。

肩を形状変更する

肩パーツの形状を、プラ板とパテで変更する。今回は設定画に寄せるため、下にいくほど厚みを持たせることにした。

腕・脚を延長する

≫詳しくは**P.124**

手足は内部のフレームをランナーで延長してから、外部装甲を延ばすという手法で延長した。わりとかんたんな作業で、スラリとしたフォルムを実現した。

各部をボリュームアップする

≫詳しくは**P.122**

前腕部と胸部の厚みをボリュームアップさせる。前腕部はプラ板を積層し、厚みをつけた。胸部は全体に前方に引き出す方法で、厚みを増した。

M_1

改造編

基本・道具

彫るDU

貼るDU

表面処理

シャープ化

プロポーション変更

ミキシングビルド＆セミスクラッチ

塗装等

その他

キットを改修して理想形に

ガンダムNT-1（アレックス）をプロポーション変更するプラン

設定画を意識して手足を長くし、上半身にボリュームを持たせた。細部のディテールはキットを活かし、フォルムの調整に主眼を置いた。上腕はフレームと外装パーツを延ばし、前腕部には厚みを持たせた。脚部は足首取りつけ部を延長し、スネ下の部分も延ばして、脚長のフォルムに。胸部はプラ板を挟み、全体に前側に引き出すことで、厚みのある胸板にした。

After

肩アーマーの厚みをアップ

肩アーマーは、プラ板とパテで前後の厚みを増すことでボリュームアップさせた。傾斜をつけて、下部にいくほど分厚くした。

胸板を厚く見せる工夫

胸部は前後のパーツの間にプラ板を挟み、全体を前側に引き出した。

腰中央部の形状を変更する

設定画に比べ、キットは腰部上面の傾斜がゆるくなっている。前側を持ち上げて角度をつけて、下側にできたスキマを埋めた。

スネを延長＆ボリュームアップ

足首の内部フレームはランナーを接続し、3mm延長。その分、スキマができないように、スネの下側も延長した（→P.122）。

ブレードアンテナを大型化する

ブレードアンテナの基部（青い部分）のパーツも大型化し、角度をきつくした。

上腕を長くする

腕を少し長くすると全体のバランスがよくなるので、上腕部を延ばした（→ P.124）。内部フレームをランナーで延長し、外装側はカットして間にプラ板を挟んだ。

前腕部を大型化する

プラ板を積層することで、前腕部にあるアーマーを大型化した（→P.122）。

ハンドパーツを小型化する

小型の次元ビルドナックルズ（角）に交換した。こうすることで、相対的に腕が太く見えるようになる。

ベースキットのハンドパーツ

次元ビルドナックルズ（角）

つま先を大型化する

スネを延ばした分、足首全体をプラ板を貼ってボリュームアップさせ、バランスを調整した。

テーマ別作品⑤

コミック風のフォルムにする

▶ 同じモビルスーツでも、デザインする人によって微妙にフォルムが異なる。さらにガンプラ化されるときにデザインが変化することもある。それぞれの違いを知り、楽しむこともガンダム世界の醍醐味の1つだ。

▶ 改修テクニックを駆使することで、「アニメ版」「コミック版」など、特定のデザインに寄せたフォルムにすることもできる。

同じモビルスーツでも、アニメやコミックなどによってデザインが異なることがあります。ザクは元は大河原邦男氏のデザインでしたが、その後さまざまな人がそれぞれでデザインをつくり、それがアニメになったり、コミックになったり、プラモデルになったりしているのです。

『機動戦士ガンダム』でキャラクターデザインなどを担当した安彦良和氏によるコミック『機動戦士ガンダム THE ORIGIN』も、

その1つです。さらに『機動戦士ガンダム THE ORIGIN』は3DCGでアニメ化されたので、コミック版とアニメ版でもデザインに違いがあります。そこで、アニメ版『機動戦士ガンダム THE ORIGIN』のデザインでキット化された「HG シャア専用ザクⅡ（THE ORIGIN）」をベースに、コミック版の迫力あるフォルムを再現する改造を施してみました。各所をボリュームアップさせることで、パワフルなシャア専用ザクⅡが完成しました。

コミック風のシャア専用ザクⅡをつくるプラン

『機動戦士ガンダム THE ORIGIN』のアニメ版に合わせてつくられたガンプラで、コミック風のシャア専用ザクⅡをつくってみよう。

ベースキット紹介

「HG THE ORIGIN」シリーズのラインナップの1つとして登場したシャア専用ザクⅡ。数ある「シャアザク」の中でも、ディテールの細かさはトップクラスだ。「HG THE ORIGIN」を冠したシリーズだが、コミック版ではなくアニメ版のデザインをベースにしているので、キットはスマートなプロポーションになっている。

改造のポイント

アニメ版『機動戦士ガンダム THE ORIGIN』は3DCGで描かれ、コミック版とは少々異なるデザインとなった。このアニメ版のデザインを踏襲しているガンプラを改造し、コミック版のフォルムに近づけてみる。THE ORIGIN版のシャア専用ザクⅡをベースにMGから移植したり、パテを盛ってボリュームアップを施したりして、より迫力のあるフォルムに仕上げる。

ベースキット Before

塗装前

▶HG シャア専用ザクⅡ（THE ORIGIN）

主な改造テクニック

コミック版の迫力あるボディを実現するためには、部位ごとにメリハリをつけていかなければならない。パテ盛りや異スケールからのパーツ取りなど、柔軟な発想で取り組む。

パテでボリュームアップする

≫詳しくはP.123

腰中央部は、ベースキットにエポキシパテを盛りつけ、紙やすりで成型することで、ひと回り大きくボリュームアップさせる。

2つのスケールを融合する

≫詳しくはP.126

脚部や腰アーマー、胸部は「MG MS06-S シャア専用ザクⅡ Ver.2.0」からパーツを移植。コミック版のように、メリハリのある迫力ボディを手に入れた。

パーツのサイズを変更する

≫詳しくはP.121

パーツを移植するとき、サイズが違いすぎてうまくつけられないこともある。カットしてつなぎ合わせるなど、サイズを変更して取りつけよう。

コミック版シャア専用ザクⅡの完成！

　コミック版『機動戦士ガンダム THE ORIGIN』をイメージしたシャア専用ザクⅡが完成。ボディや脚部にMGキットのパーツを移植し、上半身からヒザまでの中央付近にボリュームを持たせた。ディテールアップパーツをつけたり、シャープ化したりして、高密度の作品となった。

ヘッドパーツを大きくする
ヘッドパーツはHGのものをベースにエポキシパテで盛り上げて、ボリューム感のある形状とした。

ショルダーアーマーを拡大する
ショルダーアーマーはボディの拡大に合わせて、エッジ付近にエポキシパテを盛って広げた。スパイク先端はシャープ化させている。

ワイドなザク・シールド
ザク・シールドは元のシールドに、さらにもう1枚を半分に切って両サイドに取り付け、2枚分のワイドサイズにした（→P.125）。

胸部を分厚くする
胸部はMGのキットから移植。そのままだと大きすぎるので、高さと奥行きを詰めてフィットさせた。

腰回り＆太ももをゴツくする
腰アーマーと太ももは、MGからパーツを移植。身体の中央付近のボリュームを増やすことで、コミックのイメージを強調した。

細部までつくり込む
バックパックや足ウラなど、細部も塗り分けをするなどして、ディテールアップを施す。全身で迫力アップを図っている。

©Yoshikazu YASUHIKO
©創通・サンライズ

『機動戦士ガンダム THE ORIGIN』（KADOKAWA）に登場するシャア専用ザクⅡ。全体的にたくましい印象のフォルムだ。

After

テーマ別作品⑥
部位の組み替え&プラ板の貼りつけだけ

▶「いきなり複雑な改造なんて無理」なんて思ったら、まずは部位の組み替えやプラ板の貼りつけなど、かんたんな作業だけで済むプランからチャレンジしてみよう。

▶改造で大切なのは、やる気と根気。技術はあとからついてくるもの。失敗を恐れず、完成を焦らず、作品づくりに取り組もう。

「ミキシングビルドやセミスクラッチなんて大変そう」と思ったら、まずは移植の中でも、そのままパーツを組み替えし、ちょっとの加工を行うだけで完成させられるレベルのものからチャレンジしてみましょう。

いきなりプラ板で自作パーツをつくったり、取りつけ部の加工が必要な複雑な移植をしたりするのは無理でも、部位やパーツを組み替えたり、プラ板を貼りつけたりするだけなら、そ

れほど難しくありません。

まずは、やってみることが大事です。あとは、あきらめないこと。どんなにかんたんな作業でも、それをひたすら積み重ねていくのは、思っている以上に時間がかかります。すぐに完成しなくて当然。途中で何か失敗やトラブルは起こるもの。それくらいの余裕を持って取り組みましょう。

さあ、果てなき改造ワールドへ第一歩を踏み出しましょう!

リバイブ・ジムをつくるプラン
リバイブ版の「RX-78-2 ガンダム」をベースに、スリムで可動域の広いジムをつくる。

ベースキット紹介
HGUCシリーズのキットを、最新技術でリニューアルする「HG リバイブ」シリーズの1つとしてリリースされたキット。これまでの1/144ガンダムの中でも、とくにスマートなプロポーションになっている。関節の可動域がかなり進化して、ポージングの自由度が劇的に高まっている。

改造のポイント
ガンダムとジムの違いは主に顔、腹、腰、スネ、ランドセルの5カ所なので、比較的少ない加工でつくることができる。数あるジムのキットから、どのパーツを移植してくるかがポイントになる。よりアニメのジムらしいフォルムになることから、今回は腰とスネに「HGUC ジム」のものを採用。ちなみに新しいキットで古い世代のキットをつくり直すことを、「アップデート」と言うこともある。

ベースキット Before

移植元キット

▲HGUC 1/144 RX-78-2ガンダム　　　▲HGUC ジム

主な改造テクニック
そもそもジムはガンダムの量産型なので、改造すべきポイントは多くないが、スネ部分の移植などが必要になる。スキルと時間、コストに合わせて、自分に合った方法でやろう。

部位を移植する

パーツの移植は基本的な改造テクニックの1つ。ベースキットと移植元キットのポリキャップが共通のものなら、そのまま組み替えるだけで移植できる。

移植パーツを取りつける

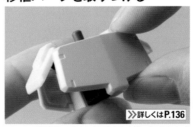

≫詳しくはP.136

パーツの移植は、完全に固定する方法、取り外し式にする方法、可動式にする方法の3つがある。ここでは可動式を採用。可動式はアイデアが重要だ。

プラ板を貼りつける

≫詳しくはP.140

プラ板を貼るテクニックを身につけるだけで、幅広い表現が可能になる。必要なサイズを正確に測り、丁寧に切り出すのがポイント。

M-1

改造編

基本・道具

彫るDU

貼るDU

表面処理

シャープ化

プロポーション変更

ミキシングビルド＆セミスクラッチ

塗装等

その他

部位の組み替え＆プラ板の貼りつけだけ

ミキシングビルドで リバイブ・ジムをつくるプラン

「HGリバイブ」シリーズの特徴であるスリムさと、柔軟な可動域を引き継いだリバイブ版のジムが誕生した。デザインはできるだけアニメ風に近づけ、「ジムらしさ」を重視。加工は最小限にとどめ、初心者でもトライできる作品になった。

ヘッドパーツを組み替える

頭部は、「HGUCジム」のものを移植すると、大きくなりすぎるので、比較的スリムな形状の「HGジム（GUNDAM THUNDERBOLT Ver.）」のヘッドパーツをバルカン部分を加工して採用。

ランドセルを 改造する

ジムとガンダムのランドセルの違いは、ビーム・サーベルを挿すラックの数だけ（ガンダムは2本、ジムは1本）。そこで右側ラックを切除して、プラ板を貼りつけた。

After

武器は そのまま流用する

武器は「HGUCジム」のスプレーガンをそのまま流用。ベースキットが持てるよう、グリップを加工する場合もある（本作品は無加工）。

コクピット部に プラ板を貼りつける

ジムとガンダムを見比べると、ボディでの違いはコクピット部の外観だけ。プラ板を切り出して穴をふさぐように貼りつけた。

腰アーマーを移植する

ジムの腰アーマーの形状にもバリエーションがあり、ガンダムと同じように左右の腰アーマーに分割されているものも増えてきた。今回はアニメ設定に近い形状とするため、「HGUCジム」の腰部分を移植した。

スネを移植する

ジムのヒザの形状には、さまざまなパターンがある。多くはガンダムよりも小さめになっているが、本作品では「HGUCジム」のフラットな形状を採用。そっくり移植することで、アニメの設定に近いフォルムとなった。

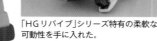

「HGリバイブ」シリーズ特有の柔軟な可動性を手に入れた。

こんな大胆なアクションポーズをとれるジムに！

テーマ別作品⑦
ベースキットを活かし、部分移植する

▶ ここでは、ベースキットをある程度活かしつつ、ミキシングビルド〈移植〉を中心とする改造を行った作品を紹介。ミキシングビルドは単純なパーツの組み替えだけでなく、移植する部分の加工も含まれ、少し難易度が上がった。

▶ ジム・ライトアーマーは格闘戦に特化して軽量化された機体。「HGリバイブ」シリーズのスリムなプロポーションが合う。

1980年の『機動戦士ガンダム』の放送終了後、「もしもこんなモビルスーツがあったら」や「劇中には出てこなかったけど、実はこんなモビルスーツもあったんだ」という「IF」でガンプラが盛り上がりました。それがMSV（モビルスーツ・バリエーション）シリーズです。同シリーズでは試作型や局地戦型など、さまざまなシチュエーションに対応したモビルスーツが考え出され、今に続いています。

その多くは旧キットを含めてキット化されていますが、いまだ発売されていないものもあります。その1つがジム・ライトアーマーです（2023年12月現在）。そこで、今回はリバイブ版の「RX-78-2ガンダム」をベースにジム・ライトアーマーをつくりました。同機は格闘戦に主眼を置き、装甲を軽くして機動性を高めたという設定の機体で、「HGリバイブ」シリーズのスリムなプロポーションがベストマッチしました。

ジム・ライトアーマーをつくるプラン

リバイブ版の「RX-78-2ガンダム」をベースキットにして、初期のMSVに登場したジム・ライトアーマーをつくる。

ベースキット紹介

「HGリバイブ」シリーズ第1弾として登場したキット。従来のHGUCよりも大幅に細くなったフォルムは、ジム・ライトアーマーのイメージにぴったり。その名のとおり、軽快な機動性が発揮できそうなプロポーションを目指す。

改造のポイント

リバイブ版「RX-78-2ガンダム」のフォルムを維持したまま、ジム・ライトアーマーの特徴をうまく盛り込む。肩パーツは「HGUC 黒い三連星 ザクⅡ（MSV）」のものをそっくり移植。そこにリバイブ版「RX-78-2ガンダム」の関節をつける。ボディの各部はプラ板を貼りつけることで形状を再現し、腰アーマーは「HGUC ジム」のものを大胆にカットして移植した。

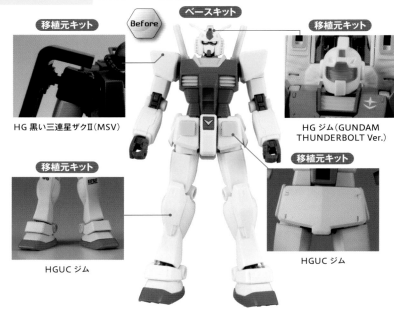

移植元キット — HG 黒い三連星ザクⅡ(MSV)

ベースキット — Before

移植元キット — HG ジム (GUNDAM THUNDERBOLT Ver.)

移植元キット — HGUC ジム

移植元キット — HGUC ジム

▲HGUC 1/144 RX-78-2ガンダム

主な改造テクニック

両肩の形状が特徴。ザクⅡの肩を移植してシンプルな造形を再現した。ジム・ライトアーマーはキット化されていないので、加工なしで移植できる移植元キットはないが、アイデアでクリアしよう。

部位を移植する

≫詳しくはP.137

肩パーツを他キットから移植。そのままではポリキャップが合わないので、受け側と挿し込み側が同一のキットのものになるように改造しよう。

パーツのカット&プラ板加工する

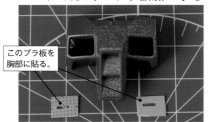

このプラ板を胸部に貼る。

パーツの一部をカットしたり、プラ板を貼ったりして、ジム・ライトアーマーの形状を再現。丁寧に行うことで、完成度が上がる。

武器をプラ板で自作する

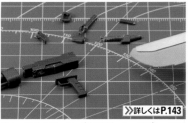

≫詳しくはP.143

ジム・ライトアーマー専用のビーム・スプレーガンはプラ棒、プラパイプ、プラ板でほぼ自作。グリップはベースキットのものを流用。

M_1

改造編

基本・道具

彫るDU

貼るDU

表面処理

シャープ化

プロポーション変更

ミキシングビルド&セミスクラッチ

塗装等

その他

ベースキットを活かし、部分移植する

部分移植でジム・ライトアーマーをつくるプラン

初期のMSVシリーズにおける人気モビルスーツでありながら、キット化されていないジム・ライトアーマー。「HGリバイブ」シリーズのスリムなプロポーションが、軽量化された機体によくマッチしている。ヘッドパーツはジム系でもっともサイズの小さい「HGジム（GUNDAM THUNDERBOLT Ver.）」から移植。設定画では、頭部にはバルカンがないので、パテで埋めた。

After

肩は関節ごと移植する

四角型でシンプルな肩パーツは、HGUC黒い三連星ザクⅡから移植。そのままでは取りつけられないので、リバイブ版ガンダムの関節を移植して取りつけた。

専用ビーム・サーベルはジャンクパーツの流用

ジム・ライトアーマーの特徴の1つであるクロス状デザインのビーム・サーベルは、ジャンクパーツを流用したもの。ランドセル右側はビーム・サーベル基部をカットしてプラ板でフタをしている。

サイドアーマーも「HGUCジム」から移植

ただ「HGUCジム」のものを移植するだけでは厚みが出てしまうので、取りつけ部を削り、スリム化した。

ビーム・スプレーガンをプラ板などで自作

プラ板の積層とプラパイプの組み合わせで、ビーム・ライフルを自作。形状が複雑なグリップ部分は、ベースキットのものから流用。

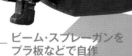

腰アーマーを移植

腰の前部アーマーは、ベースキットの形状を活かして、移植パーツ側に大胆に切り込みを入れた解釈にアレンジ。可動性とスリム感の両立を実現した。

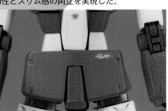

胸部と腹部はプラ板を貼りつける

胸部と腹部はジム・ライトアーマーの形状を再現するため、プラ板を貼りつけてから継ぎ目を消し、さらにスジボリを加えた。

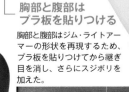

ヒザ＆スネは移植で

ジムとガンダムでは、ヒザの形状が大きく異なる。ここではヒザの関節部分までリバイブ版「RX-78-2ガンダム」を使い、関節を切り取った「HGUCジム」のヒザ＆スネをそっくり移植した。

足首アーマーはカットだけ

リバイブ版「RX-78-2ガンダム」は、足首アーマーが別パーツになっているので切り離すだけで、かんたんにジム・ライトアーマーの足首を再現できる（→P.133）。

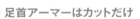

ジム・ライトアーマーの設定画

両肩の形状が特徴。ザクの肩を移植してシンプルな造形を再現した。ジム・ライトアーマーはキット化されていないので、アイデアでクリアしよう。

テーマ別作品⑧
旧キットからパーツを移植する

▶ かつて人気を博したMSV（モビルスーツ・バリエーション）シリーズのキットは旧キットで発売されたのみで、HGUCシリーズなどでリリースされていないことがある。旧キットから移植することで、最新型のMSV機体をつくることができる。

▶ 今回はリバイブ版「RX-78-2ガンダム」をベースに、旧キットのジム・キャノンからパーツを移植して仕上げた。

HGUCシリーズはすでに200種類を超え、さらに増えていますが、いまだに発売されていないモビルスーツもいくつかあります。MSVシリーズで人気のジム・キャノンは、脚部が「HGUCジム」と同様のタイプのキットが登場しましたが、旧キット同様の重厚な脚部のものはMGにしかありません（2023年8月現在）。旧キットと同じデザインで、最新キットのように自在にポージングできるジム・キャノンがほしいと思ったら、ミキシング

ビルドによる改造の出番です。最新キットをベースにしつつ、旧キットから使えるパーツをどんどんミキシングし、自分でリニューアルしてしまいましょう。

今回はリバイブ版「RX-78-2ガンダム」をベースに、旧キットのジム・キャノンからパーツをミキシングして、最新プロポーションのジム・キャノンをつくりました。主な移植箇所は肩のキャノン砲とヒザから下の脚部、そして腰アーマーです。

ジム・キャノンをつくるプラン

ジム・キャノンはMSVシリーズで人気だが、HGUCではMSVとまったく同じデザインのものはリリースされていない。リバイブ版の「RX-78-2ガンダム」をベースに、今風のスリムなスタイルでつくる。

ベースキット紹介

「HGリバイブ」シリーズ第1弾として登場。全体的にスリムなプロポーションが特徴なので、脚部やキャノン砲など、ジム・キャノン特有の太い部位をどのようになじませるかがポイントとなる。

改造のポイント

キャノン砲はリバイブ版「ガンキャノン」のキャノン基部をミキシングすることで、うまく取りつけられた。キャノン砲や後頭部、脚部など、各所のパーツは旧キットのジム・キャノンからミキシング。全身がスリムな中で、ジム・キャノン特有の太めの脚部とのコントラストが斬新なスタイルになった。腰アーマーは可動性を考えて、リバイブ版「ガンキャノン」の腰アーマーをミキシングした。

Before ◀ ベースキット　塗装前

▶ HGUC 1/144 RX-78-2ガンダム

主な改造テクニック

ジム・キャノンは肩のキャノン砲と太い脚部のミキシングがポイント。旧キットからのミキシングに加えて、プラ板による箱組みを駆使して重厚感のあるフォルムを再現しよう。

部位を移植する

≫詳しくはP.136

リバイブ版「RX-78-2ガンダム」の脚部の上から、ジム・キャノンの脚部をカバーのようにかぶせてミキシングした。ベースキットをいじらずに済んだ。

プラ板による箱組みをする

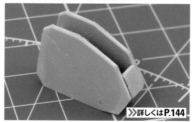

≫詳しくはP.144

キャノン砲の基部はプラ板を箱組みしてつくった。内部の取りつけ基部は、リバイブ版「ガンキャノン」のパーツを利用している。

武器を流用する

≫詳しくはP.144

キャノン砲をはじめ、ビーム・スプレーガンや予備の弾薬は旧キットからの流用。旧キットパーツのモールドが物足りなければ、ディテールアップしよう。

M-1

改造編

基本・道具

彫るロU

貼るロU

表面処理

シャープ化

プロポーション変更

ミキシングビルド&セミスクラッチ

読者号

その他

旧キットからパーツを移植する

旧キットからの移植で
ジム・キャノンをつくるプラン

　リバイブ版「RX-78-2ガンダム」のスリムなプロポーションに、旧キット版ジム・キャノンのパーツを移植。独特の重厚なプロポーションを再現した。移植したのは、脚部やキャノン砲など。腰アーマーなど、リバイブ版「ガンキャノン」からミキシングしたパーツもある。さらにキャノン砲の取りつけ部をプラ板で箱組みするなど、プラ板加工も行った。

After

ヘッドパーツは
サンダーボルト版ジムで

スリムなボディにマッチするのは、「HG ジム（GUNDAM THUNDERBOLT Ver.）」のヘッドパーツ。後頭部には、リバイブ版の「ガンキャノン」からツインアンテナとその基部をミキシングしている。

キャノン砲基部は
プラ板で箱組みする

キャノン砲基部は、ベースキットの胸部を大きく切り取り、プラ板で箱組みしてつくった。キャノン砲本体は旧キットから流用、取りつけ部のパーツはリバイブ版「ガンキャノン」からミキシングした（→P.144）。

武装をほかのキットから
流用する

ビーム・スプレーガンは、「HGUC ジム」からそのまま流用して装備させた。

脚部パーツは
カバーのように移植する

ジム・キャノンの重厚感ある脚部は、旧キットからミキシング。ベースキットの脚部の外側からカバーのようにかぶせた。その際、移植パーツのスソ部分を大きく改修している（→P.125）。

腰部パーツはリバイブ版
「ガンキャノン」から移植

腰部パーツは、中央部は旧キットから移植し、上からかぶせている。左右の腰アーマーはリバイブ版「ガンキャノン」から移植して加工、可動性を確保した。

ランドセルは
旧キットパーツを移植

ランドセルはリバイブ版「RX-78-2 ガンダム」のものに、旧キットからパーツをミキシングしてつくっている。

ジム・キャノンの設定画

MSV企画で登場したジムのバリエーション機。ジムをベースに、ガンキャノンの遠距離攻撃能力を加えた機体。『機動戦士Zガンダム』など、映像作品にも登場した。

テーマ別作品⑨
各パーツをセミスクラッチする

▶ 移植したくてもそれができない場合、プラ板加工によるセミスクラッチを行う必要がある。今回はMSVシリーズの人気機体の1つであるジム・スナイパーカスタムを、セミスクラッチでつくった。

▶ 旧キットから流用できたのは、フェイスガードなど限られた部分だけ。あとはプラ板加工などでつくる。

初期のMSVで人気のジム・スナイパーカスタムはMSDシリーズとしてHGサイズで登場しましたが、人気が高く容易に入手できるものではないのが現状です。ほしいけど買えない、そんなときは入手しやすいキットをベースにセミスクラッチでつくってみましょう。リバイブ版「RX-78-2ガンダム」をベースに同機をつくれば、スリムで精悍なイメージになりそうです。ただし、ジム・スナイパーカスタムの場合、移植するには旧キットとベースキットのプロポーションが違いすぎて難しそうです。

そこで、今回はフェイスガードなどの一部のパーツをのぞき、**ほとんどの部分をプラ板加工によるセミスクラッチでつくる**ことにしました。

すでにあるパーツをそのまま、あるいはアレンジして使うのではなく、**プラ素材をもとに1からパーツをつくるので、難易度は高め**になります。ただし、セミスクラッチの技術を身につけておくと、非常に幅広い表現が可能になります。

ジム・スナイパーカスタムをつくるプラン

ミキシングができない場合、セミスクラッチで1からパーツをつくる必要がある。プラ素材を駆使し、ガンダムをジム・スナイパーカスタムに変身！

ベースキット紹介

「HGリバイブ」シリーズは、HGUCシリーズにラインナップされているキットをリニューアルしていくもの。スリムなプロポーションと、柔軟な可動性が特徴だ。顔は小さく、手足が長いので、旧キットとはパーツのフォルムがマッチしないことがある。

改造のポイント

旧キットのジム・スナイパーカスタムから移植する方法を考えてみたものの、プロポーションが違いすぎるため、断念。ミキシングはフェイスガードなど一部にとどめ、あとはプラ板加工によるセミスクラッチを行う。主な改造ポイントは胸部、腰部、脚部、足首、ランドセルなどで、それぞれプラ板加工でつくった。スナイパーライフルは、旧キットのものだと細身で迫力に欠けるので、プラ棒・プラ板などでほぼフルスクラッチした。

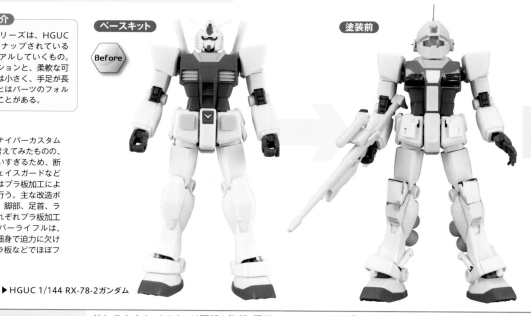

ベースキット Before　塗装前

▶ HGUC 1/144 RX-78-2ガンダム

主な改造テクニック

ジム・スナイパーカスタムは頭部や胸部、腰部、ヒザなどの形状が「RX-78-2ガンダム」と異なる。プラ板工作をフル活用して再現しよう。スナイパーライフルは、ほぼフルスクラッチだ。

プラ板を積層してつくる

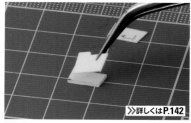

≫詳しくはP.142

追加装甲など厚みが小さいパーツは、プラ板を積層してつくる。コツは下書きを正確に書くこと。プラ板の厚みを変えると、ディテールに変化が出る。

プラ板を箱組みしてつくる

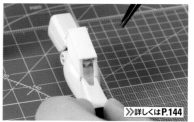

≫詳しくはP.144

大きなパーツはプラ板の箱組みでつくる。これも下書きを正確に書くことがコツ。同じパーツをいくつもつくるときは型紙を用意して、正確に切り出そう。

武器をつくる

≫詳しくはP.143

プラ板とプラ棒で、スナイパーライフルをほぼフルスクラッチでつくる。銃口など一部のパーツは、余っている武器から流用した。

M-1

改造編

基本・道具

形るDU

貼るDU

表面処理

シャープ化

プロポーション変更

ミキシングビルド&セミスクラッチ

塗装等　その他

各パーツをセミスクラッチする

パーツを自作して
ジム・スナイパーカスタムをつくるプラン

ジム・スナイパーカスタムは、初期MSVの代表機ともいえる。これをリバイブ版「RX-78-2ガンダム」をベースに、セミスクラッチでつくった。設定画のデザインにはあまりこだわらず、「HGリバイブ」シリーズのようなプロポーションにするプランにした。フェイスガードは、旧キットのものを少しスリムにして装着。スマートな、スナイパーらしいプロポーションに仕上がった。

After

フェイスガードを移植する

フェイスガードは旧キットから移植。ヘッドパーツは「HGUC ジムII」から移植し、真鍮線で加工したフェイスガードを取りつけた。頭頂部のアンテナは、スプリングとアルミ線で自作。

ランドセルはセミスクラッチした

バックパックはベースキットのものにプラ板を貼り、バーニア（丸型・角型）などのパーツを盛りつけた（→P.141）。

スナイパーライフルは
ほぼフルスクラッチ

旧キットのスナイパーライフルは、この作品には似合わないと判断。プラ板とプラ棒、流用パーツで新たに製作した。予備のガンバレルを装着しているのは、元の設定どおり。

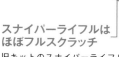

腰アーマーは
プラ板を積層してつくる

腰アーマーはベースキットのヘリウムコア（黄色のパーツ）を外し、そこにプラ板を積層してつくった追加装甲を取りつけた（→P.142）。

ヒザはプラ板を
箱組みしてつくる

大型の両ヒザパーツは、プラ板を箱組みしたもの。下側のスリットもプラ板でつくった。それ以外はベースキットのままになっている。足首のガードも一度切り離してから、アーム状のパーツをプラ板でつくり、ふくらはぎ側に取りつけている（→P.144）。

ふくらはぎに
大型バーニアを
取りつける

ふくらはぎ部分に大型の丸形バーニアパーツを取りつけた。取りつけ基部は、プラ板でフレーム（枠）を追加している。

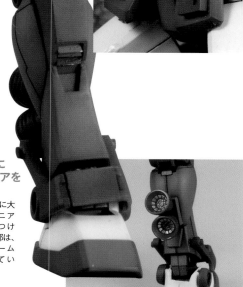

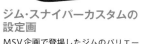

ジム・スナイパーカスタムの
設定画

MSV企画で登場したジムのバリエーション機。ジムをベースに、狙撃能力を加えた機体。エースパイロット向けのカスタム機として、個別のチューンナップが施されている。『機動戦士Zガンダム』などにも登場。

テーマ別作品⑩

2つのスケールを融合させる

▶ MGスケールとHGUCスケールのキットを融合して、部位全体を大型化したり小型化したりすることができる。異スケールの接合部を工夫するだけなので、大改造はせずに、形もそのままでボリュームアップさせることができる。

▶ ディテールアップをふんだんに盛り込むことで、スケール違いによる情報量の差をカバーすることができる。

ガンプラは1/144と1/100をはじめとして、いくつかのスケールがあります。同じモビルスーツでもスケールごとに発売されていて、それぞれでデザインやディテールに違いがあります。

プロポーション変更をするとき、少し延ばしたり縮めたりという程度であればわりとかんたんにできますが、**腕をまるごと小さくする、胴体全体を大きくする**など、全体的に縮小したり拡大したりする作業はとても大変です。

そのような場合は、**スケールの異なるキットをミックスすることで特定の部分だけ大きくしたり、小さくしたりするテクニック**が使えます。

ここではMG版とHGUC版のジオングをミックスさせ、頭部と胸部はHGUCのものを、肩とスカートと前腕部・手にはMGのものを使い、異スケールが融合したメリハリと迫力のあるジオングをつくりました。

肩・前腕部・手はMG

肩・前腕部・手は、MGのものを使用。体の末端ほど大きくなるように組み合わせ、ボリューム感を強調した。

MGとHGUCの融合ジオングをつくるプラン

スケールの異なるキットを組み合わせることで、少ない加工でダイナミックなフォルムにできる。

ベースキット紹介

HGUC初期のキットで、2001年にリリースされたもの。パーツ構成はシンプルながら、アニメの雰囲気をうまく再現している人気のキットである。ジオングはRGも登場したが、原作のケレン味を醸し出すためにもうひと工夫したいところ。

改造のポイント

胸部・頭部はHGUCのものを、肩・スカート・前腕部などはMGのものをそれぞれ使用し、各部のボリュームに大小のメリハリをつける。細部にもディテールアップを施し、迫力満点に仕上げた。

HGUC MSN-02ジオング（1/144スケール）

MG MSN-02ジオング（1/100スケール）

主な改造テクニック

各部のメリハリをつけるために、スケール違いのキットを融合させる。どう接続するかを考えるには、豊富な情報と深い知識が必要だ。たくさんつくって経験を積もう。

異スケールのパーツを合成させる

≫詳しくはP.127

肩関節はHGUCとMGのパーツを接着した。ボディ側、肩側をうまく組み合わせることで、両方のキットの関節をそのまま使う。

移植によるボリュームアップをする

肩とスカート、前腕部をMGのものにすることで、同じ形状のまま大型化させる。手軽なわりに効果は絶大だ。

パーツをカットする

≫詳しくはP.133

スカートのモールドに沿ってカットして、大きなスリットをつくる。のっぺりとしがちな大型パーツにメリハリをつけることができる。

M-1

改造編

基本・道具

彫るDU

貼るDU

裏面処理

シャープ化

プロポーション変更

ミキシングビルド&セミスクラッチ

塗装等

その他

2つのスケールを融合させる

頭部と胸部はHGUCのパーツ

頭部と胸部はHGUCのものを使用し、中心部をコンパクトにまとめた。これにより、手先やスカートの先から見上げたときに、より大小のメリハリがついて見える。

異スケールを融合させた
ジオングをつくるプラン

　MGとHGUCが揃っているモビルスーツはそれほど多くない。この作品ではMGとHGUCをミックスして、部位ごとに大小のメリハリを利かせた迫力のあるジオングをつくった。モノアイには、LEDを埋め込んでいる。

After

上腕は連結して
延長する

MGをベースにヒジから前腕部にHGUCのパーツを継ぎ足し、腕を長くし、かつ腕部から手先へのメリハリを強調した。

腰から下はMGベースで

腰から下のスカート部分はMGのパーツを使用。腰のつなぎ目はジャンクパーツでつないでディテールアップと、スキマの接合を両立させた。

ジャンクパーツで
ディテールアップ

手の甲やスカート上部など、各所にジャンクパーツを取りつけてディテールアップを施した。スプリングやリード線など、プラスチック以外のパーツもふんだんに盛り込んでいる。

ディテールアップ
パーツなどを活用する

スカート背面部にはバーニアパーツを増設し、胸部にはジオンのエンブレムなどもつけた。濃密なディテールを盛り込んでいる。

テーマ別作品⑪
オリジナル設定でカラーリングする

▶ 塗装によってキットをまったく異なる設定のものに変化させるのも、立派な改造テクニックの1つだ。塗装によって、オリジナルの機体に変貌させることができる。

▶ サーフェイサーを吹けば成型色の違いをリセットできるから、あらゆる改造の仕上げとしても塗装は有効だ。

　塗装は基本技術の1つですが、どのように塗るかは多くのガンプラビルダーが試行錯誤するポイントの1つでもあります。設定色にこだわって美しく塗装するもよし、リアルさを追求してスケールや光の加減までも表現するように塗装するもよし。塗装にも、無限ともいえるアプローチ方法があります。

　まったく前例のない自由な配色にするのも、選択肢の1つです。「そんなモビルスーツ、存在しないのでは？」などと難しく考える必要はありません。ガンダムの世界には、自分専用の真っ赤なモビルスーツや全身金ピカのモビルスーツ、あるいは歌姫仕様のど派手なモビルスーツというものもあるのですから、すべてはアイデア次第です。

　設定にない自由なカラーリングにしたいけれど、よい案が思い浮かばないと思ったら、「もしも」の設定を考えてみましょう。たとえば、νガンダムは『機動戦士ガンダム 逆襲のシャア』の劇中では、宇宙でしか戦闘していません。しかし、「もしも、あのあと地上に戦場を移して戦い続けていたとしたら？」。そこには、陸戦に特化したバリエーション機が生まれているかもしれません。陸上で戦うのであれば、森林仕様で迷彩塗装になっているかもしれません。また、武装もエネルギー消費の大きなビーム兵器ではなく、実弾兵器を採用しているかもしれません。いろいろ妄想を広げて、プランを練っていきましょう。

オリジナルのリアルタイプ風陸戦仕様に塗装するプラン

自由なイマジネーションで、自分だけのオリジナル機体になるように塗り替えていこう。

ベースキット紹介

ENTRY GRADEは、元からほぼ完全な色分けがされているキット。つまり、パーツごとに色を塗り分けなければいいので、マスキングなど難しい作業をしなくても、手軽に迷彩風に塗り替えることができる。

改造のポイント

関節など「フレーム」になる部分はメタリックカラーに、外装的な装甲部分は迷彩色にと、明確に分けることでメカらしさを演出する。塗装については、迷彩カラーに近い配色の「リアルタイプガンダム」を1つの参考にした。ガンダムは以前から、リアルタイプカラーなどのミリタリーに寄せた設定が多くあり、トリコロール以外のカラーリングもよく似合う。

ベースキット

Before

▶ ENTRY GRADE νガンダム

参考カラーリング

RX-78 GUNDAM

▲旧キットの「リアルタイプガンダム」のパッケージ。

主な改造テクニック

全塗装をするので、ディテールアップパーツを貼る自由度も高まる。理想のガンプラに仕上げよう。

サフで色調を統一する

ベースキットの成型色が塗装色に影響しないように、まずはサーフェイサーを吹いて色調を統一する。

パーツ単位で色分けする

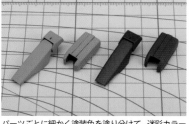

パーツごとに細かく塗装色を塗り分けて、迷彩カラーに仕上げる。

ディテールアップパーツを盛る

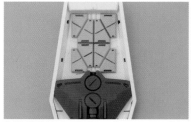

各部に陸戦らしさを演出するディテールアップパーツを貼り、雰囲気を高める。

浪漫あふれる IFの世界のνガンダム

「もしもνガンダムを地上で運用したら」を テーマに、陸戦型νガンダムをつくってみた。 全身をウッドランド迷彩にして、森林地帯の戦 闘に適したカラーリングにしている。一部のパー ツは左右非対称に塗り分けて、簡易的な迷彩カ ラーを実現した。

フレームを メタリックカラーで強調

装甲部分は迷彩4色で塗り分けつ つ、内部フレーム部分はメタリッ ク系のカラーで統一して、メリハ リを持たせている。

陸戦らしい カラーリングに塗装

ダークグリーン、ライトグリーン、 ダークレッド、ダークブルーの4色 でウッドランド迷彩のカラーリング にして、陸戦型らしさを演出してい る。

ディテールアップパーツで メカらしさを演出

各所にディテールアップパーツ などを貼りつけて、ファンネル が使いにくい地上戦用に補強し ている(という演出に)。

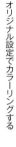

左右非対称な塗り分けで 簡易迷彩を実現

各所のパーツを左右で異なる配色にして、 まるで迷彩塗装になっているようにした。

切るツールの種類

▶ どんな改造プランであっても、すべての工作は切るところから始まる。**使用するツールで、作業効率や結果が左右されるので、道具選びにもこだわりたい。**

▶ デザインナイフのほか、プラのこやニッパー、ホットナイフなど、さまざまな切るツールがある。

何をするにも、まずは切らなければ始まりません。改造において、切るのは重要な工程なので、**ツールもできるだけ適したものを用意したいところです。**

プラスチックを切るツールとして多用するものに、デザインナイフがあります。切るだけでなく、カンナ削りをするなど、用途は多岐に渡ります。ただし、何を切るか（材質）、どう切るか（切り方）によってはカッターナイフのほうがよかったり、プラのこが向いていたりします。

ニッパーも複数本、用意しておく必要があります。薄刃ニッパーは傷みやすいので、サブニッパーを用意して使い分けましょう。また、プラスチック用と金属用、それぞれの用意も必要です。

ツール対応表 ▶ [切る編]

《ナイフ類》

	デカール	プラ板	プラ棒
デザインナイフ	○	○ ※厚さに注意	△
カッターナイフ	○	○ ※厚さに注意	△
プラのこ	×	○	○

《ニッパー類》

	ゲート	ランナー	真鍮線
薄刃ニッパー	○	△	×
模型用ニッパー	○	○ ※太さに注意	×
金属対応ニッパー	○	○	○ ※太さに注意

おすすめのニッパー・ハサミ

薄刃ニッパーをうっかりパーツの切り出し以外に使うと、刃こぼれや破損の原因になる。そこで、加工用にラフに使える安価なサブニッパーや、金属対応ニッパーを用意しておく。

アルティメットニッパー 5.0／ゴッドハンド

薄刃ニッパー。メインのプラ用ニッパーとして、パーツの切り出しに使うニッパー。楽に切れて、白化もしにくいので、作業効率が大幅に高まる。

クラフトニッパー／タミヤ

金属対応ニッパー。軟金属対応で、真鍮線やアルミ線はこれでカットする。

薄刃ニッパー／タミヤ

細かなパーツをランナーから切り離すのに適した、刃先が薄いニッパー。グリップは握りやすい素材でコーティングされている。

プラバンハサミ／ゴッドハンド

通常のハサミでは切りにくいプラ板などのプラ材を切れるハサミ。薄いプラ板を曲線に切ったり、ランナーを切ったりすることができる。

おすすめのデザインナイフ

デザインナイフは「切ってよし」「削ってよし」の万能ツール。刃はこまめに取り換えて、いつもシャープに使いたい。

モデラーズナイフ／タミヤ

ベーシックな替刃式デザインナイフ。刃先はデザインナイフの命。こまめに交換しよう。

アートナイフ替刃／オルファ

25枚入りの替刃セット。ケースには、古くなった刃を収納するスペースもある。タミヤ製のものと互換性がある。

使用イメージ

切る

もっともベーシックな使い方。引き切り、押し切りなど使い分ける。

削る

いわゆる「カンナ削り」。プラスチックなどの表面をこするように薄く削る。

つつく

小さなパーツやデカールなど、ピンセットでもつまめないものは先っちょでつついて持つ。

M_1

改造編

基本・道具

彫るDU

貼るDU

表面処理

シャープ化

プロポーション変更

ミキシングビルド&セミスクラッチ

塗装等 その他

切るツールの種類

おすすめのカッターナイフ

大きなものや硬いものを切断するには、カッターナイフが向いている。プラパイプなどの切断も、カッターナイフで転がすように切る。

カッターナイフ

小型刃Aプラス
／オルファ

もっともスタンダードなカッターナイフ。薄めのプラ素材やプラ以外の素材は、このカッターナイフで切る。

ハイパーH型オートロック
／オルファ

刃に幅がある大型カッター。スチレンボードなど、分厚いものを切る場合に使用する。

PカッターⅡ
／タミヤ

プラスチック加工用につくられた特殊な刃によって、プラ板のカットやスジボリなどの加工ができる。

使用イメージ

デザインナイフよりカッターのほうがいい

プラパイプを切る場合は、デザインナイフではなく、カッターナイフで転がすように切るほうがいい。

プラ板を短冊にするときなど、引き切りする場合はカッターのほうが楽に切れる。

おすすめのプラのこ

パーツを丸ごと切ったり、部位ごと切ったりするときにはプラのこを使う。できるだけ刃が微細なものを用意しておきたい。

ホビーのこ

職人堅気 ハイパーカットソー 0.1 PRO-R
／シモムラアレック

0.1mm幅の微細なノコギリ歯で精密なカットができる。

ホビーのこ
／オルファ

プラモデルなど、細工用のノコギリ。細刃と広刃の2種類がついていて、つけ替えて使える。軸はデザインナイフと同じ。

精密ノコギリ（エッチング製）
／タミヤ

エッチングでつくられた精密ノコギリ。フレームから切り出して使う。0.1mmの刃で5種類の形がセットになっている。カットやスジボリに使える。

Mr.モデリングソー・ラージ（0.1mm刃付属）／GSIクレオス

薄型のブレードで、歯数が多く、プラスチックの切断に適したモデリングソー。MGサイズであっても、無理なくカットできる。

おすすめのホットナイフ

電熱で硬いプラスチックを一刀両断にするホットナイフ。ヒートペンなど、微細な加工ができるものもある。加熱するので、やけどや火の元には十分注意して使用すること。

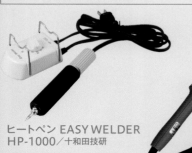

ホットナイフ
／太洋電機産業（goot）

電気式のシンプルなホットナイフ。先端を交換してハンダゴテとしても使える。

使用イメージ

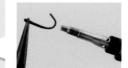

便利なブロワー

コテライザーをブロアーノズルに交換すると、高熱の温風を出すことができる。熱収縮チューブの加工などに使える。

ヒートペン EASY WELDER HP-1000／十和田技研

先端を加熱してプラスチックを加工する。先端の形状は豊富。

コテライザー SK-60／エンジニア

ガス式のハンダゴテ。ノズルを交換するとホットナイフになる。

おすすめの「切る」サポートツール

正確に切るためには正しく測って、きれいに切らなければならない。そのためにカッターマットや定規なども用意しておこう。

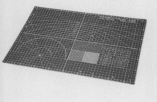
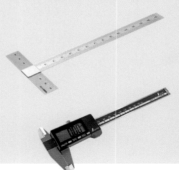

カッターマット

カッティングマット
／タミヤ

A3サイズの大型カッターマット。方眼や分度器などがプリントされていて便利。

金属定規

アルミ直尺 アル助
／シンワ測定

アルミ製定規。ウラ面にスポンジがついており、滑りにくくなっている。

金属T定規

HGステンレスT定規【L】
／ウェーブ

T字型の金属定規。段差があり、プラ板などに引っかけて使うと直角が出しやすい。

ノギス

デジタルノギス カーボン大文字2 150mm
／シンワ測定

0.1mm単位で正確にサイズを測れるデジタルタイプのノギス。

削るツールの種類

▶ 改造において、紙やすりで削る作業はもっとも頻度が多くなる。

▶ きれいに削るためには紙やすりに当て板をしたり、あるいは当て板つき紙やすりを使用するとよい。

▶ 棒やすりや電動ツールも進化しているので、上手に使って作業効率をアップしよう。

削る工程で基本ツールとなるのは、やすりです。大きく削るときは棒やすりで一気に削りますが、そのあとは紙やすりで番手を上げながら仕上げていきます。

紙やすりは、大きなサイズのものをあらかじめ細切りにしておくと、すぐに使えて便利です。最初からカットされているタイプもあります。

面出し(→P.114)やパーツの角を立てる(→P.110)ときは、紙やすりに当て板などをつけて、面をフラットに削れるようにします。最初から当て板がついている紙やすりもあります。棒状のパーツを削るときは、紙やすりをそのまま巻きつけたり、スポンジタイプの紙やすりを巻いて行います。

削るための電動ツールもあるので、用途や作業時間を考えて使い分けましょう。

ツール対応表 ▶ [削る編]

《やすり類》

	大きな削り出し	表面処理	曲面の加工
紙やすり(基本)	×	○	○
紙やすり(当て板つき)	×	○	×
棒やすり	○	×	△
リューター	○	×	×

おすすめの紙やすり(基本)

改造において、もっとも時間をかけるのは紙やすりで削る作業といっても過言ではない。紙やすりは、常にベストコンディションのものを使おう。

紙やすり(サンドペーパー)

**フィニッシングペーパー
/タミヤ**

細目セット(400、600、1000番)、仕上げセット(1200、1500、2000番)などがある。プラスチック・金属の両方に使えるので、最初に買うのはこの2つのセットでいいだろう。180~2000番まで、番手ごとのパックもある。

**Mr.ペーパー
/GSIクレオス**

耐水紙やすり。180番~3000番までラインナップ。台紙が少しやわらかい。番手ごとのパックのほか、細目セット、粗目セットもある。

**Mr.ペーパー カードタイプ
/GSIクレオス**

カット済みの紙やすり。最初から10mm幅にカットされていて便利。240番~1000番まで5種類ある。

使用イメージ

紙やすりをカット

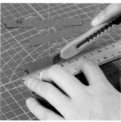

紙やすりは2cm幅にカットしておくと使いやすい。あらかじめまとめて、切っておこう。

番手ごとに整理する

カットした紙やすりは、番手ごとに整理しておくと便利。クリップなどで留めて、ケースなどに入れておこう。

当て板をつけて使う

面をフラットにやすりがけしたいときは、厚めのプラ板や木片などに当て板にして、両面テープで貼りつけて使おう。

巻いて使う

帯状に切った紙やすりを、ぐるりと巻きつけて削る。棒状のものに巻きつけてやすりがけができるのは、紙やすりの利点の1つ。

おすすめのやすり（その他）

最初から当て板がついているやすりなど、さまざまな紙やすりが市販されている。やすり台など、精度を高めるツールもある。

当て板つき紙やすり

ヤスリスティック
／ウェーブ

硬い樹脂素材の両面に紙やすりを貼りつけたもの。400番〜1200番までの番手があり、棒型、細型、ハードタイプ・ソフトタイプなどのバリエーションがある。

タイラー
／月世

プラスチックの当て板に、紙やすりが貼られたもの。スキー板のように片側にソリがある。3個セットで、番手ごとに色違いとなっている。240、320、400、600、800番の5種類がある。

スポンジつき布やすり

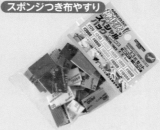

神ヤス！スペシャルパック
／ゴッドハンド

2mm厚〜5mm厚のスポンジ素材に布やすりを貼りつけたもの。120番〜10000番までセットになっている。パーツの曲面に沿って、やすりがけができる。

当て板

リタックスティック（5本入り）
／ハイキューパーツ

平面用の当て板。粘着シートは水で洗うと粘着力が復活するので、何度でも使える。番手を示すシールつき。

やすり台

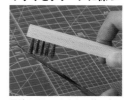

ヤスリほう台2
／ウェーブ

組み立て式のやすり台。固定面に紙やすりを貼りつけ、スライドできる台にパーツを固定してやすりがけができる。正しい角度でやすりがけができるので、面出しなどで便利。

おすすめの棒やすり

大きく形を変えたいときは、金属製の棒やすりでどんどん削る。平型、半丸型、丸型の3種があれば、だいたいの目的には足りる。

**ベーシックヤスリセット
（中目、ダブルカット）**
／タミヤ

平型、半丸型、丸型の棒やすり3本セット。まずはこの3種類から始めよう。

微美鬼斬（びびおにぎり）
／スジボリ堂

単目で切削力を高めた上級モデル。5種類の形状がラインナップされている。写真は「平」。

**匠之鑢・極 玄人 油目
（たくみのやすり きわみ くろうと あぶらめ）
（仕上げ用）**
／GSIクレオス

モデリング用に開発された細目の平やすり。高い切削性を持ち、微細な加工に向く。

セラブロックスティック
／サンフレックス

研磨剤を配合したシリコンゴムで削るやすり。パーツを傷めにくい。模型用には220番か320番がいい。

使用イメージ

やすりをクリーンに保つ

目詰まりしてきたら、使い古しの歯ブラシか真鍮ブラシなどでこする。ブラシでも取れにくくなったら、ツールクリーナーにつける。こびりついたプラスチックが溶けて取れる。

おすすめの電動ツール

コードレスポリッシャーはヘッドに紙やすりをつけ、往復運動で削るもの。リューターのビットをつけ替えて、紙やすりで削るツールにすることもできる。

**電動コードレス
ポリッシャーⅡ**
／GSIクレオス

電池で駆動する電動やすり。先端に紙やすりをつけて、振動で削る。専用紙やすり（糊つき）、交換用ヘッドセットも別売りされている。

**電動コードレスルーター
PROⅡ基本ヤスリ付**
／GSIクレオス

電池で駆動する電動リューター。ビットを交換すれば、電動やすりにもなる。

BMCカッター
／スジボリ堂

鋭い刃できれいに削るビット。大小と形状違いで、8種類のラインナップがある。写真は「大」のセット。

サンディングバンド
／浦和工業

軸径2.35mmのリューター用紙やすり。80番〜600番までラインナップがある。

彫る&あけるツールの種類

▶ 凹モールドなどを彫り込んでいくスジボリは、改造の基本。そこで、自分の好みの凹モールドを彫れるツールを見つけて、慣れるまで使い込んでおこう。

▶ ピンバイスなど、穴をあけるツールもたくさんある。それぞれで使用感や結果が異なるので、それぞれ試してみよう。

ガンプラの表面を彫るためのスジボリツールは、年々ラインナップが増えています。以前はけがき針が基本でしたが、今ではタガネやラインチゼルなど、選択肢が幅広くあります。まずは1種類買ってみて、プラ板やテスト用のキットなどで練習して慣れていきましょう。スジボリのコツはガイドテープを使うこと。短いところでもきちんと貼って、刃先が外れないようにしましょう。

穴をあけるための基本ツールはピンバイスです。ピンバイスは0.1mm単位で、ジャストサイズの径のドリル刃を使うのが基本。よく使う径のドリル刃を揃えておきましょう。

そのほか、表面を加工するツールは数多く市販されています。気になるものは入手して、試してみましょう。

ツール対応表 ▶ [彫る・あける編]

《スジボリ類》

ラインチゼル	タガネ	けがき針
ラインチゼルは引っかくように手前に引いて使う。彫りあとは凹型になる。	タガネはシャープな切れ味が特徴。手前に引いて使う。彫りあとは凹型になる。	けがき針は手軽に使えるスジボリツール。彫りあとはV字型になる。

《穴あけ類》

	プラ板	パーツ	口径の種類
ピンバイス	○	○	豊富
ポンチ	△	×	そこそこ豊富
ドリル／リューター（→P.65）	○	○	豊富

おすすめのスジボリツール

けがき針やタガネは模型に限らずさまざまな用途のあるツールだが、スジボリ専用に設計されたツールもある。好みと予算で選ぼう。

ラインチゼル型 **タガネ型** **けがき針型**

Mr.ラインチゼル／GSIクレオス

線状のミゾを引くためのノミ。爪でひっかくように手前に引いて使う。0.3mmの刃が標準で付属している。別売りの替刃が多数あり、HGスケールには、刃幅0.15〜0.2mmがおすすめ。

スジ彫り超硬ブレード／タミヤ

引いて使うラインチゼル型のスジボリツール。耐久性と切れ味に優れる。写真は別売のスジ彫りブレードホルダーを装着したもの。HGスケールには、刃幅0.15〜0.2mmがおすすめ。

スジ彫りカーバイト／ファンテック

引いて使うタガネ型のスジボリツール。写真は別売りの斬技ホルダースリムを装着したもの。HGスケールには、刃幅0.15〜0.2mmがおすすめ。ほかにニードル型のものもある。

BMCタガネ／スジボリ堂

タガネ型のスジボリツール。矩形のミゾをきれいに彫れる。サイズは0.075〜4.0mmまで、20種類以上。HGUCなら0.2mmを中心に、細部に0.1mmか0.15mmを使い分ける。

モデリングスクライバー（模型用けがき針）／ハセガワ

けがき針型のスジボリツール。グリップがゴム製で使いやすい。けがき針はスジボリだけでなく、ドリルを当てるときのマーキングなど出番は多い。1本はほしいツールだ。

M-1

改造編

基本・道具

彫るDU

貼るDU

患面処理

シャープ化

プロポーション変更

ミキシングビルド&セミスクラッチ

塗装等

その他

彫る&あけるツールの種類

おすすめのピンバイス

ピンバイスは、穴をあけるための基本ツール。まずはセットを買って、少しずつドリル径を増やすといいだろう。

精密ピンバイスD-R
／タミヤ

ラバーグリップがついた進化型ピンバイス。取りつけるドリル刃をつけ替えることで、0.1〜3.2mmの穴に幅広く対応する。

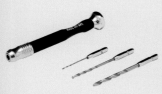

HGワンタッチ
ピンバイスセット
／ウェーブ

六角のジョイントでかんたんにつけ替えができるピンバイス。セットには1.0、2.0、3.0mmのドリル刃が付属している。別売りの替刃が0.5mmから0.1mm刻みでラインナップされている。

極細ドリル刃セット
／タミヤ

5本セットの極細ドリル刃。収納ケースに0.3、0.4、0.5、0.6、0.8mmの5種類を収めている。

ベーシック
ドリル刃セット
／タミヤ

太めの5本セット。1.0、1.5、2.0、2.5、3.0mmを専用の収納ケースに収納。

ドリル刃／ミネシマ

1本ごとに売られているドリル刃。0.2mmから小刻みにラインナップされているので、必要なサイズを選んで揃えよう。

ワンポイント

お手入れに5-56

ピンバイスやドリル刃は、手の油脂などがつくとサビていく。定期的に歯ブラシなどでゴミを落とし、防サビ・潤滑剤の定番5-56などを塗っておく。写真は5-56をペンタイプにしたもの。

**5-56
無香性ペンタイプ**
／KURE（呉工業）

そのほかの彫るツール

パーツを彫るためのツールは数多い。1つのツールで複数の目的に使えるものがある。まずは1つ手に入れてみて、使い倒してからほかのツールを試していってもいいだろう。

ビットブレード平刀5本セット
／ゴッドハンド

片刃の小型彫刻刀。オモテ・ウラで刃の角度が違うので、状況に応じて使い分けることができる。刃幅1.0〜3.0mmの5本セット。

スピンブレード
／ゴッドハンド

回転させて彫ることができる彫刻刀。ドリル穴の底面を平らにするフラット加工ができる（穴を彫る以外に、そのまま彫刻刀として使用することもできる）。

超硬スクレーパー
／ファンテック

タングステンカーバイト製のスクレーパー。ピンバイスで彫った穴のエッジを整えるほか、パーツの表面を削るなど幅広く用いる。ピンバイスに装着して使う。

BMCダンモ
／スジボリ堂

パーツのエッジなどに段差をつけるツール。合わせ目の処理や凹モールドをつくるのに使用する。

おすすめのガイドツール

スジボリのコツはガイドを使うこと。ガイドテープは消耗品だが、ケチらずに使おう。

スジボリ用ガイドテープ
／ハイキューパーツ

スジボリを入れたいところに貼って、スジボリツールがズレないようにするツール。3ミリ×30m巻、ワイド6ミリ×30m巻の2種。

スジボリ用ガイドテープ ハード
／ハイキューパーツ

より硬いタイプのガイドテープ。硬い分、ガイド感が強いのでスジボリビギナーにおすすめ。3ミリ×3m巻と6ミリ×3m巻の2種。いずれも2個入り。

テンプレート セット1（直線定規）
／ハセガワ

スジボリ用の図形を盛り込んだテンプレート。複数の図形を組み合わせて使うこともできる。

貼るツールの種類

▶ 貼るツールの代表格は接着剤。貼る素材や目的によって、最適な接着剤の種類が異なる。とくに金属パーツを貼りつける場合は、スチロール系接着剤は使えないので、瞬間接着剤やエポキシ接着剤が必要になる。

▶ 同じスチロール系接着剤でも、流し込みタイプか通常タイプかで乾燥時間が異なる。作業時間や用途を考えて使い分ける。

　改造を行う場合、接着剤を使ってパーツをくっつけることが必須になります。プラスチックパーツならスチロール系接着剤で決まりですが、金属パーツやプラスチック以外の樹脂を用いる場合は、素材に合わせて接着剤を使い分けなくてはいけません。

　あらゆる素材のパーツに使える瞬間接着剤は、これまで以上に活躍するようになるでしょう。パーツ同士を貼り合わせるだけでなく、パテとして活用したり、仮止めにも重宝します。また、デカールなどのマーキングも貼ることの1つ。マークセッターなどを活用して、美しく貼りつけましょう。

必須ツール ▶ [貼る編]

《接着剤類》

	プラスチック	ABS	金属
スチロール系	○	×	×
ABS系	△	○	×
瞬間系	○	△ ※	△ ※
エポキシ系	○	△ ※	○

※より強固に接着したい場合は、先にプライマーを塗るとよい。

おすすめのスチロール系接着剤

プラモデルの主な素材はプラスチック（PS、スチロール樹脂）。スチロール系接着剤なら、プラ同士を溶かしながら接着するので強力に貼りつく。

スチロール系接着剤（通常タイプ）

タミヤセメント（角びん）／タミヤ

ノーマルタイプのスチロール系接着剤。合わせ目消しなど、しっかりパーツ同士を接着したいときはこれを使う。

タミヤリモネンセメント／タミヤ

柑橘由来のリモネン系接着剤。オレンジっぽい香りで、シンナーのような刺激臭はない。

Mr.セメント／GSIクレオス

通常タイプの粘り気のあるスチロール系接着剤。パーツをしっかり接着し、合わせ目を消す場合にはこちらを。

スチロール系接着剤（チューブ・ペンタイプ）

プラモデル用セメダイン／セメダイン

チューブタイプのスチロール系接着剤。粘度が高く透明。硬化時間が短いのも特徴。

Mr.セメントリモネンタイプ／GSIクレオス

ペンタイプのリモネン系接着剤。ペン先は標準タイプと極細タイプの2種類。ちょっとしたパーツの接着に便利。

スチロール系接着剤（流し込みタイプ）

タミヤセメント（流し込みタイプ）／タミヤ

粘度の低いスチロール系接着剤。付属の筆も細いタイプになっている。スキマに流し込んで使用する。

タミヤセメント（流し込みタイプ）速乾／タミヤ

流し込みタイプの接着剤の乾燥時間を短くしたもの。細かいパーツの接着に便利。

タミヤリモネンセメント（流し込みタイプ）／タミヤ

リモネンセメントはシンナーを使わない、柑橘由来のスチロール系接着剤。乾燥時間はシンナー系のものの2～3倍。

Mr.セメントS／GSIクレオス

流し込んで使うタイプのスチロール系接着剤。乾燥までに少し時間があるので、塗ってからでも位置を調節できる。

Mr.セメントSP（スーパーパワー）／GSIクレオス

流し込んで使うタイプのスチロール系接着剤。すぐに乾燥して固まる。貼ってから調整する場合には使えない。

おすすめの瞬間接着剤

瞬間接着剤には溶接による強力な接着力はないが、瞬時に乾くこと、どんなパーツ同士でも使えることが利点。硬化促進剤（硬化スプレー）を使えば、乾燥時間はさらに短くなる。

瞬間接着剤

よわめ
タミヤ瞬間接着剤（ブラシつき）
／タミヤ

ブラシで塗るタイプの瞬間接着剤。安定したボトル形状で、作業しやすい。

よわめ
黒い瞬間接着剤（高粘度タイプ）
／ウェーブ

黒く着色してある接着剤。つけた場所がひと目でわかる。キズの補修やヒケの処理など、パテのような使い方もできる。

よわめ
Mr.ジャストはけ塗り瞬着
／GSIクレオス

ブラシで塗るタイプの瞬間接着剤。アルミパック入り。

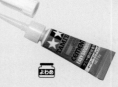

タミヤ瞬間接着剤（イージーサンディング）
／タミヤ

硬化後のはみ出し修正や切削がしやすいタイプ。粘度が高く、パテのように使うのに便利。アルミチューブ入り。

使用イメージ

プラスチックを侵さず、すぐに硬化する瞬間接着剤はさまざまなシーンで重宝する。

貼る
プラスチック同士でも、メタルパーツでも、ほかの素材でもOK。

埋める
パテ代わりに、ちょっとつけてすぐ硬化。

仮止めする
ごく少量を点づけする。プラスチックを溶かさないので、剝がしても大丈夫。

よわめ
瞬間接着剤×3L
／ウェーブ

小容器の3本パック。低白化タイプ、低粘速硬タイプ、高強度タイプがある。写真は「低白化」タイプ。

硬化促進剤

つよめ
瞬着硬化スプレー
／ウェーブ

瞬間接着剤専用の硬化促進剤。シュッとひと吹きで、すぐに硬化する。瞬間接着剤以外には効果はない。

おすすめのそのほかの接着剤

プラスチック同士以外の組み合わせでは、それぞれの材質に合わせた接着剤を選ぶ必要がある。金属パーツにも多用されるので、用意しておこう。

つよめ
ハイグレード模型用セメダイン
／セメダイン

無溶剤タイプの水性タイプ接着剤。パーツを侵さないので、クリアパーツやメッキパーツでもきれいに貼ることができる。

つよめ
瞬間エポキシ接着剤
／ウェーブ

2液混合型の接着剤。通常の2倍の速度で硬化する速乾タイプ。塗装済みのパーツや金属パーツ、強度の必要な場所の接着に使う。

つよめ
タミヤセメント（ABS用）
／タミヤ

スチロール系接着剤では貼れないABS樹脂のパーツを接着する。ABS樹脂とスチロール樹脂同士の接着もできる。

よわめ
液体プラスチック接着剤
／ボンディック

液体プラスチックを塗り、付属のUVライトを照射すると紫外線に反応して即座に硬化する。素材を問わず接着できる。硬化後は切削や塗装もできる。

おすすめのデカール用ツール

デカール貼りに便利なツール。マークセッターを貼る場所に塗り、デカールを貼ったあとでマークソフターでなじませる。マークフィットはその両方の機能を持つ。

Mr.マークセッター
／GSIクレオス

デカールをしっかり定着させるもの。シルバリング（うっすら白くなる）の防止にもなる。軟化剤も配合されているが、フィットが甘い場合はマークソフターを重ねる。

Mr.マークソフター
／GSIクレオス

水転写デカール表面のフィルムを軽く溶かし、やわらかくする軟化剤。曲面や複雑な箇所に貼りつけるのに用いる。マークセッターのあとに塗って使う。

マークフィット
／タミヤ

デカールをキットになじませ、定着させる。マークセッターとマークソフターの中間的存在。ただし、マークソフターほどやわらかくはならない。ハードタイプもある。

リキッドデカールフィルム
／マイクロスケール

古くなって劣化したデカールに塗って、被膜を増やして修復するもの。貼る前に使用する。

盛るツールの種類

▶ パーツに盛って使うツールにパテがある。パテにもいろいろ種類があるので、特性を知ってチョイスしよう。

▶ 造形するならエポキシパテが基本。粘土のようにさまざまな形状をつくることができる。補修や穴埋めなどは、ポリエステルパテやラッカーパテの出番だ。そのほか、瞬間パテなども登場している。

パーツの表面に盛りつけて使うツールに、パテがあります。さまざまな種類があるので、特性を考えて目的によって使い分けしましょう。

パテは大きく分けて、エポキシパテ、ポリエステルパテ、ラッカーパテの3種類。エポキシパテは粘土のように造型して使います。ポリエステルパテは何かの表面に盛ったり塗ったりして使い、ラッカーパテは傷や穴を埋めるのに使います。

パテを扱うのに欠かせないヘラやスパチュラも、さまざまな種類のものが出ています。最初はセットのものを入手し、だんだんと自分に合ったものを探して追加しましょう。

必須ツール ▶ [盛る編]

《パテ類》

	硬化時間	ヒケ	硬化後の硬さ	PSへの食いつき
エポキシパテ	普通	あまりない	普通	悪い
ポリエステルパテ	速い	あまりない	硬い	普通
ラッカーパテ	長い	ある	普通	よい

おすすめのエポキシパテ

主剤（プレポリマー）と硬化剤を同量混ぜ合わせて硬化させるタイプのパテ。粘土のように使えるので、出番が多い。曲面の造形にはもってこいだ。

エポキシ造形パテ（速硬化タイプ）／タミヤ

速乾タイプのエポキシパテ。硬化時間は常温（20℃〜25℃）の環境で、約5〜6時間。

ウェーブ・エポキシパテ［軽量タイプ］／ウェーブ

一般のパテの約半分の重さのエポキシパテ。硬化時間は3時間。硬化後の切削がしやすい。クリームカラーとグレーがある。

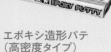

エポキシ造形パテ（高密度タイプ）／タミヤ

キメが細かいタイプのエポキシパテ。硬化時間は常温で約12時間。硬化後のヒケが少ない。

Mr.造形用エポキシパテエポパPRO／GSIクレオス

キメの細かさと速乾性を両立させたエポキシパテ。細かいパーツ、薄いパーツなどに向く。高密度タイプと超軽量タイプがある。

エポキシパテ プラ用／セメダイン

1時間で硬化するタイプ。工作可能時間が短い。シンプルなパーツ向け。

使用イメージ

よく混ぜる

エポキシパテは2剤混合型のパテ。きれいに硬化させるには、しっかりと混ぜ合わせる必要がある。

対応する接着剤に注意

エポキシパテの部分には、スチロール系接着剤は使えない。瞬間接着剤か、エポキシ系接着剤を用いることになる。

おすすめのポリエステルパテ

主剤に少量の硬化剤を混ぜて硬化させるパテ。においが強いのが特徴。硬化時間は短く、速いもので15〜30分後には硬化して削ることができる。

パテ革命モリモリ／ウェーブ

主剤に硬化剤を混ぜて使う。においは強いが、ゴムのような弾力がなくなる程度まで硬化すると切削しやすい。硬化剤のみの別売りもある。

使用イメージ

よく混ぜる

ポリエステルパテも2剤混合型のパテ。しっかり硬化させるには、よく混ぜ合わせること。

気泡に注意

ポリエステルパテは気泡が出るのが特徴。硬化後、成型して表面に気泡が現れたら、ポリエステルパテで再度埋めていく。

M-1
改造編
基本・道具
彫るDU
貼るDU
表面処理
シャープ化
プロポーション変更
ミキシングビルド&セミスクラッチ
塗装等
その他
盛るツールの種類

おすすめのラッカーパテ

ラッカーパテはゆるいペースト状のパテで、混ぜる必要はない。主にスキマを埋めたり、ヒケを処理したりするのに用いられる。ラッカー系溶剤で溶いたものを溶きパテという。

タミヤパテ（ベーシックタイプ）
/タミヤ

ペースト状のパテ。溶剤が気化して硬化する。1mm程度の厚みなら、1時間で硬化する。

タミヤパテ（ホワイト）
/タミヤ

白いラッカーパテ。乾燥硬化後に明るい色で塗装する場合に用いる。

Mr.ホワイトパテR
/GSIクレオス

低粘度タイプのパテ。ラッカーパテと溶きパテの中間的な存在。硬化後はプラスチックに近くなる。

Mr.溶きパテ（ホワイト）
/GSIクレオス

Mr.ホワイトパテRの粘度をさらに下げたものだが、サーフェイサー500よりは粘度が高い。ヒケの処理などに用いる。

Mr.サーフェイサー500
/GSIクレオス

グレーの溶きパテ。キズの修復に最適。スジボリの失敗や改造でついたキズのリカバリーには、これを使うことになる。

使用イメージ

溶きパテをつくる

ラッカーパテをラッカー系溶剤で希釈すると、溶きパテになる。目的に合わせて使いやすい粘度に調節しよう。また、ランナーをスチロール系接着剤（流し込みタイプ）で溶かすと、ペースト状になる。この溶かしランナーをパテとして使うと、成型色と同色のパテとして使える。

ラッカーパテを好きな粘度にする。

ランナーを溶かしてパテ代わりに。

おすすめのそのほかのパテ

瞬間接着剤のようなパテやUVに反応するパテなど、さまざまなパテが登場している。高価なものが多いが、時短になるので活用したい。

瞬間カラーパテ
/ガイアノーツ

インクジェットプリンタと同じようにクリアブルー、クリアレッド、クリアイエロー、ブラックなどがあり、混ぜることで好きな色をつくれる。

タミヤ光硬化パテ

光に反応して硬化するパテ。日光で1分、蛍光灯で2分が硬化時間の目安だ。ヒケなどはあまり出ない。

光硬化パテ ロックレーザー328
/スジボリ堂

光で硬化するパテ。日光では10分ほど。別売りの専用LEDライトを照射すると、5秒で硬化する。

UVクリアー
/スジボリ堂

UV硬化接着剤。白化しないので、クリアパーツの接着や表面処理などに使える。別売りの紫外線LEDライトが必要。

そのほかの関連ツール

パテを扱うためのヘラやスパチュラも用意しておきたい。いろいろ試して自分に合うものを探すのがいいだろう。

スパチュラセット
/ミネシマ

細工用の3本セット。基本的なことはできる。

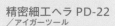

調色スティック
/タミヤ

金属製の塗料用スティックだが、先端のスプーンと、ヘラ状の後端がパテの成形にちょうどいい。

精密細工ヘラ PD-22
/アイガーツール

幅広で、広範囲に伸ばすときに便利なヘラ。ステンレス製で丈夫。

使用イメージ

ワセリンを指先につける

エポキシパテは指がベタつくのが難点だが、ワセリンを指先に少しつければ、ベタつかなくなる。リップクリームなどでもOK。

プロホビー接着マット
/アイコム

ポリプロピレン素材のマットでパテや接着剤、塗料がついてもペリペリとはがせる。SとMがある。

シリコンマットM
/清原

シリコン製の作業マット。UVレジンなどの使用にも◎。

ビニール使いきり手袋 粉なし
/川西工業

薄手で作業しやすいビニール手袋。しなやかでゴムに近い感覚。

プラスチック&金属素材 の種類

▶ ガンプラの改造では、キット以外の素材を使うことも多い。具体的には、プラ板・プラ棒・プラパイプなどのプラスチック素材、アルミ線や真鍮パイプなどの金属素材がある。

▶ 模型全般で使えるようにつくられた汎用のディテールアップパーツもある。アイデア次第で使い道は無限大だ。

おすすめのプラ板

プラ板は自由な形に切り出せて、塗装も自在にできるなど、さまざまなパーツに変身できる万能素材。切って貼ったり、貼り重ねたり、箱状に組んだり、幅広い使い方ができる。

プラ板

プラバンセット
／タミヤ

300mm×120mmにカットされたプラ板の5枚セット。厚さは0.3mm、0.5mm、1.2mmの3種類が入っている。スチロール樹脂。

プラバン
／タミヤ

B4サイズのプラ板パック。厚みにより、内容量が異なる。写真の0.5mm厚は4枚入り。0.3mm厚〜2mm厚まである。スチロール樹脂。

プラボード
／タミヤ

プラ板よりやわらかく、スチレンボードより硬い素材。スチロール樹脂なので、扱いはプラ板と同じ。2mm厚と3mm厚がある。B4サイズ。

プラ=プレート
／ウェーブ

ほどよい硬さで切削しやすいプラ板。厚みは0.3mm、0.5mm、0.8mm、1.0mmの4種。B5サイズで2枚入りパック。

目盛り付きプラ板

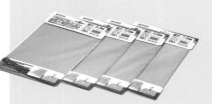

プラ=プレート目盛付き
／ウェーブ

プラ板の片面に1mm目盛りつきの方眼を印刷したもの。直角が取りやすい。プラ色はグレーで、方眼の色はブルーとホワイトの2色。厚みは0.3mm、0.5mm、0.8mm、1.0mm。B5サイズ2枚入り。

プラペーパー

プラペーパー
／タミヤ

プラペーパーとは、極薄のプラ板のこと。0.1mm厚、0.2mm厚の2種類があり、それぞれ3枚入りパック。スチロール樹脂なので接着、塗装も可能。B4サイズ。

モールドプラ板

プラシート
／エバーグリーン

米国エバーグリーン・スケール・モデルズ社製のプラ板。モールドなしの「ホワイトプレーン」もあるが、さまざまなモールドが施されたものが有名。バリエーションは豊富で、断面がV字型の「Vグルーブ」、ななめの切れ込みが繰り返される「クラップサイディング」、台形の凹みが続く「メタルサイディング」などがある。プラ板の厚みやモールドの大きさでも、バリエーションが分けられている。

透明プラ板

透明プラバン
／タミヤ

スチロール樹脂製の透明なプラ板。B4サイズ。0.2〜0.4mm厚と1.7mm厚のバリエーションがある。

塩ビ板

塩ビ板・小
／タケダ

塩化ビニル製の透明シート。半透明やブラウン色もある。160mm×115mmで、厚さは0.5mm。

使用イメージ

プラ板を短冊状に切っておく

あらかじめプラ板を適当なサイズの短冊状に切り出して保管しておくと、コンパクトに収納できるし、いざ使うときに便利だ。切り出すサイズは幅2mm程度ごとに差をつけて、厚さ別に袋分けしておく（具体的な使い方はP.95）。

M_1

改造編

基本・道具

彫るDU

貼るDU

表面処理

シャープ化

プロポーション変更

ミキシングビルド&セミスクラッチ

塗装等

その他

プラスチック&金属素材の種類

おすすめのプラ棒・プラパイプ

プラ棒やプラパイプがあれば、武器の自作など改造の幅が格段に広がる。

プラ棒

プラ材／タミヤ
直径1mm、2mm、3mm、5mmがあり、丸棒・角棒のバリエーションがある。スチロール樹脂。写真は丸棒。

プラ＝材料／ウェーブ
グレーのプラ棒。丸棒と角棒があり、それぞれ直径1.0mm〜5.0mmまで揃っている。写真は角棒。

特殊なプラ棒

プラ材／タミヤ
特殊な形状のプラ棒。三角、コの字、L字、H字の4種類がある。

プラ＝材料／ウェーブ
グレーで三角棒(2種)、半丸棒、1/4丸棒、六角棒と変わった形状が揃っている。写真は半丸棒。

プラパイプ

プラ材パイプ／タミヤ
スチロール樹脂製のパイプ。少し厚みがある。パイプの外径で3mm、5mm、8mmの3種類がある。

プラ＝パイプ／ウェーブ
プラ色はグレーで、肉厚・肉薄が選べる。太さは外径3.0mm〜8.0mmまでで、11種類と豊富。

プラ＝材料 テーパー丸棒／ウェーブ
徐々に太さが変わるテーパー形状のプラ棒。5種。

プラボウ／エバーグリーン
断面が長方形の「平棒」や「スクエアパイプ」、Iの字型の「アイビーム」など豊富。

使用イメージ

プラ棒加工にピンバイスが活躍

プラ棒やプラパイプの加工にピンバイスも使える。プラ棒に穴をあけるほか、ピンバイスにプラ棒を差し込んで固定することで、作業のしやすさが高まる。

ピンバイスにプラ棒を差し込み、プラ棒の先端をやすりに押しつけてくるくる回すことで、テーパー状に削ることができる。

おすすめの金属パーツ

プラモデルだからといって、すべてプラスチックである必要はない。模型用の金属素材もたくさん市販されているので、積極的に活用してみよう。

金属線

C・ライン／ウェーブ
真鍮線。外径0.3mm〜2.0mm。パーツをつなぐ芯にするなど、用途は幅広い。

AL・ライン／ウェーブ
アルミ線。やわらかく加工しやすい。外径0.8mm〜2.0mm。

メッシュパイプ

メッシュパイプ／タミヤ
ビニールパイプにメッシュ状の金属をかぶせたもの。バイクなどのスケールモデル用だが、ガンプラでも活用できる。2.0mmφ、2.6mmφの2種類。

使用イメージ

金属素材を接着・塗装するには？

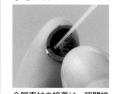

金属素材の接着は、瞬間接着剤が基本。強度が必要ならエポキシ系接着剤を使う。塗装する際には、メタルプライマーを下地に塗る。

金属パイプ

NEW Cパイプ／ウェーブ
真鍮パイプのセット。内径と外径が合わせてあるので、重ねて入れられる。

スプリング

Aスプリング・ブラック／ウェーブ
外径1.0mm〜4.0mm。関節や動力パイプの中に入れるなど、用途は幅広い。

金属線加工用ツール

ハンドルメーカー／インターアライド
金属線を挟んでぐっと押し込むと、ハシゴのような矩形パーツがつくれるツール。幅違いの3種類セット。0.3mm線用のAセット、0.4mm線用のBセットがある。

Mr.メタルプライマー改 ビンタイプ／GSIクレオス
金属やレジンの表面に下地として塗り、塗料が定着しやすくするためのもの。これがないと塗膜がポロポロはがれる。

マルチプライマー／フィニッシャーズカラー
金属をはじめ、樹脂パーツやガラスなどの表面に塗って塗料の食いつきをよくするもの。筆の手入れにはピュアシンナーを使う。

メタルパーツ

金属製のディテールアップパーツ。リベットからバーニアまで、さまざまなものが用意されている。取りつけるだけで、ぐっと引き締まる。

MZパイプ／ハイキューパーツ

SPプレート／ハイキューパーツ

メタルバーニア／電光少年団

ビルダーズパーツHD の種類

▶ バンダイからはガンプラ専用のディテールアップパーツとして、「ビルダーズパーツHD」というシリーズが出ている。ハイディテールなハンドパーツやバーニア、スパイクなど、交換するだけでかんたんに情報量を増やせる。

▶ 追加武装なども豊富に用意されているので、オリジナル設定のモビルスーツづくりをしてもいいだろう。

おすすめのハンド系ビルダーズパーツHD

「MSハンド」は、とくにバリエーションが豊富。連邦系・ジオン系が別々に用意されており、サイズやカラーのバリエーションも多い。

MSハンドの基本構成

手のひら＆指パーツで構成されている。指のポーズは平手、握りこぶし、トリガーの3種類。細かいモールドがつくり込まれている。各2セット同梱。

それぞれに手甲（アーマー）と手首のジョイントパーツが付属する。ジョイントは2サイズあるのでキットに合うほうを選べる。

MSハンドのサイズ

1/144スケール（写真左）と、1/100スケール（写真右）の2種類がある。1/144スケールのMSハンド（連邦系）は、さらにS・標準・Lのサイズがある。Sは標準の90％サイズなので、小型のモビルスーツやSEED系に合う。Lは標準の110％サイズなので、大型のモビルスーツや迫力を重視したい場合に向く。

MSハンドのカラー

カラーバリエーションはライトグレーとダークグレー、メカニックカラー（ガンメタリック）がある。すべてのタイプに合うわけではないが、無塗装でディテールアップできる。ザクグリーン、ガンダムホワイトといったスペシャルなカラーもある。

MSハンドのデザイン

「MSハンド01」は連邦系の角ばったデザイン（写真左）。「MSハンド02」はジオン系の丸みを帯びたデザインだ（写真右）。

次元ビルドナックルズ

ビルダーズパーツHDシリーズではないが、ビルドファイターズシリーズに手首セットがある。丸と角の2セットがラインナップ。写真は「丸」。

おすすめの交換系ビルダーズパーツHD

スパイクやバーニアなど、パーツや部位をそっくり取り替えてディテールアップできるものがある。手軽に情報量をアップできる。

MSスパイク

写真は「MSスパイク01」。ザク特有のスパイクを、よりシャープかつ複雑な形状にできる。01と02があり、組み合わせても使える。

MSブレード

写真は「MSブレード01」。ガンダム系のV型アンテナやザクのブレードアンテナを、よりシャープな形状にできる。それぞれ2サイズずつ入っている。

MSサイトレンズ

写真は「MSサイトレンズ01」。レンズの基部とレンズ用クリアパーツのセット。武器やモノアイに使用する。レンズカラーにバリエーションがある。

MSバーニア

写真は「MSバーニア01」。そのままつけ替えられるタイプ。グレーとメカニックカラーがある。各4タイプ2個ずつのセット。

MSアーマー

写真は「MSアーマー01」。どこにでもつけられる追加装甲のセット。切り出して、小分けにして貼りつけることもできる。ホワイトとグレーがある。

M-1

改造編

基本・道具

彫るDU

貼るDU

表面処理

シャープ化

プロポーション変更

ミキシングビルド&セミスクラッチ

塗装等

その他

ビルダーズパーツHDの種類

おすすめの貼りつけ系ビルダーズパーツHD

パーツに貼りつけてディテールアップするタイプのもの。さまざまな形状のものがある。

MSバーニア

写真は「MSバーニア02」。脚部や腰部に貼りつけて使う。角系と丸系が2サイズずつセットになっている。グレーとメカニックカラー。

写真は「MSバーニア03」。ボディの一部のように追加するタイプ。デザインは2タイプ、サイズは2種類。グレーとメカニックカラーがある。

MSスラスター

写真は「MSスラスター01」。スラスターノズルをどこにでも追加できる。形状は4タイプ。グレーとメカニックカラーがある。

MSパネル

写真は「MSパネル01」汎用のプレートセットで、ハッチや追加装甲に使える。形状は6タイプで、各3サイズ。グレーとホワイトがある。

MSディテール

写真は「MSディテール01」。メガ粒子砲射出口やフック、ハッチに使える。グレーとメカニックカラーがある。

おすすめのそのほかのビルダーズパーツHD

ビルダーズパーツHDシリーズには、ガンプラに最適な特殊デザインのパーツが用意されている。

MSエンブレムレリーフ

写真は「MSエンブレムレリーフ01」。立体的なエンブレムで、連邦軍、ジオン軍、ネオジオン軍の3タイプが同梱されている。グレーとゴールドがある。

MSレドーム

写真は「MSレドーム01」。円盤型レーダーのセット。レーダー2タイプと各種取りつけアームが含まれる。ホワイトとグレーの2色。

MSグランド

写真は「MSグランド01」。水陸両用MSのようなクローが2タイプと、ホバーユニットのセット。各2セット。カラーはグレーとメカニックカラー。

MSフィギュア

写真は「MSフィギュア01」。1/100と1/144の2スケールがある。パイロット（男性/女性）、女性クルー、艦内移動クルー（宇宙）、メンテナンスクルー地上用（5種）、メンテナンスクルー宇宙用（5種）が合計28体入っている。ジオラマやコクピット内の表現に使える。

MSタンク

写真は「MSタンク01」。2サイズのプロペラントタンクと取りつけ基部のセット。グレーとホワイト。

MS強化ウイング

写真は「MS強化ウイング01」。左右のウィングとセンターのスラスターのセット。グレーとホワイトがある。

MSマリン

写真は「MSマリン01」はジェットパックとスクリューの2種セット。グレーとメカニックカラーがある。

おすすめの追加武装系ビルダーズパーツHD

ガンプラ本体ではなく、手に持たせたり、肩に増設する追加武装パーツも多く用意されている。

MSソード

写真は「MSソード01」。大型の実体剣と小型ナイフのセット。それぞれの取りつけ部も付属。グレー、メカニックカラーの2色。

MSファンネル

写真は「MSファンネル01」。各種ファンネルを追加できるセット。ポッド型とバインダー型がある。グレー、ホワイトの2色。

MSランチャー

写真は「MSランチャー01」。ミサイルランチャーと長剣のセット。サヤもついてくる。グレーとメカニックカラーの2色。

MSキャノン

写真は「MSキャノン01」。どこにでもつけられるキャノン砲。外づけミサイルと手榴弾もセット。グレーとメカニックカラーの2色。

プラスα ビルダーズパーツHD以外も見逃すな！

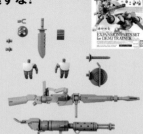

武器セットシリーズ

「武器セット」という、キットにはない特別な武器をセットにしたものもある。ビルドファイターズシリーズの「HGBF」や各シリーズの「オプションパーツセット」などは、とくに武器セットが豊富に用意されている。

雑誌付録

模型雑誌の付録として、特別な武器や改造用パーツがついていることがある。雑誌はあとから手に入れることが難しいので、見かけたら即ゲットしたい。

キャンペーン特典

ガンプラのキャンペーン特典として、珍しいパーツや武器をプレゼントしていることがある。店頭告知やウェブ情報を見逃さず、手に入れておこう。

MSスラスター

彫るDU① スジボリの基本

▶ スジボリとは、ラインチゼルなどのスジボリツールを用いて、パーツに凹モールドを彫り込んでいき、より細かな部品の集合体に見せて情報量を高めるテクニック。まずは直線から練習するのがおすすめだ。

▶ 複雑な形状のスジボリも基本パターンの組み合わせでできるし、専用のテンプレートを使う手もある（→P.83）。

ガンプラは設定よりも縮小されているので、細かい部分が省略されています。本当は装甲板同士を貼り合わせたパネルラインやメンテナンス用のハッチがあるはずですし、取り外せる部分は別の部品になっているはずです。そうした装甲板や部品などが合わさるラインなどを表現するのがスジボリです。

スジボリはランチゼルなど専用のスジボリツールを使って、凹モールドを彫っていくものです。まっさらなパーツに彫るのもいいですし、元からガンプラに入っている凹モールドと組み合わせて入れるのもよいでしょう。まずは練習も兼ねて、直線の凹モールドを彫るのがおすすめ。複雑な形状は直線の組み合わせでつくったり、専用のテンプレートなどを活用することで彫ったりすることができます。

実際の機械製品や上手な人の作品なども参考に、彫る場所と形状を決めて彫っていきましょう。

まっさらなひざアーマーにスジボリを追加した。本物のメカのような複雑なパネル構成が表現できた。

もともとある凹モールド（下側の2つ）にそっくりなマイナスモールドを追加。自然なディテールアップだ。

スジボリはどこに彫るのか

モビルスーツは機械なので、必ず内部構造がある。そこがどんな構造になっているか、実際の機械製品などを見て考えてみよう。

①実在するメカからヒントを探る

パネルラインを見る

戦車はいくつかの金属板の集合体。どこで金属板が分割されているのか、パネルラインを見てみよう。

整備用のハッチを見る

内部の部品等を整備するためのハッチがたくさんあるはず。ガンプラのどこが開きそうか、想像してみよう。

装甲板のつなぎ方をイメージする

装甲板などを貼りつけるために、四方をボルトでとめていたり、銃を撃つための穴があいていたりするはず。

身近な乗り物を観察してみる

近所で見られる乗り物も、おおいに参考になる。どんな形で組み立てられているか、実物を参考にしてみよう。

②ほかのキットを参考にする

RGのキットを見てみる

1/144で驚くべき精密さなのが、RGシリーズのキット。実物や写真などを観てモールドを観察してみよう。

オリジン系は凹モールドが豊富

HGの中でも、「HG THE ORIGIN」シリーズは細かいモールドがたくさんついているのが特徴で、スジボリの参考になる。

プラスα モデラーの作品を参考にする

上級者の作品には、さまざまなテクニックが詰まっていて、見るだけでも大いに参考になる。たとえば、模型店に展示されているものやガンプラコンテストで入選したもの、あるいは模型専門誌に載っているプロの作品などはお手本の宝庫だ。また、SNSで交流を深めるのもいい。上手な人のSNSをフォローすれば、参考になる画像にきっと出会えるだろし、上級者の考え方ややり方を知ることができるかもしれない。

M-1
改造編
基本・道具
彫るDU
貼るDU
装面処理
シャープ化
プロポーション変更
ミキシングビルド&セミスクラッチ
塗装等
その他
スジボリの基本

スジボリのパターンとツール

最初は入手しやすいラインチゼルがおすすめ。ガイドテープを必ず貼って、直線のスジボリから始めよう。コツはゆっくり、じっくりやること。焦って力むと、必ず失敗する。

キットのどこにスジボリを入れるかイメージができたら、さっそく彫っていきましょう。どんどんチャレンジしてみるのが、上達の早道です。

代表的なスジボリのパターンと難易度、使用するスジボリツールを右表にまとめました。最初におすすめなのはラインチゼルを使って直線を彫ることです。

ポイントはガイドテープを使うこと。フリーハンドでやると、高い確率で失敗します。どんなに短いスジボリでも必ずガイドテープを貼って、ゆっくりと丁寧に進めましょう。一本一本丁寧に、時間をかけて取り組むほど上達します。楽しみましょう。

直線

平底穴

曲線

マイナスモールド

プラスα スジボリのテクニックは多種多様！

新しい凹モールドを彫るだけがスジボリではなく、もともとある凹モールドを深彫りするテクニックもある。また、スジボリで分割ラインを描き、1つのパーツを複数のパーツの組み合わせであるように表現したり、合わせ目を活かして装甲板の段差のように見せたりするテクニックもある。さまざまなテクニックを覚えていこう。

凹モールドを強調

もともとあった凹モールドを強調した。すでに凹モールドがあるので彫りやすい。

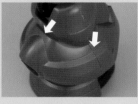

別パーツとして表現

本来なら複数のパーツに分かれていてもいいはずのパーツが、一体化パーツになっていることがある。そんなときは一体化パーツの境目のミゾ（左写真の➡）を彫ることで、別パーツかのように見せることができる。

段差をつける

合わせ目に沿って段差をつけて彫り、合わせ目のラインも活かしたデザインにした。（→P.80へ）

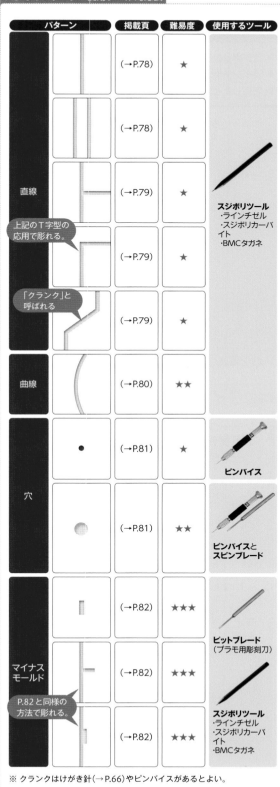

スジボリパターン&使用ツール対応表

パターン		掲載頁	難易度	使用するツール
直線		（→P.78）	★	**スジボリツール** ・ラインチゼル ・スジボリカーバイト ・BMCタガネ
		（→P.78）	★	
	（→P.79）	★	
	上記のT字型の応用で彫れる。	（→P.79）	★	
	「クランク」と呼ばれる	（→P.79）	★	
曲線		（→P.80）	★★	
穴	●	（→P.81）	★	**ピンバイス**
	⬤	（→P.81）	★★	**ピンバイスとスピンブレード**
マイナスモールド		（→P.82）	★★★	**ビットブレード**（プラモ用彫刻刀）
		（→P.82）	★★★	
	P.82と同様の方法で彫れる。	（→P.82）	★★★	**スジボリツール** ・ラインチゼル ・スジボリカーバイト ・BMCタガネ

※ クランクはけがき針（→P.66）やピンバイスがあるとよい。

テクニック

彫るDU②
スジボリで凹モールドをつくる① 直線

難易度

- かんたん
- ふつう
- むずかしい

におい

- しない
- よわめ
- つよめ

▶ スジボリの基本として、まずは直線の凹モールドを引いてみよう。
▶ ラインチゼルは刃先が凸型になっており、スジボリの幅を均一にしやすいので初心者にもおすすめだ。
▶ 失敗したときは瞬間接着剤などで埋めて、やすりがけをしてきれいにリカバーできる。

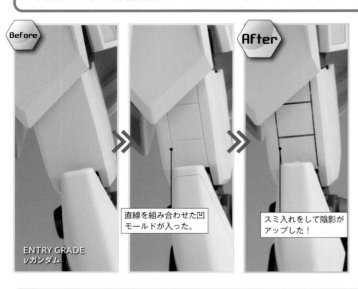

Before / After

ENTRY GRADE
νガンダム

直線を組み合わせた凹モールドが入った。

スミ入れをして陰影がアップした！

スジボリは自由に凹モールドを設けられるのが魅力ですが、いきなり曲線や複雑な形を入れるのは難しいものです。まずは直線とその組み合わせで、スジボリを練習しましょう。

上達のコツは3つ。下書きをすること、ガイドテープを使うこと、なでるように薄く何度も彫っていくことです。2〜3回で彫り切ってしまうようでは、力が強すぎます。薄く、薄く、丁寧にという気持ちを忘れず、じっくりと彫っていくのが成功の秘訣です。

使用する道具

スジボリツール（ラインチゼルがおすすめ。HGなら0.2mm刃）

- ・ガイドテープ
- ・デザインナイフ
- ・紙やすり（600番くらい）
- ・歯ブラシ
- ・シャープペンシル
- ・スミ入れペン
- ・イージーサンディング（リカバー時）
- ・つまようじ（リカバー時）
- ・目立てやすり（方法②のみ）

方法① ラインチゼルで直線を彫る

直線のスジボリを引くには、ラインチゼルとガイドテープがあればOK。コツは、一気に彫ろうとしないこと。何度もやさしくなぞって、少しずつスジボリを深くしていこう。

1 シャープペンシルで下書きする

スジボリを入れたいところに、シャープペンシルで下書き。シャープペンシルなら失敗してもかんたんに消せる。

2 ガイドテープを用意する

スジボリには、ガイドテープが必須。どんな小さな箇所でも必ず使おう。硬い素材のテープがおすすめ。

3 ガイドテープを貼る

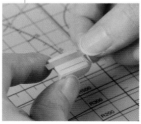

ガイドテープをデザインナイフなどで必要な長さに切って、下書きに合わせて貼る。

プラスα ガイドテープは自作もできる

セロハンテープ

セロハンテープを3枚ほど重ねて貼り、デザインナイフでカットすればガイドテープとして使える。やわらかい素材のものはNG。

4 ラインチゼルでなぞる

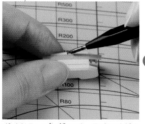

ガイドテープに沿って、ラインチゼルでなぞるように彫っていく。薄皮を少しずつこすり取るようにやさしく。

5 紙やすりでフチを整える

スジボリをしたあとのフチはケバだっていることがあるので、紙やすりでこすって整えると仕上がりがよくなる。

6 歯ブラシでクリーニングする

削りカスがスジの奥に残っていると、スミ入れがうまくできないので、歯ブラシなどで丁寧にこすり取る。

7 完成

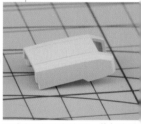

スジボリができあがった。仕上げにスミ入れをすると、凹モールドの陰影がより際立つ。

M-1

改造編

基本・道具

彫るDU

貼るDU

表面処理

シャープ化

プロポーション変更

ミキシングビルド＆セミスクラッチ

継続等

その他

スジボリで凹モールド① 直線

スジボリを失敗したら？（塗装する場合）

彫っているうちに、つい力が入って狙っていたラインからずれてしまった！そんなふうに失敗してもリカバーする方法はある。

1 スジボリに失敗して傷をつけた

間違ってキズをつけてしまった。

ガイドテープを貼り忘れたり、貼ってあってもズレたりするなど、失敗はよくある。

2 瞬間接着剤を塗る

イージーサンディング

つまようじ

パテなどでもいいが、小さな傷は瞬間接着剤で手早く直せる。イージーサンディングは切削性が高く使いやすい。

3 固まったら紙やすりをかける

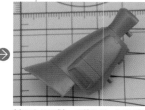

紙やすりで削って整える。240番でだいたい平らにしたら、400番〜1000番まで順にやすりがけする。

4 サフを吹いて確認する

塗装する場合、サーフェイサーを吹けばキズはほとんど見えなくなる。リカバー完了だ。

塗装しないときのリカバー方法

塗装をしない「成型色仕上げ」をしたい場合、瞬間接着剤やパテで補修した痕はどうしても目立ってしまう。小さいキズなら紙やすりで薄く削れば目立たなくできる。さらに成型色に近いガンダムマーカーやリアルタッチマーカーを塗って拭き取ると、やすりがけをした微細なキズ痕に入り込んで目立たなくなる。

スジボリが少しはみ出したくらいなら、紙やすりで削れば消せる。そのためにも、とにかくやさしくなぞるように彫るのが大事。

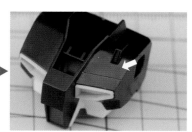

ガンダムマーカーを塗って、乾く前にティッシュで拭き取ったもの。全体に薄く色が残って、やすりがけの痕が目立たなくなる。

方法② 目立てやすりでスジボリする

スジボリツール以外にも、スジボリに使える道具はある。たとえば、目立てやすりは手軽にスジボリを追加できるツールとして、ベテランモデラーでも使う人は多い。

1 スジボリを強調したい

このパーツの上側にある凹モールドを強調したい。さて、どうしようか。

2 目立てやすりを用意する

目立てやすりの出番。目立てやすりはのこぎりの刃を手入れするためのものだが、模型でもよく使われるツールだ。

3 目立てやすりで彫る

目立てやすりの刃は薄いので、元のモールドにあてて軽くこする。元のモールドがない場合はガイドテープを使う。

4 完成

凹モールドが深く、太くなり、存在感がアップ。円柱状のパーツに、ぐるっとスジボリを入れるなどにも便利だ。

スジボリのコツと彫る方向

直線を組み合わせたスジボリを彫るときは、彫る順番と向きが大事。

たとえば、T字型の凹モールド（写真左）を彫りたいとき、まず上の横線を彫る。次にその横線との接点から、下側に向かって彫る。すると、上のラインを突き抜ける心配がなくなる。また、直角も同様の方法で彫ることができる。

クランク（写真右）のときは、まず曲がり角にけがき針で穴をあけておき、その穴からそれぞれ外側に向かって彫る。最後に穴と穴をつなぐように彫れば、失敗することは少ないだろう。

T字型を彫るとき

クランクを彫るとき

難易度

かんたん
ふつう
むずかしい

におい

しない
よわめ
つよめ

テクニック

彫るDU③
スジボリで凹モールドをつくる② 曲線

▶ 直線の凹モールドをある程度安定して引けるようになったら、次は曲線にチャレンジしてみよう。

▶ ガイドテープは直線を彫るためのツールなので、そのままでは曲線を彫るのに使えない。そこで、マスキングテープを使って曲線用のガイドテープをつくろう。

Before

曲線の凹モールドが入った。

After

スミ入れをして陰影がアップした！

ENTRY GRADE
νガンダム

曲線の凹モールドにもさまざまなパターンがあり、曲線の引き方はぜひ身につけたいテクニックの1つです。とくガンプラは曲面のパーツも多く、そうした箇所に凹モールドを入れる場合はどうしても曲線になります。

ポイントはマスキングテープを使い、曲線用のガイドテープをつくること。 あとは直線のときと同じように薄く何度も丁寧に彫っていけば、曲線であってもきれいなスジボリを入れることができるでしょう。

使用する道具

マスキングテープ

スジボリツール（ラインチゼルがおすすめ。HGなら0.2mm刃）

ガイドテープ

・デザインナイフ（もしくはハサミ）
・紙やすり（600番くらい）
・歯ブラシ
・シャープペンシル
・油性マーカー
・スミ入れペン

ラインチゼルで曲線を彫る

マスキングテープに下書きを写し、さらにガイドテープに転写して曲線専用のガイドテープをつくる。丁寧に準備をして彫れば、曲線でもきれいに仕上げることができる。

1 シャープペンシルで下書きする

まずシャープペンシルで下書きをする。定規は使えないので、ここはフリーハンドで描く。何度も描き直してよい。

2 マスキングテープを貼って写す

上からマスキングテープを貼り、透けて見える下書きの線を油性マーカーでなぞる。

3 ガイドテープをマステに貼って切る

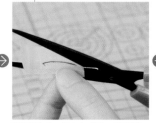

線を写したマスキングテープの下に、ガイドテープを貼る。ガイドテープを下書き線に沿ってハサミでカットする。

4 切ったガイドテープをパーツに貼る

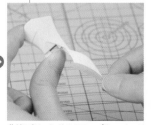

曲線に切ったガイドテープを、パーツのスジボリを入れたい箇所にしっかりと貼る。

5 ラインチゼルで彫る

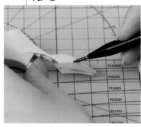

ガイドテープに沿ってラインチゼルでなぞるように彫る。紙やすりと歯ブラシで仕上げて、スミ入れして完成。

プラスα 合わせ目をスジボリにする段モールド

合わせ目を消す（→P.104）のではなく、「段落とし」といって元からそういうデザインだったかのように見せるテクニックもある。そのためのツールがダンモだ。手軽にきれいなスジボリを増やすことができて、かつ合わせ目消しをしなくて済む便利なアイテムだ。

ダンモの先端部分。両端に段差がある。左右で刃幅が異なる。

パーツのフチに当て、少しずつ削っていく。合わせ目に段差がつくれる。

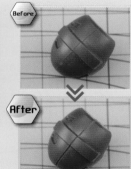

Before

After

パーツの合わせ目。通常の合わせ目消しでは、接着剤を使い、手間も時間もかかる。

ダンモを使って、合わせ目を段差モールドにした。時短＆省力化しつつ、見た目も格好いい。

テクニック 彫るDU④ スジボリで凹モールドをつくる③ 穴

難易度	
	かんたん
	ふつう
	むずかしい
におい	
	しない
	よわめ
	つよめ

▶ 直線や曲線だけでなく、小さな穴をあけるのもよいアクセントになる。小さな穴ならピンバイスであけるだけ。

▶ 穴をあけただけだと、底が円錐状になっている。小さい穴なら目立たないが、大きい穴だとやや不格好。そこで、大きい穴の場合はスピンモールドを使って底を平たくして見栄えをよくしよう。

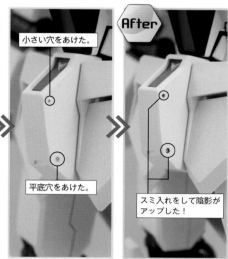

Before / 小さい穴をあけた。 / 平底穴をあけた。 / After / スミ入れをして陰影がアップした！

ENTRY GRADE νガンダム

直線や曲線ばかりがスジボリではありません。**穴も代表的な凹モールドの1つ**で、手軽にできるディテールアップ方法です。

モビルスーツのパネルの合わせ目近くやパーツの角、ボルトどめしてそうだなという箇所に穴をあけておくと、ぐっとリアル感が増してきます。**大き穴の場合は、スピンモールドで底を平らに削って平底穴にすると、さらにハイクオリティに仕上がります。**

使用する道具

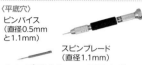

〈小さい穴〉
ピンバイス（直径0.5〜0.8mmくらい）
・シャープペンシル
・けがき針
・スミ入れペン

〈平底穴〉
ピンバイス（直径0.5mmと1.1mm）
スピンブレード（直径1.1mm）
・シャープペンシル
・けがき針
・スミ入れペン

小さい穴をあける

ボルトがありそうなところに小さな穴をあけておくと、メカらしさが増す。ピンバイスでパーツを貫通させないように気をつけよう。

1 シャープペンシルで下書きする

穴をあけたい位置にシャープペンシルで下書きをする。パーツの角などがおすすめのポイントだ。

2 ピンバイスを用意する

ピンバイスはHGサイズであれば、0.5〜0.8mm程度の径がちょうどいいだろう。

3 ピンバイスで穴をあける

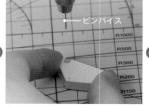

←ピンバイス

けがき針で軽く穴をつくり、ピンバイスで垂直に穴をあける。スミ入れするので、貫通しないように注意。

4 完成

径の少し大きなピンバイスを軽く回し、穴のフチを落とすと見栄えがよい。やすりをかけ、スミ入れをしたら完成だ。

平底穴をあける

ピンバイスであけた穴の底は、ドリル先端部の形状から円錐状になっている。直径1mmくらいの大きめの穴をあけた場合は、底を平らにすると格好いい平底穴ができあがる。

1 スピンブレードとピンバイスを用意する

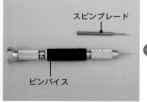

スピンブレード / ピンバイス

スピンブレードと、同径のピンバイスを用意する。きっちり同じ経にするのが、うまくあけるコツ。

2 ピンバイスで穴をつくる

直径0.5mm→1.1mmと段階を踏むと、穴のフチをきれいにしやすい。

下書きで位置を決めたあと、けがき針で軽く穴をつくってからピンバイスで穴をあける。貫通させないように注意。

3 スピンブレードで底を平らに削る

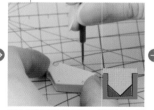

あけた穴にスピンブレードを入れ、軽くくるくると回して底を平らに削る。

4 完成

平底穴が完成。穴のフチは立てておいたほうが、シャープさが出る。やすりをかけて、スミ入れをすれば完成だ。

テクニック 彫るDU⑤
スジボリで凹モールドをつくる④ マイナスモールド

難易度

かんたん
ふつう
むずかしい

におい

しない
よわめ
つよめ

▶ マイナスモールドは、数字のマイナス記号のように短い直線の凹モールドのこと。さりげないながらも、大幅なディテールアップにつながるので、使いこなせるようになると表現の幅が広がる。

▶ ビットブレードなどで内側をくり抜く作業があるが、ガイドテープを使って辺をきちんと彫ればうまくいくだろう。

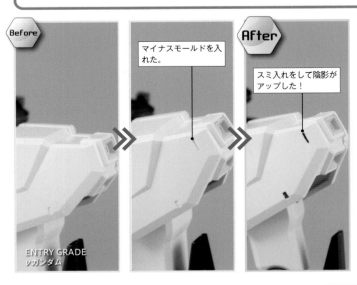

Before

マイナスモールドを入れた。

After

スミ入れをして陰影がアップした！

ENTRY GRADE
νガンダム

数学のマイナス記号のような短い、直線の凹モールドを、マイナスモールドと呼びます。

連邦系のような直線基調のモビルスーツによく見られるデザインですが、うまく追加してやることで、全体のイメージを崩さずに大幅なディテールアップを狙えます。

必要なツールはノミやビットブレードなど、平らで細い刃のツール。 彫ったあと、底面を平らにしておくのが仕上がりアップのコツです。

使用する道具

ビットブレード
（刃幅1mm）

ガイドテープ

・デザインナイフ（もしくはハサミ）
・ラインチゼル（もしくはタガネ）
・紙やすり（600番くらい）
・歯ブラシ
・シャープペンシル
・スミ入れペン

マイナスモールドを彫る

マイナスモールドを彫る手順はやや多めですが、1つひとつ丁寧に進めていけば、くっきりとした格好いいマイナスモールドを彫ることができます。

1 下書きをしてガイドテープを貼る

マイナスモールドを入れるところにシャープペンシルで下書きをして、短く切ったガイドテープを貼る。

2 1つめの辺を彫る

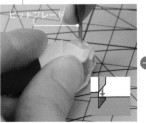

ビットブレード

ガイドテープに沿って、ビットブレードを差し込んで彫る。平らな背側がガイドテープに沿うように彫っていく。

3 反対の辺にガイドテープを貼る

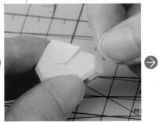

反対側の辺に合わせて、ガイドテープを貼り替える。細かい部分だが、フリーハンドではやらないほうがよい。

4 反対側の辺を彫る

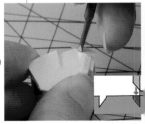

反対側の辺にビットブレードを差し込んで彫る。ツールをくるっと返し、平らな背をガイドテープ側にすること。

5 内側をななめに彫っていく

R30
R200
R150
R120
R100

2と4で彫った壁に向かって、ななめにビットブレードを差し込んで彫っていく。

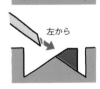

右から

左から

2つの壁に向かって交互に彫っていく。一気に彫るのではなく、少しずつ削るように彫り込んでいくとよい。

6 底を平らにする

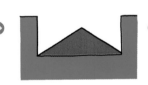

最後に残った底の山を、ラインチゼルやタガネなどで平らに削っていく。

7 フチを整えて完成

フチを紙やすりなどで磨いて、歯ブラシで削りカスをを取り除き、スミ入れしたら完成だ。

M_1
改造編
基本・道具
彫るDU
貼るDU
表面処理
シャープ化
プロポーション変更
ミキシングビルド&セミスクラッチ
塗装等
その他
スジボリで凹モールド ④マイナスモールド／⑤テンプレート使用

テクニック 彫るDU⑥
スジボリで凹モールドをつくる⑤ テンプレート使用

難易度
かんたん
ふつう
むずかしい

におい
しない
よわめ
つよめ

▶ 複雑な形は市販のテンプレートを使うことで、かんたんに彫ることができる。
▶ パーツにガイドテープを直接当てて彫る方法もあるが、テンプレートを直接当てにくいパーツに対しては、テンプレートの形をガイドテープに写して使う方法がある。

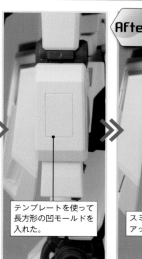
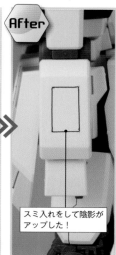

Before

After

テンプレートを使って長方形の凹モールドを入れた。

スミ入れをして陰影がアップした！

ENTRY GRADE
νガンダム

　複雑な形状の凹モールドを彫ったり、同じ形のものをいくつも彫ったりするには、**市販のテンプレートを使う**のが便利です。テンプレートは両面テープなどでパーツに固定して使うとよいでしょう。**テンプレートを取りつけにくい箇所は、ガイドテープにテンプレートの形を写して使う方法で**彫ることができます。

　また、形状によってはラインチゼルより、けがき針などを活用したほうがいいことがありますので、適宜使い分けましょう。

使用する道具

〈方法①〉	〈方法②〉	〈共通〉	
・けがき針	・ラインチゼル	・紙やすり	テンプレート
・両面テープ	・ガイドテープ	（400〜1000番）	
	・デザインナイフ	・歯ブラシ	
	・油性マーカー	・スミ入れペン	

方法① テンプレートを使って彫る

テンプレートからパーツにマッチする形状のものを探して、けがき針などで彫っていく。同じ形状のものをいくつも彫れるので非常に便利だ。

1 テンプレートを用意する
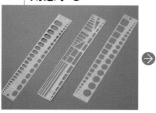
スジボリ用のテンプレートには、さまざまな形状のものがある。分割できるものは、分けたほうが使い勝手がよい。

2 どこに使うかを決める

パーツとテンプレートをよく見ながら、どの箇所にどの形状を入れるとよいか考える。

3 両面テープでパーツに固定する

入れる箇所と形状が決まったら、テンプレートのウラ側に両面テープを貼り、パーツに固定する。

4 けがき針で彫っていく

けがき針

四角や丸などを彫るときは、いろいろな方向に彫れるけがき針がよい。そっとなぞるように彫っていこう。

方法② テンプレートからガイドテープをつくって彫る

テンプレートがうまく貼れない箇所を彫るには、ガイドテープにテンプレートの形を写して使う方法がある。

1 テンプレートとガイドテープを用意
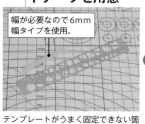
幅が必要なので6mm幅タイプを使用。

テンプレートがうまく固定できない箇所などを彫るときは、一度ガイドテープに写し取って使うとよい。

2 テンプレートの形を写す
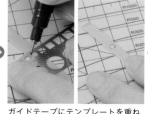
ガイドテープにテンプレートを重ね、油性マーカーで描き写す。線に沿ってデザインナイフで切り出す。

3 ガイドテープを貼って彫る

ラインチゼル

切り出したガイドテープをパーツに貼り、ラインチゼルなどで彫っていく。やさしく何度もこするように。

4 完成
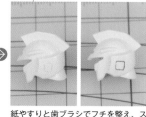
紙やすりと歯ブラシでフチを整え、スミ入れまCJして完成。頭部の側面など、小さい曲面のパーツなどを彫る場合に向く方法だ。

彫るDU⑦
スジボリコレクション

▶ スジボリは直線など、シンプルな形の組み合わせでも格好いいものがつくれる。ここでは、そうした組み合わせや応用パターンを紹介する。

▶ 複数の太さのスジボリツールを使うと、スジボリのバリエーションをより豊かにすることができる。

　スジボリにはさまざまなパターンがあります。キットによっても変わりますし、目指す作品によってもまったく異なります。ここではいくつかの応用パターンを紹介します。このような参考例をたくさん見て、イメージを膨らませていきましょう。

νガンダム

肩アーマーのサイド分割ライン

肩アーマーにもともとあるマイナスモールドに合わせ、側面に沿ってスジボリを入れた。装甲の厚みを演出できる。ラインチゼルを使用。

背中の複合モールド

ハッチとパネルラインを組み合わせたモールド。見えにくいところにも手を入れた好例。ラインチゼルを使用。

腰リアアーマーのダクトフィン

短いマイナスモールドをたくさん並べてダクトのようにし、下側の長い1本できれいにまとめている。ラインチゼルを使用。

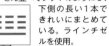

膝アーマーの複合モールド

長方形と直線・曲線を組み合わせた複合モールド。膝アーマーのラインに沿った曲線がきれい。ラインチゼルを使用。

MS-006 Zガンダム

肩の複合モールド

肩アーマーに複合型のスジボリを入れ、可変型ならではの複雑な構造を表現。ハッチとパネルラインのコラボが◎。ラインチゼルを使用。

U型のパネルライン

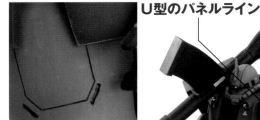

角を落としたU型の凹モールドをベースに、マイナスモールドをアクセントとしてつけた。ラインチゼルを使用。

シャア専用ザクII (THE ORIGIN)

M-1

改造編

基本・道具

彫るロじ

貼るロじ

表面処理

シャープ化

プロポーション変更

ミキシングビルド等

改装等

その他

スジボリコレクション

MSN-02ジオング

スカートの分割ライン

大きなパーツに大胆にスジボリを入れた。パーツの分割ラインを表現する好例。ラインチゼルを使用。

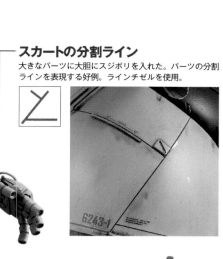

ジム

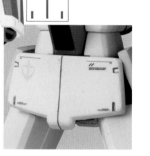

腰アーマーの
センターライン

真っ平らなジムの腰アーマーのど真ん中に、分割ラインを入れる大胆なデザイン。左右のマイナスモールドも効果的。ラインチゼルを使用。

ジム・ライトアーマー

胸の複合パネルライン

胸の目立つところに、整備ハッチの凹モールドを配置。ボディラインに合わせて台型にしている。ラインチゼルを使用。

 プラスα **プラ板でオリジナルテンプレートをつくろう**

同じ形状のスジボリを何箇所にも入れたり、複数のキットに同じスジボリをしたりしたいが、市販の専用テンプレートにほしい形状のものがないというときは、プラ板を使ってオリジナルテンプレートをつくってみよう。

1 下書きをしたら
マステに写し取る

スジボリを入れたい箇所にマスキングテープを貼り、油性マーカーで彫りたい形状を描く。

2 プラ板にマステを
貼って切り取る

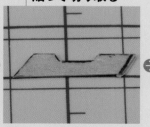

下書きしたマスキングテープをプラ板に貼り、下書きの線に合わせてカットする。プラ板テンプレートの完成。

3 プラ板を当てて
スジボリを入れる

ウラ返して使えば、左右対象に彫れる。

プラ板テンプレートをパーツに当ててスジボリした。プラ板テンプレートは両面テープなどで固定するとよい。

4 スミ入れで
仕上げる

スミ入れして完成。プラ板テンプレートを活用すれば、好きな場所に、好きな形状のスジボリを入れられる。

テクニック

彫るDU⑧
凹モールドを深く強調する

難易度

かんたん
ふつう
むずかしい

におい

しない
よわめ
つよめ

▶ ガンプラに元からあるスジボリを、さらに深く彫り込んで強調することでメリハリを利かせることができる。

▶ やすりがけなどによって元からあった凹モールドが消えたり、薄くなってしまったりした場合も同じ方法で復活させることができる。いずれの場合も、必ずガイドテープを使おう。

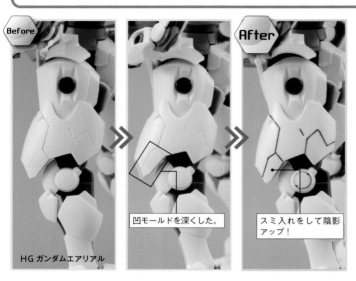

凹モールドを深くした。

スミ入れをして陰影アップ！

HG ガンダムエアリアル

最初からガンプラにある凹モールドは、わりと浅めにできています。そこでスジボリツールを使って深彫りしていくことで、**メリハリが利いた仕上がりになります**。とくにラインチゼルなど、ミゾが凹型の断面になるスジボリツールを使うと、よりくっきりとした凹モールドになります。

すでにある凹モールドを深く彫り増す場合でも、必ずガイドテープを使用しましょう。

使用する道具

・デザインナイフ（もしくはハサミ）
・紙やすり（600番くらい）
・歯ブラシ
・スミ入れペン

スジボリツール（ラインチゼルがおすすめ。HGなら0.2mm刃）　ガイドテープ

凹モールドを深く強調する

最初からガンプラにある凹モールドをさらに彫り込むことで、ラインの濃さを強調することができる。ガイドテープは必ず使おう。

1 深く彫り増す 凹モールドを決める

最初からガンプラにある凹モールドが少し浅いと感じたら、そこを深く彫り増してみよう。

2 ガイドテープを貼る

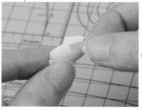

フリーハンドでやると失敗するので、すでにある凹モールドを深くする場合でもガイドテープを使う。

3 スジボリツールで深く彫っていく

ラインチゼルなどのスジボリツールで、深く彫り込んでいく。

4 スジボリが深く強調された

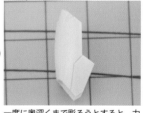

一度に奥深くまで彫ろうとすると、力んではみ出してしまうので、皮をむくようにじわじわと彫るとよい。

消えたモールドを復活させる

消えたり薄くなったりした凹モールドでも、スジボリで彫り直せば復活できる。ほかのモールドより濃くしすぎないことだ。

1 凹モールドが消えてしまった

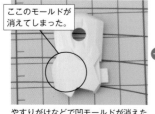

ここのモールドが消えてしまった。

やすりがけなどで凹モールドが消えたり、薄くなったりすることがある。そのときは、彫り直していこう。

2 ガイドテープを貼って彫り直す

ゆっくり何度も丁寧に彫る。

P.78の方法でガイドテープを元の凹モールドなどのところに貼り、ラインチゼルなどで彫り直す。

3 完成

残っているほかの凹モールドと比べながら、同程度の深さになるまで彫る。必要に応じて、やすりがけをしよう。

NG スジボリツールは繊細

タガネやラインチゼルなどのスジボリツールの先端は硬い合金でできているが、間違った方向から力がかかるとかんたんに折れてしまうので注意。

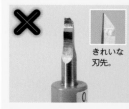

きれいな刃先。

貼るDU①
貼るディテールアップの基本

▶ 貼ってディテールアップする方法には大きく分けて、①市販パーツを貼る、②流用パーツを貼る、③プラ板パーツを貼るの3パターンがある。

▶ プラスチック製以外に金属製のパーツもあるので、つくりたい作品のテイストに合わせて選ぼう。

丁寧な作業が求められるスジボリ（→P.76）に比べて、「貼るディテールアップ」は**パーツを接着剤で貼りつけるだけなので作業自体はかんたんです**。スジボリは苦手だけど、貼るだけならどんどんできるという人も少なくありません。

「貼るディテールアップ」の選択肢は大きく分けて、①市販パーツを貼る、②流用パーツを貼る、③プラ板パーツを貼るの3つのパターンがあります。ただし、市販パーツ1つとってみてもたくさんの種類があるため、どこに何を貼ればいいのかつい悩んでしまいます。

そこで、まずはビルダーズパーツHDの「MSアーマー01」を買って、自由にアレンジしてガンプラに貼ってみましょう（→P.89）。また、プラ板を細かく切ってチップをつくり、じゃんじゃんガンプラに貼りつけるというのもおすすめです（→P.95）。

貼るパーツの役割を考えてきっちりプランニングするのも大事ですが、**最初のうちは練習と思ってまずは手を動かし、貼ることによる効果を実感することが大切です**。なお、貼るディテールアップは、塗装が必要になることもあります。詳しくはP.146を参照してください。

市販パーツを貼る

ディテールアップ用パーツとして売られているものを貼る方法。パーツには、プラスチック製と金属製がある。

プラスチック製のパーツを貼る
≫詳しくはP.89

金属製のパーツ（メタルパーツ）を貼る
≫詳しくはP.98〜101

足首にパネルパーツを貼り、強化装甲とした。

アーマーパーツをシールド裏に貼り、ディテールアップ。

腰アーマーにメタルパーツを貼り、重厚さを演出した。

モノアイ基部をメタルパーツにして、メカらしさを高めた。

流用パーツを貼る

ほかのキットからパーツを借用して貼る方法。
≫詳しくはP.90〜91

ジャンクパーツを貼り、複雑なディテールにした。

バックパック中央にジャンクパーツを貼り、取付穴を隠した。

プラ板を貼る

プラ板、プラ棒などを切り出して、オリジナルパーツにして貼る方法。
≫詳しくはP.94〜97

足ウラに切り出したプラ板を貼り、ディテールアップ。

プラ棒でマルイチモールドをつくり、肘に貼った。

どこに何を貼るのかを考える

貼る作業自体はかんたんだが、どこに何を貼ればいいのかは悩みどころ。まずはパーツの役割を調べるなど情報を集めて、そのパーツを貼る目的やストーリーなどを考えてみよう。

実際の兵器を観察してみる

実在の戦車も追加装甲をたくさんつけて、防御力をプラスしている。ガンプラでも参考になるはずだ。

ほかのキットを観察してみる

RGやMGなど、より情報量の多いキットの画像などと比較して、ディテールアッププランを練るのも手。

市販パーツを買って考えてみる

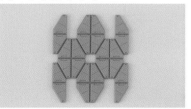

気になる市販パーツを買って、ガンプラに当てながら考えてもいい。手を動かすことで、見えるものもある。

テクニック 貼るDU②
情報量の多いパーツに交換する

難易度

かんたん
ふつう
むずかしい

におい

しない
よわめ
つよめ

▶ 市販のディテールアップパーツに交換すれば、かんたんに情報量をアップさせることができる。ハンドパーツやバーニアパーツはカラーバリエーションも豊富なので、塗装せずにそのまま使うことができる。

▶ ブレードアンテナはとくに種類が豊富で、かんたんにシャープなパーツに交換することができる。

Before

ENTRY GRADE νガンダム

After

ハンドパーツをまるまる交換。細かいデザインの手になった。

バンダイのビルダーズパーツHDなど、市販のディテールアップパーツは元のキットのものに比べて、デザインが細かくつくられています。そのため、ハンドパーツやバーニアパーツなど、**交換するだけで取りつけられるディテールアップパーツ**を用いれば、すごく手軽に情報量を増やすことができます。ガンダムなどのブレードアンテナも少しの加工でシャープな形状のものに取り換えられるので、パーツ交換の入門として最適です。

使用する道具

必要なディテールアップパーツ

スチロール系接着剤（事例②③）

・ニッパー
・ピンセット（事例②）
・デザインナイフ（事例③）
・紙やすり（400〜1000番、事例③）

事例① ハンドパーツを交換する

1 ハンドパーツの種類を選ぶ

「MSハンド03（連邦系・Sサイズ）」の握り手

キットの手腕と、交換するハンドパーツを用意。「MSハンド」は手首の取付部、手のひら、指で構成されている。

2 本体（腕）に取りつける

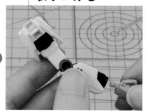

組み立てたハンドパーツを、キットの手と交換する。とくに加工せず、そのまま交換するだけでOK。

事例② バーニアパーツを交換する つよめ

1 バーニアの種類を選んで組み立てる

1つ選んで組み立てる。

「MSバーニア01」も、スケールとカラーのバリエーションがある。1セットに4種類がある。

2 キット本体に取りつける

取りつけ部分の形状はキットによってまちまち。付属のものを取り外して、スチロール系接着剤を使って接着する。

事例③ ブレードアンテナを交換する つよめ

ビルダーズパーツHDのブレードアンテナは、ガンプラ専用のディテールアップパーツ。最初から先端がシャープで、取りつけもかんたんだ。

1 キットの状態を確認する

取りつけ前の頭部。丸みのある黄色いブレードアンテナを、「MSブレード01」のパーツに交換する。

2 ブレードアンテナを選ぶ

「MSブレード01」には、ガンダム用が2サイズ×6種類ある。好みのデザインを選ぼう。

3 取りつけ部を整える

キット側の取りつけ部は、そのままではつけられない場合もある。デザインナイフややすりで軽く削って調整する。

4 接着剤で取りつける

シャープなアンテナに！

取りつけ角度を決めたら、スチロール系接着剤で接着する。完全に乾く前に、位置や角度を微調整するとよい。

テクニック 貼るDU③
追加パーツを貼りつける

難易度
- かんたん
- ふつう
- **むずかしい**

におい
- しない
- よわめ
- **つよめ**

▶ ディテールアップパーツは、接着剤で貼りつけるだけでよいパーツも数多くラインナップされている。

▶ サイズやカラーのバリエーションも豊富なので、自分が使いたいパーツを探し出そう。とくにビルダーズパーツHDの「MSアーマー01」や「MSパネル01」は種類が豊富なので、さまざまな部位に取りつけることができる。

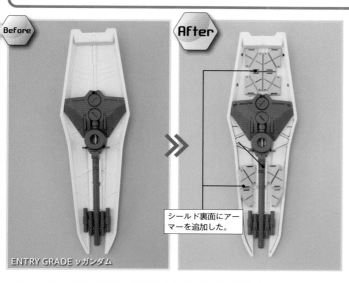

Before / After

シールド裏面にアーマーを追加した。

ENTRY GRADE νガンダム

バンダイのビルダーズパーツHDに代表されるディテールアップパーツの多くは、ほとんど加工しなくても、そのままスチロール系接着剤で貼りつけることができます。

たとえば、ビルダーズパーツHDの「MSアーマー01」や「MSパネル01」は、さまざまなキットに使える汎用のパーツです。また、同じ形状のものでも、サイズのバリエーションがあるので、HGシリーズにもMGシリーズにも使えます。また、取りつける箇所に合わせてサイズやデザインを選ぶこともできます。

使用する道具

必要なディテールアップパーツ

スチロール系接着剤

- ・ニッパー
- ・ピンセット
- ・デザインナイフ（事例①）
- ・紙やすり（400～1000番）
- ・スミ入れペン

事例① 追加装甲パネルを取りつける つよめ

ビルダーズパーツHDの「MSアーマー01」は接着するだけで、かんたんにディテールアップすることができる。

1 取りつける箇所を決める

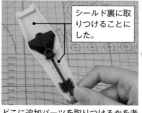

シールド裏に取りつけることにした。

どこに追加パーツを取りつけるかを考える。フラットな部分のほうが、追加パーツを取りつけやすい。

2 取りつけるパーツを選ぶ

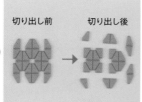

切り出し前　切り出し後

「MSアーマー01」のパーツは、細かく分けられるようになっている。必要に応じてデザインナイフで切り出そう。

3 スチロール系接着剤で固定する

取りつける追加パーツを用意したら、スチロール系接着剤で貼る。乾燥前に取りつけ位置や角度などを調整する。

4 完成

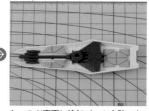

シールド裏面に追加パーツを貼った。立体感やモールドが増え、情報量がアップ。スミ入れなどをして仕上げる。

事例② 増設バーニアを取りつける つよめ

バーニアパーツはそのままバックパックのバーニアと交換してもいいし、脚に取りつけて高機動タイプとしてもいい。自分なりに設定を考えてつくってみよう。

1 取りつける箇所を決める

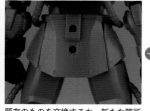

既存のものを交換するか、新たな箇所につけるかなど、バーニアを増設する箇所を考える。

2 増設するバーニアを選ぶ

「MSバーニア02」は2種類×2サイズの2組のセット。ノンスケールなので、1/144と1/100のどちらにも使える。

3 増設バーニアを組み立てる

取りつけるパーツの組み合わせを決めたら、カバー部とバーニアを組み立てる。接着剤を使わず組み立てられる。

4 増設バーニアを取りつける

組み立てた増設バーニアをキット本体に取りつける。取りつけはスチロール系接着剤で。左右対称に取りつけよう。

テクニック 貼るDU④ ジャンクパーツを取りつける

▶ ジャンクパーツとは、使わずに余ったパーツのこと。改造するときに重宝する。

▶ 複雑なモールドが刻まれたパーツは、ディテールアップパーツとして使うのに最適。1つのパーツでもさまざまな用途が考えられるので、自由な発想で楽しもう。

難易度

かんたん
ふつう
むずかしい

におい

しない
よわめ
つよめ

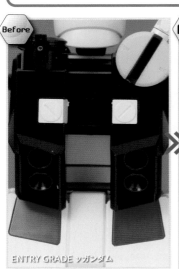
Before
ENTRY GRADE νガンダム

After
武装の取付部をイメージしてジャンクパーツを貼った。

ガンプラを組み立てると、ランナーに不要パーツが残っていることがあります。それをジャンクパーツとして集めて保管しておいて、いざというときにディテールアップパーツとして活用すると、さらに表現の幅が広がります。ミキシングビルド(→P.130)を行った際に余ったパーツも使えます。どのパーツを、何に見立てて、どこにつけるかは自由です。ここではHGUC νガンダムのシールド取付部のパーツを使って、ENTRY GRADE νガンダムのバックパックに貼りつけていきます。

使用する道具

必要なジャンクパーツ

スチロール系接着剤

・ニッパー
・棒やすり
・デザインナイフ

ジャンクパーツを加工して取りつける つよめ

余ったパーツを捨てないでとっておくと、ディテールアップパーツとして活用できる。とくにデザインの細かいパーツは重宝する。

1 ジャンクパーツを用意する

手持ちのジャンクパーツを用意。ここではHGUC νガンダムのシールド取付部のパーツを使用する。

2 余分な突起をカットする

バックパック中央部に取りつけたいので、ウラ側のダボをカットし、デザインナイフや棒やすりなどで平らにする。

3 接着剤でパーツを取りつける

スチロール系接着剤を塗り、バックパックの中央部に取りつける。乾燥前に位置などを調整しよう。

4 完成

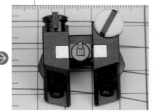

バズーカ取りつけ用の溝が隠れて、メカらしさを演出できた。成型色仕上げでも十分使えそうだ。

POINT

余ったパーツはためておこう

ガンプラをつくっていると、少なからずパーツが余ってくるもの。それらを捨てずにためておくと、ディテールアップに活用できて便利だ。とくに内部メカや武器などは、いろいろ応用できるので役に立つ。

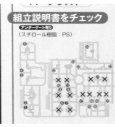
組立説明書をチェック
アンダーゲート剤
(スチロール樹脂：PS)

キットには最初から使わないパーツが含まれていることもある。そのパーツは組立説明書に×印で示されているので、捨てずに保管しておこう。

ジャンクパーツを収集

これは「MG 戦国アストレイ頑駄無」の余剰パーツ。内部メカが細かいデザインで表現されている。こういうものは使い勝手がよい。

ジャンクパーツの使用例

左写真の余剰パーツを、P.58の改造ジオングに使用した例。このようにアイデア次第で、本来とは別の用途で使うことができる。

デクニック

貼るDU⑤
他キットのパーツを流用する

難易度
かんたん
ふつう
むずかしい

におい
しない
よわめ
つよめ

▶ ディテールアップに使いたいパーツを、ほかのキットからもらってきて取りつけることを**パーツ取り**という。

▶ パーツ取りはガンプラからでも、ほかのスケールモデルからでも何でもOK。そのためだけにキットをまるごと購入してもいいし、必要なパーツだけ注文することもできる。

Before

HGUC グフ

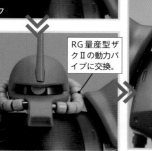

RG量産型ザクⅡの動力パイプに交換。

After

塗装して仕上げた。ディテールの細かい動力パイプになった。

　ほかのキットから特定のパーツを流用することもあります。いわゆる**パーツ取り**です。よくあるパターンは、**RG**のガンプラからパーツを取ってきて、**HG**のガンプラをディテールアップする方法です。たとえば、HGのザクやグフの動力パイプは単一パーツでつくられていますが、RGではパイプごとに別々のパーツに分けられています。そこでRGのパイプだけをもってきて、HGに取りつけることで、HGの頭部の情報量を増やせるのです。

使用する道具

 必要な他キットのパーツ

瞬間接着剤

リード線（またはハンダ線）

・ニッパー（プラ用／金属用）
・デザインナイフ

HGキットの一部をRG並みのディテールにする つよめ

「HGUCグフ」の頭部の動力パイプに、「RG量産型ザクⅡ」のパイプをつける。

1 必要なパイプの長さを確認する

RG量産型ザクⅡのパイプパーツ。

HGUCグフの頭部。

RGザクⅡのパイプパーツをHGUCグフに合わせてサイズを確かめる。グフのほうがパイプが長いので、不足分をザクⅡの脚部用のパイプで補う。

2 動力パーツを芯材に取り替える

まず、HGUCグフの動力パイプを取り外す。動力パイプの芯材として、リード線やハンダ線などのやわらかい素材をHGUCグフに取りつける。

3 パイプパーツを芯材に通して仕上げる

芯材にパイプパーツを通していく。脚部用の太いパイプは後ろ側に使うと目立たない。芯材は瞬間接着剤でつける。塗装して仕上げれば完成。

P O I N T

HGとRGの動力パイプはこんなに違う

　RGはHGと同じ1/144スケールでありながら、MGやPGに迫る細かなディテールを表現したキットだ。動力パイプ1つとっても、HGとはデザインが大きく異なる。RGからパーツ取りして、HGのキットにつければ、かんたんにディテールアップできる。

HGUCグフの動力パイプ

「HGUCグフ」の動力パイプは単一パーツでつくられ、少しやわらかい素材になっている。パイプ間のモールドが少し浅い。

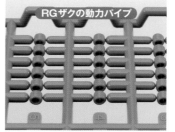

RGザクの動力パイプ

「RG量産型ザクⅡ」の動力パイプは、パイプ1つ1つが別パーツになっている。組み立てに手間はかかるが、その分、リアルなデザインになっている。

テクニック

貼るDU⑥
モールドパーツを追加する

難易度

かんたん
ふつう
むずかしい

におい

しない
よわめ
つよめ

▶ 装甲の凹凸を表現するモールドパーツには、ボルトヘッドやリベットなどさまざまな種類がある。

▶ モールドパーツを駆使することで、手軽に各部をメカらしくディテールアップすることができる。取りつける位置や間隔にはセンスと工夫が必要だが、上手に活用すれば雰囲気がぐっと高まる。

Before

After

胸アーマーのフチにボルトヘッドをつけた！

HGUC 1/144 ガンキャノン

ディテールアップパーツの中には、ボルトヘッドやリベットなど、パーツ表面に取りつけるだけで、『装甲板らしい表現』が可能になるモールドパーツがあります。これらを上手に使えば、よりメカらしい雰囲気に仕上げることができます。モールドパーツを取りつけるときは、そこについている意味を考えて、配置のバランスを工夫していくといいでしょう。モールドパーツに合わせてガンプラ本体の装甲にスジボリを入れるなどすると、相乗効果が生まれます。

使用する道具

必要なモールドパーツ　スチロール系接着剤（流し込みタイプ）

・ニッパー
・デザインナイフ
・マスキングテープ
・シャープペンシル
・スミ入れペン
・ピンセット

モールドパーツを貼りつける つよめ

ボルトヘッドなどのモールドパーツを駆使すれば、かんたんに「メカらしさ」が増す。

1 どこに貼りつけるか考える

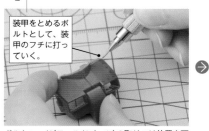

装甲をとめるボルトとして、装甲のフチに打っていく。

ボルトヘッド（モールドパーツ）の取りつけ位置を下書きする。モールドパーツの役割なども考えて決めよう。

2 市販のモールドパーツを用意する

今回は市販のボルトヘッドを選択。

市販のモールドパーツは何種類かのサイズが同じランナーについている。取りつける部位に合うサイズのものを選ぼう。

3 テープなどの上で切り出す

モールドパーツを傷つけると手直しが大変なので、慎重に切ろう。

ウラ返しにしたマスキングテープ（両面テープでもOK）の上にモールドパーツのランナーをつけて、デザインナイフで丁寧に切り出す。

NG そのまま切らない

モールドパーツは非常に小さいので無造作に切り出すと、どこかへ飛んでいってしまう。マスキングテープなどを敷いて切り出す。

✕

4 スチロール系接着剤で貼りつける

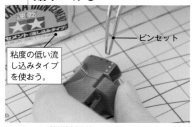

粘度の低い流し込みタイプを使おう。

ピンセット

スチロール系接着剤を使って、モールドパーツを取りつけたい位置に貼りつけていく。

5 スミ入れや塗装をして仕上げる

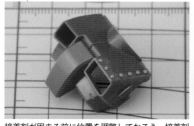

接着剤が固まる前に位置を調整しておこう。接着剤が乾燥してしっかり固まったら、塗装して仕上げる。

均等にモールドパーツを貼りつける

リベットは、無骨さをアピールしたいときにおすすめのアイテムだ。均等に1列にまっすぐ並べるのがコツ。

1 全体の配分を考える

リベットをフチに沿ってずらっと並べたい。

「HG MS-04 ブグ（ランバ・ラル機）」の脚部にリベットを貼る。リベットなど市販のモールドパーツを取りつけると、金属らしさが増す。

2 リベットを貼りつける位置にマーキング

あらかじめ貼る位置を決めておくとやりやすい。

リベットを貼りつける位置に線を引き、さらに等間隔に仕切り線を入れていく。その交点にリベットを貼っていく。

3 リベットを切り出す

リベットのモールドパーツは非常に小さいので、ウラ返しにしたマスキングテープの上につけて、デザインナイフで丁寧に切り出す。

4 リベットを接着していく

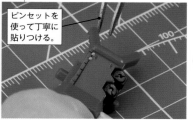

ピンセットを使って丁寧に貼りつける。

マーキングに合わせて、切り出したリベットを1つずつ貼りつけていく。スチロール系接着剤は流し込みタイプを使うとよい。

5 すべて貼りつけたら塗装して仕上げる

リベット部分は細めの筆でちょんとつけるように塗る。

すべてのリベットを貼りつけたら乾燥後、塗装して仕上げる。パーツ全体をベースのカラーで塗装してから、リベットだけを金属色に塗り重ねるといい。

プラスα リベットとは何か

「リベット」とは、穴のあいた部材同士にクギのようなものを通して、片方の頭を叩いてつぶし、抜けないようにするもの。船舶や鉄橋、鉄塔などでよく見られる。かつては戦車の装甲や航空機の外板でも使われていた。

ガンプラに使えそうな市販のモールドパーツ

ボルトヘッド	リベット	Oボルト	モールドプレート
			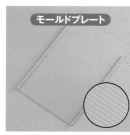
六角のボルト＆ナットのアタマ部分だけをモールドパーツにしたもの。追加装甲など、ボルトでとめていそうな部位に使用するといい。	鉄骨などを固定するリベットのアタマ部分をモールドパーツにしたもの。無骨な印象を演出するのに適している。	締め込んだネジのアタマ部分を表現したモールドパーツ。締め込むものなので、ピンバイスで穴をあけて埋め込んで使用する。	あらかじめ波形のモールドが入っている、プラ製のプレート。波の太さを選べる。切り出して貼るだけで使える。
	⇓	⇓	⇓

「HGUC RX-79［G］陸戦型ガンダム」の腰アーマーに取りつけた例。プラ板と組み合わせて四隅に取りつけた。	「HG モビルワーカーMW-01 01式後期型（マッシュ機）」の頭部にリベットを取りつけた。	「HGUC 1/144 ガンダム MK-Ⅱ（エゥーゴ仕様）」のヒザ横に取りつけた例。少し浮き出るくらいの位置で固定する。	「ENTRY GRADE νガンダム」の太もも横に切り口をつくり、モールドプレートを切り出して貼った。

貼るDU⑦
プラ板貼りの基本

▶ プラ板を切り出して貼るディテールアップは一見、難しそうに感じる。しかし、基本は測って切り出して貼ることだけ。

▶ プラ板を使うと全塗装が必須というのが一般的だが、プラ板選び次第では全塗装を回避できる。

▶ ハイレベルな仕上げには、精密な作業を繰り返すための根気と技術が求められるが、シンプルなものから始めてみよう。

ディテールアップにおいて、加工も貼りつけもかんたんでしかも安価なプラ板はとても使えるアイテムです。

まっさらなプラ板からディテールアップパーツをつくるので、上級者向けだと思う人もいるかもしれませんが、基本は測って切り出して貼るだけと、ごくシンプルです。とくに最初は1mm×5mmのチップをたくさん切り出して、思うままに貼ってみるとよいでしょう。

プラ板を複雑な形状に切り出すのは、少しだけコツがいります。先にパーツに下書きをして、その下書きをマスキングテープ→プラ板へと転写して切り出せば、好きな形状のプラ板パーツをつくれるようになるでしょう。下書きにシャープペンシルを使えば、何度でも描き直しができますし、貼るパーツに直接描くので形状や寸法のズレも最小限ですみます。

さあ、自由にパーツをつくり、ガンプラをディテールアップしていきましょう。

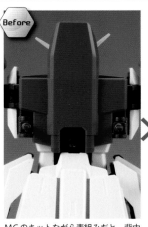
Before

After

MGのキットながら素組みだと、背中はモールドがほとんどなく、まっさらツルツル。ディテールの加えがいがある。

プラ板を細かく切り、貼りつける。ひたすらそれを繰り返し、塗装＆スミ入れで仕上げた。情報量が格段にアップしている。

覚えておきたいプラ板ワーク

プラ板はコツさえつかめば、とても使いやすいアイテム。最初から複雑なものをつくろうとせず、基本的なテクニックを覚えて、それを組み合わせて表現していこう。

**チップを
つくって貼る**

≫詳しくはP.95

プラ板を細かく切り出して小さなチップをたくさんつくり、あちこちに貼ってディテールアップする。

**パーツに合わせて
切り出して貼る**

≫詳しくはP.96

パーツに下書きし、マスキングテープを通してプラ板に転写することで、複雑な形状でも正確に切り出せる。

**左右対称の
パーツをつくる**

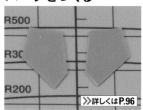
≫詳しくはP.96

切り出したプラ板をウラ返して、別のプラ板に貼りつけて切り出せば、かんたんに左右対象のパーツをつくれる。

**重ねて
貼り合わせる**

大きさや形状の異なるプラ板を交互に重ねて貼り合わせると、ダクトフィンなどをつくることができる。

P O I N T

どんなプラ板を選べばいいの？

ディテールアップに用いるプラ板の厚みは、0.5mmがおすすめ。切り出しやすい厚みで、だいたいどんなスケールにも違和感なく使える。1.2mm厚などの厚めのプラ板はあとで削って調整する場合には使えるが、そのまま貼って使うには難易度が高い。逆に0.3mm厚だと薄すぎて、ディテールアップとしては弱めになる。

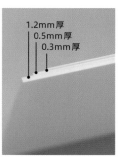
1.2mm厚
0.5mm厚
0.3mm厚

プラ板は白のほかに、グレーなど色つきのものがある。基本的には塗装が必要だが、白やグレーを"色のアクセント"として活かして成型色仕上げにする手もある。プラ板だけ塗装して貼りたい場合は、リモネン系接着剤を使おう。スチロール系接着剤は塗膜を溶かしてしまうが、リモネン系であればプラスチック以外には影響がないからだ。

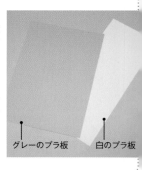
グレーのプラ板　　白のプラ板

テクニック

貼るDU⑧
プラ板製のパーツを貼る① 基本

難易度
かんたん
ふつう
むずかしい

におい
しない
よわめ
つよめ

▶ プラ板を小さく切り出してパーツに貼る。それだけでも立派なディテールアップになる。

▶ どこに貼ろうかと悩む場合、まずはじゃんじゃん切り出して思いつくままに貼ってみよう。貼った効果が目に見えてわかり、イメージが広がっていくはずだ。

Before
After

ENTRY GRADE
νガンダム

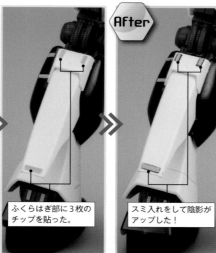

ふくらはぎ部に3枚のチップを貼った。

スミ入れをして陰影がアップした！

何かを貼ることでディテールアップをする方法は大定番として、多くの人がさまざまな工夫やアイデアを凝らしてやってきました。専用のディテールアップパーツ（→P.74〜75）を貼る手もありますが、ここでは**プラ板を切り出して貼るテクニック**を紹介します。

基本編としておすすめなのが、**プラ板から同じ形の小さなチップを切り出して、思いつくままに貼る**ことです。貼った効果が目に見えてわかるので、イメージが広がって貼り甲斐のある箇所がどんどん見えてくるでしょう。

使用する道具

プラ板（0.5mm厚）

T字定規

・カッターナイフ（もしくはデザインナイフ）
・スチロール系接着剤（流し込みタイプ）
・紙やすり（400〜1000番あたり）
・ピンセット
・スミ入れペン

チップをつくって貼る `つよめ`

最初から複雑な形状のプラ板を切り出して貼るのは難しい。まずは小さなチップをつくって、たくさん配置してみよう。

1 プラ板を短冊に切る

T字定規

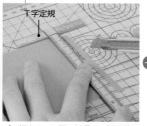

プラ板を5mm幅で細長く、短冊状にカットする。T字定規を使うと、垂直に切りやすい。

2 短冊からチップを切り出す

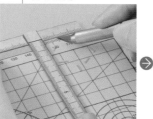

切り出した5mm幅の短冊を、1mmごとにカットしてチップをつくる。同じ形のチップをたくさんつくれる。

3 チップができた

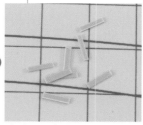

プラ板チップは少しいびつなものがあっても構わない。たくさんつくっておこう。たくさんつくれば腕も上がる。

4 チップを貼る場所を検討

ピンセット

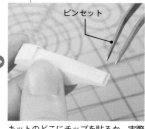

キットのどこにチップを貼るか、実際に合わせながら検討していく。配置しやすいのは、パーツのフチや角など。

5 接着剤でチップを貼る

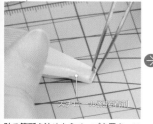

スチロール系接着剤

貼る箇所を決めたらチップを置き、スチロール系接着剤（流し込みタイプ）で貼る。速乾タイプはズレにくくて便利。

6 やすりがけをする

チップの角がケバ立っていたら、やすりがけをして整える。あまり角を削りすぎないように注意だ。

7 複数枚のチップを貼って完成

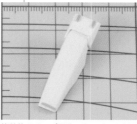

複数枚のチップを貼った。パーツと同系色のプラ板なら、「成型色仕上げ」も可能だ。

プラスα あると便利な目盛付きプラ板

目盛りがあって、切り出しに便利なプラ板もある。平行が取りやすいので、工作精度をアップできる。ただし、目盛りがあるので塗装は必要。

プラ＝プレート【グレー】
目盛付き／ウェーブ

貼るDU⑨ プラ板製のパーツを貼る② 複雑な形状

難易度

かんたん
ふつう
むずかしい

におい

しない
よわめ
つよめ

▶ 複雑な形状にプラ板を切って貼りたい場合は、マスキングテープを使って「型」をつくるのがおすすめ。

▶ 左右対象に切り出したい場合は、1枚つくったものをウラ返して「型」として使い、反対側のプラ板パーツを切り出せば正確に左右対称のものがつくれる。

Before / After

腰アーマーに左右対称のプラ板を貼ってスミ入れをした！

ENTRY GRADE νガンダム

パーツの形に合わせるなど複雑な形状にプラ板を切り出すことができれば、より幅広いディテールアップ表現が可能になります。ただし、いきなりプラ板に下書きして切り出すのは、サイズ調整などの面から難しいものです。**おすすめはパーツに下書きし、マスキングテープに写し取ってプラ板に転写する方法です。**左右対称にプラ板を切り出したい場合、1枚めを切り出したらウラ返し、それを別のプラ板に重ねて貼り、2枚目を切り出します。これでぴったり左右対称のものがつくれます。

使用する道具

- プラ板（ここでは0.5mm厚）
- ・マスキングテープ
- ・シャープペンシル
- ・油性マーカー
- ・デザインナイフ（もしくはカッターナイフ）
- ・スチロール系接着剤（流し込みタイプ）
- ・金属定規
- ・紙やすり（400〜1000番あたり）
- ・棒やすり（方法②）
- ・両面テープ（方法②）
- ・スミ入れペン

方法① 複雑な形状のプラ板を貼る

つよめ

貼るプラ板を複雑な形状にしたいとき、定規で測りながら切り出すのは難易度が高い。マスキングテープを使って転写すれば、ジャストサイズのプラ板を切り出せる。

1 パーツに下書きする

パーツのどこにどんな形状のプラ板を貼りたいか考えて、シャープペンシルで下書きをする。

2 マスキングテープを貼って転写する

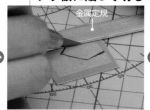

下書きした上にマスキングテープを貼り、透けて見える下書き線を油性マーカーでなぞる。

3 マスキングテープをプラ板に貼って切る

金属定規

下書き線を転写したマスキングテープを剥がしてプラ板に貼り、デザインナイフなどで切り出す。

4 パーツにプラ板を貼る

切り出したプラ板をスチロール系接着剤でパーツに貼る。流し込みタイプを使い、位置を決めてから固定しよう。

方法② 左右対称のプラ板をつくる

つよめ

ポイントは1枚めを切り出し、それをウラ返して反対側を切り出すこと。2枚を重ねたままやすりがけをすれば、より正確に整えられる。

1 切ったプラ板を別のプラ板に貼る

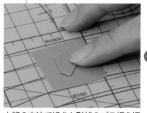

上記の方法で好きな形状のプラ板を切り出す。そのプラ板をウラ返して両面テープなどで、別のプラ板に貼る。

2 重ねたままプラ板を切り出す

型になるプラ板を貼りつけたまま、デザインナイフで2枚を切り出す。ここでのカットの精度は高くなくていい。

3 貼り重ねたままやすりがけをする

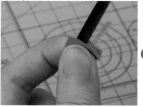

2枚のプラ板を重ねたまま、棒やすりで形を整える。このあと、紙やすりも使って2枚のサイズや形をきれいに整える。

4 左右対称のプラ板ができた

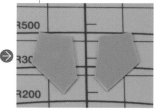

貼り合わせた2枚のプラ板を剥がせば、ぴったり左右対称のプラ板ができる。

テクニック

貼るDU⑩
プラ棒製のパーツを貼る

難易度	
	かんたん
	ふつう
	むずかしい

におい	
	しない
	よわめ
	つよめ

▶ 丸型のプラ棒を使えば、正確な円形のディテールアップパーツをつくることができる。

▶ プラ棒には丸型以外にも、半円やL字型、内側が空洞になっているパイプなど、さまざまな種類のものがある。プラ棒を眺めながら、どこにどんなふうに貼るのか考えてみよう。

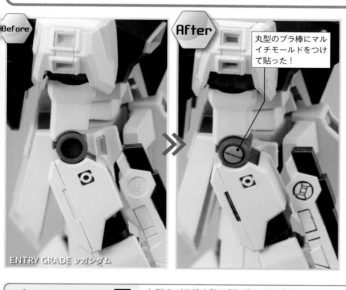
Before / After

丸型のプラ棒にマルイチモールドをつけて貼った！

ENTRY GRADE νガンダム

プラ板を切り出す際に一番難しいのは、「正確な円」を描くことです。コンパスカッターを使うにしても小さい円は難しいですし、ゆがみます。しかし、最初からきれいな円であるプラ棒の丸型を使えば、苦労せずにきれいな円形のパーツをつくることができます。

丸棒のほかにも、プラ棒にはさまざまな形状のものがあります。ぜひいろいろと試して使って、ディテールアップの幅を広げてください。

使用する道具

丸型のプラ棒（ここでは直径5mm）

・紙やすり（400～1000番あたり）
・目立てやすり
・スチロール系接着剤
・スミ入れペン

デザインナイフ

プラ棒を貼る つよめ

丸型のプラ棒を貼る例。使い方は自由だが、ここでは関節のディテールアップをしてみる。フチにC面をつけるだけで、市販のディテールアップパーツのような格好よさを出せる。

1 どこにプラ棒を貼るか検討

キットの各部を見て、どこにディテールを増やすか検討する。関節にちょうどよさそうな丸穴があった。

2 プラ棒を面取りする

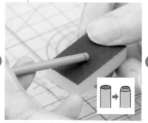

肘関節のサイズを測り、径が合う丸型のプラ棒を選ぶ。先端の角を紙やすりでやすってC面（→P.115）をつくる。

3 プラ棒を切り出す

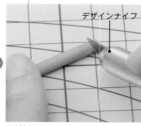
デザインナイフ

取付部の深さを考えながら、デザインナイフでカットする。プラ棒を転がしながら切り出すと、やりやすい。

4 切り出したプラ棒にスジボリをする

目立てやすり

切り出したプラ棒の中央に、目立てやすりで線を入れる。いわゆるマルイチモールドをつくる。

5 関節の丸穴に貼って完成

できあがった丸型のプラ棒パーツを、関節の丸穴に接着剤で貼る。ちょっとしたアイデアで格好よさが増す。

プラスα いろいろなプラ棒でディテールアップ

プラ棒には丸棒のほかにも半円やL字型、パイプなど、さまざまなものがある。多種多様なディテールアップに使えるので、下記を参考にいろいろと試してみよう。

半円の例
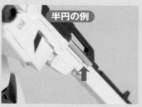

ビームライフルの側部に、半円のプラ棒をつけた。銃身の延長のイメージだ。

L字型の例

脚部のスソに、L字型のプラ棒を2つつけた。取りつけ金具のイメージだ。

パイプの例

膝関節の足部に、パイプのプラ棒をつけた。関節部の構造材のイメージだ。

テクニック 貼るDU⑪
メタルパーツに交換する

難易度
かんたん
ふつう
むずかしい

におい
しない
よわめ
つよめ

▶ 金属らしさを演出したいなら、メタルパーツを取りつけるのが手っ取り早い。ガンプラ向けのメタルパーツも数多く売られている。とくにモノアイや動力パイプ、バーニアなど、交換するだけでいいものが多い。

▶ メタルパーツは高価なものが多いが、塗装不要で取りつけるだけでいいものが多いので、手軽にできる。

Before

After

モノアイや動力パイプなどをメタルパーツに交換。

HG MS-04 ブグ（ランバ・ラル機）

モビルスーツは本来、金属でできているという設定になっています。であれば、メタルパーツをガンプラに盛り込めば、よりリアリティが増すでしょう。実際、パイプ類やバーニアなど、ガンプラに使えるメタルパーツが数多く市販されています。メタルパーツの取りつけは、主に瞬間接着剤（低白化タイプ）もしくはエポキシ系接着剤を使います。パーツは高価なものが多く、自由に加工ができないなどの制約はありますが、取りつけるだけで金属らしさが演出できるのでおすすめです。

使用する道具

〈モノアイ〉	〈動力パイプ〉	〈メッシュパイプ〉	〈共通〉
・メタルパーツ	・メタルパーツ	・メッシュパイプ	・ニッパー
・レンズパーツ	・アルミ針金	・デザインナイフ	（プラ用／金属用）
・けがき針	・熱収縮チューブ		・瞬間接着剤
・ピンバイス	・スプリング	〈ダンパー〉	・ピンセット
	・コテライザー	・アルミ線	
	・メタルプライマー	・ピンバイス	
	・塗装セット		

メタルパーツに交換する① モノアイ [よわめ]

やはり顔は全体の印象を決める。ジオン系モビルスーツのモノアイをメタルパーツに交換してみよう。

1 取りつけるメタルパーツを用意

ここでは、基部に「SPプレート2」を使用する。

2 けがき針で取りつけ位置を決める

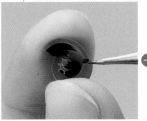

センターを確認して、けがき針で取りつけ位置に印をつける。

3 ピンバイスで最初の穴を通す

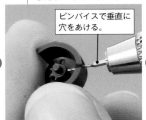

ピンバイスで垂直に穴をあける。

まずφ0.5mm前後の細いピンバイスで穴をあける。大きい刃を当てる前に、こうしておくと穴の中心がズレにくい。

4 メタルパーツの外寸と同じ径の穴にする

0.1mmでも違うとゆるくなるので注意。

メタルパーツのパッケージに書かれている外寸（ここではφ2.7mm）と同じ径のドリル刃で、穴をあける。

5 メタルパーツをはめ込む

ピンセットなどで、穴にメタルパーツを埋め込む。径が違うとここで位置決めに苦労する。

6 ウラ側から瞬間接着剤で止める

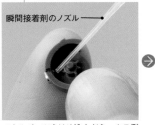

瞬間接着剤のノズル

メタルパーツをはめ込んだら、ウラ側から瞬間接着剤（低白化タイプ）もしくはエポキシ系接着剤を流し込む。

7 レンズパーツを取りつける

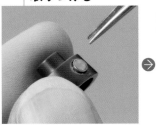

レンズとして市販のクリアレンズパーツを取りつける。これも瞬間接着剤で固定する。

8 頭部に組み込んで完成

シールよりも光沢感が出る！

頭部パーツ内部に取りつけて完成。たったこれだけの作業で、顔の印象が大きく変わった。

メタルパーツに交換する② 動力パイプ ＜よわめ＞

動力パイプのメタルパーツ化も、手軽で効果のあるテクニックの1つ。メタルパーツに塗装する場合は、下地としてメタルプライマーを塗ること。

1 動力パイプを取り外す

HGUCの動力パイプは、1つの樹脂パーツで構成されている。ここを丸ごとメタルパーツに置き換える。

2 メタルパーツを用意する

交換する長さに合わせて、パーツを用意する。塗装するにはメタルプライマーが必須。塗らないと塗膜が剥がれる。

3 長さに合わせて芯材を切り出す
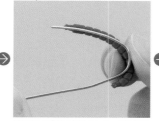
動力パイプの長さに合わせ、アルミ針金を切り出す。本体に差し込むために前後5〜10mmほど長めにしておく。

4 芯材に熱収縮チューブをかぶせる

芯材にそのままメタルパーツを通すと安定しないので、電子工作で使う熱収縮チューブをかぶせる。

5 熱収縮チューブを熱する
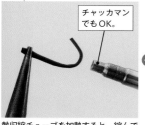
チャッカマンでもOK。
熱収縮チューブを加熱すると、縮んで芯材にフィットする。熱するにはコテライザーのブロワーノズルが便利。

6 チューブにスプリングを通す

熱収縮チューブの外側にスプリングを通す。熱収縮チューブは端を折り返しておくと、スプリングが抜けにくい。

7 チューブにメタルパイプを通す
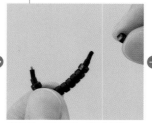
はみ出したスプリングを金属用ニッパーでカットしてから、メタルパーツを通していく。

8 位置を合わせて瞬間接着剤で固定

本体に差し込んで、位置を合わせてから瞬間接着剤（低白化タイプ）で固定。芯材の針金は曲がるので形状を微調整。

メッシュパイプに交換する ＜よわめ＞

装甲のスキマから見えるフレームや膝ウラの関節などに、パイプ状のモールドがつくられているものもある。これを金属チューブ（メッシュパイプ）に取り換えると、見栄えが変わる。

1 取りつける部分を切り取る

膝ウラのパイプがプラスチックでできている。
HGUC 1/144 ガンダムMK-Ⅱ（エゥーゴ仕様）
オートバイなどスケールモデル用のメッシュパイプと交換したい。メッシュパイプを取りつける部分を切り取る。

2 メッシュパイプを切り出す
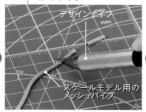
デザインナイフ
スケールモデル用のメッシュパイプ
メッシュパイプを切り出す。カットするところに瞬間接着剤を垂らしておくと、染み込んでほどけにくくなる。

3 瞬間接着剤で取りつける
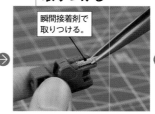
瞬間接着剤で取りつける。
切り出したメッシュパイプをパーツに取りつける。プラ側にパイプと同じ大きさの穴をあけておいてもいい。

4 本体に取りつけて完成

メッシュパイプを取りつけたパーツを、本体に取りつけて完成。ここでは下側が装甲に隠れるので、長めにした。

省略されたダンパーをアルミ線でつくる ＜よわめ＞

省略されてガンプラにはついていない部分を、メタルパーツでつくる。ここでは、ガンダムMk-Ⅱの足首にダンパーをつける。

1 足首のダンパーが省略されている
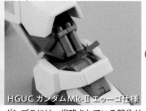
HGUC ガンダムMk-Ⅱ エゥーゴ仕様
ガンプラには、省略されている部分がある。写真の場合、本来は足首をつなぐダンパーがあるはず。

2 ピンバイスで穴をあける

深さは3mm程度で十分。
足首部分のパーツにアルミ線を埋めるために、アルミ線と同径のφ1.5mmのピンバイスで穴をあける。

3 アルミ線を切り出して取りつける
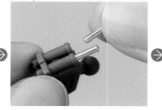
飛び出させたい長さに合わせて、φ1.5mmのアルミ線を切り出して差し込む。瞬間接着剤で固定する。

4 ダンパーがついた
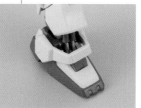
足首部分のパーツを本体に取りつける。足首側はアルミ線の受け皿部分をくり抜いてある。

テクニック 貼るDU⑫
メタルパーツを取りつける

難易度

かんたん
ふつう
むずかしい

におい

しない
よわめ
つよめ

▶ パーツの表面に取りつけるだけでディテールアップできるメタルパーツが数多く発売されている。

▶ メタルパーツは金属らしい素材感やツヤをそのまま表現できるのはもちろん、プラパーツに比べてシャープさの演出をすることもできる。装甲の継ぎ目にビスヘッドを取りつけるだけでも、雰囲気を変えることができる。

Before

After

装甲の継ぎ目を演出するメタル製のビスヘッドが埋め込まれた！

HG MS-04 ブグ（ランバ・ラル機）

モールドパーツのように、**パーツ表面に取りつけるタイプのメタルパーツ**もあります。プラスチックよりもシャープな形状なので、より精悍な印象に変えられます。メタルプライマーを塗れば塗装もできますが、あえて塗装せずに金属の質感を活かしてもいいでしょう。

多くはピンバイスであけた穴に瞬間接着剤（低白化タイプ）もしくはエポキシ系接着剤で固定するタイプですが、中にはシールになっていて貼るだけでディテールアップができるものもあります。

使用する道具

メタルパーツ

瞬間接着剤
（低白化タイプ）

ピンセット

ピンバイス

けがき針

ビスヘッドを取りつける よわめ

メタルパーツは、ウラ面にピンがあるタイプが多い。この場合、ピンバイスでパーツ側の穴を深くしてから取りつける。メタルパーツの取りつけには、瞬間接着剤を使う。

1 けがき針で取りつけ位置にマーキングする

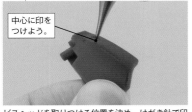

中心に印をつけよう。

ビスヘッドを取りつける位置を決め、けがき針で印をつける。ここでは腰アーマーにある丸い凹モールドの中に、埋め込むようにつける。

2 ピンバイスで穴を深くする

取りつけるパーツに合わせて、ここではφ0.5mmくらいで。

取りつけるメタルパーツはウラ側にピンがついているタイプなので、ピンバイスで取りつけ部の穴を深くする。

3 瞬間接着剤で取りつける

メタルパーツは瞬間接着剤（乾燥後に白化しにくい低白化タイプ）か、エポキシ系接着剤で取りつける。取りつけるのはガンプラ本体の塗装と仕上げ後に。

ステンレスシールを貼る

シールのように、ただ貼ればいいメタルパーツもある。手軽にメタル化をしたい場合にはおすすめ。凹モールドと組み合わせると、ディテールアップの効果が高まる。

1 シールを貼る場所を決める

まずは取りつける位置を決める。ここでは脚部パーツにある丸い凹モールドに貼りつける。

2 ちょうどいいサイズを選ぶ

ステンレスシールは大小さまざまなサイズがある。台紙から剥がして、そのまま貼れる。

3 ピンセットでパーツに貼る

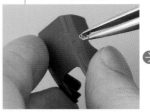

プラ製の台紙から剥がして、ピンセットでパーツに貼りつける。付属シールを貼るときと、まったく同じだ。

4 すべて貼ったら完成

パーツの左右や四隅など、全体のバランスを見て適度に貼っていく。手軽にメタル化ディテールアップが完了した。

テクニック 貼るDU⑬

自作メタルパーツに取り替える

難易度
かんたん
ふつう
むずかしい

におい
しない
よわめ
つよめ

▶ 市販のメタルパーツも種類に限りがあるので、それ以外のパーツをメタル化したいときは金属線から自作しよう。

▶ モビルスーツは金属製なので、あらゆるところがメタル化の対象となる。たとえば、ブグの肩アーマーにあるステップを金属線などでつくったものに取り替えれば、オリジナリティ溢れるディテールアップが完成する。

Before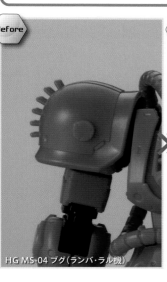

After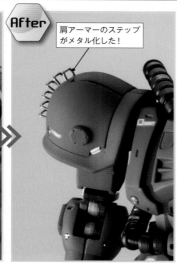
肩アーマーのステップがメタル化した！

HG MS-04 ブグ（ランバ・ラル機）

　アルミ線や真鍮線、ピアノ線などの金属線などを使えば、**オリジナルのメタルパーツをつくって、メタル化のディテールアップを施すことができます。**

　たとえば、頭部にある通信アンテナ、このページの作例のようなハシゴや手すりなどは、取り替えたときの効果が抜群です。**金属線をカットするには専用の金属用ニッパーなどを用意し、プラスチック用ニッパーは絶対に使わないようにしましょう。**

使用する道具

ピアノ線
瞬間接着剤（低白化タイプ）
ピンバイス
・ニッパー（プラ用／金属用）
・ラジオペンチ

ステップを金属線でつくり変える　よわめ

ブグの肩にあるステップ（ハシゴ）をすべて切り取り、ピアノ線を加工したものに取り替える。絶対にプラスチック用ニッパーで切らないように注意。

1 ガンプラのステップを取り除く

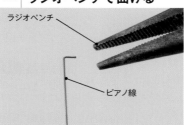

肩アーマーにあるステップを、金属線の自作パーツに取り替える。まずはニッパーでステップをすべて切り取る。

2 ピアノ線をラジオペンチで曲げる

ラジオペンチ
ピアノ線

ピアノ線などの金属線をラジオペンチで曲げていく。金属の質感を活かすなら、塗装しなくていい。どの金属線を使うかは、色で選べばいい。

3 コの字型に曲げていく

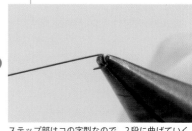

ステップ部はコの字型なので、2段に曲げていく。1段目と2段目の間隔は一定になるように、あらかじめ曲げる箇所を決めておくといい。

4 金属用ニッパーでカットする

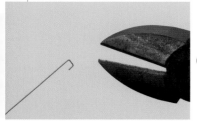

曲げたらコの字型のパーツを切り出す。ニッパーは金属用のものを使う。間違えてプラスチック用ニッパーを使うと、刃が欠けて使いものにならなくなる。

5 ピンバイスで穴をあける

自作のステップパーツを取りつける位置に、ピンバイスで穴をあける。元の位置に穴をあけると、きれいに並べることができる。

6 塗装後に金属製ステップをつけていく

あらかじめ取りつけるパーツの塗装や仕上げを済ませておく。

ステップパーツを穴に差し込む。パーツの接合部に瞬間接着剤（低白化タイプ）、もしくはエポキシ系接着剤を流し込んで固定する。乾燥したら完成。

キホン 表面処理①
表面処理の基本

▶ どんなに格好よくディテールアップしても、ゲート跡や合わせ目が目立っていたら完成度はイマイチ。必要に応じて、表面処理も行っていこう。

▶ ゲート処理、パーティングライン消し、合わせ目消し、肉抜き穴埋めなど、基本的な表面処理のテクニックを覚えよう。

時間をかけてスジボリを入れ、ディテールアップパーツも盛り、塗装もしてデカールを貼って、さあできあがりと思って飾ってみたのに、膝にポツンとゲート跡が残っていたりすると、完成の喜びも半減です。

自分で鑑賞するのはもちろん、SNSにアップしたり、コンテストなどに出品したりするときには、ぜひそうした細かい表面処理から行い、丁寧に仕上げていきたいものです。**表面処理には、主にゲート処理、パーティングライン消し、合わせ目消し、肉抜き穴埋めの4つがあります。**

ゲート処理とは、ゲート跡をきれいに整えること。ゲートは数が多く、処理に時間がかかるので、塗装するかどうかなど仕上げ方に応じてどこまで処理するかを決めましょう。塗装をするなら、そこまできれいにしなくても目立たなくできます。パーティングラインもゲートと似たものなので、削り取って見えなくしましょう。

合わせ目消しとは、合わせ目を接着して見えなくすること。最近はガンプラの設計技術が向上し、以前ほど合わせ目が露わになりません。しかしゼロではないので、すべての合わせ目を消すのか、目立つところだけを消すのかなど、求める完成度に応じて決めましょう。

肉抜き穴埋めは、文字通り肉抜き穴を埋めること。足ウラなど見えないところは、気にしないのであればそのままでもいいでしょう。全身くまなく手をかけたいのであれば、しっかりと埋めます。基本的に合わせ目消しと肉抜き穴埋めをした場合、塗装が必要です。塗装との関係性については、P.146も参照してください。

目的別！表面処理の目安

キット全体の表面処理を徹底的に行うと、かなりの時間がかかる。求める完成度を考えて、ほどよく省力化する方法で取り組もう。

気軽に完成させたい！	●ゲート処理は、薄刃ニッパーでの二度切りのみ ●合わせ目消し、肉抜き埋めはしない ●成型色仕上げ。スミ入れ＆コート剤で完成
成型色仕上げできれいに仕上げたい！	●ゲート処理をしっかりとやる。紙やすりは1000番までかけ、そのあとコンパウンドで磨く ●合わせ目消しはしない ●肉抜き穴はプラ板で埋める ●塗装はしないが、つや消しのコート剤で仕上げる
全塗装してばっちりと仕上げたい！	●サーフェイサーを吹くので、ゲート処理のやすりがけは1000番まででいい ●パーティングライン消し、合わせ目消し、肉抜き穴埋めをしっかりとやっておく ●全塗装して、コート剤で仕上げる

表面処理の種類

ゲート処理

ランナーとパーツがつながるところがゲート。切りっぱなしでゲート跡が飛び出していると目立ってしまうので、きれいに削って整える。

二度切りする

やすりがけをする

コンパウンドで磨く

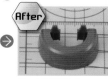
ゲート跡が消えた

パーティングライン消し

パーティングラインとは、金型と金型の合わせ目がパーツに見えてしまうもの。筒状のパーツなどに出やすい。削り取って、きれいにする。

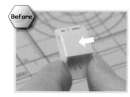

合わせ目消し

パーツ同士を合わせてできた線をスチロール系接着剤で溶かして接合し、やすりをかけてきれいにすること。白化しやすいので、塗装するのが望ましい。

肉抜き穴埋め

肉抜き穴とは、製造コストを抑えるために、目立ちにくいパーツのウラ側などに空洞をつくるもの。目立たないとはいえ見えてしまうとリアリティが低下するので、パテやプラ板で埋める。埋めた場合、塗装が必要。

テクニック

表面処理②
ゲート処理をする

難易度

かんたん
ふつう
むずかしい

におい

しない
よわめ
つよめ

▶ パーツをランナーから切り出したときにできる、パーツ側の跡をゲート跡という。未処理だと意外に目立つので、格好よく仕上げるためにできるだけきれいにしよう。

▶ ゲート跡は数こそ多いが、個々の作業は難しくない。パーツを切り出すたびに丁寧に処理しよう。

Before

After

HG ディランザ（グエル専用機）

ゲート跡がまったくわからなくなった。

　ガンプラをつくる際、ゲート処理は行う回数が一番多い作業かもしれません。ENTRY GRADEでも100以上のパーツがあり、それぞれ3ヵ所はゲートがあります。しかし放置して組むと、あちこちに未処理のゲート跡が目立ちます。せっかく改造や塗装をして仕上げるのですから、こうした下処理はきっちりとしておきたいものです。

　最初に薄刃ニッパーで丁寧にカットすれば、やすりがけは少しで済みます。目立つ場所以外は紙やすりまでで十分です。塗装する場合、コンパウンドは不要です。

使用する道具

ニッパー

デザインナイフ

紙やすり（400～000番）

・コンパウンド（2000～3000番）
・コンパウンド用クロス

ゲート跡を処理する

仕上げまでしたあとで、ゲート処理をするのはかなり難しい。パーツを切り出すたびに1つずつきちんと処理して、全体のクオリティアップにつなげよう。

1 薄刃ニッパーで二度切りする

一度で切ると白化しやすいので注意！

一度めはパーツから少し離れた側を切る。残りを力がかからない角度で切る。二度に分けて切れば白化しにくい。

2 デザインナイフで削る

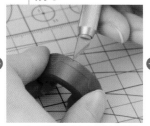

ニッパーで切ったあとの小さな突起は、デザインナイフで削り取る。

3 やすりがけをする

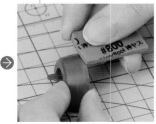

やすりがけをして、切り口をなめらかに整えていく。400番からはじめて、1000番ぐらいまでかける。

4 コンパウンドで磨く

コンパウンドで磨いて仕上げる。2000～3000番ぐらいで、跡が見えなくなればOK。

5 ゲート跡が消えた

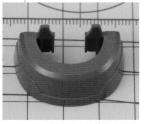

コンパウンドまでやって仕上げると、ゲートとほかの部分の区別がほとんどつかなくなる。

プラスα パーティングラインを消す方法

金型にある合わせ目がパーツに残っているものをパーティングラインという。最近は少ないが、なくなったわけではない。

パーティングラインを発見

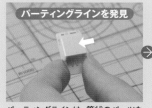

パーティングラインは、筒状のパーツなどによく見られる。本来のモビルスーツにはない線なので消したい。

デザインナイフでかんな削りをする

だいたいのものは小さいので、デザインナイフの刃を立てて、出っぱっているところをかんなで削るようにする。

パーティングラインが消えた

すべて削り取ればできあがり。削り跡が気になる場合は、紙やすりで600～1000番までやすりがけすればOK。

難易度

かんたん
ふつう
むずかしい

におい

しない
よわめ
つよめ

テクニック 表面処理③
合わせ目消しをする

▶ パーツを組み立てたときにできるパーツ同士が合わさる線を合わせ目という。合わせ目を消すことで、本来存在しないラインをなくすことができる。ただし、処理をしたあとに塗装は必須。

▶ 改造によって合わせ目ができることもあるので、合わせ目消しのテクニックを身につけておこう。

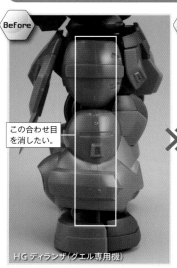

Before

この合わせ目を消したい。

HG ディランザ（グエル専用機）

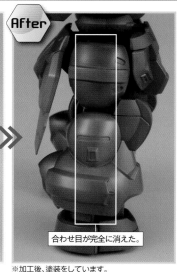

After

合わせ目が完全に消えた。

※加工後、塗装をしています。

最近のガンプラには合わせ目がほとんど見られなくなりましたが、完全になくなることはありません。それでも表面処理のテクニックとして重要ですので、ぜひ合わせ目消しを覚えておいてください。

基本的にはスチロール系接着剤でプラスチックを溶かし、溶接するように貼り合わせ、乾燥後に接合部をならしていきます。ただし、処理をしたあとに塗装は必須です。プラを溶接するようなテクニックですが、改造時にも大いに役立つのでぜひ身につけておいてください。

使用する道具

紙やすり（240〜1000番）

スチロール系接着剤

・棒やすり
・サーフェイサー

合わせ目を消す つよめ

合わせ目はリアリティの天敵であり、プラモデルっぽさを露わにしてしまうもの。合わせ目を確実に処理し、完成度アップにつなげよう。

1 合わせ目を見つけた

縦のラインが合わせ目。ボディの脇やヒジに少しある程度ならいいが、脚部など目立つところは消しておきたい。

2 スチロール系接着剤を塗る

パーツの合わさる面に、スチロール系接着剤をたっぷりと塗る。両側に塗ること。

3 パーツを貼り合わせる

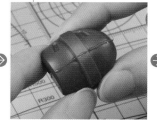

乾燥前にパーツを合わせ、30秒ほど待ってからぐっと力をかける。合わせ目がムニュっとなったらOK。

4 棒やすりで削る

完全に乾燥してから（2〜3日後）は、み出した部分を棒やすりなどで大まかに削り取る。

5 やすりがけをする

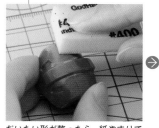

だいたい形が整ったら、紙やすりで240番〜1000番まで番手を上げながらやすりがけして整える。

6 合わせ目が消えた

合わせ目がほとんど見えなくなった。接着剤が間に挟まっているので、よく見ると合わせ目の跡は見えるが、触ってもわからない。

7 サフを吹いた

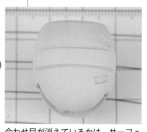

合わせ目が消えているかは、サーフェイサーを吹くとわかる。スキマが残っていれば、パテ埋めして再びやすりがけし、サフを吹いて仕上げる。

プラスα 「SP」でムニュっとすれば時短できる

GSIクレオスの「Mr.セメントSP（スーパーパワー）」は乾燥が早いので、翌日にはやすりがけができ、より早く仕上げられる。白化しやすいので塗装することが前提になる。

Mr.セメントSP（スーパーパワー）／GSIクレオス

表面処理④

肉抜き穴を埋める

難易度
- かんたん
- **ふつう**
- むずかしい

におい
- しない
- **よわめ**
- **つよめ**

▶ ガンプラの設定やデザイン画とは関係ないところで、プラスチックの量を少なくするために肉抜き穴と呼ばれる処置がなされているところがある。

▶ 肉抜き穴を埋めてやることで、ガンプラの厚みが増し、しっかりした印象に仕上げることができる。

Before

ENTRY GRADE
νガンダム

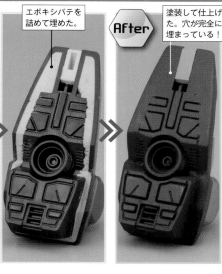

エポキシパテを詰めて埋めた。

塗装して仕上げた。穴が完全に埋まっている！

After

HGシリーズやSDシリーズなど低価格帯のキットでは、ヒケ防止などの事情から足ウラなどの目立たない箇所に不自然な穴があいています。**肉抜き穴**と呼ばれるものです。**肉抜き穴は、とくに足ウラやパーツのウラ側などに多くあります。**肉抜き穴は①**パテで埋める**、②**プラ板でフタをする**といった方法で埋めることができます。埋めたあとは、自分でモールドを加えるほか、もともとモールドが彫り込んであるプラ板を使うなどして、ディテールアップするといいでしょう。

使用する道具

〈方法①〉
エポキシパテ
・スパチュラ(もしくはヘラ)
・紙やすり(240〜1000番)
・ゴム手袋

〈方法②〉
プラ板
・プラ棒　　　・スチロール系接着剤
・マスキングテープ　・ピンセット
・デザインナイフ
・油性マーカー

方法① パテで埋める つよ

肉抜き穴を埋めるには、エポキシパテが手っ取り早い。説明書で乾燥時間を確認して、十分に乾燥させてから削っていこう。

1 足ウラの肉抜き穴を埋めたい

足ウラに肉抜き穴を発見。モールドなどで目立たない工夫がなされているが、重厚感には欠ける。

2 エポキシパテを練る

手袋を忘れずに！

肉抜き穴を埋めるには、エポキシパテが手軽で確実。主剤と硬化剤を同量切り出して、ひねりながらよく混ぜる。

3 エポキシパテを詰め込む

スパチュラやヘラを使うと便利。

主剤と硬化剤が均一になるように練ったら、スキマがないように少しずつ肉抜き穴に詰め込む。

4 平らに削って整える

スジボリで凹モールドを入れてもいいだろう。

早ければ数時間で硬化して、削れるようになる。紙やすりで整えたら、塗装して仕上げる。

方法② プラ板でフタをする つよめ

肉抜き穴が広い範囲なら、プラ板を貼る方法がある。スジボリなどによるディテールアップがしやすいので、選択肢として知っておこう。

1 腰アーマーのウラの肉抜きを埋めたい

腰アーマーのウラなどは、いろいろ省略されていることが多い。範囲が広めなので、プラ板でフタをしていく。

2 プラ板とプラ棒を切り出す

プラ棒

裏打ち用のプラ棒も切り出す。

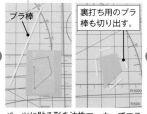

パーツに貼る形を油性マーカーでマスキングテープに描き、そこからプラ板に転写し、デザインナイフでカット。

3 裏打ちしたあとプラ板を貼る

プラ棒

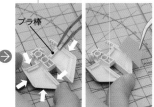

腰アーマーのウラ面の壁に裏打ち用のプラ棒をスチロール系接着剤で貼り、フタをするようにプラ板を貼る。

4 肉抜き穴がなくなった

両側にプラ板を貼ればOK。ここにスジボリやプラ板貼りで、ディテールをつくり込んでもいいだろう。

キホン

シャープ化①

シャープ化の基本テクニック

▶ シャープ化とは、パーツの角や先端を紙やすりなどで研磨して鋭くすることをいう。
▶ シャープ化の基本は角、先端、面の3つを研ぐこと。改造の下地づくりで行うと、全体的な精悍さが増す。
▶ 基本的には紙やすりでできるが、超硬スクレーパーなどの専用ツールもある。

さまざまな形状のガンプラが発売されていますが、シャープ化するポイントは3箇所に集約することができます。それは角、先端（頂点）、面です。

角は面と面が接する線のことで、ガンプラをよく見てみると、少しだけ丸みを帯びています。これを、指で触ってツンツンするぐらいに立てると、見た目にもシャープな印象に変わってきます。

先端は削ってとがらせるのが基本です。ただし、そのまま削ると短くなるので、プラ板やプラ棒などを貼っていったんカサを増してからとがらせる方法もあります。

面をシャープにする方法には、面出しがあります。面出しとは、面ごとに真っ平らに削ることです。

シャープ化を全身に施すのは根気がいりますが、そうすることで金属でできたモビルスーツらしい精悍さが増します。

Before

HGUC 1/144 ガンダムMk-Ⅱ（エゥーゴ仕様）

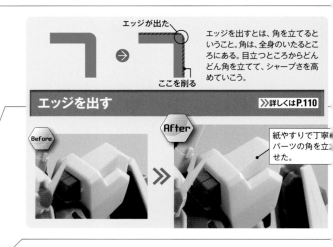

エッジが出た

ここを削る

エッジを出すとは、角を立てるということ。角は、全身のいたるところにある。目立つところからどんどん角を立てて、シャープさを高めていこう。

エッジを出す　　　　≫詳しくはP.110

Before　　After

紙やすりで丁寧にパーツの角を立たせた。

面が出た　　削る　　パテで埋める

キットの表面は、完全なフラットになっていないことが多い。紙やすりで隆起部分を削り、ヒケているところをパテなどで埋めて、面全体をフラットに整えることを面出しという。

面出しをする　　　　≫詳しくはP.114

Before　　After

紙やすりでフラットに磨いて、パーツ表面を平らにした。

ここを削る

バーニアや装甲のフチ、排熱ダクトのフィンなどに使えるテクニック。下端の内側を削り込むことで、そのパーツ全体が薄くなったように見える。

フチを薄くする　　　　≫詳しくはP.111

Before　　After

パーツ内側フチを削って薄くした。

角の凹んでいる部分も鋭く削り込むと、1つのパーツで構成されているのに、まるで別パーツが接合されているかのようなメリハリのあるディテールを表現できる。

ここを削る

凹側をシャープにする ≫詳しくは**P.111**

Before After

パーツの凹側を彫り込んでシャープにした。

頭部をシャープにする ≫詳しくは**P.108**

ガンプラの頭部をシャープに仕立てるだけで、かなり印象が変化する。

After

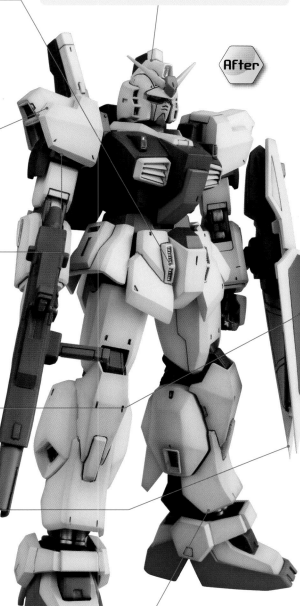

シンプルな面の構成になった

ここを削る

パーツを構成する面の数を3面から2面にしたり（C面を取る）、2面を3面にしたりする（C面をつくる）。C面とは、2つの面の間にある第3の面のこと。

面の構成を変える ≫詳しくは**P.115**

Before After

パーツの面構成を変えた。

そのまま削ってとがらせる方法と、先端にプラ板やプラ棒を継ぎ足して削る方法の2つがある。どんな仕上がりを目指すか考えて、よりよい方法を選ぼう。

※図は継ぎ足して削る方法の場合。

継ぎ足して削る。

先端をシャープにする ≫詳しくは**P.112**

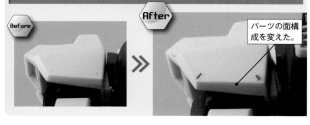

Before After

先端を延長して鋭くとがらせた。

スパイクをシャープにする ≫詳しくは**P.113**

継ぎ足して削る

※図は継ぎ足して削る方法の場合。

ザクIIやグフのショルダーアーマーにあるスパイクなども、キットのままでは丸みを帯びているので、シャープにすると印象が大きく変わる。そのまま削る方法と、プラ板やプラ棒を継ぎ足してから削る方法がある。

Before After

スパイク先端を延長して鋭くした。

基本・道具　彫るＤＵ　貼るＤＵ　表面処理　シャープ化　プロポーション変更　ディキシングビルド＆セミスクラッチ　塗装等　その他

シャープ化の基本テクニック

テクニック

シャープ化② 頭部をシャープにする

難易度
かんたん
ふつう
むずかしい

におい
しない
よわめ
つよめ

▶ 頭部は比較的小さなパーツで構成されているが、ガンダム系ならアンテナを、ザク系ならツノなどをシャープにするのが定番となっている。

▶ アンテナやツノ以外にも、アゴやフェイスガードなどを少しずつ削り込むだけでシャープな印象になる。

Before

HGUC 1/144 ガンダムMK-Ⅱ
（エゥーゴ仕様）

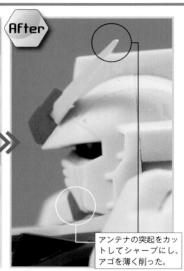
After

アンテナの突起をカットしてシャープにし、アゴを薄く削った。

　全身をシャープにするのは大変ですが、**頭部だけであれば手軽にできるでしょう**。まず、取り組みたいのがガンダム系のブレードアンテナ。HGシリーズなど一部のガンプラは、安全上の理由でアンテナの先端背面に突起があり、かつ丸くなっています。また、折れにくいように分厚くつくられています。そこで、**その突起をカットし、薄くとがらせることで、鋭くスマートなアンテナに生まれ変わります**。そのほか、アゴやフェイスガードなどは削り込んだり、好みに応じてエッジを出したりしていくといいでしょう。

使用する道具

ニッパー

デザインナイフ

当て板つき紙やすり（400〜1000番以上）

ブレードアンテナの突起を削る

安全上の配慮で丸めてあるアンテナの先端を削って整える。ニッパーと紙やすりだけで手軽にできるので、ビギナーにもおすすめだ。

1 突起があり丸くなっている

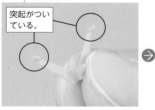

突起がついている。

HGUC ガンダムMK-Ⅱ（エゥーゴ仕様）のブレードアンテナ。安全への配慮から突起があり、丸みを帯びている。

2 突起を切り取る

突起をニッパー（もしくはデザインナイフ）で平らに切り取る。アンテナ本体側に食い込まないように、少なめに。

3 やすりで整える

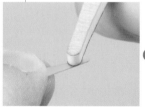

400番、600番、1000番の順で、当て板つき紙やすりで磨いて形状を整え、薄くとがらせる。

4 頭部に取りつける

ブレードアンテナを頭部本体に取りつけて完成。シンプルな作業だが、仕上がりの印象がかなり変わる。

ブレードアンテナの形状をシャープにする

ブレードアンテナの分厚さが気になる場合は、幅を狭くしたり、先端をとがらせたりするといい。左右のバランスを確認しながら作業しよう。

1 アンテナの厚みをチェック

ここを削る。

折れにくくするために、やや分厚くなっている。デザインナイフややすりで削ってシャープにしていくと、図のようにサイズがひと回り小さくなる。それを見越して、どう削るかを考えよう。

2 デザインナイフや棒やすりで削る

デザインナイフや棒やすりで、少しずつ削り込んでいく。左右同じになるように丁寧に作業しよう。

3 紙やすりで整える

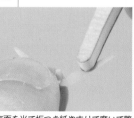

表面を当て板つき紙やすりで磨いて整える。削りすぎると小さくなるので、800番〜1000番以上の細かい番手を使う。

頭部のシャープ化コレクション 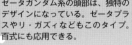つよ

モビルスーツの頭部は千差万別。そこで、いくつかのタイプに分けて、シェイプアップのポイントを紹介する。

ガンプラの頭部はぜひシャープ化で力を入れてほしい部位であり、がんばっただけ変化がわかる部位でもあります。

とくにガンダム系のガンプラは手の入れどころも多く、やりがいは抜群です。そこでポイントを押さえて、つくり込んでみましょう。

ここではHGシリーズから、**ガンダム系（UC）、ゼータ系、ザク系、ジム系、ジオン系**に分け、頭部シャープ化のポイントを紹介します。

ブレードアンテナやツノ、カメラアイ周辺のシェイプアップが基本になる。頭部のタイプに応じて、おすすめのテクニックがあるので、まずはそこを押さえよう。

ガンダム系（UC）

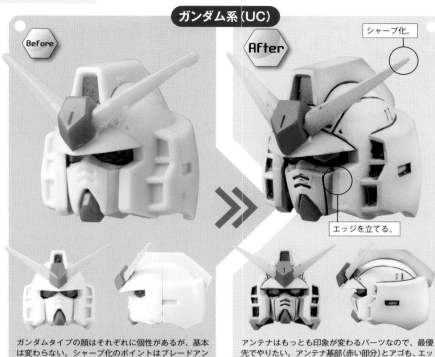

Before

After

シャープ化。

エッジを立てる。

ガンダムタイプの顔はそれぞれに個性があるが、基本は変わらない。シャープ化のポイントはブレードアンテナ、カメラアイ、トサカ状のメインカメラ、フェイスガード、両サイドのダクト、赤いアゴ、バルカン砲などだ。

アンテナはもっとも印象が変わるパーツなので、最優先でやりたい。アンテナ基部（赤い部分）とアゴも、エッジを出すと印象が変わる。さらにトサカ状のメインカメラ上端も目立つので、デザインナイフをカンナのように使って削るなどして仕上げよう。

ゼータ系

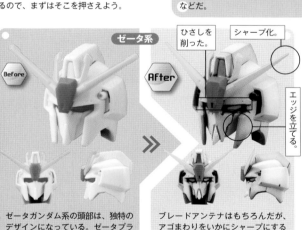

Before

After

ひさしを削った。

シャープ化。

エッジを立てる。

ゼータガンダム系の頭部は、独特のデザインになっている。ゼータプラスやリ・ガズィなどもこのタイプ。百式にも応用できる。

ブレードアンテナはもちろんだが、アゴまわりをいかにシャープにするかもポイント。バルカン砲の穴も、ピンバイスであけておこう。

ザク系

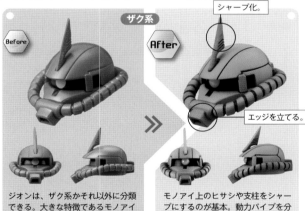

Before

After

シャープ化。

エッジを立てる。

ジオンは、ザク系かそれ以外に分類できる。大きな特徴であるモノアイや動力パイプのほか、ブレードアンテナもシャープにしていきたい。

モノアイ上のヒサシや支柱をシャープにするのが基本。動力パイプを分割タイプにするのも、有効なテクニック。

ジム系

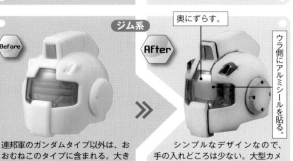

Before

After

奥にずらす。

ウラ側にアルミシールを貼る。

連邦軍のガンダムタイプ以外は、おおむねこのタイプに含まれる。大きなカメラアイが一番の特徴である。宇宙世紀シリーズ系以外の作品にも多く登場する。

シンプルなデザインなので、手の入れどころは少ない。大型カメラアイをどうディテールアップするかがポイント。少し奥にずらすと、雰囲気が出る。

ジオン系

Before

After

シャープ化。

クリアパーツをつける。

エッジを立てる。

ザク系以外のガンプラは、それぞれで個性が違うので、それぞれのデザインに応じたアプローチを考える。ここではギャンを紹介する。

面長な顔をしたギャンはシャープ化に向いている。十字型のモノアイレールにフチ取りをしたり、ツノ状のアンテナを研いだりするといい。

※それぞれAfterのものは合わせ目を消し、塗装やスミ入れなどを施している。

シャープ化③ ボディをシャープにする

難易度
かんたん
ふつう
むずかしい

におい
しない
よわめ
つよめ

▶ ガンプラは安全への配慮から、とがった部分がないように丸くつくられている。連邦系のガンプラは直線で構成されているので、全身の直線を強調してシャープ化すると、連邦らしさが増して見栄えがよくなる。
▶ シャープ化は紙やすりを使うのが基本だが、超硬スクレーパーなどでよりかんたんに角をシャープにできる。

Before

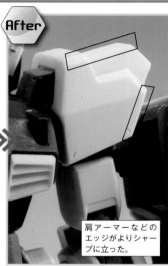

After

肩アーマーなどのエッジがよりシャープに立った。

HGUC 1/144 ガンダムMK-Ⅱ（エゥーゴ仕様）

　ボディのデザインはガンプラによってさまざまなので、どこをどのようにシャープ化するか悩みがちです。基本的なアプローチ方法は、角を鋭角にすること、先端や凹み部分を鋭くすること、パーツを薄くすることです。
　どのようなアプローチで行うにしても、最初は400番から600番くらいの紙やすりで粗めに削っていき、1000番、2000番まで番手を上げて仕上げていきます。超硬スクレーパー（→ P.67）などの面出し専用のツールを使えば、作業がとてもはかどります。

使用する道具
〈事例①②〉当て板つき紙やすり（400〜1000番）
〈事例③〉・デザインナイフ・紙やすり（400〜1000番）・スジボリツール
〈事例④〉・棒やすり・プラ板（1mm厚）・デザインナイフ・スチロール系接着剤・紙やすり（400〜1000番）・溶きパテ（必要に応じて）

事例① ボディ各部の角を鋭角にする

ボディのエッジ出しは、全身くまなくやるのが基本。やればやった分だけ、大きな成果が得られる。超硬スクレーパーや紙やすりで削り上げる作業を楽しんでいこう。

1 角を鋭角にするパーツをチェック

HGUC ガンダム Mk-Ⅱの肩パーツ。「RX-78-2 ガンダム」に比べて、複雑な形状をしている。角をひととおり鋭角に仕上げていきたい。

2 紙やすりで正面の面を削る

ここの面を削っていく。

当て板つき紙やすりで、正面の下側の角を立てるため、正面の面を削る。内から外へまっすぐ削り出す。デザインナイフでカンナのように削ってもいい。

3 サイドの面を削る

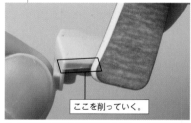

ここを削っていく。

サイドの面も外側へ削り出すように、一方向に動かして削る。あまり何度もやると面がゆがむので、指で触って鋭角になったなと感じたらやめる。

4 角を鋭角にする

フラットに研げるように、当て板つき紙やすりを使うこと。紙やすりは400番くらいから始めて、2000番まで番手を上げていく。

5 全体をシャープにした

形状は変化していないが、各辺を鋭角にしたことで鋭い印象になった。角のシャープ化は、ディテールアップパーツを取りつける前に施しておきたい。

プラスα 1面削るだけでもOK

削りすぎによるウラ抜け（貫通してしまうこと）や、パーツの形状が大きく変わってしまうことを防ぐために各面を均等に削るのが基本。パーツのウラ面の形状やサイズ、厚みによっては、どちらか1面を削り込むだけでもよい。

事例② 凹み部分をシャープにする

パーツには角だけでなく凹み部分もある。この凹み部分も丸くやわらかい形なので、彫り込んでくっきりさせてやるとよい。

1 凹み部分のエッジをチェックする

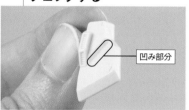

凹み部分

1つのパーツだが、本当は2つの部品で構成されているかも、と考えられる。それを表現するには、凹み部分の角を鋭角にする必要がある。

2 凹み部分を紙やすりでフラットに削り込む

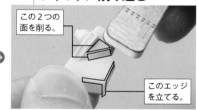

この2つの面を削る。

このエッジを立てる。

凹みの部分に紙やすりの角を当てて、削り込んでいく。紙やすりは板つきものなど、フラットに削れるものを使用する。

3 パーツ全体を仕上げて完成

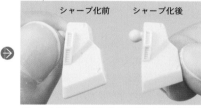

シャープ化前　シャープ化後

パーツの各面と各辺をすべて磨き上げたら完成。シャープ化した右側のパーツは、モビルスーツらしい精悍な印象に生まれ変わった。

事例③ フチを薄く仕上げる

厚ぼったい印象のバーニアは、フチを鋭角にするだけで全体が薄くなったように見せることができる。紙やすりで削り込むだけで、ガラッと印象を変えられるのでおすすめだ。

1 バーニアのフチが厚くなっている

どうしても厚ぼったい印象がある。

ガンプラに付属しているバーニアは、フチの断面が厚くなっている。このフチを薄くしていきたい。

2 内側を削って鋭角にする

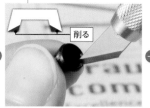

削る

デザインナイフや紙やすりを使って、内側から鋭角になるように削っていく。

3 紙やすりを円すい状にして削る

治具とは、工作のために自作するミニ工具のこと。

紙やすりを円すい状に巻き、回しながら削っていく。複数パーツがある場合は、治具をつくって同時にやるとよい。

4 シャープに仕上がった

バーニアが薄くなり、リアルさが増した。削れてしまったモールドは、スジボリをして復活させる。

事例④ つま先にプラ板を継ぎ足してシャープにする つよめ

つま先など先端の丸い部分は、そのまま削るとやせてしまう。そこで、先端にプラ板などを継ぎ足してから、やすりがけでシャープにする。

1 エッジの甘いところを平らにする

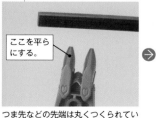

ここを平らにする。

つま先などの先端は丸くつくられているので、まずはとがらせたいところを棒やすりで削って平らにする。

2 プラ板を接着剤で貼りつける

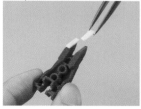

1mm厚のプラ板を小さく切り出して、削ったところにスチロール系接着剤で貼りつける。

3 棒やすりで削って仕上げる

接着剤が完全に乾いてから、棒やすりでおおまかに削る。接着部分にスキマがあったら、溶きパテで埋める。

4 紙やすりと塗装で仕上げる

つま先が鋭くなった。

400番から1000番まで、番手を上げながら紙やすりで研ぐ。設定色に合わせて塗装して仕上げる。

POINT 形状別のシャープ化テクニック&ツール

エッジを出すための基本ツールは紙やすりだが、専用ツールとして超硬スクレーパーもおすすめ。凹み部分の角を処理するのは、デザインナイフのほかに、タガネなども使える。フチの処置はバーニアなら紙やすり、装甲なら超硬スクレーパーの出番だ。

エッジ・C面

C面とは、上面と側面の間にある面のこと。まずはC面をつくってから、その3面をシャープにしてもよい。

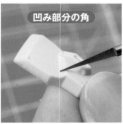

凹み部分の角

凹み部分の角（谷になる部分）は見落としがちだが、できるだけしっかりとエッジを立たせていきたい。

フチ

装甲のフチなどは、ウラ側を鋭角に削って薄く見せることができる。ただし、薄くしすぎると、欠けやすくなるので注意。

難易度

かんたん
ふつう
むずかしい

におい

しない
よわめ
つよめ

テクニック シャープ化④

先端をシャープにする

▶ 先端をとがらせるには、パーツの形状で「①そのまま削る」「②プラ板を継ぎ足して削る」の2通りがある。
▶ 「①そのまま削る」の場合、キットが削られて角度が浅くなってしまうデメリットがあるが、手軽にできる。
▶ 「②プラ板を継ぎ足して削る」の場合は、プラ板・プラ棒を先端に継ぎ足す手間がかかるが、先端が鋭角になる。

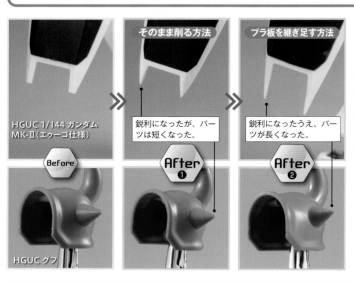

そのまま削る方法 | プラ板を継ぎ足す方法

HGUC 1/144 ガンダム MK-Ⅱ（エゥーゴ仕様）

Before

鋭利になったが、パーツは短くなった。

After ①

鋭利になったうえ、パーツが長くなった。

After ②

HGUC グフ

先端をシャープにするには、2つの方法があります。1つめはそのまま削る方法で、**パーツが短く、角度が浅くなるデメリットがあります**が、手軽にできます。2つめはプラ板やプラ棒などを先端に継ぎ足してから、削る方法です。**こちらは塗装が必要になるなど少し手間が増えますが、より鋭く仕上がります。**

継ぎ足す方法は目立つ場所だけ行うなど、手間と効果を考えながら方法を使い分けましょう。

使用する道具

〈板状①・円すい①・ほか共通〉
当て板つき紙やすり（400〜1500番）
・デザインナイフ
・棒やすり

〈板状②〉
・プラ板（もしくはランナーのタグ）
・ニッパー
・スチロール系接着剤
・超硬スクレーパー

〈円すい②〉
・ランナー
・ニッパー
・スチロール系接着剤

板状のパーツ① そのまま削る

パーツの先端をそのまま削れば、てっとり早くシャープ化できる。パーツは目減りしてしまうが、小さい部分や目立たない部分なら十分いい仕上がりになる。

そのまま削ると先端の角度は小さくなる

ここを削る

とがらせると図の斜線部分がなくなるので、先端が小さくなる。だが、先端がとがることで、印象はシャープになる。

1 棒やすりやデザインナイフで削る

パーツの面に刃を当てて削っていく。

元の形状は損なわないように、面を合わせて棒やすりで削る。デザインナイフをカンナのように当てて削ってもいい。

2 紙やすりで整えて完成

おおまかに削れたら400番から1000番まで番手を上げながら、紙やすりで仕上げる。2カ所以上やる場合は、それぞれのバランスを見ながら同時にやる。

板状のパーツ② プラ板を継ぎ足してから削る つよめ

パーツが目減りするのを避けるには、プラ板を継ぎ足してパーツを延長してから、削っていくといい。手間はかかるが、サイズは維持できる。

継ぎ足してから削ると先端は鋭角になる

ここを継ぎ足す
ここを削る

先端にプラ板を継ぎ足して延長すれば、削ってもパーツのサイズを維持したまま、鋭さを出すことができる。

1 プラ板を継ぎ足しやすいように削る

プラ板を継ぎ足ししやすくするため、先端を棒やすりで平らに整える。

2 プラ板を切り出す

ここではプラ板の代わりにランナーのタグを使用。

延長したい形状が埋まるように、継ぎ足すプラ板を切り出す。あまり大きくすると削る量が増えるのでほどほどに。

3 スチロール系接着剤で貼る

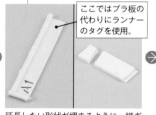

ムニュッとあふれてくるくらいで、ちょうどいい。

2で切り出したランナー片

スチロール系接着剤で、パーツの先端にランナー片を貼る。溶けたプラがスキマを埋めてくれる。

4 完全に乾いたらニッパーで切る

接着剤が完全に乾くまで、触らずに待つ。完全乾燥後、余っている部分があれば、ニッパーなどでおおまかに切り取る。

5 棒やすりや紙やすりで削る

まずは全体の形状を見ながら、棒やすりで形を整える。そのあと、紙やすりを400番から800番くらいまで順番にかけて、表面を整えていく。

6 エッジを立てて表面を整えて完成

ここでは超硬スクレーパーを使用。

形が整ったら、デザインナイフなどで角を鋭く立てる。立てた角をゆるめないように注意して紙やすり（1000～1500番）で仕上げる。

円すい状のパーツ① そのまま削る

ザクⅡのショルダースパイクなど、ジオン系のモビルスーツに多い円すい状の突起の先端をシャープにする。

そのまま削ると、先端の角度はゆるくなる

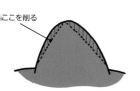

ここを削る

そのままスパイクを削ってとがらせると、スパイク全体が小さくなるが、手軽なのがメリット。

1 スパイクを棒やすりで削る

回すようにしながら、スパイクに棒やすりをかけていく。デザインナイフを使う場合は、下から上に向かって削る。

2 紙やすりで整える

せっかくとがらせた先端を削らないように注意。

スパイクの斜面に沿って、回し込みながら紙やすりで整えていく。段々にならないように注意。

3 磨き上げて完成

400番～1000番まで、番手を上げて完成。先端がシャープになった。

円すい状のパーツ② プラ棒を継ぎ足してから削る つよめ

パーツの目減りを押さえたいなら、スパイクの頂点にプラ棒を継ぎ足してとがらせるといい。

継ぎ足してから削ると先端は鋭角になる

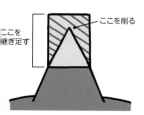

ここを継ぎ足す　ここを削る

丸くなっている頂点に、プラ棒を接着してから削ってとがらせれば、本来の角度とサイズが保たれる。

1 継ぎ足しやすいように先端を削る

先端が丸いままだと、プラ棒を継ぎ足ししにくい。棒やすりで削って、平らな面をつくっておく。

2 継ぎ足すプラ棒を切り出す

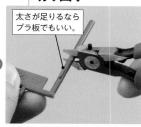

太さが足りるならプラ板でもいい。

継ぎ足すプラ棒を切り出す。同じ成型色のランナーを使えば、成型色のままでの仕上げも可能に。

3 スチロール系接着剤で貼りつける

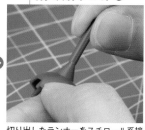

切り出したランナーをスチロール系接着剤で貼りつける。溶けてムニュッとなるくらいまで。

4 ニッパーでおおまかに切る

接着剤が完全に乾燥したら、形を確認しながらニッパーで不用な部分をざっくりと切り出していく。

5 棒やすりや紙やすりで削る

パーツを回しながら棒やすりで削っておおまかに形状を整えたら、当て板つき紙やすりの番手を上げて磨く。

6 紙やすりで整えて完成

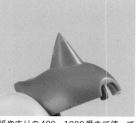

紙やすりの400～1000番まで使って整える。包み込んでねじるようにやすりがけしてもよい。塗装して完成。

プラスα シャープ化したい先端は？

シャープ化したいのは、円すい形状なら「騎士ガンダムなどのランス先端」「ギャンの頭部先端」（→P.109）などそれ以外なら「刀剣類の先端」「ズゴック系の爪」など。

ランスの先端をとがらせた。

難易度

かんたん
ふつう
むずかしい

におい

しない
よわめ
つよめ

テクニック シャープ化⑤
面出しでシャープ化を高める

▶ シャープ化を行うにあたって、より高い完成度を目指したい人は、面出しに取り組んでみよう。

▶ 面出しとは、パーツの面をフラットにすること。面と面が交わる角は、面がしっかりフラットに仕上がってこそ、シャープな印象が際立つ。フラットな紙やすりでしっかり整えて、シャープ化の効果を最大限に引き出そう。

Before

After

HGUC 1/144 ガンダムMK-Ⅱ
（エゥーゴ仕様）

面がフラットになった。

角の鋭さを際立たせるためには、各面のフラットさを追求することが大切です。ガンプラのパーツは一見平らに見えても、ウラ側のダボなどの影響によって微妙にゆがんでいます。ゆがみを削ったり、パテで埋めたりして平らに整えることを面出しといいます。面出しを行うことで、面と面とが接する部分である角がシャープに仕上がるのです。

使用する道具

当て板つき紙やすり
（400〜1000番程度）

面出しで角を鋭くする

パーツの表面はヒケやゆがみがあって、きれいな平面ではないことがある。シャープ化を徹底するために面出しを行う必要がある。手間はかかるが、面をフラットに整えて印象を引き締めよう。

1 元のパーツ表面はフラットではない

パーツの表面がフラットであるとは限らない。よく見て、ヒケやゆがみがないか、確かめよう。

2 当て板つきのやすりを用意する

当て板つきの紙やすり

プラ板などに紙やすりを巻くか、当て板つきの紙やすりを用意する。紙やすりがフラットでないと面出しはできない。

3 紙やすりでこするとヒケが見えてくる

ヒケを埋めるには瞬間接着剤でもOK。ただし、パーツより硬くなる場合もあるので注意。

フラットにした紙やすりでこするとパーツの表面にムラが出て、ヒケが見えてくる。

4 角まで平らにする

パーツは固定して作業を行うほうがよい。

400番から始めて、1000番くらいまで紙やすりの番手を上げて、少しずつ平らに磨き上げていく。

5 角を鋭く磨く

当て板つき紙やすりで磨き、角を鋭角にする。そのあと、紙やすり（1200番以上）で表面を整える。

6 洗浄して仕上げる

表面を洗浄して仕上げる。塗装する場合、塗膜で全体に丸くなるので、角はできるだけシャープにしておく。

プラスα 大きなヒケはパテで埋める

ヒケが大きい場合、溶きパテなどで埋めてならす。1〜2日は乾燥させて、硬化後に紙やすりで磨く。

Mr.溶きパテ（ホワイト）
／GSIクレオス

溶きパテが乾燥したあと、やすりがけをしたもの。溶きパテが乾燥すると収縮してさらにヒケができることもあるので、繰り返し行う。

テクニック

シャープ化⑥
面の構成を変える

難易度	
かんたん	
ふつう	
むずかしい	

におい	
しない	
よわめ	
つよめ	

▶ パーツの面の構成を変えると、全体の印象を変えることができる。
▶ C面づくりは、ある面とある面が接する角を削って第3の面をつくること。面が増えた分、情報量が増す。
▶ 面を減らしてシンプルな構成にすると、角がより鋭角になってシャープさが増す。

Before

HGUC ジム

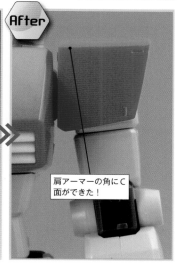
After

肩アーマーの角にC面ができた！

　パーツの面の数を3面から2面にしたり、2面から3面にしたりと、面の構成を変えることでも見た目の印象を変えることができます。たとえば、カレーをつくるときに、ジャガイモが煮崩れしないように角を切っておくようなイメージです。ガンプラの場合、2つの面が接する角を削り落として、新たな面（C面）をつくることを指します。

　それとは別に、パーツの面の構成を変える場合もあります。たとえば、ゆるい角度で接する2面のパーツの角を削って1つの面にすることが当てはまります。

使用する道具

紙やすり（400〜1500番程度）
デザインナイフ（もしくは超硬スクレーパー）

C面をつくる
2つの面でできたパーツにC面をつくると、シンプルなアニメ画に近いデザインから、より新しいリアルなデザインに近づく。全身の各部に応用できるので、基本テクニックとして覚えておこう。

1 ほぼ直角で構成された肩パーツ

アニメの設定に近いキットは、比較的直角部分が多いデザインになっている。角を削って「C面」をつくろう。

2 紙やすりでC面をつくる

当て板つき紙やすりで角を削ってC面をつくっていく。削りすぎてパーツに穴があかないように注意。

3 シャープにする

面をより際立たせるために、デザインナイフでカンナ削りをするか、超硬スクレーパーで角をシャープにする。

4 C面ができた肩パーツ

角をゆるめないように注意しながら、面に1000〜1500番の紙やすりをかけて表面をなめらかに整える。

C面を取る
パーツによっては中途半端な段差を削って、面の構成をシンプルにするほうが、シャープ感が増すこともある。

1 小さな面が2つに分かれている

リバイブ版のガンダムMk-Ⅱの肩アーマーの下側は2つの面がある。ここを1つの面にしていく。

2 紙やすりで削る

当て板つき紙やすりで削って、どちらかの面の角度に統一していく。ウラが抜けないように注意しよう。

3 シャープにする
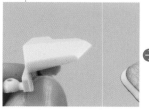
ほかの面をフラットにし、角を鋭くすると、よりメリハリがつく。

4 面の構成がシンプルになった
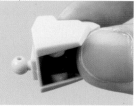
面が減ってシンプルになった。面は減ったが、パーツ自体がシャープになったことで印象がよくなっている。

ギホン

プロポーション変更①

プロポーション変更の基本

▶ ガンプラの姿形を変えることをプロポーション変更（改修）という。①目標設定、②改修プランの検討、③工作の3ステップで行う。まずは目標とするものと、ガンプラをよく観察することが大事だ。

▶ 工作には、主に①サイズの変更、②形状の変更、③位置の変更の3つのアプローチがある。

素組みしたガンプラを見ていると、だんだん「もっと全体をスリムにしたい」「大型化して分厚さや迫力を出したい」などと思うことがあります。

たとえば、アニメやパッケージイラスト、設定画などとガンプラを見比べると、微妙にスタイルが違っていることに気づきます。「アニメで見たあの機体に近づけたい！」「設定画のようなフォルムにしたい！」といった思いが芽生えてくるのです。あるいは、そうしたお手本はなしに、「自分の理想のプロポーションにしたい！」と思うこともあるでしょう。

そのようにガンプラの姿形を変える改造テクニックを、**プロポーション変更（改修）**といいます。プロポーション変更は、次の3ステップで進めます。

①どう変えたいかを決める（目標設定）。

②変える方法を決める（改修プランの検討）

③プランに沿って、加工する（工作）。

アニメや設定画など、目標となる絵がある場合は、そのお手本をよく見ることが大切です。ガンプラとお手本のどこがどう違うのか、よく観察するのです。理想のプロポーションを目指して、取り組んでいきましょう。

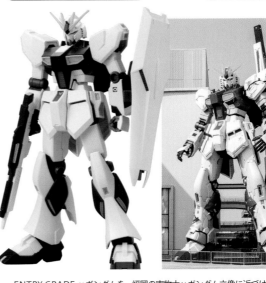

`ENTRY GRADE νガンダム`　　　`実物大νガンダム立像`

ENTRY GRADE νガンダムを、福岡の実物大νガンダム立像に近づけたいとする。この2つを見比べると、たとえば、肩やスネの下部分のデザインが大きく異なっていることに気づく。こうした観察が大切だ。

情報を集めて目標を設定する

どんなプロポーション変更をしたいかは、その目標となるものをしっかりと見ることろから始まる。いろいろな絵を見比べて、理想のプロポーションを探し出そう。

具体的にどういうプロポーションにしたいのかという目標設定にあたって、まずは「調べる」のが最初の一歩です。

おすすめは、設定画などが載っている雑誌や公式のWebサイトを見ること。あとは配信されているアニメをコマ送りで見るのもよいでしょう。アニメでアップに映し出されたとき、設定画にない角度が見られたり、デフォルメされたポーズになっていたりすることもあり、参考になります。

同じ機体の、別シリーズのガンプラを参考にするのもよしです。同じ機体でも、シリーズによって設計思想が違っていたり、デザイン上の解釈が微妙に異なっていたりするためです。

ガンダムはアニメや設定画以外にも、いろいろな人がイラストを描いていて、それぞれさまざまな解釈で表現しています。「これは！」と思うイラストに出会ったら、それを目指してみるのもよいでしょう。

アニメを見る

アニメのデザインに近づけるのは王道の1つ。コマ送りや一時停止で観察しよう。

設定資料集を見る

メカデザイナーらが描いた設定画は市販の解説書や設定資料集などで見られる。デザイン時のポイントなども読める。

ほかのキットと比較する

RX-93 νGUNDAM

違うグレードやスケールのガンプラと比較するのもよい。それぞれに異なる設計思想や解釈でつくられている。

イラストを見る

左は旧キット「1/100 νガンダム フィン・ファンネル装備型」のパッケージイラスト。好きなイラストのプロポーションに寄せるのも楽しい。インターネットで検索してみよう。

改修プランを決める

目標を設定し、その目標とベースキットの違いをよく観察したら、次は改修プランを練る。パーツ単位で何をどうするか、しっかりと計画してから作業を進めていこう。

目標にするものを決めたら、実際にどんな工作を施すかを考えていきます。ノートに書き出して練るのもいいですし、**パソコンの画像編集ソフトを駆使して、実際の見え方を再現しながら計画を考えるのもありです。**

ベースとなるキットが手元にあるなら、仮組みをしてパーツを触りながら考えるのもいいでしょう。仮組みをする際は作業時にバラしやすいように、マスキングテープや両面テープ、ゴム粘土などで仮どめしておくと便利です。仮組みをしたらスマホなどで撮影し、目標のものと並べて工作箇所と方法を具体的に考えていきましょう。

完全再現を目指そうとすると、技術的に難しかったり、角度によってあまり格好よく見えないところも出てきます。使える技術と見え方のバランスも考え、実現可能なプランを練ることが大切です。

方法① 紙や画面で試行錯誤する

画像編集ソフトを使って、ガンプラの画像を加工しながら考える方法。プリントアウトして書き込むのもいい。

方法② 仮組みして検討する

ゴム粘土

仮組みしたガンプラを、実際に触りながらプランを練る方法。ゴム粘土などで仮どめするとよい。

プロポーション変更でできること

具体的にできることは①サイズの変更、②形状の変更、③位置の変更の3種類に分けられる。それぞれどんな加工方法なのかを知っておこう。

プロポーション変更において、具体的にできることは大きく分けて3つあります。

まず、①**サイズの変更**。同じ形状のまま、サイズを大きくしたり小さくしたりすることです。プラ板やパテで厚みをつけたり長くしたり、逆にパーツをカットして短くしたり薄くしたりします。

次に、②**形状の変更**。文字通り部位の形状を変えることです。この場合、プラ板やパテを使って加工します。ほしい形状のものを、違うキットから流用する手もあります。

最後が③**位置の変更**。これは関節を調節し、各部位の取りつけ位置を変えることです。

①サイズの変更

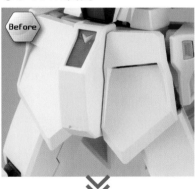

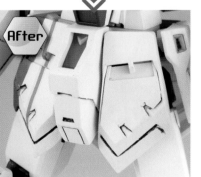

パーツ自体のサイズを変えて、理想に近づける方法。長さや厚みを変えて、理想のプロポーションを目指す。

②形状の変更

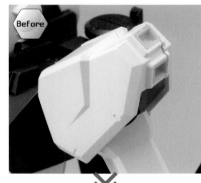

パーツの形状自体が、目標とするものと異なる場合、プラ板やパテを用いての大きな改造が必要だ。手間はかかるが、効果も大きい。

③位置の変更

関節の取りつけ方や、アーマー基部の形状を調節する方法。ちょっとしたバランスの調整で、シルエットが変化する。

キホン プロポーション変更②
プロポーション変更の方向性

> ▶ ガンプラの姿形などを変えることをプロポーション変更と呼ぶ（改修とも呼ばれる）。プロポーション変更の方向性には、短くする・細くするなどの小型化と、長くする・太くするといった大型化の2つがある。
>
> ▶ 小型化には削る・切り取る、大型化には盛る・切って足すといったやり方がある。

ガンプラの姿形を調整するテクニックを**プロポーション変更**といいます。好みに応じて、各部を太くしたり細くしたり、あるいは長くしたり短くしたりして、プロポーションを変えていきます。

プロポーション変更の方向性は基本的に①**小型化するか**、②**大型化するか**のどちらかです。①**小型化には細くするか、短くするか**などがあります。テクニックは削る方法と、切り取る方法の2つです。形状を維持したい場合は、切り取るほうがいいでしょう。②**大型化も太くするか、長くするか**など分かれます。そのテクニックはプラ板やパテを盛りつける方法と、切って足す方法の2つです。

プロポーションを変更する部位やパーツ、形状などに応じて、ベストな方法を選択していきましょう。

ベースキット

素組みの状態をよく観察して、どうプロポーション変更するかじっくり考える。

塗装前　下の写真は、「HGUC ガンダムNT-1」をプロポーション変更した作品の塗装前のもの。

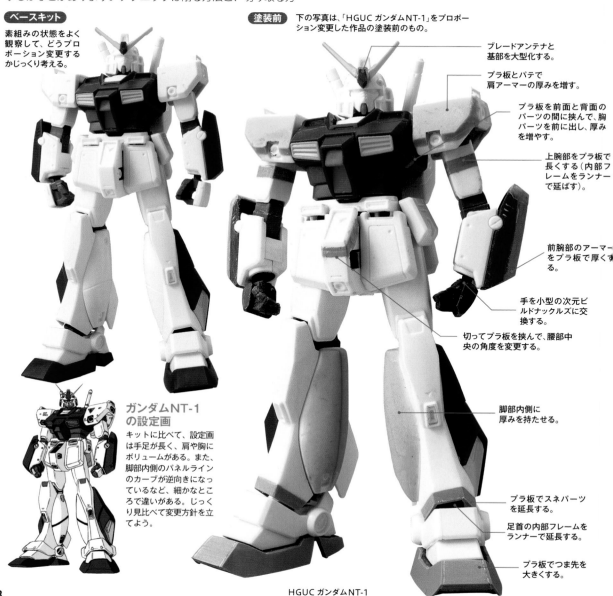

ブレードアンテナと基部を大型化する。

プラ板とパテで肩アーマーの厚みを増す。

プラ板を前面と背面のパーツの間に挟んで、胸パーツを前に出し、厚みを増やす。

上腕部をプラ板で長くする（内部フレームをランナーで延ばす）。

前腕部のアーマーをプラ板で厚くする。

手を小型の次元ビルドナックルズに交換する。

切ってプラ板を挟んで、腰部中央の角度を変更する。

脚部内側に厚みを持たせる。

プラ板でスネパーツを延長する。

足首の内部フレームをランナーで延長する。

プラ板でつま先を大きくする。

ガンダムNT-1の設定画

キットに比べて、設定画は手足が長く、肩や胸にボリュームがある。また、脚部内側のパネルラインのカーブが逆向きになっているなど、細かなところで違いがある。じっくり見比べて変更方針を立てよう。

小型化のアプローチ

小型化には削るか、切るかという2つの方法がある。場合によっては、幅と長さを同時に小さくすることもある。

Ⓐ 削る

特定の部位・パーツを削って小さくする。もっともよく使う方法。パーツのサイズを変えるだけでなく、形状そのものを変えることもある。

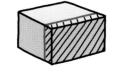
片側を削りたい。

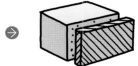
プラのこでカットしたり紙やすりで削っていく。

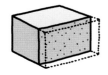

Ⓑ 切り取る

特定の部位・パーツの一部を切り取って、小さくする方法。手足などの長さを調整するなど、できるだけ形を変えずに小さくしたい場合に向く。

真ん中を切って縮めたい。

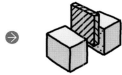
プラのこなどでカットする。

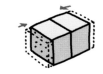
切ったあとは継ぎ目を消す。

Ⓒ 2方向に削る

横と縦など、2方向以上を削って小さくすることもある。もろくなりやすいので、裏打ちも施す。

2方向に縮めたい。

2方向をプラのこでカットしたり紙やすりで削っていく。

Ⓓ 2方向に切って抜く

パーツのモールドや形状、関節など維持しながら縮小する方法。場合によっては、3方向以上切ることもある。

2方向に切って全体を縮めたい。

プラのこなどで切っていく。

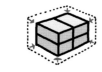
継ぎ目は複雑になる。

大型化のアプローチ

大型化は盛るのか、切って足すのかという2つの方法がある。また、場合によっては、移植で大型化する方法もある。

Ⓔ 盛る

特定の部位・パーツの片側にプラ板を貼ったり、パテを盛ったりする方法。改修によく使われるテクニック。

部位・パーツの片側を盛りたい。

プラ板やパテで厚みを増す。

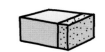
継ぎ目を消して一体化させる。

Ⓕ 切って足す

部位・パーツの中間を切って、プラ板などを継ぎ足して大型化する方法。手足を長くしたり、太さを変えたりする。

真ん中を切って足したい。

切ってからプラ板などを挟む。

継ぎ目を消して一体化させる。

Ⓖ 2方向に盛る

2方向以上にプラ板やパテを盛りつけて大きくする方法。特定の部位を太くする場合などの目的に用いる。

2方向に盛りたい。

プラ板やパテで厚みを増す。

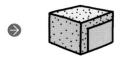
継ぎ目を消して一体化させる。

Ⓗ 2方向に切って足す

2方向以上を切ってプラ板などを足す方法。形を変えずに太くしたい場合などに有効。

2方向に切って足したい。

切ってからプラ板などを挟む。

継ぎ目を消して一体化させる。

異スケールのキットを融合させるパターンも!

同じモビルスーツで、異スケールのキットがある場合のみ使える方法。部位ごとに移植するだけで、かんたんに大型化できる。逆に小型化もできる。

特定の部位を大きくしたい。

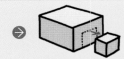
異スケールの同じ部位を移植する。

難易度

かんたん
ふつう
むずかしい

におい

しない
よわめ
つよめ

テクニック

プロポーション変更③
パーツを削って小型化する

▶ パーツを削って小さくするのは、もっともシンプルな小型化の手法。シンプルゆえに使用できる場面が多い。削る方法はさまざまだが、基本的には油性マーカーなどでどこまで削るかマーキングし、そこまで削り込んでいく。

▶ ミキシングビルド（→P.130）において、移植先のパーツとサイズを合わせるために、削っていくこともある。

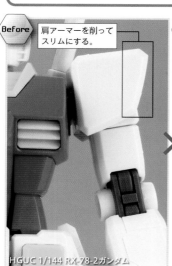

Before

肩アーマーを削ってスリムにする。

After

肩アーマーがスリムな形状になった。

HGUC 1/144 RX-78-2ガンダム

※加工後、塗装をしています。

パーツを削る方法は、もっとも手軽な小型化テクニックです。パーツの突起を削り落とす、全体にやすりをかけてひと回り小さくするなど、さまざまな加工方法があります。サイズや形状の微調整もできるので、最後の仕上げとして行うこともあります。

具体的にはニッパーやカッターで切り落としたり、紙やすりなどで削ったり、デザインナイフでカンナ削りしたり、超硬スクレーパーで削ったりといった方法があります。

使用する道具

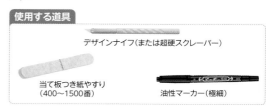

デザインナイフ（または超硬スクレーパー）

当て板つき紙やすり（400〜1500番）

油性マーカー（極細）

パーツを削ってスリムにする

ジム・スナイパーカスタム（→P.56）の肩アーマーは、リバイブ版「RX-78-2ガンダム」のままだと少し幅がある。設定画に近づけるために幅を削って小型化する。

1 削るパーツを用意する

ベースとなるリバイブ版「RX-78-2ガンダム」の肩アーマー。少しだけ幅が広くなっている。

2 削るところにマーキングをする

油性マーカーで削る部分を塗る。左右の肩にそれぞれ前面と背面があるので、同時に見比べながら塗っていく。

3 求める形状になるまで削る

当て板つき紙やすりで、油性マーカーで決めたところまで削っていく。削ったあとで、C面などの形状も整える。

4 本体に取りつける

塗装して仕上げたもの。微妙な差だが、全体の印象は細かなところの積み重ねで決まってくる。

パーツを削ってサイズを合わせる

移植するパーツを削って、移植先のパーツとサイズを合わせる方法。ジム・スナイパーカスタム（→P.56）のフェイスガードの移植で用いたテクニック。

1 そのまま移植したら大きすぎる

旧キットのジム・スナイパーカスタムのフェイスガード。このままだと、移植先のパーツに対して大きすぎる。

2 サイズが合うようにカットラインを書く

極細の油性マーカーで書こう。

全体的に削って、サイズを合わせることにした。削る部分を油性マーカーで書いて目安にする。

3 デザインナイフで少しずつ削る

油性マーカーで書いたところまで削る。デザインナイフでカンナ削りをして、スリムにしていく。

4 塗装して仕上げる

ヘッドパーツに合わせながら削っていき、求める形状になったら終了。塗装して仕上げる。

テクニック プロポーション変更④
パーツを切り取って小型化する

難易度
かんたん
ふつう
むずかしい

におい
しない
よわめ
つよめ

▶ 大幅に小型化したい場合は、パーツの中間を切り取り、つなぎ直す。全体の形状をあまり変えずに済むので、シンプルにプロポーションを変えたいときに有効となる。

▶ 残すパーツをつなぎ直すと段差ができてしまうことが多いので、その場合は接合部を紙やすりなどで整える。

Before

ここの部分を詰めたい。

HGUC ガンダムAN-01トリスタン

After

ビーム・サーベルラックが短くなった。

パーツや部位の形状・デザインなどを維持したまま、全体のサイズを小さくしたい場合は、**パーツ・部位の中間を切り取る方法**が有効です。この方法なら、**形状・デザインは元のまま**なので、ただ縮小したように見せることができます。

横方向に短くする場合は、「幅詰め」と呼ぶこともあります（パターン①）。場合によっては、縦横の2方向を同時に切り取って小さくすることもあります（パターン②）。

使用する道具

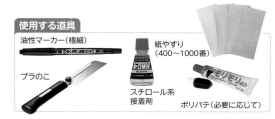

油性マーカー（極細）
プラのこ
スチロール系接着剤
紙やすり（400～1000番）
ポリパテ（必要に応じて）

パターン① パーツを切って短くする つよめ

パーツの中間を切り取って、つなぎ直すことで小型化する。パーツの形状を活かして、サイズだけ小さくしたい場合に用いる。

1 このパーツを短くしたい

ここを切って詰めたい。

このパーツを大幅に短くしたい。ただし、前後のモールドを残したいので、中央部だけ抜くことにする。

2 中間部分をカットする

プラのこ

パーツ中央の2カ所に切り込みを入れて中間部分をカットし、残すパーツの切り口を平らに整える。

3 残すパーツを接着する

残すパーツをスチロール系接着剤でつなぎ、合わせ目を消す。段差が大きければ、ポリパテで埋める。

4 紙やすりで合わせ目を処理

紙やすりで合わせ目を完全にきれいにし、表面を整えて完成。本体と一緒に塗装して仕上げる。

パターン② パーツを2方向に縮める つよめ

パーツを縦と横の2方向にカットして、全体のサイズを小さくする。段差を接着後、紙やすりで平らにする。全体のデザインを変えずに大胆な小型化ができる。

1 小型化するパーツを用意する

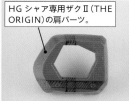

HG シャア専用ザクⅡ（THE ORIGIN）の肩パーツ。

パーツを大胆に小型化したい場合、縦横の2方向でカットする。カットする部分を油性マーカーでマーキング。

2 T字にカットして中間部分を抜く

マーキングしたところをプラのこで切る。両肩など、左右のパーツをカットする場合は、同時に作業するといい。

3 残った部分を接着する

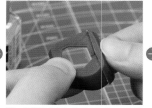

残った部分を合わせて、スチロール系接着剤でくっつける。段差が大きいのでポリパテで埋めて、乾燥させる。

4 ひと回り小型化された

表面を紙やすりで磨き、きれいに整えて完成。作業前と比べると、大幅な小型化が実現した。

M-1
改造編

基本と道具｜彫るＵＵ｜削るＵＵ｜表面処理｜シャープ化｜**プロポーション変更**｜ミキシングビルド＆セミスクラッチ｜塗装等｜その他

パーツを削って小型化する／パーツを切り取って小型化する

難易度

かんたん
ふつう
むずかしい

におい

しない
よわめ
つよめ

テクニック プロポーション変更⑤
プラ板を貼って大型化する

▶ パーツを大型化する場合、パーツ表面にプラ板を貼りつける方法がもっとも手軽でかんたん。

▶ プラ板をつけ足して延長するケースもある。スチロール系接着剤を使ってパーツにプラ板を貼りつけたら、完全乾燥させて、継ぎ目は紙やすりで磨いて消して一体化させる。

Before
前腕部のアーマーを大型化したい。
HGUC ガンダムNT-1

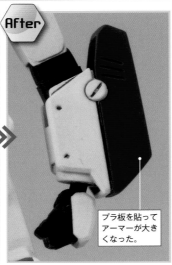
After
プラ板を貼ってアーマーが大きくなった。

※加工後、塗装をしています。

パーツの外側に、プラ板を貼りつけてサイズアップする方法があります。**プラ板は最初から表面が平らなので、パーツのフラットな面に貼り足ししていくだけで、均一に大型化ができます。**また、プラ板は厚みが一定なので、左右で同じサイズにすることもかんたんにできます。

貼りつけるには、スチロール系接着剤を使用します。

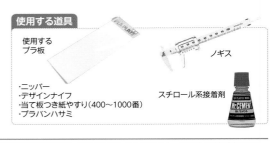

使用する道具

使用するプラ板

ノギス

・ニッパー
・デザインナイフ
・当て板つき紙やすり(400〜1000番)
・プラバンハサミ

スチロール系接着剤

プラ板を貼って大きくする つよめ

パーツの外側からプラ板を貼りつける方法で、RX-78ガンダムNT-1(→P.46)の前腕部のアーマーを大型化する。表面のモールドなどを調整する必要はあるが、比較的かんたんにできる。

1 プラ板を貼りつけるパーツを用意する

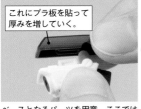
これにプラ板を貼って厚みを増していく。

ベースとなるパーツを用意。ここではRX-78ガンダムNT-1から前腕部のアーマーを外す。

2 プラ板を切り出す

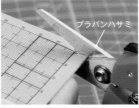
プラバンハサミ

貼りつけるプラ板を切り出す。目盛りつきのグレープラ板を使用。直角を出しやすく、正確に切り出せるからだ。

3 プラ板を貼りつける

切り出したプラ板をスチロール系接着剤で貼りつけていく。

4 アーマーが大型化した

乾燥したら紙やすりで、プラ板の継ぎ目を整えてきれいにする。塗装して仕上げたら完成。

プラ板を足して長くする つよめ

パーツの間にプラ板を足して長くする方法で、RX78ガンダムNT-1の脚部を改修する。足首フレームとスネパーツを延長する。プラ板で延長し、本体に合わせてC面をつくる。

1 足首の内部フレームを延長したい

内部フレームの延長はP.124の1と2を参照。

足首フレームのダボを、ランナーに置き換えて3mmほど延長する。これで脚長になる。

2 切り出したプラ板をパーツに合わせる

スネパーツのスソが足りなくなるので、プラ板で延長。ノギスなどでサイズを測って切り出し、パーツに合わせていく。

3 スネパーツにプラ板をつけ足す

余剰部分はやすりがけで削る。

プラ板を箱組みしながら、スネパーツにスチロール系接着剤でプラ板をつけ足す。完全硬化まで待つ。

4 スネパーツが延長された

紙やすりで磨いて、サイズを調整して継ぎ目を消し、C面も整える。塗装して仕上げたら完成。

テクニック

プロポーション変更⑥
パテを盛って大型化する

難易度
- かんたん
- ふつう
- むずかしい

におい
- しない
- よわめ
- つよめ

▶ 曲面のパーツをサイズアップさせたい場合は、エポキシパテなどを盛りつけていく。
▶ ポイントは乾燥と成型。乾燥が甘いとやすりがけの際に崩れてしまう。成型はバランスを見ながら少しずつやろう。
▶ 左右で同じものをつくる場合は、同じサイズ・形状になるようにゲージなどをつくって、測りながら削っていこう。

Before
腰部中央を大きくしたい。
HG シャア専用ザクⅡ（THE ORIGIN）

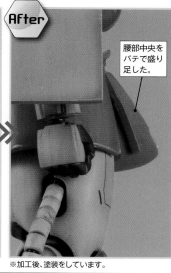
After
腰部中央をパテで盛り足した。
※加工後、塗装をしています。

サイズアップさせたいパーツが直線的な形状でない場合は、エポキシパテなどを盛る方法をとります。一度に多く盛りつけると乾燥に時間がかかるので、多く塗る場合は数回に分けて盛りつけていくといいでしょう。

プラ板と違い、パテを盛ったときは表面を平らにするため、紙やすりなどできれいに磨いていく必要があります。また、左右同じ形状にするのが大変という難点もあります。型紙などを用意して、合わせながら少しずつ調整していきましょう。

使用する道具

エポキシパテ
スジボリツール
スチロール系接着剤
使用するプラ板（方法②）
・デザインナイフ
・紙やすり（400～1000番）
・ゴム手袋

方法① パテを盛って大きくする
エポキシパテを盛りつけ、コミック風シャア専用ザクⅡ（→P.48）の腰部中央のパーツを改修する。量が多めなので、2回に分けてパテを盛る。

1 盛りつけるパーツを用意する

ベースキットのどこをどのぐらい盛り上げるかを考える。ほかの部位とのバランスもあらかじめ考えておく。

2 エポキシパテを盛りつける

おおよその形状をつくっておく。
形状を見ながら整えていくため、まずは1層目を盛りつける。厚すぎて硬化に時間がかかるのを避ける意味もある。

3 形を見ながら2層目を盛りつける

狙った形状になるのを確かめながら2層目を盛りつける。硬化すると、やせる場合もあるので少し多めに盛る。

4 やすりがけして形状を整える

失敗したらまた盛り直す。
エポキシパテが完全に乾燥したら、やすりがけして表面をならし、形状を整えていく。塗装して仕上げたら完成。

方法② パテで左右均等に肉厚にする
つよめ
脚部内側にエポキシパテを盛って膨らませる方法で、RX-78ガンダムNT-1を改修する。左右で形が変わらないように、自作のゲージ（当て板）を使用して調整した。

1 加工するパーツを用意する
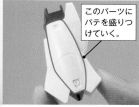
このパーツにパテを盛りつけていく。
パテを盛りつけるパーツを用意。まずはこのパーツに装着するゲージをプラ板でつくっていく。

2 ゲージをプラ板で左右2枚分つくる
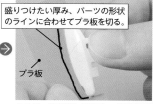
盛りつけたい厚み、パーツの形状のラインに合わせてプラ板を切る。
プラ板
1のパーツを横から見て、プラ板を当てる。盛りつける厚みを決め、デザインナイフなどで板を切り出す。これがゲージになる。同じものを2枚作成。

3 エポキシパテを盛りつける

2で作ったゲージ
スチロール系接着剤で、1のパーツにゲージを接着する。ゲージの厚みに合わせてエポキシパテを盛る。反対側のパーツにも同じ作業を行う。

4 モールドを追加して仕上げる
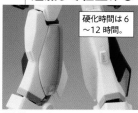
硬化時間は6～12時間。
硬化後、デザインナイフや紙やすりなどで、左右のバランスや形を整える。スジボリツールでモールドを彫り直して塗装したら完成。

テクニック

プロポーション変更⑦
プラ板・パテを足して大型化する

難易度

かんたん
ふつう
むずかしい

におい

しない
よわめ
つよめ

▶ パーツのデザインや形状を大きく変えないでサイズを大きくしたい場合、真ん中で切って間を足す方法が有効。

▶ パーツの間をつなぐのは、プラ板の積層で行うことが多い。形状によっては、エポキシパテを用いることもある。左右に2つあるパーツの場合は、治具を使って左右を同時並行で進める。

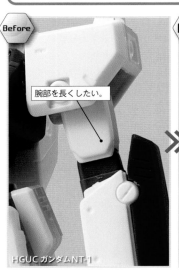

Before
腕部を長くしたい。

After
プラ板を継ぎ足して腕部が長くなった。

HGUC ガンダムNT-1

※加工後、塗装をしています。

パーツの形状・デザインをできるだけ変えずにサイズだけ大きくしたい場合は、**パーツを真ん中で分割して、その間にプラ板を挟み込んで接着する方法**で行います。間に挟むプラ板の長さによって、自由にサイズを調整できるので、大幅な延長も可能です。

平面のパーツや箱型（中が空洞）のパーツであれば比較的かんたんにできますが、内部にフレーム構造を持つ部位の場合は、内部フレームも合わせて延長させる必要が出てきます。

使用する道具

使用する
プラ板
（事例①）

エポキシパテ
（事例②）

プラのこ

・スチロール系接着剤
・デザインナイフ
・棒やすり
・当て板つき紙やすり
　（400～1000番）
・ランナー（事例①）
・ピンバイス（事例①）

事例① プラ板で特定の部位の長さを延ばす つよめ

ここではRX-78 ガンダムNT-1（アレックス）の内部フレームを余ったランナーで延長し、外装パーツも中ほどでカットしてからプラ板を継ぎ足して延長した。

1 内部フレームを確認する

NT-1アレックス上腕の内部構造。肩から延びる軸と外装パーツを延長すれば、延ばすことができそうだ。

2 内部フレームをランナーに置き換える

ランナー

内部フレームをランナーから切り出したものに交換し、3mm延長。ランナーはφ3mmなのでポリキャップに合う。

3 上腕の外装パーツをカットする

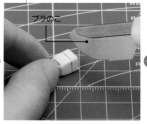

プラのこ

外装パーツを半分に切る。まっすぐに切るには、治具に固定するとなおよい。左右あるので、同じようにカット。

4 プラ板をカットして貼り合わせる

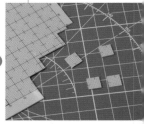

1mm厚のプラ板を複数枚切って、延ばしたい長さだけ貼り合わせる。今回は4mm延長するので、4枚重ねる。

5 間にプラ板を継ぎ足す

プラ板を4枚継ぎ足した。

カットしたパーツの間に、貼り合わせたプラ板を挟んで、スチロール系接着剤で接着する。完全に乾燥させる。

6 センターに穴をあける

延長したパーツに、フレームを通す穴をあける。φ3mmのピンバイスで穴を通し、棒やすりで広げる。

7 紙やすりで仕上げる

継ぎ足したプラ板を紙やすりで削り、形状を整える。さらに番手を上げながら、表面をきれいに仕上げていく。

8 塗装して組み立てる

塗装して仕上げて本体と組み立てる。腕の長さをシンプルに延ばす場合での、手軽な方法だ。

事例② パテで特定の部位の幅を広げる よわめ

プラ板とエポキシパテで、特定の部位の幅を広げる方法で、ジム・キャノン（→P.54）のスネパーツを改修。切り込みを入れて角度を変えてから、間をプラ板とパテで埋める。

1 幅を広げるパーツを用意する

スキマが大きく開いてしまう。

旧キットのジム・キャノンの脚部をベースキット（リバイブ版 RX-78-2 ガンダム）に移植するが、スソが足りない。

2 足首をカットする

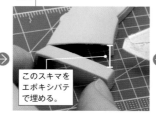

このスキマをエポキシパテで埋める。

足首側のモールドなどをそのまま活かすために、パーツをカットして扇状にスキマを広げる。

3 エポキシパテでスキマを埋める

エポキシパテでスキマが埋まった。

扇状のスキマをエポキシパテで埋め、乾燥後にデザインナイフでカンナ削りして成型。ほかの部位と組み上げる。

4 塗装して仕上げる

塗装して仕上げたら完成。サイズが足りなかった分が解消されて、ちょうどいいスキマになった。

事例③ 別パーツを使って幅を広げる つよめ

特殊な方法だが、コミック版シャア専用ザクⅡ（→P.48）では、2体分のザク・シールドを継ぎ合わせて2倍幅にワイド化した。キットのジョイントを活かしているのがポイント。

1 ザク・シールドを大きくしたい

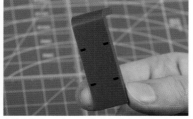

本体のボリュームアップに合わせて、ザク・シールドも大きくしたい。2倍サイズのシールドをつくる。

2 2体分のシールドを用意する

シールドを2つ用意する。あとで塗装するので、ザクⅠなど、別キットのシールドを流用してもいい。片方のシールドを半分にカットする。

3 2枚分を貼り合わせる

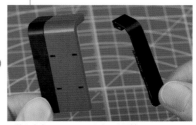

1枚を中央に、カットしたものを両端にしてスチロール系接着剤で貼り合わせる。これなら本体とのジョイントはそのまま使える。

4 継ぎ目を消す

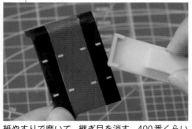

紙やすりで磨いて、継ぎ目を消す。400番くらいから始めて、1000番あたりで仕上げる。

5 塗装してデカールを貼る

塗装し、乾燥したらデカールを貼る。必要に応じて、写真のようにウェザリングをしてもいい。つや消しのコート剤を吹いたら完成。

6 本体に取りつける

キット本体に取りつける。肩とのジョイントは元のキットのままなので、かんたんに取りつけることができる。

プラスα 知っていると便利なリカバリーテク

改造では、移植や改修によってポリキャップに負担がかかることも多い。そこで、ポリキャップがつぶれてしまったときのリカバリーテクを紹介。

ななめにハメた！

ポリキャップをきちんとはめ込まないでパーツを合わせてしまった。中でつぶれてしまっている。

つぶれたポリキャップ

つぶれたポリキャップ　本来のポリキャップ

ポリキャップがゆがんで、突起もつぶれてしまった。予備がない場合はここからのリカバリーが必要だ。

はめ込むパーツで直す

はめ込む予定だったパーツを押し込む。ポリキャップはやわらかいので、多少のゆがみはこれで直せる。

引っかかる部分を削る

突起が変形してダボ穴に入らないときは、デザインナイフなどで削ってやって調整しよう。

テクニック

プロポーション変更⑧
パーツを移植して大型化する

難易度

かんたん
ふつう
むずかしい

におい

しない
よわめ
つよめ

▶ パーツの大型化として、同タイプのモビルスーツのスケール違い（異スケール）のキットを利用する手法もある。
　違うスケールのものを使えば、そっくりそのまま同じ形で拡大させることができる。
▶ HGとMGでは内部構造が異なるので、そのままつけ替えることは難しいが、関節を移植すれば移植可能だ。

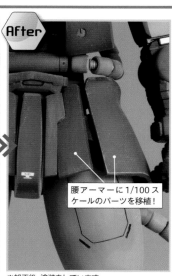

Before
腰アーマーを大きくしたい。

After
腰アーマーに1/100スケールのパーツを移植！

HG シャア専用ザクⅡ（THE ORIGIN）

※加工後、塗装をしています。

スケールの異なるキットのパーツを移植することで、大型化させる方法もあります。一部のアーマーをつけ替えたり、腕だけ大きなスケールのものに取り替えたりすることで、よりメリハリがついたプロポーションにすることができます。

異スケールのパーツをつなぎ合わせる部分には、加工が必要になります。ただし、複雑な形状のものを自分でつくらなくて済むので、比較的かんたんな方法といえるでしょう。

使用する道具

〈事例①〉	〈事例②〉	〈事例③〉
・ニッパー ・プラのこ ・紙やすり 　（400〜1000番） ・スチロール系接着剤 ・油性マーカー	・瞬間接着剤 ・マルチプライマー ・油性マーカー ・紙やすり 　（400〜1000番）	・スチロール系接着剤

事例① 異スケールのパーツを移植する つよめ

1/144スケールのベースキットに、1/100スケールのパーツを移植する方法で、コミック風シャア専用ザクⅡ（→P.48）を改修する。

1 2つのスケールの腰アーマーを比較

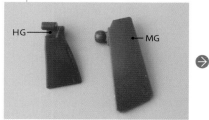

HG

MG

スケールの違う2つのシャア専用ザクⅡの腰アーマー。取りつけ方法も異なるので、そのまま置き換えることはできない。

2 HG側の取りつけ部とMGの腰アーマー本体を残す

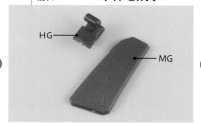

HG

MG

HGの腰アーマーを取りつけ部から5mmほど残してカット。MGの腰アーマーは取りつけ部をカットして、切り口を紙やすりで整えておく。

3 取りつけ部と腰アーマーを接着する

ここを接着した。

2つのパーツをスチロール系接着剤で貼り合わせる。本体側がHGなので、これでMGの腰アーマーを取りつけられるようになる。

4 長さを調整する

このままでは腰アーマーが長いので、太ももが隠れすぎない長さになるようにカットする。カットするラインを油性マーカーでマーキング。

5 一部をカットして本体側に取りつけ

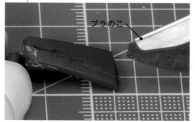

プラのこ

より設定画に近づけるためにパーツを分割して、ディテールを細かくした。切り離したパーツは、中央の腰パーツ側に取りつけている。

6 塗装して完成

塗装して完成。全体のボリュームにマッチした形状に仕上がった。プラ板やパテでゼロからつくるよりも、少ない手間でボリュームアップできる。

事例② ポリキャップを使って装着 つよめ

コミック版シャア専用ザクIIでは、サイドの腰アーマーにMGのパーツを取りつけている。ポリキャップ同士をつなぎ合わせることで、2つのスケールでも装着できた。

1 HG側のポリキャップ

HGシャア専用ザクII（THE ORIGIN）の腰アーマーのサイド。本体側のポリキャップに、腰パーツのダボを差し込むようになっている。

2 MG側の取りつけ部

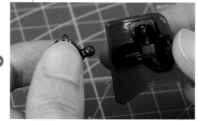

MGシャア専用ザクIIの腰アーマーのサイド。腰アーマー側のパーツに、ボールジョイントをはめ込むようになっている。

3 ポリキャップ同士をつなぐ

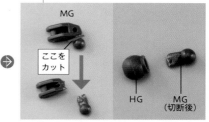

MG側のボールジョイントを切り取って棒状に整え、HG側のポリキャップに差し込めるようにする。マルチプライマーを塗ってから瞬間接着剤で固定すると、より強力にくっつく。

4 本体に装着する

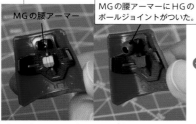

ボールジョイントとポリキャップをつないだことで、腰アーマー側は無加工で取りつけられた。可動性も安定している。

5 ボディに合わせて微調整する

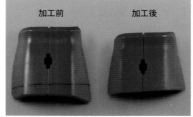

ボディのほかの部位に合わせて、下側を切り、紙やすりで整えてサイズを調整する。長さを少しつめると、ちょうど合うようになった。

6 塗装して完成

塗装して完成。ポリキャップなどの関節部分はできるだけ元のキットの状態を保つようにすると、ポージングなどが決まりやすくなる。

事例③ 異スケールのパーツを合成させる つよめ

スケールの違う2つのパーツを合体させて移植する方法で改修したのが、異スケールミックスジオング（→P.58）。関節の自由度を確保することができる。

1 MGとHGUCの肩パーツを用意する

MGジオング（左）とHGUCジオング（右）の肩パーツを比較。接続部の構造が違うので、そのままでは接続不可。

2 MGとHGUCの肩パーツを抜き出す

よく比較すると、MGの肩パーツ外側と、HGUCの肩パーツ内側の部品は形状が近いことがわかる。

3 MGとHGUCの肩パーツを接着する

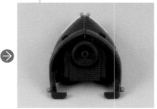

部品同士を合わせてみると形状がぴったり合うので、スチロール系接着剤で固定する。

4 HGUC胸部にMGの腕を接続

それぞれボディ側と腕側のパーツを接続した。2つのスケールのハイブリッドパーツができた。

プラスα 知っていると便利なメッキはがしテク

改造や移植のベースキットや移植元キットに「メッキパーツ」が含まれていることもあるだろう。あらかじめメッキをはがしておけば普通に加工できる

メッキが邪魔！

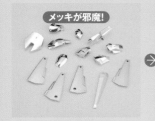

メッキのパーツは改造しにくい。これをなんとかはがしてしまいたい。

クリアカラーを落とす

メッキパーツは一番上にクリアカラーが塗られている。ラッカー溶剤とともに袋に入れて振るとすぐ落ちる。

メッキをはがす

保存容器に台所用の漂白剤とパーツを入れ、一晩ほど置くと、メッキがはがれる。

メッキがはがれた

メッキの下に下地剤が残っているが、加工には支障ない。思う存分、改造しよう。

右側縦書き見出し：基本・道具／彫るDU／貼るDU／裏面処理／シャープ化／プロポーション変更／ミキシングビルド&セミスクラッチ／塗装等／その他　パーツを移植して大型化する

テクニック プロポーション変更⑨
頭部の形状を変更する

難易度

かんたん
ふつう
むずかしい

におい

しない
よわめ
つよめ

▶ 頭部はガンプラの中でとくに目立つところなので、ちょっとした形状の変更でも印象はだいぶ変化する。作業難易度に比べて、効果はとても大きい。

▶ 頭部を前後に延長する、目つきを変える、設定画に近づける、レンズ内部をつくり込むなどのテクニックがある。

Before

HGUC 1/144 RX-78-2 ガンダム

After

頭部が前後に延長され、重厚感が増した！

※加工後、塗装をしています。

頭部は体全体に占める割合こそ小さいですが、全体の印象に大きく関わります。頭部を前後に延長させたり、目の周囲の形状を変えて目つきを変えてみたりするだけでキットの印象は変化します。また、頭部のプロポーションを変えるだけでなく、バイザー内部の形を変えるというアプローチも紹介します。

頭部はサイズが小さく、パーツ数も限られているので、少ない工作で済むことが多いですが効果は抜群。ぜひチャレンジしてみてください。

使用する道具

〈ガンダム〉	〈グフ〉	〈ガンキャノン〉	〈共通〉
・シャープペンシル	・エポキシパテ	・ジャンクパーツ	・ニッパー
・プラ板		・ピンバイス	・塗装セット
・デザインナイフ	〈ゲルググ〉	・棒やすり	・紙やすり
・スチロール系接着剤	・ポリパテ	・ピンセット	
・棒やすり		・スチロール系接着剤	

ガンダムの頭部の形状を変更する つよめ

ガンダムの頭部パーツを前後に分割し、間にプラ板を挟むことで延長する。延長する厚みを考え、何枚のプラ板で挟むかを決めよう。

1 パーツを確認する

キットのパーツをよく見て、プロポーション変更プランを考える。ここでは、頭部を前後に長くしてみる。

2 頭部パーツを前後に分解する

頭部がヘルメット型になっているキットも多いが、このキットは前後で別パーツになっていて延長しやすい。

3 プラ板に型を取る

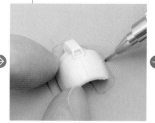

プラ板にパーツを当てて、シャープペンシルで型を取る。少し大きめにしておくと失敗しにくい。

4 プラ板を切り出す

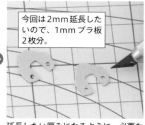

今回は2mm延長したいので、1mmプラ板2枚分。

延長したい厚みになるように、必要な枚数を切り出す。あとで削るので厳密に同じ形にする必要はない。

5 全体を貼り合わせる

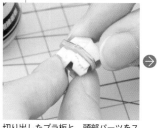

切り出したプラ板と、頭部パーツをスチロール系接着剤で貼り合わせる。固まるまで2〜3日乾燥。

6 棒やすりで削る

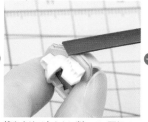

棒やすりで大まかに削って、頭部パーツの形状に近づけていく。頭部パーツを傷つけないように注意する。

7 紙やすりで削る

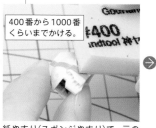

400番から1000番くらいまでかける。

#400

紙やすり（スポンジやすり）で、元のパーツとの境目がなくなるまでやすりがけをする。

8 塗装して仕上げる

プラ板と頭部パーツの段差がなくなったらサーフェイサーを吹いて、塗装して完成だ。

グフの頭部の形状を変更する つ/よ

ザクに比べてグフはちょいワルな風貌といえるが、少し加工するとさらにコワモテな顔つきにすることができる。ガンプラの表情を変えるテクニックだ。

1 頭部の形状を確認する

HGUC 1/144 グフ

グフはわりといかつい印象だが、あえてさらにもっと強く、コワモテの顔つきにしたい。

2 上側のパーツにパテを盛る

頭部パーツの上側の中央部にエポキシパテを盛り、少し突起をつける。乾燥後、紙やすりなどで削ってとがらせる。

3 下側のパーツと合わせる

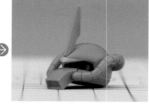

ほかのパーツと合わせてみる。モノアイ部分のスキマが、ぐっと狭まっているのがわかる。

4 眼光鋭い顔つきになった

塗装して仕上げた。眼光が鋭く、より精悍なイメージに仕上がった。

ゲルググの頭部の形状を変更する つ/よ

HGUCのゲルググの顔つきはスマートな印象だが、イラストや設定画はもっとワイルドなデザイン。鼻の取りつけ角度を変え、パテで埋めてイメージチェンジしてみた。

1 頭部の形状を確認する

HGUC シャア専用ゲルググ

HGUC ゲルググの顔は、アニメや設定画に比べてすっきりとスマートな印象がある。

2 鼻の取りつけ角度を検討する

設定画では、ゲルググの鼻はもっと大きく見える。イメージに寄せて取りつける角度を検討してみる。

3 スキマをパテで埋める

パーツをずらして生じたスキマをポリパテで埋める。乾燥したら、紙やすりで削って整える。

4 イラストのイメージに近づいた

塗装して仕上げた。設定画のイメージに近づいた。少しの加工で、印象はガラリと変わるものだ。

バイザーの内部構造をつくる つよめ

ガンキャノンのバイザーの内部構造をメカらしく盛ってみる。パーツの構造を見ると前側をくり抜くことで、後ろ側にジャンクパーツを盛るスペースができそうだ。

1 頭部の形状を確認する

HGUC 1/144 ガンキャノン

ガンキャノンのバイザーはクリアパーツでできている。内部にジャンクパーツを仕込めば、メカらしさが増しそう。

2 パーツの内部を確認する

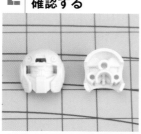

バイザーの内側にモールドがあり、奥のウラ側にダボ穴などがある。このあたりの処理が必要そうだ。

3 ピンバイスで穴をあける

頭部前側のバイザー奥部分をくり抜く。ピンバイスで、上下2列に穴をあけていく。

4 内部をくり抜く

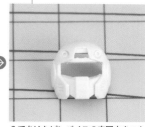

3であけたピンバイスの穴同士をつないで切り取り、棒やすりできれいにくり抜く。

5 ジャンクパーツを加工する

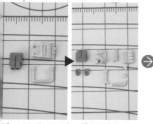

ジャンクパーツから、使えそうなディテールのものを探す。パーツ全体ではなく、細かく切って一部を使うのも◎。

6 ジャンクパーツを取りつける

頭部後側のダボ穴に、細かく切ったジャンクパーツをスチロール系接着剤で貼りつける。

7 ジャンクパーツを塗装する

前後の頭部パーツを合わせると、くり抜いたところからジャンク部分が顔を出す。ジャンクパーツも含めて塗装。

8 バイザーをはめて仕上げる

バイザーをはめ込むと、ジャンクパーツを盛った部分が、内部メカとして透けて見えるようになる。

キホン
ミキシングビルド&セミスクラッチ①

ミキシングビルド&セミスクラッチの基本

▶ オリジナルのガンプラをつくったり、設定にはあるもののキット化されていないガンプラをつくったりと、改造のテクニックを覚えれば、ガンプラの楽しみは無限大に広がっていく。

▶ ミキシングビルドとセミスクラッチのテクニックを覚えて、ガンプラを思いのままに改造していこう。

ガンプラには非常にたくさんのラインナップがありますが、設定上存在するすべてのモビルスーツが発売されているわけではありません。また、キット化されていても、その機体のデザインや武装などがすべて理想通りに再現されているとは限りません。

ほしいものと発売されているものが一致しないとき、どうす

るか。そんなときは、あるものから改造して自分でつくってみましょう。主なアプローチ方法として、①ほかのキットからパーツを移植してくるミキシングビルド、②自分でオリジナルのパーツをつくって取りつけるセミスクラッチの2つがあります。目指す作品のイメージを明確にし、そのために必要なテクニックを身につけて取り組んでいきましょう。

改造する目的を考える

ガンプラは自由だ。ミキシングビルド&セミスクラッチのテクニックを身につければ、「ないもの」をつくれるようになる。

ミキシングビルド&セミスクラッチの目的は、主に「ないものをつくること」です。たとえば、アニメやゲームなどで登場するけどキット化されていない機体や、自分が考えたオリジナルの機体をつくりたいなどの目的が考えられます。

素組みをするだけでは完成しない、自分だけのガンプラ作品を生み出すことには大きな達成感があります。完成にたどりつくまでの過程、そこでの試行錯誤を楽しむこともまたガンプラづくりの大きな喜びの1つといえるかもしれません。

改造する目的

キット化されていない機体をつくりたい

キット化されていないモビルスーツはたくさんある。その中でもMSV（→P.52）の機体は、既存のキットをベースにできるものが多い。

オリジナルの機体をつくりたい

『ガンダムビルドファイターズ』のように、自分だけのオリジナル設定のモビルスーツをつくってもいい。ガンプラは自由なのだから。

より迫力のあるスタイルにしたい

2つのスケールを融合したり、各部位をボリュームアップしたりと、さまざまな手法で、より迫力のあるフォルムに改造することもできる。

そのほか　●入手の難しいキットを、手近なキットをベースにしてつくりたい。
　　　　　●旧キットにしかない機体を、最新キットをベースにしてつくりたい。

改造のための情報を調べる

改造プランを考えるために必要な情報を集める。ガンプラ自体のことはもちろん、アニメの設定に関することなど幅広く調べよう。

具体的な改造プランを考えるために、さまざまな情報を収集します。**まずは情報源を知り、スケールやシリーズ、機体などの設定、ガンプラの構造などをチェックしましょう。**ガンプラ

が再販されるタイミングは、そのとき次第ですので流通状況や入手方法を調べておくことも大切です。

情報源

●アニメを見る
●インターネットで調べる
●ガンダム関連書籍を読む
●実際にキットを買う　など

発売されているガンプラのラインナップやスケール、シリーズを確認したり、機体の設定や登場シーンなどを調べてみよう。

スケールとシリーズ

●1/144(ENTRY GRADE、HG/HGUC、RGなど)
●1/100(MGなど)
●1/60(PG)　など

おすすめは1/144で、とくにHG/HGUCの「HGリバイブ」シリーズは可動性が高く、改造のベースキット向き。ほかには、安価で組み立てやすいENTRY GRADEも◎。

機体や物語の設定

●設定にあるが、キット化されていないもの
●設定にはない「IF」
●設定などをあえて無視したものなど

ガンプラのパッケージや説明書、Webサイトなどを読むと、背景設定がたくさん見つかる。たとえば、「もしもガルマが生きていて、いろいろな専用モビルスーツに乗っていたら」などといった「IF設定」でプランを練るのもありだ。

関節部などの構造

関節部などの構造は共通するケースが多いが、時代やシリーズによって違いもある(詳しくは右ページ下の「POINT」も参照)。ミキシングに使おうとしているガンプラが、加工なしで接続可能かどうか、公式サイトの説明書などで調べてチェックしておこう。

改造プランの考え方

まずはミキシングビルドでできないか考え、どうしても足りないパーツはセミスクラッチでつくるというのが、おすすめのプランの立て方だ。

はじめて改造に取り組むのであれば、最初はミキシングビルド（ミキシングともいう）をおすすめします。**ほかのキットからパーツを移植してくるテクニック**で、**自分でオリジナルのパーツを工作しなくてもよい**からです。移植する際に加工が必要な場合もありますが、ガンプラは同じ関節構造のものも多く、単に組み替えるだけでよいケースがたくさんあります。

ほしいパーツが入手困難だったり、そもそも存在しなかったりする場合は、プラ板やパテで1からつくります。これがセミスクラッチです。自作の模型をつくることをスクラッチといいますが、全身をつくればフルスクラッチ、ベースのキットがあって一部を自作することをセミスクラッチといいます。

まずはミキシングビルドでできないかと考え、どうしてもパーツがないところをセミスクラッチで埋めるとよいでしょう。

基本テクニックはこの2つ！

ミキシングビルド
別のキット同士を組み合わせる。ニコイチとも呼ばれる。

セミスクラッチ
プラ板やパテなどを使って、部分的にパーツを自作する。

プランの立て方の一例

改造する目的を考える

左ページを参考に改造の目的、表現したいことなどを考える。

「HGUCジム」をもっと可動性に優れたガンプラにしたい。ジムのリバイブ版のようなものをつくれないだろうか。

➡ **使用するガンプラを探す**

目的を踏まえ、ベースや移植元候補となるガンプラなどを探す。ネット検索なども駆使し、幅広く情報を集めよう。

リバイブ版の「HGUC1/144 RX-78-2ガンダム」をベースにして、「HGUCジム」のパーツを移植すればつくれるかも。

HGUC 1/144
RX-78-2ガンダム

HGUCジム

➡ **ミキシングビルドしてみる**

ベースキットと移植元候補のパーツを試しにミキシングビルドしてみる。実際に入手し、合わせてみることが大事。

「HGUC ジム」の頭部をつけたが、大きくてアンバランス。ほかのキットから、ミキシングできそうなパーツはないかな。

「HG ジム（GUNDAM THUNDERBOLT Ver.）」の頭部がちょうどよさそう！

➡ **移植のために加工する**

そのままではうまく移植できない箇所が出てきたら、接続部を加工する。

「HGUC ジム」の腰フロントアーマーは、そのままではベースキットにつけられない。何かしらの方法で加工しなければいけない。

腰アーマーのウラ面に接続したうえで可動できるように、スプリングを接着してみた。

➡ **足りない部分はセミスクラッチ！**

移植できそうなパーツがない部分は、自分でつくる。自作箇所が最小限ですむように工夫したい。

一部の形状が異なる程度なら、ベースキット側をセミスクラッチで改造したほうが早いかも。ガンダムの腹部にプラ板を貼りつけて、ジム型にしてみよう。

POINT

関節はポリキャップレスの時代へ

HGUCの関節の多くは共通のポリキャップを使用していた。しかし、ENTRY GRADE登場以降はポリキャップを使用しないものが増えている。中でもアルファベットのCのような形状の関節ジョイント（通称「C接続」）が主流になりつつある。同じ関節構造のガンプラ同士ならミキシングしやすいですが、異なる場合は加工が必要なので、こうした構造についても事前に調べておこう。

ポリキャップとジョイント

HGUCに使われるポリキャップは共通の金型を使っていることが多く、そのままジョイントを差し替えられるものが少なくない。

C接続のジョイント

いわゆる「C接続」のジョイントは基本的に同じ形なので、同世代のキット同士であれば、うまく接続できる可能性が高い。

テクニック ミキシングビルド①
部位の組み替えをする

難易度

かんたん
ふつう
むずかしい

におい

しない
よわめ
つよめ

▶ もっともかんたんな改造テクニックは、そのまま部位をつけ替える「部位の組み替え」。同時期に発売された似た
タイプのガンプラなら同じポリキャップを使っていることが多く、かんたんに組み替えることができる。

▶ 1パーツで構成されている部位を分割し、可動性を高める改造もある。少しの手間で、ポーズの自由度が上がる。

Before

この GM/GM をメインに、最新スタイルのジムをつくる。

HGBF GM/GM

After

頭部は「HG ジム(GUNDAM THUNDERBOLT Ver.)」から移植。

腕部は「HGUC 1/144 RX-78-2 ガンダム」から移植。

※加工後、塗装をしています。

ミキシングビルドといっても、いきなり難しいことを行う必要はありません。**互換性のあるポリキャップを持つガンプラ同士のパーツを組み替えるだけでも、立派な改造です。**発売が同時期の似たガンプラ同士であれば、同じポリキャップを使用していることが多く、パーツの組み替えを行う際、とくに加工せずとも、すんなりとつなぐことができます。

ほかには改造の第一歩として腰アーマーなど、**1パーツで構成されている部位を分割する**だけでも、ポーズの自由度が上がります。

使用する道具

塗装セット

部位を組み替える つよ

HGBFシリーズのGM/GMと「HGリバイブ」シリーズのRX-78-2 ガンダムなどを使い、パーツの組み替えだけで最新スタイルのジムをつくる。

1 組み替える部位を用意する

下半身と胴体は GM/GM(中央)のものを、腕は「RX-78-2 ガンダム」(左)のものを、頭部はサンダーボルト版ジム(右)のものをそれぞれ使用。

2 部位を組み替える

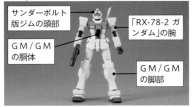

サンダーボルト版ジムの頭部

「RX-78-2 ガンダム」の腕

GM/GMの胴体

GM/GMの脚部

今回使用するガンプラのポリキャップはすべて共通なので、部位をつけ替えるだけでかんたんに組み替えることができる。

3 塗装して仕上げる

塗装して仕上げれば、ジムが完成。細部にこだわらなければ、これで十分だろう。まずはかんたんな作業から、改造を楽しもう。

POINT

ちょっと切るだけでも改造の第一歩

全身を大胆につくり変えるばかりが改造ではない。ニッパーで軽く切るところから、ガンプラ改造は始まる。気になるところにはどんどん手を入れて、自分だけのガンプラをつくり上げよう。

キットのまま

たとえば、リバイブ版「RX-78-2 ガンダム」の腰アーマーは、中央部がつながっているので、片足を上げると、腰アーマー全体が上がってしまう。

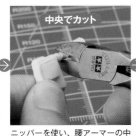

中央でカット

ニッパーを使い、腰アーマーの中央部でカットすると、左右独立して動くようになる。このパーツは球状になっているので、カット後に外れてしまうこともない。

自然なポージング

左右の腰アーマーが独立して動くようになったので、より自然なポージングができるようになった。

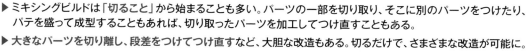

テクニック　ミキシングビルド②
パーツを切る

難易度
- かんたん
- ふつう
- **むずかしい**

におい
- しない
- よわめ
- **つよめ**

▶ ミキシングビルドは「切ること」から始まることも多い。パーツの一部を切り取り、そこに別のパーツをつけたり、パテを盛って成型することもあれば、切り取ったパーツを加工してつけ直すこともある。

▶ 大きなパーツを切り離し、段差をつけてつけ直すなど、大胆な改造もある。切るだけで、さまざまな改造が可能に。

Before

HGUC 1/144 RX-78-2 ガンダム

この足首アーマーを切り取りたい。

After

足首アーマーを切り取った。

ジム・ライトアーマーの設定画

足首アーマーの形状が異なる。

※加工後、塗装をしています。

つくりたいガンプラにとって不要な部分を切り取るのは、改造の必須テクニックの1つです。たとえば、ベースキットの一部を切り取り、そこに別のパーツをつけたり、パテを盛って成型したりします。あるいは切り取ったパーツを加工してつけ直すこともあります。

パーツを切り取った跡は、やすりできれいに整えれば、切り取ったように見えなくなります。改造の基本テクニックとして、ぜひ身につけておきましょう。

使用する道具

〈方法①〉

ニッパー
・紙やすり（400〜1000番）
・棒やすり

〈方法②〉

Pカッター
・紙やすり（400〜1000番）
・ディテールアップパーツ
・スチロール系接着剤

方法① パーツを切り取る

ジム・ライトアーマー（→P.52）をつくるとき、リバイブ版RX-78-2 ガンダムの足首アーマーを切り取る必要がある。ニッパーで切って、やすりできれいに整える。

1 カットするパーツを用意する

リバイブ版RX-78-2 ガンダムをベースに、ジム・ライトアーマーをつくる際、足首アーマーは不要なので丈夫なニッパーで切り取る。

2 切り離したあとをやすりで整える

足首アーマーを切り取ったあとは、切り取った跡を棒やすりや紙やすりできれいに磨く。番手を上げて表面がツルツルになるまで、やすりがけしよう。

3 残すパーツを取りつけて仕上げる

丸いモールドパーツだけ残し、足首に取りつける。ジム・ライトアーマーらしい、すっきりとした足首になった。

方法② パーツの一部を切り出して段差をつくる ［つよめ］

大きなパーツはモールドがないと、大味な印象になる。そこで一部を切り取って段差をつけるように接着すると、メリハリがつく。

1 凹モールドに沿って切り込みを入れる

パーツを分割していく。

MGジオングのスカートは面積が広いので、ひと手間加えて見栄えをよくしたい。まずは凹モールドに沿って、Pカッターで彫り込むようにして切る。

2 切ったパーツにディテールアップを施す

上部は切り取らず、つなげたまま。

全部は切り取らず、つけ根部分を曲げてパーツに段差をつける。大胆なフォルム変更ができた。ジャンクパーツやディテールアップパーツを盛りつける。

3 塗装して仕上げる

塗装して仕上げる。ただ切って、ディテールアップを施すだけで、印象が大きく変わる。完全に切断するか、一部を残すかなど、工夫しよう。

テクニック ミキシングビルド③
移植パーツを取りつける

難易度

かんたん
ふつう
むずかしい

におい

しない
よわめ
つよめ

▶ 関節以外のパーツを取りつける方法は、①固定式、②取り外し式、③可動式の３つがある。

▶ ①固定式は接着剤で固定するだけなので、もっともかんたん。②取り外し式はネオジム磁石がおすすめ。③可動式はダボの代わりにスプリングや真鍮線などの金属パーツを使うと、丈夫に可動性を確保できる。

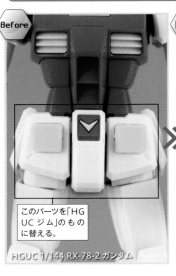

Before

このパーツを「HGUC ジム」のものに替える。

HGUC 1/144 RX-78-2 ガンダム

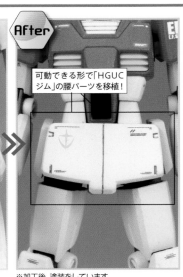

After

可動できる形で「HGUCジム」の腰パーツを移植！

※加工後、塗装をしています。

移植するパーツを取りつける方法は、さまざまです。移植後、固定して問題ないなら、スチロール系接着剤で固めるのがもっともかんたんです。

取り外せるようにしたいなら、ダボ穴をあけてはめ込むか、ネオジム磁石を使って着脱式にする方法があります。また、腰アーマーなど移植箇所を可動するようにしたいなら、真鍮線やスプリングなどの金属パーツを使う方法があります。

使用する道具

〈方法a〉
・紙やすり（400〜1000番）
・スチロール系接着剤
・エポキシパテ

〈方法b〉
・ネオジム磁石
・メタルプレート
・瞬間接着剤

〈方法c〉
・スプリング　　・スチロール系接着剤
・プラ板　　　　・瞬間接着剤
・ニッパー
・デザインナイフ
・棒やすり
・紙やすり（400〜1000番）
・ピンバイス

移植パーツを取りつける方法

固定するか、取り外しできるようにするか、可動できるようにするかで、移植パーツの取りつけ方が変わる。目的に応じてチョイスしよう。

移植パーツを取りつける方法は大きく分けて、**a 固定する**、**b 取り外しできるようにする**、**c 可動できるようにする**の３パターンです。

a 固定する場合、移植パーツ側かベースキット側か、いずれかの取りつけ部を削ったり、パテでスキマを埋めたりして調整する必要があります。

b 取り外しできるようにする場合やc 可動できるようにするにする場合は、ネオジム磁石や真鍮線、スプリングなど、さまざまな材料が使えます。

a 固定する場合

移植後に取り外したり、可動させたりしない部位・パーツなら、スチロール系接着剤を使って固定する。接合部にスキマがある場合は、パテで埋める。

取り外しや交換が不要な部分は接着剤などで固定。

b 取り外しできるようにする場合

取り外しできるようにする場合、ダボとダボ穴をつくってはめ込む方法とネオジム磁石を使う方法がある。つけ外しが多い場合は、ネオジム磁石がおすすめだ。

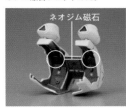

ネオジム磁石

c 可動できるようにする場合

腰アーマーなど、ポージングに関わる部位・パーツを移植する場合は、可動できるようにしたいところ。ピンバイスで穴をあけて真鍮線などの金属線やスプリングを差し込むといい。

腰アーマーが可動するから、柔軟なポージングが可能に。

方法a 固定する方法 つよめ

ジム・キャノン後頭部のアンテナ基部を、リバイブ版「ガンキャノン」から移植する。切り取ってから、形状を調整するのがコツ。形が合ったら、スチロール系接着剤で固定するだけだ。

1 移植するパーツを用意する

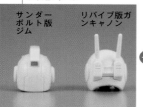

サンダーボルト版ジム　リバイブ版ガンキャノン

「HGUC ガンキャノン（リバイブ版）」のアンテナ基部を、サンダーボルト版ジムのヘッドパーツに移植する。

2 移植元から移植するパーツを取る

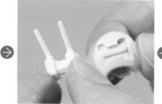

移植元であるキットの後頭部から、アンテナ基部を取る。

3 移植パーツの形状を整える

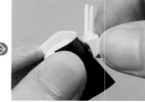

移植箇所に合わせて、移植パーツの形状を整える。取りつける部分に紙やすりを貼って削ると、フィットしやすい。

4 スチロール系接着剤で取りつけて完成

スチロール系接着剤で固定して仕上げる。幅が合わないときは、中を切って調節。パテなどで形状を調整する。

方法b 取り外しできるようにする方法 つ/よ

あとでパーツを取り外しできるようにしたい場合は、ネオジム磁石を使用するとよい。つけたり外したりを繰り返しても、パーツを壊さなくて済む。

1 ベースキットの構造をチェックする

キットをじっくり観察して、どこに何を取りつけるか考えよう。ここでネオジム磁石を活用すれば、かんたんに取り外しができるようになる。

2 ネオジム磁石とメタルプレートを取りつける

ネオジム磁石

メタルプレート

取り外し式にする武装パーツ

移植パーツ側にネオジム磁石を瞬間接着剤で取りつける。両方を磁石にするやり方でもいいが、片方にはメタルプレートを貼ると手軽。

3 移植パーツとベースキットをくっつける

手軽に武装交換！

移植パーツをベースキットに取りつけ、塗装したら完成。武装だけでなく、装甲などさまざまなものを取り外し式にすることができる。

方法c 可動できるようにする方法 つよめ

腰アーマーなど、ポージングに関わるパーツは可動してくれたほうがいい。ここでは、手前に90度曲がるように可動させたいので、スプリングを用いる。

1 ベースキットのパーツを取り外す

ジムの腰アーマーを移植したいが、このダボは使えない。

ベースキットの腰アーマーを取り外すと、大きなダボ2本で固定するようになっている。ジムの腰アーマーは厚みがないので、このダボは使えない。

2 ニッパーでダボを切り落とす

腰部にある不要なダボを丈夫なニッパーで切り落とす。やすりがけして切り口は平らにしておくが、見えなくなる場所なのでだいたいでOK。

3 ピンバイスで穴をあける

ここではφ3mmの穴を15mmあけた。

ダボ代わりにするスプリングと同じ径のピンバイスで、ダボの位置に穴をあける。貫通させなくてもよいが深めにあける。

4 移植するパーツの突起を切り落とす

可動用のスプリングをつけるために、この腰アーマーのダボを切り落とす。

移植するHGUC ジムの腰アーマーのウラ面にあるダボを切り落とす。やすりがけで、おおまかに平らにしておく。

5 プラ板でスプリングを取りつける

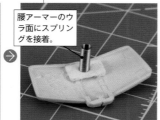

腰アーマーのウラ面にスプリングを接着。

6 × 20mmのプラ板（1mm厚）にφ3mmの穴をあけ、瞬間接着剤でスプリングを固定。

6 あけた穴にスプリングを通す

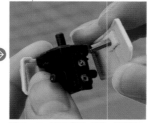

腰アーマーのスプリングを、腰部パーツにあけた穴に差し込む。可動させるので、接着剤で固定しない。

プラスα 真鍮線などでもOK!

移植したパーツを可動式にするとき、真鍮線もよく使用される。ピンバイスであけた穴に、短く切った真鍮線を通してつなぐだけでOK。

ここが動く。

ここに真鍮線を仕込んだ。

テクニック

ミキシングビルド④
部位を移植する

難易度
- かんたん
- ふつう
- **むずかしい**

におい
- しない
- よわめ
- **つよめ**

▶ 部位を移植する場合は、形状が異なるパーツだけ移植する方法を選ぶことができる。

▶ 関節も含めた移植をする際は、受け側（ポリキャップ）も挿し込み側も同一キットのものになるように移植するのが1番。接続部のフィット感を気にする必要がなく、従来のキットどおりの可動性を確保できる。

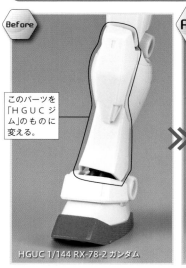

Before

このパーツを「HGUCジム」のものに変える。

After

「HGUCジム」からスネ部分だけを移植！

HGUC 1/144 RX-78-2 ガンダム

※加工後、塗装をしています。

たとえば、ガンダムの脚にジムの脚を移植したい場合、部位ごとジムの脚を移植するのではなく、ガンダムとジムの脚を比較して形状が違うパーツのみ移植する手も考えられます。1つの選択肢として持っておきましょう。

また、腕や脚を含めた部位を移植するときに、別々のキットの関節をくっつけようとすると、ポリキャップが合わず、うまくくっつかないことがあります。そこで、もっともおすすめなのは、受け側も挿し込み側も同一キットのポリキャップになるように移植する加工方法です。

使用する道具

ニッパー / 紙やすり（400〜1000番）/ スチロール系接着剤 / プラのこ / 棒やすり / エポキシパテ

パーツだけ移植する つよめ

ここではリバイブ・ジム（→P.50）をつくるにあたり、部位ごと移植するのではなく、HGUCジムのスネ（脚部）パーツだけ移植することにした。

1 ベースキットのパーツを用意する

2でここをカットする。

こちらのパーツを使う。

素組みしたリバイブ版「RX-78-2 ガンダム」のスネパーツを分解する。ジムの脚部パーツの一部をつけるのに必要になるのは、写真の右側のパーツだけ。

2 移植先パーツの不要な部分をカットする

ここをカットした。

移植パーツをつけるために邪魔な部分（写真で示した部分）をニッパーでカットしてやすりがけをする。ヒザ関節と足関節は「RX-78-2 ガンダム」のものを使うことになる。

3 移植パーツの切り出す部分をチェック

このラインでパーツを切り取る。

HGUCジムの脚部パーツ。プラのこを使い、写真の赤線の位置でカットする。カットしたあとは、移植先に接着しやすいように切り口を加工しておく。

4 ベースキットの脚部に移植パーツを接着

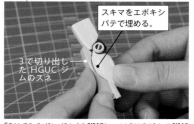

スキマをエポキシパテで埋める。

3で切り出したHGUCジムのスネ

「RX-78-2 ガンダム」の脚部に、HGUCジムの脚部パーツをスチロール系接着剤で固定する。

5 塗装して仕上げる

塗装して仕上げる。関節パーツの組み合わせは、すべてリバイブ版ガンダムのままになっている。

NG 残す関節は新しいキットのほうがいい

関節の移植はどちらの関節部を採用してもいいが、できればより新しいキットのものにしたほうがいいだろう。より可動域が広くなっているケースが多いためだ。

HGUC 021 ガンダム

HGUC 191 リバイブ版ガンダム

ベースキットを覆うようにパーツを移植する つよめ

関節を含めてベースキットのパーツを残し、移植パーツを覆いかぶせて取りつける方法を紹介する。

1 移植するパーツを用意する

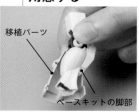

移植パーツ／ベースキットの脚部

ジム・キャノン（→P.54）の脚部をつくる際、移植パーツが大きいので、すっぽりとベースキットの脚部が入る。

2 移植するパーツを加工する

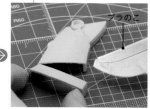

プラのこ

ジム・キャノンは脚部パーツが短すぎるので長くする。ジム・キャノンのスネ側をカットし、角度を変える。

3 取りつけてパテでスキマを埋める

ベースキットの脚部に、移植パーツをかぶせ、スキマに裏打ちしてエポキシパテで埋める。完全硬化後、塗装する。

4 組み立てて仕上げる

塗装したら、組み立てて仕上げる。ベースキットの脚部がそのまま活きているので、ポージングが安定している。

ポリキャップが合わない場合の加工方法

ポリキャップの移植は、受け側も挿し込み側も同一キットのものになるように移植したほうがいい。関節のフィット感を気にする必要がなく、ポージングもしやすい。

ポリキャップを移植する方法は、大きく分けて次の3種類の方法に分類することができます。

いずれの方法でも移植できますが、X同一キットの関節になるように移植する方法がもっともおすすめ。また、ポージングを固定してしまうのであれば、X～Zの方法にとらわれず、ポージングに合わせて接着してもいいでしょう。

X 同一キットの関節になるように移植する

一キットの受け側と挿し込み側になるように、挿し込み側のパーツも移植。

関節の受け側（ポリキャップ）と挿し込み側（プラパーツ）を、同一キットの組み合わせになるように移植する方法。

この写真では、「移植部位」である腕側の関節になるようにしたが、ベースキット側の関節になるようにしてもよい。

関節の周囲とベースキットをきちんと接着し、固定できればまったく問題ない。まずはこの方法を考えよう。

Y 余ったポリキャップで合うものを移植する

ジャンクパーツのポリキャップを移植。

挿し込み側（プラパーツ）に対して、ジャンクパーツの中から合いそうな受け側（ポリキャップ）を取りつける方法。

ジャンクパーツのポリキャップを移植するのが少し難しいが、移植することができれば、問題なく可動できる。

Z 関節を新しくつくる

市販のボールジョイントを移植。

関節そのものをまったく新規のものに置き替える方法。市販のボールジョイントパーツなどを使用する。

可動の自由度が増すなどのメリットはあるが、上手に関節をつくるのは難易度が高い。上級テクニックといえる。

パターンX事例 同一キットの関節になるように移植する つよめ

移植パーツにベースキットの挿し込みパーツを埋め込むことによって、受け側と挿し込み側の両方がベースキットのものになるようにする。

1 ベースキットから挿し込みパーツを切り取る

「RX-78-2ガンダム」の肩 ここを切り取る。／切り取ったパーツ

ベースキットの関節から、挿し込み側の球状のパーツを切り出す。根元は切り取らないように、周囲ごと切る。

2 移植パーツを整える

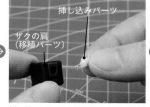

挿し込みパーツ／ザクの肩（移植パーツ）

挿し込みパーツを埋め込むため、移植パーツの関節を棒やすりなどで削り、接着しやすいように形を合わせる。

3 挿し込みパーツを接着する

ベースキットの胴体／2でつくったパーツ

2の2つのパーツをスチロール系接着剤で接着し、乾燥したらベースキットのポリキャップに挿し込む。

4 本体にはめ込んで完成

EFSF E.F. SPACE FORCE

塗装して仕上げてから、本体にはめ込めば完成。この部位では、上腕側も関節の移植をしている。

セミスクラッチ①
セミスクラッチの基本

▶ プラ板などを用いて、オリジナルのパーツをつくる改造テクニックをセミスクラッチという。
▶ プラ板を用いたセミスクラッチには主に①貼りつける、②積層する、③箱組みするという3つの方法がある。
▶ ポイントは、サイズを正確に測ること、接着剤の乾燥時間をしっかりととることだ。

　セミスクラッチは、プラ板などを用いてオリジナルの改造パーツをつくるテクニックです。1からきれいにパーツをつくり上げるのは、なかなかハードルが高いので、ミキシングビルドで改造を試みたうえで、それでも足りないパーツがあったときにセミスクラッチを行うといいでしょう。

　プラ板によるセミスクラッチには主に①貼りつける、②積層する、③箱組するという3つの方法があります。①貼りつける方法は、キットの表面にプラ板を貼りつけるだけというシンプルなもの。②積層する方法は、何枚ものプラ板を貼り重ねてブ

ロック状のパーツをつくるもの。③箱組みする方法は、プラ板で箱型のパーツを組んでつくるものです。

　いずれにしてもポイントは、きちんとガンプラにフィットさせるために、プラ板のサイズを正確に測って切り出すこと。そして、接着後に十分な乾燥時間をおくことです。

　セミスクラッチにはさまざまな表現方法がありますので、上級者の作品をたくさん見るなどして、発想を膨らませていきましょう。

プラ板工作の方法
プラ板を使った工作は貼りつけるか、積層するか、箱組みするかの3パターンに分けられる。いずれも大事なのは正確にサイズを測ること。丁寧な作業を心がけよう。

　プラ板工作の方法は①貼りつける、②積層する、③箱組みするの3パターンがあります。**プラ板4〜5枚ぐらいの厚みまでなら積層で、もっと大きなものや内部に空間をつくりたい場合は箱組みでつくります。**いずれの場合も正確にサイズ（寸法）を測りましょう。接着剤の乾燥時間を十分にとることも重要です。生乾きで作業を進めると接着面が崩れ、せっかく正確に切り出したプラ板が台なしになってしまいます。

①貼りつける　　②積層する　　③箱組みする

① プラ板を貼りつける

≫詳しくはP.140

もっともシンプルなプラ板の使い方。使いたい形状に切り出して、接着剤で貼りつける。プラ板の厚みによって、使い分けることもできる。

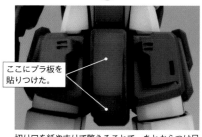

ここにプラ板を貼りつけた。

切り口を紙やすりで整えることで、あとからつけ足したプラ板に見えなくなる。エッジまで滑らかにしないように注意して、切り口にやすりがけしよう。

② プラ板を積層する

≫詳しくはP.142

複数のプラ板を重ねて貼りつけることで、パーツを自作する方法。重ね合わせるプラ板の厚みを変えて、アクセントにすることもできる。

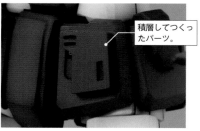

積層してつくったパーツ。

積み重ねたプラ板の側面を紙やすりで整えることで、積層した加工跡をきれいにできる。厚いプラ板だと切り出しが大変なので、薄めのものを使うといい。

③ プラ板を箱組みする

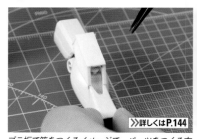

≫詳しくはP.144

プラ板で箱をつくるイメージで、パーツをつくる方法。大きめのパーツをつくるのに向いている。ただし、積層に比べて難易度は高い。

箱組してつくったパーツ。

箱組みで注意するのは、接着時の角度。治具を使いながら正確に組み上げるのが成功のコツ。まずは直角で練習し、慣れてきたらさまざまな角度に挑戦。

サイズを合わせるポイント

プラ板加工のポイントは、何といっても正確なサイズの計測。大きめにつくって紙やすりで調節する手もあるが、調節する量が多いほどゆがみやすくなる。マーカーの線が太すぎても、ゆがみの原因になる。

塗装するなら目盛付きが便利

セミスクラッチは原則的に塗装するので、目盛付きプラ板がおすすめ。方眼に沿えば、正確に切り出せる。

つくるサイズを正確に測る

ノギス
T型定規

サイズはT型定規やノギスで、正確に測る。T型定規は段差に引っかけて使うと、直角を出しやすい。

マーカーのどちら側を基準にするか決めておく

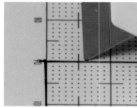

下図を書くマーカーは極細タイプで。太いマーカーを使う場合、外側を切るのか、内側を切るのかを決めておく。

少し大きめにカットしてから調整する

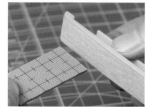

切り口が荒れたり、ずれたりすることも考えて、やや大きめに切り出す。あとは紙やすりで切り口を微調整しよう。

基本テク　プラ板を積層する方法　つよめ

プラ板を積層する場合、正確に切り出してしまえば、あとは貼り合わせるだけ。接着にはスチロール系接着剤を使用する。

1 プラ板を切り出す

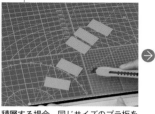

積層する場合、同じサイズのプラ板を何枚も切り出すことになる。型紙をつくっておくといいだろう。

2 スチロール系接着剤で接着する

スチロール系接着剤を中央に塗り、重ね合わせていく。流し込みタイプや速乾タイプは避ける。

3 側面からスチロール系接着剤を流し込む

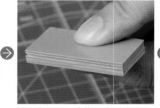

貼り重ねたら、全体のズレを整える。側面からスチロール系接着剤をつけたら、乾燥までに約1日置いておく。

4 乾燥したら側面を紙やすりで整える

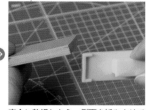

完全に乾燥したら、側面を紙やすりで整える。乾燥が甘いと、溶けかけのプラが粘りついて表面が荒れるので注意。

基本テク　プラ板を箱組みする方法　つよめ

箱組みはプラ板工作の最難関ともいえるテクニック。箱組みをマスターすれば、どんなパーツでもつくれるようになるといっても過言ではない。改造の選択肢を増やすために習得しておきたい。

1 プラ板を切り出す

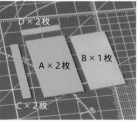

D×2枚
A×2枚
B×1枚
C×2枚

厚いプラ板はPカッターを使うが、誤差が大きくなるので、プラ板が薄ければデザインナイフがよい。

2 底面に裏打ち用のプラ板を貼る

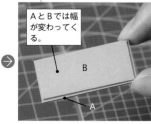

AとBでは幅が変わってくる。

B
A

底面のプラ板（A）に、プラ板の厚みの分だけ小さく切り出したプラ板（B）を、スチロール系接着剤で貼る。

3 底面に側面を貼る

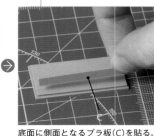

底面に側面となるプラ板（C）を貼る。厚みの分だけ差をつけてあるので、ぴったり収まる。

4 底面に側面を貼る

D

底面となるプラ板に側面となるプラ板（D）を貼っていく。スチロール系接着剤を使用する。

5 底面に側面を貼る

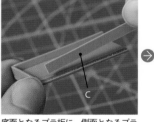

C

底面となるプラ板に、側面となるプラ板（C）を貼っていく。このあと、残った側面となるプラ板（D）も貼る。

6 上面を貼る

A

最後に上面（A）を貼ってフタをする。一度に貼り合わせるとゆがみやすいので、乾燥させながら一面ずつ組み上げる。

7 継ぎ目を消して完成

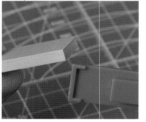

継ぎ目を紙やすりで消して完成。紙やすりは当て板つきのもので、平面を均一に磨くようにする。

プラスα　裏打ちをする

箱の内側にプラ棒やプラ板などで裏打ちすると、形状が安定する（下の写真では3mm幅の角形プラ棒で裏打ちしている）。エポキシパテや瞬間接着剤などでもよい。

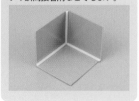

難易度

かんたん
ふつう
むずかしい

におい

しない
よわめ
つよめ

テクニック セミスクラッチ② プラ板を貼りつける

▶ プラ板の貼りつけはとてもシンプルで、幅広く使えるうえに見た目も大きく変えられる便利なテクニックだ。

▶ プラ板は表面が元から平らで滑らかなので、貼りつけるだけでかんたんにフラットな表面をつくることができる。その上からディテールアップパーツを貼ったり、スジボリをしたりすることで、さまざまなパーツをつくれる。

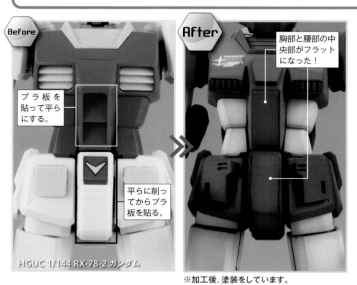

Before

プラ板を貼って平らにする。

平らに削ってからプラ板を貼る。

HGUC 1/144 RX-78-2 ガンダム

After

胸部と腰部の中央部がフラットになった！

※加工後、塗装をしています。

プラ板の貼りつけは、キットの表面にただプラ板を貼りつけるだけのシンプルな方法で、それだけでも見た目の雰囲気を変えることができます。パテによる加工とは異なり、**プラ板は元から表面が平らで滑らかなので、誰でもかんたんにフラットな表面をつくることができます。**

貼りつけるプラ板の長さや形状を正確に測って、プラのこやデザインナイフで切り出し、スチロール系接着剤を使って貼りつけていきましょう。

使用する道具

使用するプラ板

スチロール系接着剤

プラのこ

・ノギス
・デザインナイフ
・紙やすり（400～1000番）
・ピンセット
・ディテールアップパーツ（事例①）
・プラパイプ（事例④）
・パイプカッター（事例④）

事例① プラ板を貼って胸部を改造する つよめ

ジム・スナイパーカスタムの胸部にある排熱ダクトやコクピットは、RX-78-2ガンダムとは異なる。プラ板の貼りつけでつくる。

1 胸部とコクピット部にプラ板を貼る

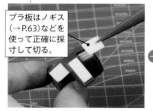

プラ板はノギス（→P.63）などを使って正確に採寸して切る。

胸部の排熱ダクトとコクピット部を埋めてフラットにするために、プラ板を貼りつける。

2 貼りつけたプラ板をなじませる

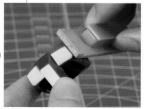

貼りつけたプラ板は紙やすりで400番から1000番まで番手を上げながら磨き、継ぎ目を消す。

3 ディテールアップパーツを取りつける

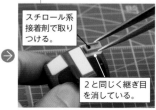

スチロール系接着剤で取りつける。

2と同じく継ぎ目を消している。

貼りつけたプラ板の上から、ビルダーズパーツHDの「MSスラスター01」から、適した形状のパーツを取りつける。

4 塗装して仕上げる

接着剤が乾燥したらビルダーズパーツHDの継ぎ目を消して、塗装して仕上げる。

事例② プラ板を貼って腰アーマーの中央部を改造する つよめ

ジム・スナイパーカスタムの腰アーマーの中央部分にプラ板を貼りつける方法で改造する。

1 ベースキットの不要な部分をカットする

プラのこでカット。

ベースキット（リバイブ版RX-78-2ガンダム）の腰アーマーの中央部の出っ張りをカットする。内側のパーツと一緒にカットすれば、ずれをなくせる。

2 切り口をきれいにする必要はない

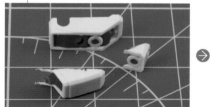

不要な部分をすべてカットして完了。あとでフタをするので切り口を整える必要はない。外れそうな部品があれば、スチロール系接着剤を流し込んでおく。

3 切り口にプラ板を貼りつける

切断面のサイズに合わせて、0.5mm厚のプラ板を貼る。少し大きめに切り出して、接着してからキット側に合わせてデザインナイフでカットする。

4 紙やすりで整える

継ぎ目をきれいに消す。

カットしたプラ板の切り口を紙やすりで整える。400番から1000番くらいまで、番手を上げながら継ぎ目を消す。

5 追加装甲をプラ板で貼りつける

折れ目は別のプラ板を貼る。

1mm厚のプラ板で追加装甲をつくって貼りつける。折れ目には別のプラ板を貼りつけ、接着してから継ぎ目を消す。

6 塗装して仕上げる

ここがフラットに!

接着剤が乾燥したら塗装して仕上げる。腰アーマーの中央部が完全にフラットになった。プラ板を貼りつけて塗装するだけで、この完成度になる。

事例③ プラ板を貼ってランドセルを改造する つよめ

ジム・スナイパーカスタムのランドセルをつくる。ここもプラ板の貼りつけと、ディテールアップパーツの組み合わせで行う。

1 ベースキットのランドセルを用意する

ベースキット(リバイブ版RX-78-2ガンダム)のランドセルを改造する。

2 不要な部分をプラのこで切り落とす

プラのこで丁寧にカット。

ベースキットのランドセルの左右についているサーベルラックは、不要なので切り落とす。バーニア脇もななめに切り落としておく。

3 各面にプラ板を貼りつける

ランドセル表面の形状は一新させるので、全面にプラ板を貼りつけていく。ここも正確な採寸と切り出しがポイント。スチロール系接着剤で接着。

4 他のガンプラのパーツを流用する

ランドセルのサイド部分にある出っ張りを表現するため、ガンダムの腰アーマーから外したヘリウムコア(黄色の四角パーツ)を流用する。

5 プラ板とディテールアップパーツを取りつける

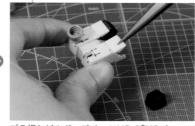

プラ板とビルダーズパーツHDの「MSバーニア03」のノズルを取りつける。ほかの形状は、プラ板で自作したパーツを取りつける。

6 塗装して仕上げる

接着剤が乾燥したら、塗り分けて完成。取りつけ部はベースキットのランドセルのままなので、ガンプラ本体に取りつけるのはかんたん。

事例④ プラ板とプラパイプで武器をつくる つよめ

プラ板とプラパイプを転用パーツに取りつけて、ジム・ライトアーマー(→P.52)の専用武器をつくる。複雑な部分は転用パーツに任せて、プラ板をうまく使おう。

1 パーツを切り出す

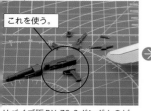

これを使う。

リバイブ版RX-78-2ガンダムのビーム・ライフルから、グリップ部分を切り出す。銃本体もカットして使用する。

2 プラ板とプラパイプを切り出す

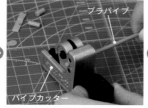

プラパイプ

パイプカッター

取りつけるプラ板とプラパイプを切り出す。プラパイプのカットには、パイプカッター(→P.143)が便利。

3 プラ板を貼って組み立てる

プラ板とプラパイプを転用パーツにスチロール系接着剤で貼りつけて、組み立てていく。

4 細部のパーツを取りつけて塗装する

細かなパーツも取りつけて、塗装して仕上げる。新しい武器が完成した。

セミスクラッチ③ プラ板を積層する

難易度

かんたん
ふつう
むずかしい

におい

しない
よわめ
つよめ

▶ プラ板の積層とは、プラ板を貼り重ねて新しいパーツをつくること。箱組みよりは難易度が低く、失敗しにくい。

▶ ポイントは下図を正確に書くこと。成型時に削って調整する量は、最小限にしたほうがうまくいく。

▶ 平面的なパーツだけでなく、立体的なパーツもプラ板の積層でつくることができる。

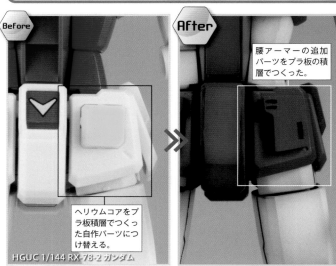

Before

After

腰アーマーの追加パーツをプラ板の積層でつくった。

ヘリウムコアをプラ板積層でつくった自作パーツにつけ替える。

HGUC 1/144 RX-78-2 ガンダム

※加工後、塗装をしています。

1枚1枚のプラ板は薄いですが、**それを貼り合わせることで分厚いブロックをつくることができます。** これを積層と呼びます。重要なのは、貼り合わせる際に使用する接着剤です。**通常のスチロール系接着剤を使用して、ガッチリと固めるのが基本。** 2〜3日で完全に硬化するので、それからやすりがけなどの作業を行います。

時短が必要であれば流し込みタイプや速乾タイプのスチロール系接着剤でも可能ですが、合わせ目などの一体化は甘いので、瞬間接着剤などでの補助が必要です。

使用する道具

使用するプラ板・プラパイプ　　　　　　　金属定規

スチロール系接着剤

・デザインナイフ（もしくはカッターナイフ）
・ピンセット
・油性マーカー（極細）
・ノギス
・Pカッター

事例① 腰アーマーをプラ板の積層パーツでつくる

つよめ

ジム・スナイパーカスタム（→P.56）の腰アーマーにつける追加パーツを、プラ板の積層でつくる。

1 プラ板に下図を書く

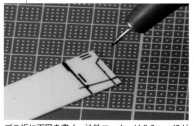

プラ板に下図を書く。油性マーカーは0.3mmほどの極細タイプで。ベースキットのサイズを測ったうえで、ノギスを使い、切り出すサイズを正確に書こう。

2 必要な枚数を切り出す

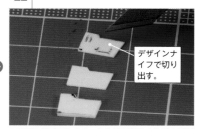

デザインナイフで切り出す。

1枚目を切り出したら、2枚目以降は1枚目を型紙にして下図を書いて切り出す。1番上に貼りつけるパーツには、モールドなどの彫り込みを入れておく。

3 貼り重ねて接着する

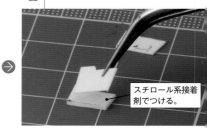

スチロール系接着剤でつける。

パーツを貼り合わせてスチロール系接着剤でくっける。積層1枚目のモールドをつぶさないように注意する。

4 貼り合わせたら乾燥させる

貼り合わせたら、側面からもスチロール系接着剤（通常タイプ）を流し込んでから乾燥させる。

5 ベースキットのパーツに取りつける

ヘリウムコアのあった場所につけた。

乾燥したら側面を紙やすりで整えてから、ベースキットのパーツに取りつける。ここではベースキットのヘリウムコア（黄色のパーツ）を外してから行う。

6 塗装して仕上げる

塗装して仕上げる。ベースキットのパーツと新規の積層パーツは、設定資料などを参考に塗り分けた。とてもプラ板を貼り重ねたパーツには見えない。

プラスα ウラ返せば左右対称になる

左右対称になるパーツをつくるときは、型紙を使うと便利だ。ウラ返して使えば、そのまま反転した形のプラ板を切り出せる。

事例②　プラ板の積層とプラパイプで武器をつくる つよめ

ジム・スナイパーカスタムのスナイパーライフルを、プラ板とプラパイプでつくる。一部のパーツは転用する。

1 油性マーカーでプラ板に形状を書く

サイズは付属武器のグリップを参考にしよう。

グリップ部と銃本体の下側は、プラ板の積層でつくる。1枚目のプラ板（0.5mm厚）に積層する形状を、0.3mm程度の油性マーカー（極細）で書く。

2 1枚目のプラ板を切り出す

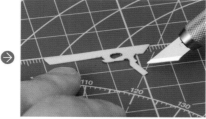

1枚目のプラ板をデザインナイフで切り出す。0.5mm程度の厚さまでなら、デザインナイフでも軽い力で切り出しができる。

3 1枚目を型紙にして2枚目以降を切り出す

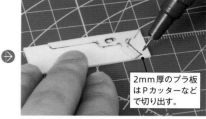

2mm厚のプラ板はPカッターなどで切り出す。

1枚目のプラ板を型紙にして、2枚目以降のプラ板を切り出す。ここでは、2枚目は1mm厚、3枚目は0.5mm厚のプラ板を使用。

4 プラパイプを切り出す

銃身やスコープ部分は、プラパイプを切り出してつくる。プラパイプを切るときは、カッターナイフで転がす。

5 一部のパーツは流用する

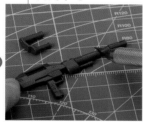

銃口やストック部は、流用パーツを用いる。付属のビーム・ライフルやシールドの持ち手など、使えるパーツは多い。

6 用意したパーツを組み立てる

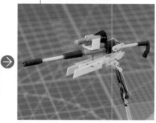

接着する前にパーツを並べて、バランスを確認する。写真は説明のために金属線で仮の固定をしている状態。

7 塗装して仕上げる

スチロール系接着剤でパーツをくっつけて、乾燥させたら塗装する。ここでは細部にディテールを追加している。

プラスα　知っていると便利なリカバーテク

ちょっとした失敗もうまいリカバー方法を知っていれば、やり直しができる。安心して作業できるように知っておこう。

折れた！①

ここが折れた

接着剤＋添え木

アンテナなど、固定しにくいパーツをスチロール系接着剤でつなぐときは、固まるまで両面テープなどで添え木をつけておこう。

折れた！②

金属線

金属線を芯に入れる

強度が必要なパーツが折れてしまったときは、ピンバイスで穴をあけ、短く切った金属線（パーツのサイズに合う太さの真鍮線など）を芯に埋め込み、補強しよう。

エグった！

溶かしランナーパテ

ニッパーなどでパーツをえぐってしまったときは、同じ色のランナーをスチロール系接着剤（流し込みタイプ）で溶かしてパテ代わりにしよう。

もうダメだ！

部品通販

どうやってもリカバー不能な状態になってしまったら、部品通販を利用しよう。現在、部品通販はネット受付のみとなっている。

POINT

プラ棒やプラパイプの加工に役立つツール

プラパイプやプラ棒はカッターナイフでも加工できるが、パイプカッターなど専用の加工ツールを使うと、さらに加工が楽になり、仕上がりもよくなる。本格的にプラ板工作を始めるなら、このように素材に合わせたツールを用意してもいいだろう。

パイプカッター

HGパイプカッター【プラスチックパイプ用】／ウェーブ

プラスチック用のパイプカッター。φ3mm～28mmのパイプをカットできる。バリ取りカッターがついている。

コードレス丸ノコ

USB充電式コードレス丸ノコ／ウェーブ

専用のカッティング砥石で、φ35mmまでカットできる。プラスチックだけでなく、真鍮パイプもカットできる。

面取りビット

面取りビットWC／ハイキューパーツ

ピンバイスであけた穴のフチにテーパーをつけられるツール。

難易度

かんたん
ふつう
むずかしい

におい

しない
よわめ
つよめ

テクニック セミスクラッチ④

プラ板を箱組みする

▶ 箱組みとは、プラ板を切り出して箱状に組み立てるテクニックのこと。プラ板工作の中でもっとも難易度は高いが、基本はプラ板を切って貼るだけなので、コツをつかめばうまくできるようになる。

▶ ポイントは各プラ板の寸法を正確に測って、そのとおりに切り出すこと。それがうまくいけば、あとは接着するだけ。

Before

肩周辺をキャノン砲につくり替える。

HGUC 1/144 RX-78-2ガンダム

After

基部を箱組みして、キャノン砲を取りつけた。

※加工後、塗装をしています。

箱組みとは、**プラ板を切り出して、箱型に貼りつける**ことで新たなパーツをつくるテクニック。プラ板工作の中で、とくに難易度が高い加工方法です。

箱組みで1番重要なのは、**プラ板を切り出す際に正確なサイズを測ること**。切り出した複数のプラ板で箱型をつくるので、サイズが違っていると完成しません。下図を書くマーカーは極細のものがおすすめ。そのうえで、マーカーで引いた線の内側を切るのか、外側を切るのか決めておきましょう。

使用する道具

プラ板	・プラ棒（事例③） ・プラのこ ・油性マーカー ・ノギス ・スチロール系接着剤 　（流し込みタイプ） ・ピンセット ・デザインナイフ	・棒やすり ・紙やすり（400〜1000番） ・セメダインPPX（事例①） ・瞬間接着剤（もしくはエポキシパテ、事例②） ・スジボリツール（事例③） ・ピンバイス（事例③）

事例① 箱組みでキャノン砲の基部をつくる つよめ

ジム・キャノン（→P.54）のキャノン砲基部をプラ板の箱組みでつくる。肩のポリキャップはベースキットのものを使うことで、腕とキャノン砲の可動を両立させる。

1 旧キットのパーツを加工する

基部はプラ板の箱組みでつくり、旧キットのジム・キャノンからキャノン砲本体を切り取ってきて移植する。

2 ベースキットの取りつけ部分をカット

ここでは不要な部分をプラのこで切断。

箱組みパーツを取りつけられるようにするため、あらかじめベースキットの取りつけ部分を加工。

3 箱組みパーツの材料を切り出す

正確に採寸し、切り出すことが重要。

キャノン砲の基部を箱組みするため、必要なプラ板を切り出す。大きなもの2枚に、細かなものを組み合わせる。

4 プラ板で基部を箱組みする

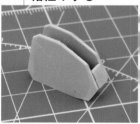

切り出したプラ板を、ピンセットなども用いてスチロール系接着剤で貼り合わせる。

5 箱組みパーツを取りつける

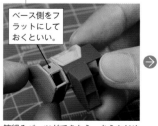

ベース側をフラットにしておくといい。

箱組みパーツができたら、あらかじめ加工しておいたベースキットのパーツに、スチロール系接着剤で取りつける。

6 キャノン砲の取りつけ部を移植する

穴をあけてベースキットのポリキャップを取りつける。

取りつけ部上部にガンキャノン・リバイブの砲基部を移植。ポリキャップの接着には、「セメダインPPX」が効く。

7 旧キットのキャノン砲を取りつける

1のキャノン砲を基部に取りつける。ガンキャノン砲の取りつけ部を移植してあるので、取りつけは確実にできる。

8 塗装して仕上げる

一度バラしてから全体を組み立て、塗装して仕上げる。砲はきちんと可動するのでポージングは自在にできる。

事例② 箱組みでヒザパーツをつくる [つよめ]

ジム・スナイパーカスタム（→P.56）のヒザパーツをプラ板の箱組みでつくる。左右2つあるので、同じものを正確に複数つくる必要がある。型紙をつくり、それをもとにつくる。

1 ベースキットのパーツを加工

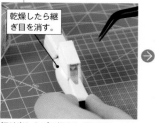

油性マーカーで削るところをマーキング。

箱組みパーツを取りつけるベースキット側のパーツをあらかじめ加工する。ここではリバイブ版RX-78-2ガンダムの脚部の一部を切り取る。

2 ヒザのパーツをカットする

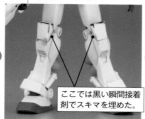

さらに削る部分をマーキング。

形状が合わない部分を棒やすりで削り取る。この上からプラ板を貼りつけていくので、丁寧に仕上げる必要はない。

3 型紙をつくってプラ板を切り出す

プラ板を切り出す。同じ形状のパーツを2セットつくっておく。型紙を使ってもよい。

4 切り出したプラ板を箱組みする

乾燥したら継ぎ目を消す。

切り出したプラ板をヒザに取りつけながら、箱状に組み立てる。スチロール系接着剤で貼り合わせる。

5 ベースキットに取りつける

ここでは黒い瞬間接着剤でスキマを埋めた。

接着剤が硬化したら、継ぎ目を消しながら形を整えていく。細かなスキマは瞬間接着剤やパテで埋めて微調整する。

6 塗装して仕上げる

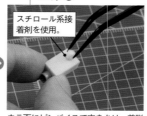

塗装して仕上げたら完成。この脚部パーツには、ほかに後ろ側のバーニアなども取りつけている。

プラスα まとめ切りは瞬間接着剤で

同じサイズの複数のプラ板をまとめて切ったり、やすりがけをしたい場合は、あとで剥がせるようにプラ板同士に瞬間接着剤を数滴垂らして貼りつけておく。ただし、薄いプラ板は、剥がすときに壊れるので1mm以上に限る。

事例③ 箱組みでビーム・サーベルユニットをつくる [つよめ]

ジム・スナイパーカスタムの左腕部に装着されているビーム・サーベルユニットを、プラ板の箱組みでつくる。

1 プラ板などの材料を切り出す

キットのサイズを測って、プラ板を切り出す。ダボにするプラ棒や埋め込み用のビーム・サーベルの柄なども用意。

2 組み立てる

スチロール系接着剤を使用。

ビーム・サーベルの柄を埋め込み、プラ板を箱組みする。着脱するものなので、裏打ち（→P.139）をして丈夫にする。

3 ウラ面にダボをつける

スチロール系接着剤を使用。

ウラ面にピンバイスで穴をあけ、着脱用のダボを取りつける。抜き差ししても取れないようにしっかり取りつける。

4 装着する

スジボリを行ってから、塗装して仕上げる。左腕部にあるシールドの取りつけ穴に差し込んで装着できる。

POINT

プラ板の切断に役立つグッズ

プラ板の切断に用いるのは、デザインナイフとPカッター、プラのこが基本。かんたんに美しくカットするためのツールは数多く市販されている。使いやすいものをチョイスしよう。

HGユニバーサルカッター

HGユニバーサルカッター（角度切りガイド付き）／ウェーブ
大型刃で真上からプラ板に刃を入れるタイプのもの。角度ガイドもついているので、正確にカットできる。

ポンチ

プラ板を丸型に型抜きするためのツール。先端に丸い刃があり、プラ板に当ててハンマーで叩くと、丸形にくり抜ける。

プラ板ハサミ

プラバンハサミ／ゴッドハンド
プラ板のカット専用に設計されたハサミ。2mm厚までのプラ板を切ることができる。切り口が白化しにくく、ゆがみにくい。

塗装等① 塗装の考え方

チホン

▶ 成型色仕上げにするか、全塗装にするかでプランの立て方が大きく変わる。

▶ 合わせ目消し（→P.104）や肉抜き穴埋め（→P.105）など、塗装が前提となる表面処理もある。どういう条件であれば塗装が必要なのか、塗装しないならどんな工夫をして仕上げるとよいかを知っておこう。

ガンプラをつくるうえで、多くの人が突き当たる壁が塗装です。エアブラシを使って全部きれいに塗れば、よい仕上がりになるのはわかっていても、作業環境やコスト、手間ひまなどの点で踏み出せずにいる人も多いでしょう。

そうした人におすすめなのが「成型色仕上げ」です。ガンプラの元の色のまま仕上げることで、細かく色分けされた今のガンプラなら、少し手を入れるだけでも十分格好よく仕上げることができます。ただし、**合わせ目消しのように表面が白化したり、肉抜き穴埋めなどパテを使ったりする場合は塗装が必須になるので、成型色仕上げにする場合は避けなければいけません。**このように成型色仕上げの場合、どんな改造までならしてOKなのか把握しておくことも大切です。

一方、すべて塗装する場合は、どんな改造テクニックでも使えます。あるいは設定通りのカラー、つまり成型色とほぼ同じカラーパターンで塗り直すこともあります。実は性質上、基本的にプラスチックは少し透けています。素組みしただけでは、どこかおもちゃっぽく見えてしまうのはそのためです。そこで設定カラー通りに塗装することで、塗膜が光の透過を遮断してくれるので、そうしたおもちゃ感を解消してくれるのです。また、塗装には、情報量を高める効果もあります。たとえば、メカ部分をメタリック系のカラーで塗り分けたり、マーキングラインを入れたりする方法（→P.149）があります。

さらには塗装とは異なりますが、シールやデカールを貼ることで色などの情報量を増やすこともできます。エンブレムや注意マークなどは、デカールを貼るだけでかんたんに表現できます。

このように改造プランを考える際は、塗装するのかどうか、塗装しないならどのテクニックを用いるのかなど、きちんと考えておくことが大切です。

P.60で紹介した陸戦型νガンダム。架空のオリジナル設定だが、塗り替えることで機体の設定を変える改造になるという一例だ。

P.52で紹介したジム・ライトアーマー。プラ板でつくったパーツや他キットのパーツを組み合わせているので、こうした場合は塗装が必須になる。

成型色仕上げ

ガンプラの元の色を活かして完成させる方法。筆塗りやガンダムマーカーなどを使って部分的に塗ったり、デカールやシールを活用したりすることで、十分格好いい仕上がりにすることもできる。ほぼ無臭で完成までいけるので、リビングモデラーにはうれしいやり方。

注意点

塗装しないので、白化が生じる作業やパテの使用などは避けること。ゲート処理（→P.103）はできるだけ白化しないよう丁寧に行い、合わせ目消し、肉抜き穴埋めはしない。

全塗装仕上げ

ガンプラ全体を塗る方法。成型色と異なるカラーリングにする場合は、サーフェイサーを吹き、いったん全体の色をリセットするとよい。

筆で塗る

全体を筆塗りで塗装する。手軽に始められ、初期コストが安いのが最大のメリット。水性塗料を使えば、ほぼ無臭でできる。

注意点

筆塗りでエアブラシ並みの仕上がりにするには、かなりの技量が必要になる。手軽に始められるが、高い完成度を求めるにはワザの熟練が必要。

缶スプレーで塗る

比較的手軽に始められる塗装方法。簡易ブースでも可。色数が限られること、ラッカー系しかないことがやや難点。

注意点

缶スプレーはとにかく色数が少ないことがデメリット。水性系塗料の缶スプレーはまだ登場していないので、強いにおいが生じる。

エアブラシで塗る

本格的に塗装したいのであれば、エアブラシの出番。十分な換気ができる塗装ブースが必要になるが、仕上がりのよさは抜群。

注意点

初期費用が高いのがデメリット。また、後片づけやメンテナンスなどの負担は、ほかの方法に比べて大きい。

7カテゴリーと塗装の関係性

成型色仕上げでいくか、全塗装するかを決めるときの参考として、7カテゴリーの改造テクニックと塗装の関係性をまとめた。改造プランを考えるときの参考にしよう。

	成型色仕上げ	全塗装
彫るDU ≫詳しくはP.76~86	◎ 白いパーツ　△ それ以外のパーツ 白以外のパーツは、スジボリややすりがけをしたあと、プラスチックの白化が目立ってしまう。	◎ 塗装すれば、白化のあとがわからなくなるので問題ない。
貼るDU ≫詳しくはP.87~101	**ケースバイケース** **①塗装しなくてよい市販パーツやプラ板を使う** たとえば、ガンダム系の白いキットなら白やグレーの市販パーツやプラ板を使えば、塗装しないで仕上げてもいいだろう。色味が多少異なっても、それを「情報量アップ」と捉える考え方もある。 **②貼るパーツだけ塗装する** ガンプラのパーツと異なる色の市販パーツやプラ板を貼る場合、貼るものだけを塗装する方法がある。ガンダムマーカーや筆塗りなら、手軽に着色できる。塗装したものを貼るときは、リモネン系接着剤を使用する。	◎ ●ガンプラ本体と貼るパーツの色を完全に合わせたいなら、全塗装が必要になる。 ●貼ったパーツも含めて、そもそも成型色と異なるカラーリングに塗り替えることもできる。
表面処理 ≫詳しくはP.102~105	◎ ゲート処理　◎ パーティングライン消し　✕ 合わせ目消し　✕ 肉抜き穴埋め ●ゲート跡は白化しないように丁寧にカットしてから、1000~2000番までやすりがけをしたり、コンパウンドで磨いたりすれば、塗装せずとも十分きれいに仕上げられる。 ●合わせ目消しと肉抜き穴埋めは、基本的に全塗装が必須。肉抜き穴埋めをプラ板で行う方法(→P.105)は、かろうじて成型色仕上げも可能。	◎ ゲート処理　◎ パーティングライン消し　◎ 合わせ目消し　◎ 肉抜き穴埋め 塗装する場合、白化したり、パテなどを使ったりする処理も可能。1000番のサーフェイサーを使用するのであれば、紙やすりも1000番までかければよい。コンパウンドは不要。
シャープ化 ≫詳しくはP.106~115	✕ シャープ化では全体にやすりがけをするので、白化は避けられない。白いパーツは目立たないが、それでもやすりがけした跡はわかる。ゆえに選択肢は全塗装のみになる。	◎
プロポーション変更 ≫詳しくはP.116~129	✕ 成型色仕上げが可能なプロポーション変更がないこともないが、原則✕。パーツを切ったり貼ったりした跡は、無塗装では隠せない。	◎
ミキシングビルド&セミスクラッチ ≫詳しくはP.130~145	✕ 成型色同士のミキシングビルドという考え方もなくはないが、原則✕。プラ板やパテ、他キットのパーツなどを組み合わせて行うので、塗装しないと完成させられない。	◎
塗装等 ≫詳しくはP.146~154	◎ シール・デカール　◎ 塗り分け、マーキング ●ガンダムマーカーや筆塗りで、気になるところだけ部分塗装することができる。	◎ シール・デカール　◎ 塗り分け、マーキング ●塗装前にサーフェイサーを吹いて、下地を整えるのが一般的。サーフェイサーを吹かないと、元のパーツの色によって塗装後の色合いが異なって見えるためだ。

※成型色仕上げの場合、スミ入れツールは何でもOK。一方、全塗装の場合、ガンダムマーカースミ入れペン(アルコール系)は塗膜を荒らすので使用不可。エナメル系塗料か、油彩系塗料を使用する。

POINT

重ね塗りするときの注意点

塗料の種類によって、重ね塗りしたときの相性が異なる。ラッカー系は塗膜が強いので、下地に使うのに向いている。ガンダムマーカーに用いられているアルコール系は、基本的にどの塗料とも相性が悪いので、基本的に単独で使うことになる。

上地 下地	ラッカー系	アクリル(水性)系	エナメル系	アルコール系	新水性系
ラッカー系	△	◯	◎	✕	◎
アクリル(水性)系	✕	△	◯	✕	✕
エナメル系	✕	◯	△	✕	◎
アルコール系	✕	✕	✕	△	◎
新水性系	◎	◎	◎	◎	◎

◎…重ね塗りできる
◯…わずかに上地が下地を侵食する可能性がある
△…上地が下地を侵す可能性が高い
✕…下地の塗料を侵す
※新水性系を塗るときは、下地が完全に乾燥してから。

テクニック

塗装等②

後ハメ加工で塗装しやすくする

難易度

かんたん
ふつう
むずかしい

におい

しない
よわめ
つよめ

▶ 後ハメ加工は、塗り分けしたいパーツをあとからはめ込めるようにしておくことで、マスキングをしなくてもエアブラシによる塗り分けが可能になるテクニックのこと。マスキングによる塗装はどうしても塗装面がはみ出すことがあるので、きれいに塗り分けたい場合は後ハメ加工を選ぼう。

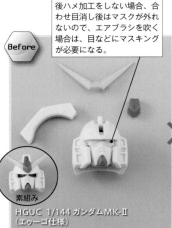

Before

後ハメ加工をしない場合、合わせ目消し後はマスクが外れないので、エアブラシを吹く場合は、目などにマスキングが必要になる。

素組み
HGUC 1/144 ガンダムMK-Ⅱ
（エゥーゴ仕様）

After

後ハメ加工した場合、合わせ目消し後も、この写真のように分けてから、塗装後にはめ込むことができるので、マスキングなしでエアブラシを吹ける。

後ハメ加工は、マスキングなしでエアブラシによる塗り分けを可能にするためのテクニックです。塗り分けたいパーツをあとからはめ込めるように加工することで、細かいマスキングを施さなくても、エアブラシできれいに塗装できるようになります。マスキングで塗り分けても問題ないので、好みで選びましょう。

使用する道具

デザインナイフ

塗装セット

スチロール系接着剤
（流し込みタイプ）

紙やすり
（400～1000番）

後ハメ加工をする

まずは塗り分けたい部位をチェックし、後ハメする方法を考える。

つ／よ

1 後ハメするときにひっかかる部分を探す

ひっかかる部分を探す。

塗装しやすいようにパーツを分けて、後ハメ加工を行うために、後ハメ時にひっかかる場所を探す。

2 ひっかかる部分をデザインナイフで削る

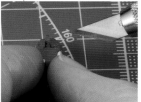

ひっかかる部分をデザインナイフで削っていく。後ハメしやすいように、きれいにならしておく。

Ⓐ 後ハメ加工をしない場合

合わせ目消しをする
↓
塗装しやすいようにパーツを分ける
↓
マスキングをする
↓
塗装する
↓
組み立てる

Ⓑ 後ハメ加工をする場合

塗装しやすいようにパーツを分ける
↓
後ハメ加工をする
↓
合わせ目消しをする
↓
塗装する
↓
組み立てる

※後ハメ加工をした場合、マスキングは不要。

3 後ハメに不要な各部を削り取る

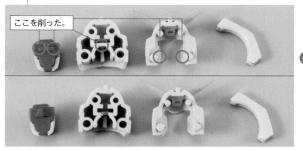

ここを削った。

上写真が後ハメ加工なし。下写真が後ハメ加工をしたもの。赤いパーツは凸型部分の両側を削っている。後頭部パーツは凹状の部分の底を抜いている。頭の前側パーツは両頬の突起を削り、後ハメができるようにしている。

4 合わせ目消しをする

合わせ目を消したいパーツを組み立てる。スチロール系接着剤を塗り、乾燥後にやすりがけをして合わせ目を消す。

5 塗装したあとで組み立てる

完成!

各パーツを塗装後、後ハメするパーツをはめ込んで、流し込みタイプのスチロール系接着剤で固定する。

テクニック

塗装等③ 細部塗装をする

難易度	
	かんたん
	ふつう
	むずかしい
におい	
	しない
	よわめ
	つよめ

▶ 細部まで塗装をすることで、色による情報量を増やすことができる。

▶ ガンプラ全体のカラーリングを替えるのではなく、装甲各部にマーキングラインを引いたり、関節部や内部フレームなどの細部を塗り分けることで、塗装という平面的な作業にもかかわらず、立体感を高められる。

Before

After

脚部にマーキングラインを塗った。

HGUC 1/144 RX-77-2ガンキャノン

※加工後、塗装をしています。

塗装することでも、色による情報量を増やすことができます。エアブラシや筆などさまざまな方法が使えます。ひとつは、マーキングラインです。デカールをうまく貼れない曲線や複雑な形状のパーツでも、ペイントなら確実にマーキングラインを入れることができます。もうひとつは細部の塗り分けで、関節部や内部フレームなど、機械的な部分をメタリック系塗料で細かく塗り分けるだけでも、大きなディテールアップ効果があります。

使用する道具

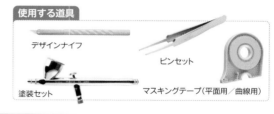

デザインナイフ
ピンセット
塗装セット
マスキングテープ（平面用／曲線用）

マーキングラインをキレイに描く つ/よ

デカールを貼りにくいパーツは、ペイントでマーキングラインを入れるといい。平行にマスキングするのは難しいので、細いマスキングテープを使う。

1 マーキングラインを引くところを決める

パッケージイラストなどを参考に、マーキングラインを引くところを決める。腕パーツのスソ部分の外周などに施されていることが多い。

2 マーキングラインの色を下地の上に塗る

サーフェイサーで下地塗装をしたら、マーキングラインのカラーを最初に塗る。作例はマーキングラインが明るい色の場合。

3 マーキングラインになるところにマスキングをする

カーブには曲線用のマスキングテープが便利。

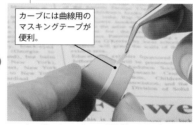

マーキングラインのカラーが乾燥したら、細めのマスキングテープでマーキングラインを描くように貼る。

4 ボディ色を塗る

マスキングテープの上からボディ色を塗装する。これはマーキングラインよりも暗い色を塗る場合の手順になる。

5 マスキングテープを剝がす

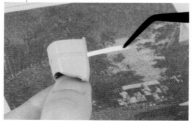

乾燥後、マスキングテープを剝がす。この方法ではライン部分をマスキングしたが、ラインの外側をマスキングする方法だと、平行にするのが難しい。

6 細かいところを修正して完成

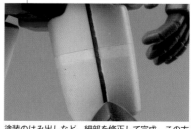

塗装のはみ出しなど、細部を修正して完成。この方法なら、同じ幅のマーキングラインをきれいに引ける。

塗装等 その他

後ハメ加工で塗装しやすくする／細部塗装をする

複数色で塗り分ける（筆）

関節など細かい部分の塗り分けをして情報量を高めるなら、筆塗りが手軽でいい。細かな塗り分けで、さまざまな部品の集合体だと伝えられる。

1 関節パーツをよく観察する

よく見ると、複数のパーツで構成されているような形状をしている。それぞれどんな部品が使われているだろうか。

2 1色目はダークグレーを塗る

まずは下地を整えるために、少し暗めのグレー系で塗装する。メタリックカラーでもいい。

3 金属の露出部分にゴールドを塗る

モールドごとに塗り分ける。筆塗りならば、少し使い込んで荒れた筆で塗ると、ほどよい金属感が演出できる。

4 アクセントにシルバーを塗る

部分的にシルバーを塗ると、いいアクセントになって、立体感が出る。

複数色で塗り分ける（エアブラシ）

広い面やメタリック塗料などを筆塗りすると、筆ムラなどが気になることがある。エアブラシを使えば、それらのケースでもきれいに塗りやすい。

1 HGの内部構造は単色パーツのことが多い

ここではシルバー、ゴールド、ガンメタリックで塗り分ける。

HG ガンダム バルバトスルプス

HGなどでもフレーム構造のあるキットが増えているが、単色パーツになっている。実際は細かい部品の集合体であるはずだ。

2 下地を塗ってからシルバーを塗る

まずは下地づくり。ここでは黒のサーフェイサーを使用。下地が黒だと、上に塗るシルバーがシブく引き立つ。エアブラシでメタリックシルバーを塗装。

3 シルバーを残すところにマスキングをする

細かく切ったマスキングテープを貼っていく。

シルバーが乾燥したら、残したいところにマスキングをしていく。細かく塗り分けよう。

4 ゴールドをエアブラシで塗る

塗料はラッカー系でも水性系でもOK。

エアブラシを使って、次にメタリックゴールドを塗装する。メタリック系塗料はエアブラシ推奨のものも多く、きれいに仕上がる。

5 ガンメタリックをエアブラシで塗る

ゴールドが乾燥したら、ゴールドを残したい部分にマスキングテープを貼る（シルバーのマスキングも剥がさない）。その上からガンメタリックを塗装する。

6 マスキングテープを剥がして仕上げる

塗装のはみ出しなどを筆塗りで修正して完成。

ガンメタリックが乾燥したら、マスキングテープをすべて剥がす。ガンメタリック、シルバー、ゴールドの3色に塗り分けられた。

POINT

塗り分けミニコレクション

1つのパーツでできたところでも、細かく塗り分けることで、大スケールのような緻密さを表現することができる。足ウラや関節など、メカが集まっているような箇所が塗り分けのポイントだ。あとは単色パーツで構成されることが多い武器もおすすめ。

足ウラ

足ウラは立ちポーズだと目立たないが、しっかりとディテールアップされていると見栄えがいい。

パイプ

膝ウラの動力パイプを塗り分けた。本体との結合部はシルバーで塗ることで、情報量がアップ！

武器

武器は細かなディテールが施されているにも関わらず、単色パーツで構成されることが多い。ぜひ塗り分けたい。

塗装等④ マーキングの種類を知る

▶ 手軽にディテールアップを行うテクニックとして、マーキングがある。
▶ 所属マークや注意書き（コーションマーク）などのマーキングは、模型全般で伝統的なディテールアップ手法だ。
▶ マーキングはその作品の設定とマッチしてこそ活きるものなので、ルールを逸脱すると失敗する。

平面的な情報量を増やすマーキングも、代表的なディテールアップ手法の1つです。マーキングには、大きく分けて、①所属マーク、②パーソナルマーク、③ナンバリング、④注意書き（コーションマーク）、⑤マーキングラインの5種類があります。それぞれ意味があって機体に貼られるものなので、作品の基本設定や世界観に合うように考えて貼っていきましょう。

基本的にはデカールを使いますが、塗装によってマーキングラインを入れることもできます（→P.149）。

マーキングの種類

ガンプラにおけるマーキングは、大きく分けて5種類ある。それぞれに意味があるので、よく考えてセレクトしよう。

①所属マーク

連邦軍かジオン軍か、どの部隊かなど、その機体がどこに所属しているかを示すマーク。大きく表示されるものなので、機体サイズに合わせて選ぼう。

②パーソナルマーク

パイロットがつけるマーク。エースパイロットともなると、専用のマークをつけられるようになる。ランバ・ラルやシャア・アズナブルのものが有名。

③ナンバリング

部隊番号や部隊内での機体番号を示したもの。試作機であれば、機種番号が入ることもある。

④注意書き（コーションマーク）

整備兵がメンテナンス時に事故を起こさないように、警告などを示してあるもの。モビルスーツの各部には、取り扱い注意の箇所がたくさんある。

⑤マーキングライン

外観のアクセントとして、装甲のフチに沿って施されるライン状のマーキング。敵味方識別用や隊長機の識別用など、さまざまな意味づけがある。

市販のデカールをチェック

キット付属のデカールだけでは物足りないと思ったら、別売りのデカールを活用しよう。

ガンダムデカール

ガンプラ用につくられたデカール。固有の機体専用のものから、「連邦軍用」「ジオン軍用」などといった汎用セットもある。

汎用デカール

注意書き（コーションマーク）などは、汎用デカールに含まれていることが多い。ガンプラに合うサイズのものも多い。

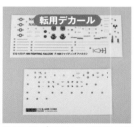
転用デカール

ほかのガンプラやスケールモデルで使わなかったデカールを、転用するのもアリだ。捨てずにとっておくと、いざというときに使える。

NG ありえないマーキングに注意

どんなマーキングを施すかはつくる人の自由だが、「1つの機体に複数の部隊マークを貼る」「別世界のマークを混在させる」などは避けたい。

テクニック

塗装等⑤
マーキングを増やす

難易度

かんたん
ふつう
むずかしい

におい

しない
よわめ
つよめ

▶ キット付属のものが少ない場合、ほかのキットから転用したり、市販デカールを活用したりして増量しよう。
▶ 公式設定を調べたり、ほかのキットの付属シールを調べたりすることで、どのキットに使えるデカールが入っているかわかるはずだ。

マーキングに使えるシールは何種類かありますが、ラインナップが充実しているのは水転写デカールです。たとえば、「HGUC 1/144 ガンキャノン」の付属シールはナンバリングのみです。そこで、市販のデカールでコーションマークやマーキングラインを増やせば、よりリアルな機体の雰囲気を演出できます。マーキングでRG並みの情報量を盛り込んでみましょう。

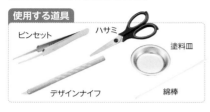

使用する道具
ピンセット　ハサミ　塗料皿
デザインナイフ　綿棒

Before

After

所属マーク
ガンキャノンが所属している連邦軍のエンブレムマークを貼った。

機体番号
RX-77はガンキャノンの機体番号を示すマーク。

RX-77

マーキングライン
腰アーマーの下側など、各部にマーキングラインのデカールを貼った。

注意書き(コーションマーク)
脚部にメンテナンス時の注意事項を記載した注意書きのデカールを貼った。

HGUC 1/144 ガンキャノンにスミ入れや塗装を施したもの。

マーキングを増やす
ほかのキットや市販品からデカールを集めてこよう。

1 別キットを入手してデカールを転用

「HG ガンキャノン 機動試験型／火力試験型」付属のもの。

別のキットにはたくさんのデカールが付属していた。まずは、これを流用してみよう。

2 同じ軍のキットを探そう

「HGUC ガンダム V 作戦セット」付属のもの。

キットの付属デカールが少ない場合、つくりたいモビルスーツと同じ軍の別キットがないか探してみよう。

3 市販のデカールも使う

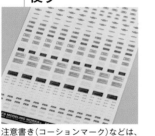

注意書き(コーションマーク)などは、汎用デカールが使える。さまざまなサイズが用意されていて便利。

4 別スケールのキットも参照

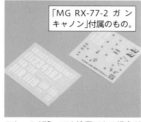

「MG RX-77-2 ガンキャノン」付属のもの。

スケールが違っても流用できる場合がある。たとえば、連邦軍同士であれば、同じ陣営のデカールで流用しやすい。

5 設定を考えながら追加していく

「1/100 RX-77 ガンキャノン(リアルタイプモデル)」付属のもの。

どんな仕様にするか考えながら、追加マーキングを考える。作例では、リアルタイプガンキャノンを参考にした。

6 バランスを見ながら追加する

設定にとらわれず自由に自分なりのマーキングをしてもよいが、左右対称に貼るなどバランスをとっていこう。

塗装等⑥ 市販のデカールを貼る

難易度
- かんたん
- ふつう
- むずかしい

におい
- しない
- よわめ
- つよめ

▶ 元のキットに付属しているデカールは、それほど多くなく、種類も限られる。そこで、ガンダムデカールなど市販されているデカールを使って、マーキングを追加していこう。

▶ 市販のデカールには、パーソナルマークなど専用デザインのものも豊富に出ているので、活用していこう。

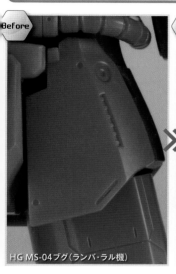

Before

HG MS-04 ブグ（ランバ・ラル機）

After

ブグの腰アーマーにランバ・ラルのパーソナルマークが入った。

※加工後、塗装をしています。

デカールにはいくつかの種類がありますが、ここではもっとも代表的な**水転写デカール**の貼り方を解説します。水転写デカールはそのまま水で浮かせて貼るだけでもいいですが、**マークセッター**を使用するとよりキレイに定着させることができます。また、曲面や複雑な形状のパーツには、**マークソフター**を使用すると、デカールがパーツになじんでくれます。

大きいサイズのデカールなども登場していますので、上手に使ってディテールアップを楽しみましょう。

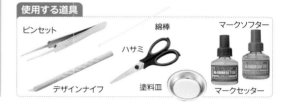

使用する道具

ピンセット｜綿棒｜マークソフター｜ハサミ｜デザインナイフ｜塗料皿｜マークセッター

デカールを貼る

ガンプラ専用のデカールセットなら、ガンダムの世界観に合うデカールがたくさん入っている。ここではブグに貼るために、ランバ・ラルのパーソナルマークを使用する。

1 マーキングのイメージを考える

ブグは、ランバ・ラルがテストパイロットを務めたという設定の機体。つまり、ランバ・ラル専用機なので、彼のパーソナルマークが合いそうだ。

2 デカールを選んでカットする

ジオン軍系のデカールセットに、ランバ・ラルのパーソナルマークがある。サイズが2種類あるので大きいほうを選択。ハサミでカットする。

3 貼りつける位置に合わせてみる

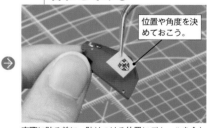

位置や角度を決めておこう。

実際に貼る前に、貼りつける位置にデカールを合わせてみる。角度もある程度決めておくと、あとで迷わなくて済む。

4 デカールを水で濡らす

塗料皿などに水を入れると便利。

デカールを水で濡らす。台紙に水が染み込んで、全体の色が変わるくらいになると、デカールが浮き出す。

5 マークセッターを塗る

デカールを貼る位置にマークセッター（接着補助剤）を塗る。マークセッターはデカールを定着しやすくするもの。

6 ピンセットでずらしながら貼る

位置調整しやすいのが水転写デカールのメリット。

台紙からすべらせるようにデカールを剥がし、パーツの上に貼る。位置が決まったら綿棒で水分を拭き取り、デカールを定着させる。

プラスα クリアを吹き重ねてフラットに！

デカールを貼ったとき、パーツから浮き出るのが気になる場合はデカールが完全に乾いた後、ラッカー系のクリア塗料をデカール部分に吹き、研ぎ出す（やすりで磨く）。

テクニック

塗装等⑦ さまざまなシールを貼る

難易度
かんたん
ふつう
むずかしい

におい
しない
よわめ
つよめ

▶ シールを貼ることで、かんたんに色分けしたり、メタル感を出したりすることができる。

▶ 金属らしいメタル感を出すには塗装する方法もあるが、シール類を活用することもできる。付属のホイールシールの余った部分を活用してもいいし、専用のフィニッシュシートやメタリックテープなども使える。

Before
HG ガンダムバルバトス

After

腰のピストンロッドが銀色になった！

細かな部分を色分けすると、情報量がアップします。しかし、ほんの少し塗装するために塗料を用意するのは少々面倒かもしれません、そんなときは**メタル系シール**などを活用しましょう。一番手軽なのは、キットに付属しているホイールシールの台紙の余っている部分を使うこと。小さく切り出して、露出しているメカ部分などに貼りつけると、いいアクセントになります。

使用する道具

余っているホイールシール　ピンセット

・デザインナイフ
・綿棒
・瞬間接着剤
・つまようじ
・油性マーカー
・ノギス
・金属定規

ホイールシールの余った部分を使う [よわめ]

付属ホイールシールの余剰部分を活用して、ちょっとしたディテールアップをしてみよう。手軽にアクセントがつけられるテクニックだ。

1 ピストンロッドをメタル化したい

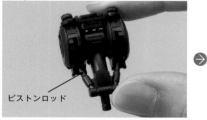
ピストンロッド

飛び出したピストンロッドはメタル化すると、格好よくなりそう。しかし、メタリック塗料を準備するのは面倒だ……。

2 余っているホイールシールの台紙を使う

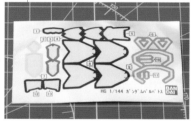

そこで、キット付属のホイールシールの余白部分を使う。すべてのシールを貼ったあとも捨てずに取っておく。

3 サイズに合わせてデザインナイフで切り出す

ノギス

ピストンロッドの長さと太さをノギスなどで測る。少し大きめにしておけば、あとで調節できる。切り出すのはロッドの直径の3倍強の幅にしておく。

4 手前に中心がくるように貼る

ホイールシールの合わせ目をロッドのウラ側にするので、ホイールシールの中心が手前になるようにして貼る。

5 ピンセットでウラ側へ巻き込む

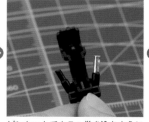

ピンセットでウラへ巻き込むように貼っていく。ウラが別のパーツとつながっている場合は短くカットする。

6 しっかりこすって貼りつける

粘着力が弱い場合は、瞬間接着剤で補強しておく。

シールが剥がれないように、つまようじなどで押しつけてしっかりと貼りつける。

プラスα シールを貼る前に脱脂する

パーツに手の脂分などがついていると、シールがうまく貼れないことがある。先に消毒用アルコールなどでパーツを拭いておくとよい。

その他① 見せたくないものを隠す

難易度
かんたん
ふつう
むずかしい

におい
しない
よわめ
つよめ

▶ ポリキャップや接続部などは、本来のモビルスーツには存在せず、見えない部分。そうしたものを隠すテクニックだ。

▶ 武器やオプションパーツを取りつける穴も、できれば隠しておきたい部分。可動性などを損なわないようにしつつ、プラ板を貼りつけるなどして見えないようにしていこう。

ビルダーズパーツHDのハンドパーツに交換したが、手首が見えてしまう。

HGUC 1/144 RX-78-2ガンダム

手首にカバーがついてポリキャップが隠れた！

ガンプラのスキマから見えるポリキャップや装備の取りつけ穴など、**本来のモビルスーツには存在しない部分**を隠すことができると、さらに本物らしさが増します。

たとえば、ビルダーズパーツHDのハンドパーツは手首がやや長めなので、そのまま取りつけると袖が足りず、手首の接続部が見えてしまうことがあります。この場合、**袖部分にプラ板を貼るなどして隠す**ことができます。ガンプラをよく観察して、見せたくないところを隠す方法を考えましょう。

使用する道具

〈事例①〉	〈事例②〉	・スチロール系接着剤
・DUパーツ	・DUパーツ	（流し込みタイプ）
・ピンバイス	・デザインナイフ	・ピンセット
・デザインナイフ	・棒やすり	〈事例④〉
・紙やすり	〈事例③〉	・平筆
（400～1000番）	・プラ棒、モールドパーツ	・使用する塗料
・スチロール系接着剤（流	・ニッパー	・塗装用クリップ
し込みタイプ）	・棒やすり	・ツールウォッシャー
・ピンセット	・紙やすり（400～1000番）	・マルチプライマー

事例① 手首の接続部を隠す つよめ

別売りのハンドパーツを取りつける場合、微妙にサイズが合わず、接続部がまる見えになってしまうことがある。袖部分を延長するなどして、隠していく。

1 ハンドパーツを交換したい

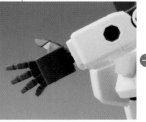

キット付属のハンドパーツ。これを別売りのハンドパーツにつけ替えたい。

2 ビルダーズパーツHDを取りつける

「MSハンド01」のものを取りつけた。ディテールは細かくなったが、手首にスキマができた。

3 「角バーニア」がちょうどいいサイズ

プラ板で袖部分にカバーをつくってもよいが、市販の「角バーニア」にちょうどいいサイズのものがある。

4 「角バーニア」の底に穴をあける

「角バーニア」の底面にピンバイスで穴をあける。デザインナイフなどで、ハンドパーツが通せるまでに広げる。

5 袖部分に取りつける

ガンプラの袖部分に接着する。手首の可動の邪魔にならないように、紙やすりでフチを削って高さを調節する。

6 合わせ目を処理する

スチロール系接着剤で完全に一体化させてもいい。

ガンプラと接着した「角バーニア」の合わせ目を処理する。この作例では、段差を活かす処理をした。

7 C面を整えてなじませる

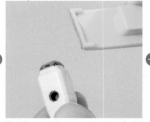

縦方向のC面（→P.115）をガンプラ側と合わせる。別パーツを取りつけた感じがなくなり、ガンプラになじむ。

8 ハンドパーツを取りつける

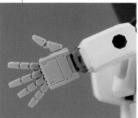

最後にハンドパーツを取りつける。手首が見えなくなって、不自然さがまったくなくなった。

事例② 首のポリキャップを隠す

キットによっては見上げるポーズで、首のポリキャップが丸見えになる。この場合、ディテールアップパーツで囲って隠す方法がある。

1 上を向くと
ポリキャップが丸見え

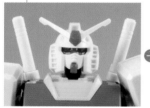

ガンダムやジムなど連邦系のモビルスーツは、見上げるポーズなどで首のポリキャップが丸見えになってしまう。

2 ディテールアップ
パーツをくり抜く

ビルダーズパーツHDの「MSサイトレンズ01」の基部パーツをデザインナイフなどでくり抜いてリング状にする。

3 くり抜いた
パーツをはめ込む

首のポリキャップにちょうどよくはまるので、カバーとして取りつける。接着などはしなくてOK。

4 ヘッドパーツを
取りつける

首がよりメカらしい雰囲気になった。固定していないので、可動性も確保できている。

事例③ 取りつけ穴を隠す つよめ

武器やオプションパーツの取りつけ穴は、何も取りつけないときに丸見えとなる。ここにフタをするには、ジャンクパーツを利用するとよい。

1 腕にある
取りつけ穴

腕にあいている穴は、シールドを取りつけるためのものだが、シールドがないときは丸見えになる。

2 プラ棒とプラ板を
切り出す

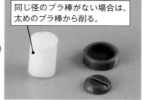

同じ径のプラ棒がない場合は、太めのプラ棒から削る。

差し込み棒のついたカバーをつくるため、取りつけ穴と同じ径のプラ棒を用意。市販のモールドパーツも用意。

3 プラ棒にモールド
パーツを接着する

スチロール系接着剤で、プラ棒にモールドパーツを取りつける。モールドパーツは2種類を使用。

4 キットに取りつける

完成したら腕の取りつけ穴に装着。武装などを取りつけるときは外せばいい。

事例④ ポリキャップを塗装する つよめ

どうしても隠せないのなら、いっそ見えてもいいように塗装するのも手だ。ポリキャップを塗装してみよう。

1 首からのぞく
ポリキャップ

首からポリキャップがちらりと見える。できれば隠したいが、可動域が狭くなりそうなので、塗装することで見栄えをよくしていく。

2 マルチプライマーを
用意する

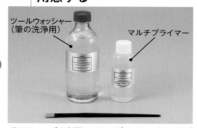

ツールウォッシャー
（筆の洗浄用）

マルチプライマー

ポリキャップは表面にマルチプライマー（メタルプライマーでもOK）を塗れば、プラスチックと同じように塗装できるようになる。

3 ポリキャップに
マルチプライマーを塗る

塗装用クリップ

マルチプライマーをポリキャップに塗る。筆を洗うときは、専用のツールウォッシャーを使用する。

4 プライマーが
乾燥したら塗装する

プライマーが乾いたら、上から塗装ができる。見えてもいいように、メカっぽく塗ろう。

5 仕上げて
取りつける

これで見えても大丈夫。マルチプライマーを使えば、どんな素材のパーツでも塗装できるようになる。ぜひ活用しよう。

頭部バルカンを放つRX-78-2ガンダム。首部分もしっかりと装甲で覆われている。

テクニック

その他② 見せる内部構造をつくる

難易度
- かんたん
- ふつう
- むずかしい

におい
- しない
- よわめ
- つよめ

- ▶ パーツの一部を透明化することで、内部メカも見えるスケルトンモデルをつくることができる。
- ▶ HGUCシリーズなどでは、スキマが少ないため、内部メカがほとんど表現されていない。そのような場合は、ディテールアップの要領で内部メカからつくっていけばいい。

Before

右半身をスケルトンにして内部構造を見せたい。

HGUC 1/144 RX-78-2 ガンダム

After

右半身の内部構造があらわに！

※加工後、塗装をしています。

内部メカをつくり込み、そのうえで装甲パーツを透明化することで、メカニカル感あふれる作品に仕上げることができます。

HGシリーズでも、フレーム構造になり、部分的にメカっぽくつくり込まれているガンプラが増えています。内部メカはジャンクパーツを盛り込んでメカらしさを高め、その外部の装甲を透明のキャスト剤などとシリコン型で複製すれば完成です。

使用する道具
- ・ジャンクパーツ
- ・ディテールアップパーツ
- ・メタルパーツ
- ・ネオジム磁石
- ・デザインナイフ
- ・プラのこ
- ・ピンバイス
- ・ピンセット
- ・スチロール系接着剤（流し込みタイプ）
- ・紙やすり（400～1000番）
- ・保存容器
- ・型取りくん
- ・UVレジン
- ・UVライト
- ・瞬間接着剤
- ・塗装セット

STEP1 ジャンクパーツなどで内部構造をつくる 〔つよめ〕

メカニックモデルのように内部構造が見える改造をする。ジャンクパーツやディテールアップパーツを内部に盛り込む。

1 脚部に内部構造をつくる

HGUCの場合、ベースキットのままでは内部がほとんどつくり込まれていないことが多い。そこで、脚部の内部メカをつくり込んでいく。

2 スネの各パーツをカットする

スネの正面パーツ、外側の側面パーツをそれぞれ半分にカットする。カットして組み合わせておく。

3 内部構造をジャンクパーツでつくる

内部をメカらしいものにするため、ジャンクパーツやディテールアップパーツをスチール系接着剤で盛りつける。フレーム側を削ってもいい。

4 ヒザの断面にジャンクパーツを詰める

ヒザの断面にジャンクパーツなどでメカを詰め込む。フタをしないなら、少し飛び出すくらいでもよい。

5 スネパーツの内部を塗装する

断面は赤く塗装した。

外装の塗装と一緒に、内部パーツを細かく塗装する。メタリック系塗料で塗装すると、内部メカらしくなる。

6 ほかの部位もつくり込んでみる

脚部だけではもったいないので、ほかの部分もどんどんやってみよう。塗り分けまでしっかりとやる。

7 武装の内部までやってみた

本体だけではなく、武器にも内部構造をつくってみた。どんな中身になっているかは、つくり手の想像力次第だ。

STEP 2 カットモデルをつくる

外装パーツをカットして断面を整え、カットモデルに仕立てる。内側を黒くし、断面を赤にすると、いかにもカットモデルらしくなる。切り取ったパーツは、透明化するために捨てずにとっておくこと。

1 カットモデルにするパーツを用意

ここでカットモデルにするパーツの外装は筒状になっている。右前側を90度、プラのこでカットする。

2 断面を紙やすりで整える

カットした断面を紙やすりで平らに整える。あまり削らないように気をつけること。

3 内側と断面を塗装する

内側を黒に、断面を赤く塗装する。外装が白いので赤にしたが、赤い機体なら白やシルバーでもいいだろう。

4 フレームにかぶせる

内部構造をつくったフレームにかぶせる。内部構造のほうも細かく塗り分けて、ディテールアップしている。

STEP 3 外装パーツを透明化する

カットモデルのときに切り取ったパーツを「型取くん」とUVレジンで複製し、透明の同一パーツをつくる。

1 カットしたパーツを用意

STEP2の1で切り取った外装パーツを用意。これを透明に複製してカバーにする。

2 出っ張りなどを切り取る

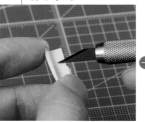

内側がなるべく平らになるように、出っ張りなどを切り取る。透明度を上げるために、紙やすりで仕上げておく。

3 外装パーツで型を取る

保存容器

整えた外装パーツを「型取くん」で複製する。「型取くん」は70度以上のお湯でやわらかくなる。

4 「型取くん」にパーツを押しつける

やわらかくなった「型取くん」に、複製したい外装パーツを押しつける。冷えて固まると型になる。

5 上からも「型取くん」を押しつける

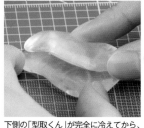

下側の「型取くん」が完全に冷えてから、上側に温めた「型取くん」を押しつける。これで両面型になる。

6 UVレジンを流し込む

「型取くん」に透明なUVレジンを流し込み、上側の型も押しつける。日光に当てるか、UVライトで硬化する。

7 バリを取ってメタルパーツをつける

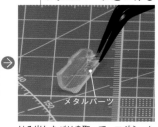

メタルパーツ

はみ出したバリを取って、マグネット取りつけ用のメタルパーツを瞬間接着剤で貼りつける。

8 カットモデルに取りつける

カットモデルにはネオジム磁石を内蔵させたので、メタルパーツにくっつくようになっている。

POINT

中が見えるのはガンプラの伝統

1981年に発売された「メカニックモデル」は、ガンダムの右半身の外装パーツを外すと内部構造が見えるキットだった。MGシリーズでも一部の外装パーツがクリア化されたキットが、キャンペーンなどの限定モデルとして発売されることがある。

メカニックモデル

1/72メカニックモデル。モビルスーツの内部メカが再現され、外装の一部が取り外せるキット。ガンダムとシャア専用ザクがある。ムギ球が点灯。

MGシリーズ

ガンプラ30周年記念キャンペーンでは、MGシリーズで一部のパーツがクリア化されたキットが登場。内部構造があるのでクリアパーツが映える。

メカニカルクリアVer.

イベントなどで限定的に販売される、全身がクリアパーツになっているキット。ノーマルモデルとミックスし、ハイブリッドなスケルトンモデルにする手も。

デクニック その他③

ボディ各部を光らせる

難易度	
かんたん	
ふつう	
むずかしい	

におい	
しない	
よわめ	
つよめ	

▶ LEDの取り扱いは難しく感じるが、模型用のLEDキットを使えばどうということはない。

▶ 電飾に関する専門知識がなくても、模型用のLEDキットを使えば、ケーブルを同じ色同士でつないで配線していくだけで、好きな箇所をLEDで点灯させることができる。

Before

After

LEDで5箇所を光らせた！

HG ガンダムエアリアル（改修型）

※加工後、塗装をしています。

LEDや光ファイバーを内蔵して、キットの各部を自由に光らせることができます。**LEDは電池ケースとスイッチがセットになったキット**も売られているので、特別な知識がなくてもかんたんに取り扱うことができます。

LEDキットには、**チップ型と砲弾型があります。HGスケールであれば、先端の小さいチップ型がおすすめ**です。発光色は何種類もあるので、イメージに近いものを選べます。作例では5つの青色のLEDを光らせるために、LEDモジュール（チップ型青色）×5、分岐ケーブル×2、電池ボックスを組み合わせています。

使用する道具

LEDモジュール

デザインナイフ

・スイッチつき電池ボックス
・分岐ケーブル
・ニッパー
・両面テープ
・棒やすり

LEDパーツを埋め込む

LEDは難しいという印象はもう過去のもの。プラモデル用の配線キットなら、買ってきて挿し込むだけで、すぐに点灯できる。あとはどこに埋め込むのかを考えるだけだ。好きなところを光らせよう。

1 光らせるところを決める

どこを光らせるかを考える。ここでは頭部、胸部、脚部のクリアパーツを内側から光らせることにする。

2 LEDパーツを用意する

GSIクレオスの「チップLED【青】」を使用。

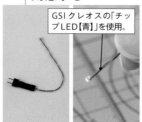

LEDチップを光らせたい箇所の数だけ用意する。ほかに電池ボックス、分岐ケーブルなどが必要になる。

3 LEDパーツを組み立てる

同じ色同士を合わせて接続。

LED側と電池・スイッチ側のコネクタ同士をつなぐ。はんだづけなどの工作は必要ないのでかんたんにつながる。

4 ケーブルを通す道をあけていく

ニッパーやデザインナイフ、棒やすりで、パーツに切り欠きをつくってからLEDのケーブルを通す道をあける。

5 LEDを取りつけて配線する

光らせる箇所にLEDを取りつけて、キットのスキマに配線していく。固定する場合は両面テープを細かく切って貼ると、あとで取り外せる。

6 配線したら接続する

全体に配線したら、キットを組み立てながらケーブルを接続していく。両脚のLEDは、配線を腰に集めて背中側に出す。

7 電池ボックスを接続する

頭と胸の配線も背中から出して、下半身と合流させて、スイッチつきの電池ボックスと分岐ケーブルを接続する。

8 スイッチを入れて点灯！

スイッチを入れて点灯。頭部、両胸、両脚の5箇所が青くきれいに光った！

その他④
ディテールダウンをする

難易度

かんたん
ふつう
むずかしい

におい

しない
よわめ
つよめ

▶ 最新のキットは最初からモールドがたっぷり施されていることが多くなっている。ミキシングビルド（→P.130）などを行う場合、ディテールの差がアンバランスに見えてしまうケースがある。
▶ 瞬間接着剤やラッカーパテで凹モールドを埋めると、スッキリした表面にすることができる。

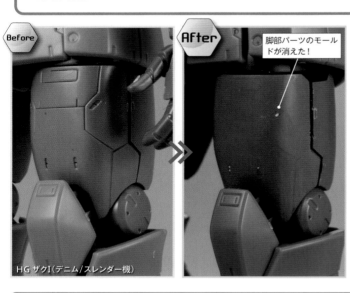

Before / After

脚部パーツのモールドが消えた！

HG ザクI（デニム／スレンダー機）

ときにはモールドを消すことで、作品の完成度が高まる場合があります。たとえば、ほかのガンプラからパーツをもらってきたとき、ベースのガンプラとディテールの密度が合わないことがあります。この場合、ベースのガンプラのディテールを高めてもいいですが、**むしろディテールを控えめにすることで調和をとってもいい**のです。ディテールダウンには凹モールドを埋める場合と、凸モールドを削る場合がありますが、ここでは凹モールドを埋める方法を紹介します。

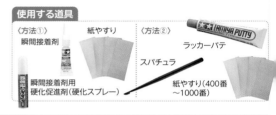

使用する道具

〈方法①〉
瞬間接着剤　紙やすり　〈方法②〉ラッカーパテ

スパチュラ

瞬間接着剤用
硬化促進剤（硬化スプレー）　紙やすり（400番〜1000番）

方法① 瞬間接着剤でモールドを埋める　よわめ

一部のモールドを埋めたい場合、瞬間接着剤と瞬間接着剤用の硬化促進剤（硬化スプレー）を使う。モールドをなぞるように瞬間接着剤をつけていく。

1　一部のモールドを減らしたい

このパーツの中央に入っているモールドだけを埋めたい。

2　瞬間接着剤をモールドにつける

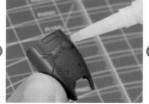

埋めたいモールドに瞬間接着剤をつけていく。モールドに沿って、線状に塗りつけていく。

3　硬化スプレーで固める

硬化スプレーで固める。瞬間接着剤が固まった部分は、プラスチックよりやや硬くなる。

4　塗装して仕上げる

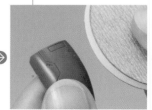

紙やすりで表面を磨いていく。このあと、パーツを塗装して完成。

方法② パテでモールドを埋める　つよめ

全体を本格的に埋める場合は、エポキシパテがおすすめ。ただし、部分的に埋める場合はラッカーパテでOK。

1　たくさんのモールドを全部埋めたい

このパーツのモールドをすべて埋めたいが、瞬間接着剤で埋めるには面積が広すぎる。ここでラッカーパテの出番。

2　ラッカーパテで埋める

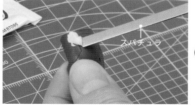

スパチュラ

ラッカーパテをモールドを中心に盛る。全体に盛りつけたら完全に乾燥するまで待つ。0.5mm以下の盛りつけなら、完全硬化の目安は24時間。

3　塗装して仕上げる

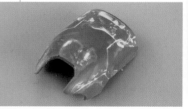

乾燥したらデザインナイフなどでおおまかに削る。紙やすりで磨いていき、このあと塗装して仕上げる。

MISSION 2
ジオラマ編

ジオラマは草原や砂漠、街並みなど
特定の情景を再現する模型です。
ポイントは、その情景のストーリーを考えること。
そのうえで、鉄道模型をはじめとする
ジオラマ用の素材を駆使してつくっていきます。
テクニックは、「地形・地表」「ガンプラ設置」「水表現」
「自然物」「建物」「ダメージ表現」「その他」という
7つのブロックに分けて解説します。

ギホン ジオラマとは何か

▶ ジオラマとは、建造物や人物などとその周辺環境を立体的に表現するもの。情景模型とも呼ばれる。
▶ ガンプラが1体載っている程度のサイズでつくられるジオラマを、ヴィネットと呼ぶ。
▶ ジオラマの場合、「なぜこういう場面なのか」というストーリーづくりが大きな説得力を生む。

ジオラマとは、建造物や人物などとその周辺環境を立体的に表現するものです。情景模型とも呼びます。本書で紹介するガンプラジオラマのほか、鉄道模型を用いた鉄道ジオラマ、戦車や戦艦、戦闘機などの模型を用いたミリタリージオラマ、街並みや田園を描いた風景ジオラマなどがあります。

サイズもさまざまで、500円玉サイズの極小のものから、博物館に展示されているような巨大なものまであります。とくにジオラマのワンシーンを切り取ったような小さなものは、ヴィネットとも呼ばれます。サイズに厳密な決まりがあるわけではありませんが、ガンプラジオラマの場合は、ガンプラが1体載っている程度のサイズでつくられるジオラマをヴィネットと呼ぶことが多いようです。

ジオラマの醍醐味は、模型という誰でも扱える素材を使って、本物さながらの世界を自由につくり上げられる点でしょう。つくるものは、実際にある風景でも、頭の中に思い描いた情景でも何でもOK。自由な発想と多彩な表現方法で、夢とリアリティに溢れ、見ていてワクワクするようなジオラマをつくっていきましょう!

ジオラマ

さまざまなもので構成されたジオラマ。サイズが大きくなるほど迫力が増す。

ヴィネット

ガンプラ1体が載るだけのヴィネット。とてもシンプルだ。

5W1Hでストーリーを考えよう

ジオラマは、模型を用いて特定の情景を表現するものです。ですから、ガンプラのつくり方はもちろん、さまざまな模型素材やツールの使い方など、「技術」を学ぶことが欠かせません。ただし、それ以上に大切になるのが、**ストーリーづくり**です。

ガンダム作品は架空の世界を描いた作品ですが、その中できっちりと設定をつくり、説得力と魅力のある世界観を構築しています。そうしたガンダム世界のジオラマをつくるわけですから、「何でもアリ」というわけにはいきません。たとえば、「ジャングルなのに寒帯地方に生息する針葉樹林がある」「実弾兵器で

ジオラマは、どういう場面なのかという「ストーリー」を考えることが大事。5W1Hを使って、リアルで魅力的な物語を組み立てていこう。

攻撃している機体しかいないのに、ビーム兵器によるダメージ痕がある」など、実際の世界や劇中の設定から大きく外れるような表現は、見た目からしてちぐはぐな印象になり、魅力の足りない作品となってしまいます。

そこで、ジオラマに説得力を持たせるために、5W1Hでストーリーを考えてみてください。When(いつ)、Where(どこで)、Who(だれが)、Why(なぜ)、What(何を)、How(どのようにした)という項目でストーリーを考えることで、矛盾がなく、魅力的なジオラマの物語をつくることができます。

When
[いつ]
「宇宙世紀」や「コズミック・イラ」などどの世界観の情景か、戦時か平時かなど、この情景がいつの場面を描いたものか考える。

Where
[どこで]
市街地か森林か、海か山かなど、ジオラマの舞台を考える。ガンプラジオラマの場合、どの作品の世界かも考える。

Who
[だれが]
登場人物を考える。モビルスーツだけでなく、市街地や基地なら、人間の姿をどう描くかもポイントとなる。

Why
[なぜ]
「空爆を受けて建物が大破した」「モビルスーツ戦が行われ、砂ぼこりが飛散した」など、なぜこのような情景になったのかを考える。

What
[何を]
「敵の攻撃を警戒して待機している」「敵機に向かって思いきり斬りかかっている」など、登場人物たちの具体的な行動を考える。

How
[どのようにした]
「敵機をビーム砲で攻撃した」「味方機を守るために自らの機体を盾にした」など、どのような方法でその行動をとったのか考える。

ストーリーの着想を得るコツ

いきなり「ストーリーを考えろ」と言われても、なかなか難しいもの。そこで以下の4つを切り口にして、考えてみよう。

「MG フリーダムガンダム Ver.2.0を使って、メンテナンス風景をつくりたい」という着想で格納庫ジオラマをつくった。

コツ 1 使いたいガンプラを考える

ガンプラジオラマの主役は、なんといってもガンプラそのもの。
「お気に入りのモビルスーツを派手に戦わせたい」
「身を盾にボロボロになって戦う姿を描きたい」など、
使いたいガンプラで考える。
実際にガンプラを組み立てて、それを動かしながら考えると、
より発想が広がるだろう。

「市街地戦闘の風景を描きたい」という着想でつくった作品。

「雪原風景のジオラマをつくりたい」という着想でつくった作品。

コツ 2 つくりたいシーンから考える

「一面の雪景色の中にガンプラを置きたい」
「市街地の熱い戦いを表現したい」など、
つくりたいシーンから考えられるのは、
ジオラマならではの発想方法。
また、手持ちにある材料から考えるのもあり。

「『機動戦士ガンダム 鉄血のオルフェンズ』の劇中の一場面を再現したい」という着想でつくった作品。

コツ 3 アニメのワンシーンを参考にする

ガンプラジオラマをつくる際、誰でもやってみたくなるのが、
「劇中のあの場面を再現する」というもの。
高い再現性を求めるほど難易度は高くなるが、
ディテールはつくり手の解釈で自由につくってもいい。

コツ 4 ありそうなシーンを設定してみる

「ジャブローの戦いで、アムロたちがいないエリアでは、
こんな戦闘があったはず」など、
劇中では描かれなかったけれど、
きっとあったであろう場面をつくってもいい。
量産機の活躍など、胸アツなシーンを自由につくれる。

「MSVシリーズのジム系3機がジャングルを進軍していたら」という着想でつくった作品。

ヴィネットから始めてみよう

▶ ヴィネットはガンプラが1体載る程度の小さなサイズなのでつくりやすく、飾りやすいのが大きな魅力だ。

▶ 大きなジオラマ作品にも通じるポイントがたくさんあるため、まずはヴィネットづくりから始めて、ジオラマづくりに慣れていこう。

　ヴィネットは、ガンプラが1体載る程度のサイズのものです。ジオラマのワンシーンを切り取ったようなもの、ということもできます。いきなり大きなサイズで、さまざまな要素が含まれたジオラマをつくるのは大変ですから、まずはヴィネットづくりから始めてみるとよいでしょう。

　ヴィネットをつくる場合でも、P.162で述べたようにストーリー性を持たせてプランを練ることが大切です。ヴィネットは、ガンプラを飾るためのディスプレイベースとは異なります。ですから、どんなに小さくてシンプルな情景であっても、1つの作品としてのまとまりと、見どころをきちんと設けていきましょう。

　ヴィネットづくりから始めるのがおすすめの理由はさまざまありますが、とくに次の3つがあります。

①サイズが小さいからつくりやすく、飾りやすい

②いろいろなテクニックや道具を試すことができる

③限られた面積で最大限の臨場感を演出する楽しさ！

　まずは手軽に始められるヴィネットでいろいろなテクニックを身につけ、作品づくりに慣れていくとよいでしょう。

　大きなサイズのジオラマは、ヴィネットで切り取られるさまざまな要素の集合体です。ヴィネットづくりで培ったテクニックを組み合わせ、根気よく積み重ねていくことで大きなジオラマ作品だってつくれるようになります。

100円ショップなどで手に入る木製トレイをベースに、雪原ヴィネットをつくった。要素はベース（木製トレイ）、地面（石粉粘土）、雪（ペースト状の塗料）、ガンプラだけ。それでも「雪原の中をたった一機で行軍する陸戦型ガンダム」というストーリーがあり、目を引くものになっている（→P.205）

サイズが小さいから
つくりやすく、飾りやすい

ヴィネットはサイズが小さいので、必要な道具や材料も、かかる時間も少なくてすむ。最初から大きくて手の込んだ作品をつくろうとすると、途中で挫折し、未完成で終わってしまうことも少なくない。まずは、小さくてよいから作品を完成させることを意識しよう。1つ完成させれば、その充実感が次への自信や意欲に変わる。また、**ヴィネットは部屋に飾りやすいことも魅力。インテリアの1つになるような作品に仕立ててみよう。**

いろいろなテクニックや
道具を試すことができる

新しいテクニックや道具を試してみたいときは、それをテーマにしたヴィネットをつくってもいい。大きなジオラマをつくって失敗すると挫折感が強いが、「失敗してもOK。それを次への改善点にしよう」というくらいの気軽な気持ちで取り組めるのも、ヴィネットづくりの魅力の1つといえる。そうやってテクニックを身につけ、自信を深めていけば、大きなジオラマだってつくれるようになるだろう。

限られた面積で最大限の
臨場感を演出する楽しさ！

ヴィネットのサイズに厳密な決まりはないが、ガンプラが1体載る程度なので、そのサイズの中で盛り込める要素には限りがある。作品づくりに慣れてくると「何を加えるか」よりも、「何を引くか」に悩むほうが多くなるかもしれない。が、それがよいのだ。**あなたの伝えたいテーマと物語を表現するために、盛り込むことを厳選する。**それこそがヴィネット（ジオラマ）づくりの楽しさの1つであり、ひいては作品の密度や迫力につながる。

ヴィネットを「作品」として見せるポイント

　ヴィネットはサイズこそ小さくとも、立派な作品です。ここでは、1つの作品として見せるために押さえておいてほしい、6つのポイントをまとめました。たとえシンプルな構成であっても、こうしたポイントを押さえていけば、十分に見応えのある作品に仕上げることができるでしょう。また、こうしたポイントは大きなサイズのジオラマ作品であっても同じなので、ぜひ意識してつくっていきましょう。

ポイント1

ポージングを固定する

ガンプラは、ヴィネット（ジオラマ）作品のメッセージを伝える一番の主役だ。展示するたびにポージングが変わることは、作品が放つメッセージもそのたびに変わってしまうことを意味する。そこで、ポージングを決めたら、関節などは接着剤を塗って固定しよう。

ポイント2

見どころを明確にする

いろいろな角度から見て楽しめるというのも、ヴィネット（ジオラマ）の魅力だが、「一番の見どころ（見てほしい角度）」は明確にしておこう。左の作品であれば、「建物の陰から飛び出し、銃口を向けるジム・コマンドの表情」といった具合だ。その見どころのために、周囲の演出を加えていくのだ。

ポイント3

「瞬間」を切り取る

ヴィネット（ジオラマ）作品は「場面」を切り取るものであるのと同時に、「瞬間」を切り取るものでもある。「建物の陰から飛び出し、敵機に銃口を突きつけた瞬間！」など、切り取る瞬間の迫力や緊迫感が作品の見応えにつながる。"動"の瞬間ではなく、"静"の瞬間を切り取るケースもある。

タイトル

> **防衛！戦場と化した交差点**

ポイント4

タイトルを設定し、方向づけをする

タイトルは作品の方向性をわかりやすく示すものなので、最初に考えておきたい。タイトルが決まることで作品の方向性が決まり、どんな演出を加えるか、用いる材料を何にするかなどが決まる。ブレのない作品づくりをするために、タイトルは必要不可欠なのだ。

ポイント5

客観的に伝わる表面模様に

作品を見た人にどんな情景、状況なのかが伝わるような表面模様（テクスチャ）にすることが大事だ。たとえば、上の作品のように地面がひび割れ、ガレキが散乱し、土ぼこりすら感じられそうな表面模様になっていれば、「戦闘が行われている最中だ！」と見る人に伝わるだろう。

ポイント6

台座までこだわり、つくり込む

台座（ベース）としてさまざまなものが使えるが、いずれにしても台座も作品の一部なので、手を抜かずにつくり込みたい。情景の雰囲気を下支えし、作品のメッセージを補うようなものになるよう、台座まで丁寧につくり込んでいこう。

情景とガンプラを一体化させる

　前述したようにヴィネットは、ガンプラのディスプレイベースではない。技術的な面でいえば、ガンプラを「ただ載せる」のではなく、「情景と一体化」させるように演出していくことが大事だ。たとえば草地の上を歩けば、足が地面にめり込み、土や草が足まわりに付着し、足跡が残るだろう。アスファルトの上を歩けば、路面にヒビが入るかもしれない。そうした「ガンプラのいる世界」を限られたスペースの中で表現していくのだ。

草地の地面に陸戦型ガンダムの足がめり込むことで、モビルスーツの重量感が伝わる！　細かいが、とても大切な表現ポイントだ。

ヴィネットコレクション

ここでは本書のためにつくったヴィネットの中から、4つの作品を紹介する。いずれも、十分に見応えのある作品となっている。

タイトル

守護者のいる日常

見どころ
ジム・コマンドが待機する駐機場のある交差点。モビルスーツの存在と平和な街並みのコントラストを際立たせるため、ガンプラは静的なポージングにする一方、人間や自動車は会話や息づかいまで聞こえてきそうな距離感で配置し、にぎわいを演出した。

製作メモ
1/144スケールのガンプラには、Nゲージ（1/150）の鉄道模型の素材がぴったり合う。道路はコルクシートを塗装してつくったが、手軽なわりにかんたんにアスファルトらしい質感を醸し出せるのでおすすめ。

タイトル

水面直下！ 進撃のズゴック

見どころ
沿岸にある敵基地に向かい、進軍量産型ズゴック。海中の様子も見せられるのが、透明レジンの大きな魅力。敵基地に襲いかからんとする躍動感にあふれたポージングに目が行くが、藻を生やすなどつくり込んだ海中の様子にぜひ注目してほしい。

製作メモ
ガンプラ全体を透明レジンの中に埋めるのは予算も手間ひまもかかり、ビギナーにはハードルが高い。そこで、つくりやすいサイズに抑えつつ、水中の見どころも十分に設けられるバランスで仕上げた。

タイトル

水の一閃 刹那の急襲

見どころ
水中から「バシャッ!!」と飛び出してきた、まさにその「瞬間」を切り取った作品。リアルかつ躍動感のある水しぶきエフェクトが、まるで1つの生き物かのようにシャア専用ズゴックに絡みつき、大きな迫力を生み出している。

製作メモ
水しぶきエフェクトは、透明プラ板をエンボスヒーターであぶってゆがませることでつくれる。ガンプラに合わせながらゆがませるので、応用すれば、さまざまなエフェクトパーツがつくれる。

タイトル

敵機発見！ 全弾発射!!

見どころ
宇宙で戦うスタークジェガンが無数のミサイルを放つ、まさにその瞬間を切り取った作品。四方八方に飛ぶミサイルの軌道エフェクト、周囲に浮く小隕石、宇宙空間らしい浮遊感のあるガンプラのポージングなど、見どころが満載だ。

製作メモ
最大のポイントは、ミサイルの軌道エフェクトにくっつけて小隕石を浮かせたこと。真鍮線などに差して浮かせる方法もあるが、それでは本来存在しないもの（真鍮線）が見えてしまう。そうしたものを見せないようにする工夫も大切だ。

ヴィネットのつくり方チャート

大まかなヴィネットづくりの手順をまとめた。テーマや見せたいものを明確にし、具体的なプランを立てて臨めば、迷わず進めることができるだろう。

STEP1 プランを練る

P.162で述べた5W1Hでストーリーを考えたり、手元にあるガンプラを起点に考えたり、あるいは使ってみたい材料や道具を活かす方法で考えてもいい。タイトルをつけるなどし、テーマを明確にしていこう。

考えるポイント

- □ タイトル
- □ ストーリーなどの設定
- □ 使うガンプラ
- □ 情景
- □ 用いる材料&テクニック
- □ おおよその予算

P.168で紹介する方法などでレイアウトを決めてイメージを具体化し、必要な材料や道具を揃えよう。

ベースの選択肢（例）

①スレート石板
②木製トレイ
③アクリルトレイ
④スタイロフォーム

①②③はそのままベースとして使える。④は切削が必要だが、自由にサイズを決められ、高低差を設けたいときにも便利（→P.188）。

STEP2 ベースを用意する

ベースも作品の1つなので、ゴールを見据えてきちんと選びたい。スタイロフォームやヴィネット用のディスプレイベースのような専用品もあるが、木製トレイやアクリルトレイなどの雑貨品もアイデア次第でベースとして活用できる。

STEP3 地形・地表をつくる

地形は情景の広さや起伏などのこと。地表は草原や雪原、アスファルトなど、情景の環境のこと。地形は平坦なのか、高低差があるのか。地表はどのような環境なのか。どのような材料で、その地形・地表を表現するのかを決めよう。

地形の選択肢

①平坦な地形
　→草原や雪原など、自然の地形の場合、石粉粘土で土の地面をつくる。
　→市街地など、人工的な地形の場合、プラ板やコルクシートなどでフラットな路面をつくる。
②高低差のある地形
スタイロフォームでおおよその高低差を設け、その上に石粉粘土を盛る。

地表の選択肢

①草原・雪原・砂漠・砂浜など
　それぞれの色のパウダーをまくか、ペースト塗料を塗る。
②ジャングル
　草素材や小石素材などをジェルメディウムで混ぜたジャングルペーストを盛る。
③海・川
　→ブルー系の塗料で塗ったアクリルトレイなどに、ジェルディメディウムで波肌をつくる。
　→透明レジンを使って、水中まで見えるようにする。
④アスファルト
　→プラ板にグレーのペースト塗料などを塗る。
　→コルクシートにグレーのペースト塗料などを塗る。

STEP4A ガンプラを置く

テーマやストーリーに合わせて、ガンプラのポージングを決め、設置する。関節各部を接着し、ポージングを固定するのが基本。

- □ 平時か、戦時か
- □ 戦闘中か（攻撃姿勢か、防御姿勢か）、行軍中か、待機中か

接地面にも気を配る
地面とガンプラの足元を一体化させるなど、接地面にも気を配ることが大切。

STEP4B 自然物や人工物を置く

樹木や茂みなどの自然物を置いたり、建物や街路灯などの人工物を置いたりする。ガンプラの設置と並行して、バランスを見ながら作業してもよい。

自然物を置く
- □ 樹木
- □ 茂み
- □ 花
- □ 岩　など

人工物を置く
- □ 建物
- □ 街灯
- □ ガードレール
- □ 自動車　など

STEP5 全体を整え、台座を飾りつける

全体の完成度とまとまりを高めるために、ウォッシングを行うとよい。さらには光の当たり方を表現するために、陰影をつける塗装テクニックもある。さらには台座をつくり込むことで、作品として完成する。

- □ ウォッシングする
- □ 陰影をつける（→P.249）
- □ 台座を飾りつける（→P.250）

ウォッシングをする
ウェザリング専用塗料などを使い、ヴィネット全体に汚しをつける。異なる材料で構成された情景全体のトーンを統一する狙いもある。

台座を飾りつける
ベースを塗装したり、塗装したバルサ材などを貼ったりすることで飾りつける。タイトルプレートをつけてもいいだろう。

レイアウトの考え方

> いざ「こんなジオラマをつくりたい」と構想を立ててジオラマをつくろうとすると、レイアウトや必要な材料選びで迷うもの。そこで、まずはレイアウトを具体的に考えることから始めよう。

> レイアウトを具体化する方法には、①材料を並べながら考える、②紙にレイアウトを書き出すという2つがある。

「こんな作品をつくりたい」と思って材料を用意しても、どのようにそれらをレイアウトすればいいか迷うものです。また、建物素材やガンプラのサイズ感を考慮しないと、「想定していた市街地をつくろうとしたら、メチャクチャ巨大なジオラマになってしまう」「つくりたいサイズに対し、素材が足りなくて寂しくなりそう」などの問題点も出てきてしまいます。

レイアウトを具体的に考える方法として、①材料を並べながら考える、②紙にレイアウトを書き出すという2つがあります。

あるいは、実際の街並みなどを観察してもよいでしょう。実物を見に出掛けてもよいですし、ウェブでつくりたい情景を画像検索するのも有効です。

それぞれイメージをより具体化することで、余計なものや足りないものが見えてきます。また、「思っていたより面白い情景にならない」などといった課題も見つかるので、ぜひ実際につくり始める前にしっかりレイアウトを考えておくようにしましょう。

レイアウトの考え方

①材料を並べながら考えるか、②紙にレイアウトを書き出す方法で、作品イメージをより具体化していこう。

方法 ❶
材料を並べながら考える

ガンプラや建物、自然物などの素材を手元に用意し、ベースの上に並べてみる。実際の寸法が一目でわかるし、さまざまなレイアウトパターンを試せるのでおすすめだ。モビルスーツ同士の対決シーンなら、「ブーン！ドドド！」とガンプラを使って遊ぶ感覚でやってもいい。「こんなに大きな穴があくかも」「建物はこう壊れるかも」などと発想が広がる。

方法 ❷
紙にレイアウトを書き出す

使うガンプラや材料のおおまかなサイズを把握したうえで、紙にレイアウトを書き出してみる。材料を購入する前にシミュレーションができるので、「高い材料を買ったのに使えなかった」といった事態を防ぐことができる。たくさんのレイアウトを書くのは大変だが、あくまで自分用の設計図なので、絵や文字をきれいに書く必要はない。

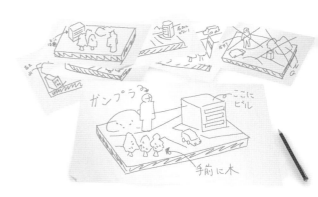

シーンがイメージできたら、どうやってそれを実現するか考えよう

レイアウトが固まってきたら、どんな素材を集めればいいのか考えてみましょう。たとえば、格納庫のジオラマをつくりたい場合、プラ板で1から格納庫をつくるのはさすがに骨が折れます。格納庫は市販品に手を加えてつくるのが定番で、この方法ならジオラマ初心者でも気軽に取り組めます。

本書では、ジオラマプランチャート（→P.182〜187）を用意しています。「草地・森林」、「砂漠・砂地」「格納庫」「宇宙」など12の地形・地表別に、ジオラマのつくり方のチャートを示しています。自分のつくりたいレイアウトのイメージが固まってきたら読んでみましょう。

材料の集め方

▶ 主な材料の入手ルートは、①模型専門店（家電量販店を含む）、②ホームセンター、③100円ショップ、④ウェブの4つ。
▶ 店舗にあるものがすべてと思わず、ウェブなどを駆使して熱心に調べていけば、一般流通がほとんどないような掘り出し物にめぐり合うこともある。

ジオラマづくりに必要な材料の多くは、**模型専門店や模型コーナーがある家電量販店など**で入手できます。ポピュラーな材料はだいたい揃っているので、まずはこうした店舗やそのウェブサイトをチェックしてみるといいでしょう。また、土や泥の表現に使える水槽用のフェイク植物や、岩石に見立てて使えるインテリアバークなど、**ホームセンター**で手に入るものもたくさんあります。

そのほかには**100円ショップ**もおすすめです。最近は工芸用品や模型用品を充実させている店舗があるので、ときどきチェックし、使えそうなものがあればゲットしましょう。また、ジオラマは世界共通のホビーなので、**海外製の材料**もたくさんあります。日本への流通が限られていることもありますが、**ウェブ**などで調べていくと思わぬ掘り出し物が見つかるかもしれません。

さまざまな方法で材料を入手する

①模型専門店（家電量販店を含む）、②ホームセンター、③100円ショップ、④ウェブの4ルートを駆使して、必要な材料を集めよう。

❶模型専門店（家電量販店を含む）

専門店だけあって、ベースとなるスタイロフォームやパウダー類、バラストなど、基本的に必要なものは何でも手に入る。とくに自然物や人工物は鉄道模型用のものが便利なので、店舗で実物やパッケージを見て確認するといいだろう。

❷ホームセンター

ホームセンターに模型専用の材料はないが、水槽用のフェイク植物やインテリアバークなど、アイデア次第で使えるものはたくさんある。模型用ではないので、虫がわかないように丸1日程度、天日干しにするなど使う際に処理が必要になるが、表現の幅が広がるので、ぜひ店舗でチェックしてみよう。

❸100円ショップ

最近の100円ショップは工芸用品や模型用品を取り扱っている店舗もあり、見過ごせない。たとえば、ガーデニング用の葉っぱ素材、塗装やウェザリングに使える筆などが手に入る。ときどきお店に出向いて、ラインナップをチェックしてみてほしい。

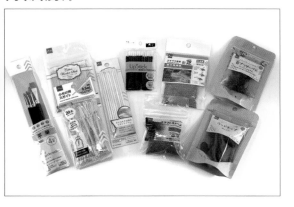

❹ウェブ

ジオラマは世界共通のホビーなので、海外製品もたくさん市販されている。ものによってはウェブ販売限定だったり、流通量も限られていたりするので、入手難易度は高い。ただし、日本製とは違う味わいのものもあるので、ぜひ活用してみたい。ウェブなどを駆使して、熱心に情報収集をしておこう。

ステージ：雪原
強襲！水色の悪魔

▶ 鉄道模型用やウェザリング用の雪素材が多く市販されているので、雪原はつくりやすいジオラマの1つ。複数の雪素材を使い、泥汚れも混ぜて深みのある雪原情景をつくろう。

▶ 線路が敷設された雪原、樹木、岩場、水面など、多くの要素が複合し、見応えがあり、つくりがいのある作品となった。

被弾したジム寒冷地仕様

被弾したジムは石粉粘土でつくった丘に押しつけて固定。シリコンモールドでつくった岩を敷き詰め、マットメディウムで練ったバラストや砂パウダーをスキマに流した。その上に雪素材を振りかけ、泥汚れを上乗せ。

『機動戦士ガンダム0080 ポケットの中の戦争』第1話「戦場までは何マイル？」より。北極基地にて、奇襲を受けてハイゴッグにやられてしまうジム寒冷地仕様。

奇襲におののくジム

こちらはなかなか優秀なパイロットという設定で、おどろきつつもすぐに戦闘態勢を整え、シールドのポジションを正して射撃のために足を踏みしめている。

水面と陸でベースを分けた

水面と陸地では加工方法が異なるため、ベースを分けて製作。それぞれ加工をほぼ終えた状態で、スチロールのりで接着。地面の切れ目はジェルメディウムやインテリアバークなどを盛ることで、水面境界線をつくった。

雪原にジムの足跡をつけた

石粉粘土の上にジムの足を押し込んで足跡をつけ、足跡をよけるように各種の雪素材を盛りつけた。とくに情景テクスチャーペイント（雪 スノー）はペースト状の塗料で、水で希釈することで表情が大きく変わり、メリハリがつく。

基本手順

①レイアウトを決める。②スタイロフォームを切り出す。③スタイロフォームにバラストを混ぜた石粉粘土を盛る。④ポリパテを盛って叩きながら、地肌を荒らす（丘に倒れ込んだジムはこの段階で設置）。⑤水溶きボンドを塗布して、バラストや観葉植物の土をまく（倒れたジムにも同じ方法でウェザリングを施す）。⑥エアブラシでマホガニーやオキサイドレッド、ブラックなどをランダムに吹きつけて、砂地に表情をつける。⑦水面部分はスタイロフォームにスチロール系接着剤を塗布して表面を荒らす。⑧ハイゴッグの下半身を切断して固定。グロスポリマーメディウムをしみ込ませたポリエステル綿などを積層して水面表現をつくる。⑨陸地部分と水面部分をスチロールのりで接着。⑩樹木やバラスト、雪などで全体をデコレーション。

雪深い寒冷地を舞台に、鉄道補給路を哨戒（しょうかい）中のジムがハイゴッグの強襲を受けたシーンをつくりました。突然、水面から飛び出してきた**悪魔のようなハイゴッグ**、無残にも大破するジム、おののくジムと三者三様の姿を強調しました。

加えて、線路が敷設された雪原、樹木、岩場、水面など、多くの要素を複合させて情景を構成しました。とくに工作方法が異なる陸地と水面では、ベースを分けて製作し、あとで接着するなどの工夫をしています。ジオラマらしく見どころ満点で、つくりがいもある作品となりました。

水面から飛び出すハイゴッグ

水面から飛び出すハイゴッグは、下半身を切断して設置。肩から垂れている水滴は、ヘビージェルメディウムをスポイトで押し出して乾燥させた上で、グロスポリマーメディウムを上塗りして乾燥させた。

使用した主な素材

❶ヘビージェルメディウム、グロスポリマーメディウム。
❷ポリエステル綿、グロスポリマーメディウム、ジェルメディウム。
❸Nゲージ針葉樹Ⅱ、Nゲージ針葉樹Ⅲ（ともにKATO）、雪パウダー各種、マットメディウムを練り込んだバラスト各種。
❹スタイロフォーム、バラストを混ぜ込んだ石粉粘土（砂色）。
❺Nゲージ直線線路248mm、Nゲージ曲線線路（ともにKATO）。
❻情景テクスチャーペイント（雪 ホワイト）、マットメディウムで盛った雪パウダー、観葉植物の土、バラスト〈ナノ〉（ダークブラウン）、ナノプランツ（ブレンドカラー緑、グラスグリーン）、スモールプランツ（ダークグリーン、ライトグリーン）、テラプランツ（ミディアムグリーン）。
❼石膏（シリコンモールド）、雪パウダー各種、バラスト各種。

各所に塗布：Mr.ウェザリングカラー各種、Mr.ウェザリングペースト各種、パステル各種。

使用キットは「HGUC ジム寒冷地仕様」「HGUC ハイゴッグ」。

派手に泡立つ水面！

泡立つ水は、グロスポリマーメディウムをしみ込ませたポリエステル綿を積層し、インディブルー、スカイブルー、コバルトブルーで色づけ。ヘビージェルメディウムやジェルメディウムを塗布して水感を足した。

鉄道模型のレールを敷設

鉄道模型用の直線線路と曲線線路を設置。豪雪地帯という設定であるため、レールを雪に埋もれさせた。折れた木や枝も雪に埋もれさせ、木々を強引に切り開いて通した線路という演出に。

樹木にも雪を積もらせた

関連テク → P.223

鉄道模型用の針葉樹を設置。マットメディウムで練ったバラストや雪素材を、筆や指を使ってドライブラシ感覚でこすりつけた。

ステージ：荒れ地・山岳
山岳の決闘、震える大地

▶ 劇中のシーンを表現することも、ジオラマづくりの醍醐味の1つ。完璧なシーン再現にこだわってもいいが、あくまでモチーフとし、自分のイメージでディテールを組み上げていってもかまわない。

▶ 荒れ地は石粉粘土と砂・土系を中心とした各種素材で、岩場はシリコンモールドを用いた石膏でつくる。

本作品は『機動戦士ガンダム 鉄血のオルフェンズ』第32話「友よ」のワンシーンを意識してつくりました。戦闘やストーリーが強調されるレイアウトを心がけています。均衡した3つの力のバランスを伝えられるように、モビルスーツが三角形になるように配置しています。こうすることで、どの面から見てもそれぞれが相対している敵機が引き立つようになっています。

舞台は山岳の荒れ地なので、ベースはスタイロフォームと石粉粘土でつくり、砂・土系の素材を中心にまきました。バラストや草パウダー、葉っぱ素材、石膏製の岩石などを組み合わせて、色合いを深めています。

バルバトス

飛びかかるバルバトス
振り下ろして地面に刺さったメイスを軸に右手首をひねり、そのまま腰のスラスターをブーストさせて、ヒザ蹴りが入るようなポージングを意識した。

粘土層にメイスを挿す穴をつけて、取り外し可能にした。

石膏製の岩石

関連テク → P.203

シリコンモールドでつくった石膏を岩石の色に筆塗り（つや消しブラック、マホガニーなど）。崖はスタイロフォームを積層し、石粉粘土で覆った。マットメディウムで練ったグラウンドベース（→P.208）を塗布した。

衝撃による地割れ

クレーター状とするために、インテリアバークをサークルのフチに並べて盛り上げている。

勢いよく突き立てられたメイスによって生じた地割れ。スタイロフォームにスチロール系接着剤をスポイトで垂らして円形状に陥没させておき、石粉粘土を盛ったあとでガーデニング用の石を押しつけ、細かく砕いたインテリアバークを刺すように並べた。

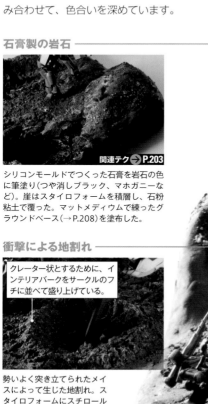

使用キットは「HG ガンダムバルバトスルプス」「HG グレイズリッター（カルタ機）」「HG マンロディ」

基本手順

1レイアウトを決める。2スタイロフォームを切り出す（丘部分はスタイロフォームを積層）。3スタイロフォームにバラストを混ぜた石粉粘土を盛る。4ポリパテを盛って叩きながら、地肌を荒らす。粘土と岩石のスキマとなる部分もポリパテで埋めておく。5水溶きボンドを塗布して、バラストや観葉植物の土をまく。6エアブラシでマホガニーやオキサイドレッド、ブラックなどをランダムに吹きつけて、砂地に表情をつける。7ガンプラをベースに固定して、浮いて見えないようにポリパテなどで接地面を調整する。

完成品の樹木で彩りを

鉄道模型用の樹木素材から、2種類の針葉樹を配置。バルバトス出現による爆風を表現したいので、ナノプランツを表面に少しまぶして、流し込み接着剤を振りかけて固定した。

関連テク → P.224

関連テク → P.224

使用した主な素材

1細かく砕いたインテリアバーク、「枯れ木・枯れ枝」（ウッドランド）など。
2Nゲージ針葉樹II、Nゲージ針葉樹III（ともにKATO）。
3テラプランツ（ミディアムグリーン）。
4スタイロフォーム、バラストを混ぜ込んだ石粉粘土（茶色）。
5石膏（シリコンモールド）※岩色に塗装。
6「草の茂み・冬が来る」（ミニネイチャー）。
7ガーデニング用の石、インテリアバーク、石粉粘土（茶色）、「草の茂み・冬が来る」（ミニネイチャー）など。
8石膏（シリコンモールド）※岩色に塗装。
9グラウンドベース各種、観葉植物の土、バラスト（ナノ）（ダークブラウン）、ナノプランツ（ブレンドカラー緑、グラスグリーン）、砂パウダー（リアルサンド、ライトブラウン）、スモールプランツ（ダークグリーン、ライトグリーン）※これらをマットメディウム、ジェルメディウムで練り込んだもの。
10石膏（シリコンモールド）、石粉粘土、マットメディウムを練り込んだグラウンドベース。
各所に塗布：パステル各種、Mr.ウェザリングカラー各種、Mr.ウェザリングペースト各種。

心は折れぬランドマン・ロディ

ランドマン・ロディ

満身創痍のランドマン・ロディも心までは折れておらず、最後まで戦い抜く力強さを意識。ポージングさせるため、胴体と腰、脚部と足部をそれぞれ切り離して屈折させた。土汚れで関節などが見えないからこそできるポージング。

グレイズリッターの猛攻を受け、追い込まれたランドマン・ロディ。突如、その間にバルバトスルプスが割って入る！

切り飛ばされた腕

グレイズリッターのソードで切り飛ばされた、ランドマン・ロディの腕。すぱっと切れた切断面を意識し、ジャンクパーツのスプリングやリード線を接着して演出した。

さまざまな素材で色合いの深い地面に

地面は石粉粘土（茶色）の上にマットメディウムを塗布し、グラウンドベース（→P.208）をまいたものがベース。その上に各種の草パウダーやバラスト、砕いたインテリアバークをまいた。

山岳の決闘 震える大地

ステージ：ジャングル
ジャブロー急襲！密林を防衛せよ

▶ ジャングルジオラマでは、葉っぱ素材や樹木素材が大活躍する。模型用のものだけでなく、100円ショップで買えるものや、ホームセンターで買えるフェイク植物など、多彩な種類を配置すると、混沌としたジャングルらしくなる。

▶ 水表現は透明プラ板のウラ面に水面色を塗り、オモテ面にジェルメディウムを盛ることで、手軽に表現できる。

「劇中では描かれなかったけど、こんな場面があったかも」という発想で、『機動戦士ガンダム』のジャブロー襲撃において、「3体のジムが哨戒を行っている場面」をつくりました。

熱帯雨林気候独特の質感を表現することに主眼を置いた作品です。ジャングルだからといって樹木を生い茂らせるのではなく、コルク樹皮を用いて土壌がむき出しとなった河川としました。これにより、レイアウトをスッキリさせると同時に、高温・多湿な気候の生々しさを強調しています。

3機のジムによるパーティー編成も、見どころの1つです。ジャブロー基地が急襲されたので、即席編成で試作モビルスーツがかり出されている場面としました。3機の不安定なポージングが、いきなりの出撃に戸惑い、慣れない河川で悪戦苦闘している様子を物語っています。

コルク樹皮を活用した崖

崖はスタイロフォーム（→P.188）を積層しておおよその形状を出して、石粉粘土で覆った。さらにその表面にコルク樹皮も設置し、石粉粘土でスキマを埋めて固定する。

壁面のウエット表現

『機動戦士Zガンダム』第12話「ジャブローの風」より。ジャングルの中にあるジャブロー基地にて、射撃ポーズをとるジム・キャノン。

ジャングルの崖や地面は湿っているので、オリーブドラブ1やマホガニーなどを薄めながら、まだらにコルク樹皮に着彩。部分的にグロスポリマーメディウム（→P.192）を塗布して、ウエット感を演出した。

基本手順

①スタイロフォームとコルク樹皮を合わせて、ジム3機と並べて土台のサイズを決める。②スタイロフォームの切れ端を接着し、崖の形状を出す。③スタイロフォームを石粉粘土で覆う。崖の表面となるコルク樹皮も設置し、スキマを石粉粘土で埋める。④河川の底となる部分にインテリアバークを並べる。同サイズで1.7mm厚の透明プラ板を切り出し、コルク樹皮との境界面をリューターで削って整える。⑤コルク樹皮をウォッシング感覚で着彩する。⑥石粉粘土にマットメディウムで練った「ジャングルのもと」（→P.208）やグラウンドベース（→P.208）を塗布する。⑦木々や朽ち木として、「枯れ木・枯れ枝」の素材を設置する。⑧葉っぱ素材を切って、インテリアバークのスキマ、石粉粘土とコルクのスキマに設置する。⑨マットメディウムで練ったパウダー類を各所にまいたうえで、スチロール系接着剤（流し込みタイプ）をスポイトで振りかけて完全固定する。⑩透明プラ板のウラ面をブルー系やグリーン系の塗料で着彩する。⑪ジム3機をスネ部分で切断して、透明プラ板に接着。⑫ヘビージェルメディウムとジェルメディウムを重ね盛って、水流の形状をつくる。⑬プラ板とコルク樹皮の境界面にヘビージェルメディウムをたっぷりと塗布。乾燥後、グロスポリマーメディウムで形状を整える。水面に白色のドライブラシをかける。⑭ジムの足元や岩などに飛びはねている水はグロスポリマーメディウムで表現する。

使用した主な素材

❶100円ショップの葉っぱ素材各種、水槽用のフェイク植物、「枯れ木、枯れ枝」（ウッドランド）、「ジオラマアクセサリーシリーズ アイビー」「ジオラマアクセサリーシリーズ シダ類」「紙創り ヤシの葉」（以上、和巧）。

❷1.7mm厚の透明プラ板、ヘビージェルメディウム、ジェルメディウム、グロスポリマーメディウム、水面色用の水性塗料。

❸スタイロフォーム、石粉粘土（茶色）。

❹スタイロフォーム、石粉粘土（茶色）、「コルク ロック 大」（ジオルダン）、グロスポリマーメディウム。

❺コルク樹皮、石粉粘土、水性塗料、グロスポリマーメディウム。

使用キットは、3体ともHGUC 1/144 RX-78-2 ガンダムをベースに改造したもの。

哨戒する3機のジム

機動性が高いジム・ライトアーマーが先頭、火力と機動性のバランスがとれたジム・スナイパーが中堅、火力に特化したジム・キャノンが後方という陣形。配置に意味を持たせることで、説得力が高まる。

さまざまな葉っぱ素材を配置

葉っぱ素材選びのポイントは、塩化ビニルなどの樹脂素材を選ぶこと。そのほか、紙素材の葉っぱは水性塗料でウォッシングをかけて乾燥させることで、植物らしい色合いと質感にすることができる。

樹木に絡まるクモの巣

樹木はウッドランドの「枯れ木、枯れ枝」をそのまま使用。クモの巣は、ゴム手袋をつけた指先にスチロール系接着剤を少量つけてすり合わせると、糸を引きながら乾燥するので、それを絡ませるようにして枝葉に載せた。

脚部を濡らすジャングルの水

関連テク ➡ P.214

水面はヘビージェルメディウムが生乾きのところにジェルメディウムなどを塗布して、水流と水面の表現を整えた。脚部や胴体にはねた水表現は、手袋をした指でグロスポリマーメディウムを塗布してなじませる。

水面と水底の二重構造

ベースの四隅のインテリアバークの高さを揃えて、透明プラ板が水平になるように調整するのがポイント。

関連テク ➡ P.215

1.7mm厚の透明プラ板のウラ面は水面色で塗装し、オモテ面はジェルメディウムなどを盛った。水面色をやや薄めにすることで、水底が少し透けて見えるギミックに。その水底には、インテリアバークを敷き詰めた。

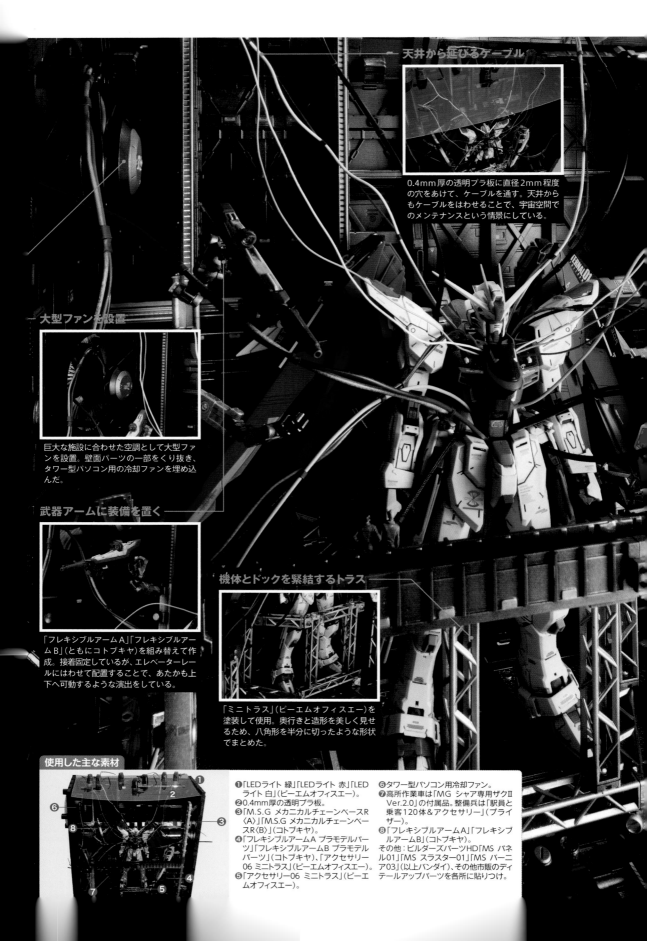

天井から延びるケーブル

0.4mm厚の透明プラ板に直径2mm程度の穴をあけて、ケーブルを通す。天井からもケーブルをはわせることで、宇宙空間でのメンテナンスという情景にしている。

大型ファンを設置

巨大な施設に合わせた空調として大型ファンを設置。壁面パーツの一部をくり抜き、タワー型パソコン用の冷却ファンを埋め込んだ。

武器アームに装備を置く

「フレキシブルアームA」「フレキシブルアームB」(ともにコトブキヤ)を組み替えて作成。接着固定しているが、エレベーターレールにはわせて配置することで、あたかも上下へ可動するような演出をしている。

機体とドックを緊結するトラス

「ミニトラス」(ピーエムオフィスエー)を塗装して使用。奥行きと造形を美しく見せるため、八角形を半分に切ったような形状でまとめた。

使用した主な素材

❶「LEDライト 緑」「LEDライト 赤」「LEDライト 白」(ピーエムオフィスエー)。
❷0.4mm厚の透明プラ板。
❸「M.S.G メカニカルチェーンベースR〈A〉」「M.S.G メカニカルチェーンベースR〈B〉」(コトブキヤ)。
❹「フレキシブルアームA プラモデルパーツ」「フレキシブルアームB プラモデルパーツ」(コトブキヤ)、「アクセサリー06 ミニトラス」(ピーエムオフィスエー)。
❺「アクセサリー06 ミニトラス」(ピーエムオフィスエー)。
❻タワー型パソコン用冷却ファン。
❼高所作業車は「MG シャア専用ザクII Ver.2.0」の付属品。整備兵は「駅員と乗客120体＆アクセサリー」(プライザー)。
❽「フレキシブルアームA」「フレキシブルアームB」(コトブキヤ)。
その他：ビルダーズパーツHD「MS パネル01」「MS スラスター01」「MS バーニア03」(以上バンダイ)、その他市販のディテールアップパーツを各所に貼りつけ。

（キホン）

ステージ：格納庫
フリーダム、出撃前夜!!

▶ 格納庫素材を活用すれば、格納庫や整備ドックのような閉ざされた空間のジオラマをつくることができる。

▶ 格納庫素材にガンプラ用のダクトパーツやノズルパーツをつけることで、ディテールアップすることができる。また、トラスやケーブルなどの素材も盛り込むと、"基地らしさ"を高めることができる。

ラクス・クラインに導かれ、フリーダムガンダムと初対面を果たすキラ・ヤマト。無数に延びるケーブル、キャットウォークなど、ドックを構成するものがわかる。

シールドを設置するための台座

「フレキシブルアームA」「フレキシブルアームB」（コトブキヤ）に「ミニトラス」（ピーエムオフィスエー）を組み合わせて、シールド用の台座を作成。

基本手順

1 ガンプラのポージングを考えながら、格納庫素材のレイアウトを決める。2 壁面パネルと各パネルの位置が決まったら、ディテールアップパーツなどでデコレーションして塗装。乾燥後にデカールを貼る。3 ガンプラに各ケーブルを接着。ケーブルの長さはやや余裕を持たせている。4 トラスやキャットウォーク、アームを塗装して設置。5 天井部分の透明プラ板を設置し、その上にLEDを配置。

モビルスーツを整備、格納するドックという閉ざされた空間を表現したジオラマです。ポイントは3次元レイアウトで演出する密度。立体空間としてレイアウトを意識することで、格納庫らしいリアリティを追求しました。とくに全体的なまとまり、メカニカルな質感を求めるため、タワー型パソコンの内部構造をモチーフにしています。

『機動戦士ガンダムSEED』でフリーダムガンダムが初出撃するシーンをイメージし、**機体の各所に接続されたケーブルが一斉に外れる直前**という迫力を求めてケーブリング、パイピングを施しています。天井部分には透明プラ板を設置し、その上に両側から緑・赤・白という3色のLEDを置くことで、ダウンライトが差し込んでいる様子をつくりました。閉ざされた空間だからこそ、照明演出が活きてきます。

天井に置いたLED

天井からダウンライトが差し込んでいる情景とするため、LEDを設置。ただ載せるだけにすることで、ライト位置を自由に調整できるようにした。プラ板にゆがみがあっても、それが光を屈折・反射させる効果を得られるのでOK。

上下左右に延びるケーブル

宇宙空間での整備をイメージしているので、天井からもケーブルを下ろした。熱収縮チューブを小口切りにしてケーブルの随所に巻きつけ、ケーブル接続ユニットとして見せることで、アクセントをつけている。

格納庫ジオラマを外側から見てみると……

天井にはプラ板を貼り、LEDを置いているだけだということがわかる。これが上の写真のように格納庫内部に寄って見ると、見事なダウンライト表現になっているから面白い。

ステージ：市街地

ラウンドアバウトの砲台

▶ 市街戦の情景は建物などの人工物をつくり、そのうえで破壊表現を施すので、自然系のジオラマに比べてやや難易度が高い。しかし、戦闘のリアルな臨場感を表現できるので、ぜひチャレンジしたい。

▶ ポイントはどんな戦闘が行われているかを考え、ガンプラや建物などにウェザリングを施すこと。

戦時の市街地をつくりました。**市街地は自然系のジオラマに比べてやや難易度が高くなりますが、ガンプラジオラマの醍醐味の1つ**ともいえますから、ぜひチャレンジしてみたいところです。

場面は避難民のいる教会を背に、狙撃兵のザクI・スナイパーと、それを守る「盾」の役割を担うシュツルム・ガルスがタッグを組んでいるところ。「盾」は激しい損傷を負う一方、**狙撃兵はほぼ無傷とすることで、物語性を持**たせています。命がけの死闘といえる、臨場感あふれる情景が出来上がりました。

使用した主な素材

① 「交差点の建物C」（トミーテック）※シュツルム・ガルスの背後。
② 「昭和のビルC」（トミーテック）。
③ 「銀行2」（トミーテック）。
④ スタイロフォーム。※ジェッソでコーティングしたうえで塗装したもの。
⑤ 鉄道模型用の自動車。
⑥ 「解体中の建物A」（トミーテック）。
⑦ 石膏製のガレキ、観葉植物の土、バラスト類。
⑧ プラ板、「側溝」（KATO）、情景テクスチャーペイント（路面 ダークグレイ）、ポリパテ。
⑨ 「教会A3」（トミーテック）。
⑩ 「街路灯」（グリーンマックス）。
各所に塗布：観葉植物の土、バラスト類、パステル、Mr.ウェザリングカラー。

基本手順

① スタイロフォームにジェッソを塗る。② 建物を土台ごと配置。土台に合わせて、プラ板で路面の高さを調整。③ 「側溝」で歩道を設置。④ ポリパテを大量にまいて、プラ板とスタイロフォーム、各建物の土台とのわずかな段差を埋める。⑤ 情景テクスチャーペイント（路面 ダークグレイ）を水で溶きながら塗布（路面の質感を出す）。⑥ 各建物に破壊表現を施す。⑦ 各建物をベースに接着して、観葉植物の土やバラストをまく。⑧ 石膏で地面のガレキをつくって盛る。

プラ板で道路（ラウンドアバウト）を表現

0.2mm厚のプラ板をハサミで切り抜いて、教会を囲む広場の段差を表現。その上に、水で薄めた情景テクスチャーペイント（路面 ダークグレイ）を塗布した。

ススン汚れた街路灯

窓のサッシを塗り分けて残すことで、破壊された外壁の印象を引き立たせた。

モビルスーツの腕でつぶれた自動車

吹き飛んだ右腕の接続部は、金属ケーブルやリード線で破壊痕を表現。

関連テク **➡ P.242**

刃こぼれしたニッパーなどの端で、エッジが立つようにつぶし、鋭角の物体が突き刺さった重量感を演出。

塗装はエアブラシでブラックとブラウンを吹き重ね、黒く焦げた感じを意識した。ススン汚れはパステル粉末を綿棒でつけた。

歴戦の勇士らしさが漂うモビルスーツたち

シュツルム・ガルスはリューターやベンチで破壊表現を加えた。ザクⅠ・スナイパーはスス汚れのウェザリングに。ともにパステルとMr.ウェザリングカラーで、ダメージ表現を施して仕上げた。

天井に貫通穴があいた建物

関連テク→P.237〜238

直上から爆弾が降ってきて屋根を貫通して、建物内部を破壊し、外壁も破損したイメージ。天井の貫通穴はリューターできっかけの穴をつくってくり抜き、ベンチで傷口を演出した。

天井が吹き飛んだ建物

関連テク→P.237〜238

空爆を受け、天井部分から内部までが吹き飛んだ建物というイメージ。プラのこでざっくり切り、刃こぼれしたニッパーで刻んで破砕したダメージ痕を演出した。

スス汚れた建物

粉末状にした焦げ茶色のパステルを綿棒ですりつけ、指で広げて汚した。綿棒にとったパステル粉末を突き刺すようにぐりぐりと押しつけると、弾痕のような表現ができる。

ガレキで押しつぶされた自動車

関連テク→P.242

ベンチで自動車をにぎって押し潰した。ベンチはギザギザしているので、ティッシュをパーツとベンチの間に挟むと、「ベンチでつぶしました」感を抑えられる。

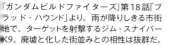

『ガンダムビルドファイターズ』第18話「ブラッド・ハウンド」より。雨が降りしきる市街地で、ターゲットを射撃するジム・スナイパーK9。廃墟と化した街並みとの相性は抜群だ。

使用キットは「HGUC ザクⅠ・スナイパータイプ（ヨンム・カークス機）」「HGUC シュツルム・ガルス」。

ステージ：砂漠・ベースキャンプ
暁の休息

▶ 1/35スケールのハードグラフシリーズは、ミリタリーモデルとスケールが近いのでうまく組み合わせることで、通常のガンプラジオラマとは少し異なる世界観を表現できる。

▶ 通常のガンプラジオラマでは細かすぎて表現しきれない、人間のポーズや表情、バラストや草花の姿も見どころとなる。

砂漠を舞台にして、ベースキャンプの情景を1/35スケールのハードグラフシリーズでつくりました。同シリーズは人物フィギュアの表現力に満ちた渋いポージングが魅力なので、**会話すら聞こえてきそうな物語を感じさせるシーンになるよう**心がけています。

スケール的にぴったり合うミリタリー模型のキットや技法も活用したことで、ガンプラの世界観を広げる作品に仕上がっています。バラストや枯れ草なども、通常のガンプラとは違うスケール感で表現できるので、ガンプラとミリタリーモデルのミックスとして、つくりがいがあるジオラマといえるでしょう。

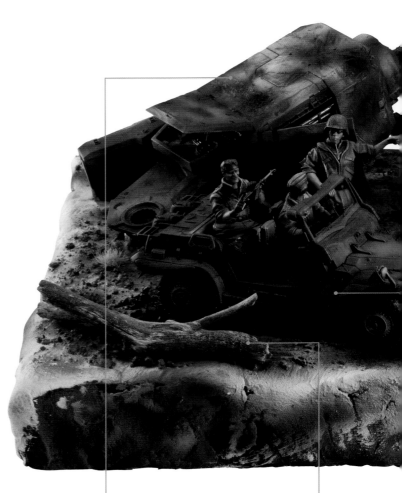

使用した主な素材

❶「ミリタリーミニチュアシリーズ テントセット」（タミヤ）。
❷「汎用トラック荷物セット4」（バリューギアディテールズ）。
❸スタイロフォーム、バラストを混ぜ込んだ石粉粘土（砂色）。
❹観葉植物の土、砂パウダー、バラスト類、マットメディウム、木工用ボンド、情景テクスチャーペイント（砂 ライトサンド）。
❺「草の茂み・冬が来る」（ミニネイチャー）。
❻「枯れ木・枯れ枝」（ウッドランド）。
各所に塗布：Mr.ウェザリングカラー各種、Mr.ウェザリングペースト各種、パステル各色。

基本手順

❶組み立てたキットを配置しながらレイアウトを決める。❷切り出したスタイロフォームを石粉粘土で覆いながら、不規則な自然地形を成型。❸ポリパテを盛って叩き、荒れた肌地をつくる。❹ベースに情景テクスチャーペイント（砂 ライトサンド）を塗る。❺バラストや観葉植物の土をまいて固定。❻エアブラシで水性塗料（マホガニー、オキサイドレッド、ブラックなど）をランダムに吹きつける。❼フィギュアと車両以外をベースに固定（浮いて見えないようにポリパテなどで接地面を調整）。❽フィギュアや車両を汚して設置。

破壊されたガンダムの腕

「地球連邦軍 対MS特技兵セット」には、1/35スケールの陸戦型ガンダムの腕が付属している。それをリューターで叩いたり、ペンチでちぎったりして破壊。パステルとMr.ウェザリングカラーでウェザリングして、エアブラシでシャドウ吹きした。

枯れ木を大胆に配置

ウッドランドのジオラマ素材「枯れ木・枯れ枝」を、軽くシャドウ吹きしてそのまま配置。もとが本物の植物なので、リアルな質感を出せる。

使用感満載のバイク

「ジオン公国軍 ランバ・ラル独立遊撃隊セット」に付属しているバイク。塗装のポイントは車両と同じで、エンジン周辺や足回りにオイル垂れをつけた。

ベースキャンプらしく コンテナを配置

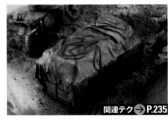

関連テク→P.235

バリューギアディテールズの「汎用トラック荷物セット4」のコンテナを使用。塗装はテントと同じ方法で行った。1/35スケールだが、違和感はない。組み合わせ方次第だ。

使用感溢れるテント

関連テク→P.235

タミヤの「ミリタリーミニチュアシリーズ No.74 テントセット」を使用。人間や車両と同じ方法で塗装したが、より布感が出るように、塗料が生乾きのときにガーゼで叩いてドライブラシを施した。

使用キットはハードグラフシリーズの「ジオン公国軍 サイクロプス隊セット」「ジオン公国軍 ランバ・ラル独立遊撃隊セット」「地球連邦軍対MS特技兵セット」。

複数の素材で 土肌をつくる

関連テク→P.206

観葉植物の土や砂パウダー、バラストを混合し、「土肌のもと」をつくる。それを練り込んだ石粉粘土で、スタイロフォームを覆う。ところどころに枯れ草素材（「草の茂み 冬が来る」ミニネイチャー）をちぎって、瞬間接着剤で固定。

軽機動車もしっかり塗装＆ ウェザリング

関連テク→P.235

基本的に人物フィギュアと同じ方法で塗装を行った。エンジンルームの周辺や足回りにMr.ウェザリングカラーやパステルで、オイル垂れなどの汚れをつけた。

人物フィギュアは スケールモデルの技法で

関連テク→P.235

組み立てたフィギュアに黒のサーフェイサーを吹き、シェードをかけてから塗装した。シェードがけのポイントは、光が当たっていると想定した1方向から、吹きつけること。

POINT

「土肌のもと」は木工用ボンド1：水1：マットメディウム1で、ゆるめに練った溶液にするといい。マットメディウムが固着剤となり、完成後もポロポロ落ちたりすることがなくなる。

ジオラマプラン① 草地・森林

難易度 ★～

基本チャート

ベース	ベースを用意し、レイアウトを考える。スタイロフォームを使うなら、つくりたいサイズで切り出す（→P.200）。
地形	高低差をつけたいなら、スタイロフォームで積層する（→P.202）。石粉粘土（砂色か土色）で覆って地面をつくる（→P.200～201）。
地表	草地の地面をつくる。 ●方法①：草パウダーなどをまく（→P.204）。 ●方法②：情景テクスチャーペイント（草 グリーン）を塗る（→P.205）。
自然物	樹木や森、茂みなどを置く。 ●樹木：完成品を使う方法、オランダドライフラワーでつくる方法がある（→P.193）。 ●森・茂み：マットメディウムで練ったギガプランツや、テラプランツをつける（→P.225）。
ガンプラ	ガンプラを設置する（足元を中心に草や砂、泥などの汚し表現を入れる）。

　草らしさを表現するためには、草パウダーをまくか、草色の情景テクスチャーペイントを塗るのがいいでしょう。草パウダーは単調な色合いにならないように、複数色をブレンドするのがおすすめです（詳しくは「地表コレクション」参照→P.206）。

　樹木や茂みを加えることで、より立体的なジオラマになります。樹木は鉄道模型用の完成品をそのまま使ってもいいですし、オランダドライフラワーでつくることもできます。森や茂みは、ギガプランツなどの草素材を盛りつけることで表現できます。

　ガンプラを設置したら、足元などを中心に砂、泥など、その情景に合ったウェザリングを施していきましょう。

草パウダーをまいた地表。本物の草が生えたようだ。

完成品の樹木は、地面に挿すだけでOK。とてもかんたんだ。

組み合わせる！

草地・森林は山岳（→P.184）や水面（→P.187）と相性がいい。山岳の麓にある草地、草地の中にある川や湖などをつくれる。

作品チェック

『機動戦士ガンダム』より。森林の中をザクがマシンガンを放ちながら突進してくる。樹木とモビルスーツのスケール感の参考に。

『機動戦士ガンダム0080 ポケットの中の戦争』より。森林の中で戦うガンダムNT-1（アレックス）とザクⅡ改。躍動感にあふれている。

ジオラマプラン② 砂漠・砂地

難易度 ★～

基本チャート

ベース	ベースを用意し、レイアウトを考える。スタイロフォームを使うなら、つくりたいサイズで切り出す（→P.200）。
地形	高低差をつけたいなら、スタイロフォームで積層する（→P.202）。石粉粘土（砂色か土色）で覆って地面をつくる（→P.200～201）。
地表	砂地の地面をつくる。 ●方法①：砂パウダーやストーン、バラストなどをまく（→P.204）。 ●方法②：情景テクスチャーペイント（砂 ライトサンド）を塗る（→P.205）。
自然物	サボテンやオアシスのヤシの木を置く。
ガンプラ	ガンプラを設置する（足元を中心に砂汚れなどをつける）。

　砂漠や砂地は砂パウダーをまくか、砂色の情景テクスチャーペイントを塗るのがいいでしょう。一口に砂漠といっても、ゴビ砂漠のような明るいものから、サハラ砂漠のように赤茶けたものまで、地域によって色合いが異なります。どのような地域にある砂漠かを意識して、砂の色合いを決めるといいでしょう（詳しくは「地表コレクション」参照→P.206）。

　砂漠の場合、緑は少ないでしょうが、ところどころにサボテンや下草が生えていると、味わいが増します。また、砂は風で高く舞うこともあるので、モビルスーツや植物に砂ぼこりをつけて、砂漠らしい雰囲気を演出してみましょう。

Rストーン バラストN／モーリン

砂系の素材は各社から出ており、さまざまな色合いがある。

砂嵐を受ければ、モビルスーツも広範囲に汚れるだろう。

組み合わせる！

水面（→P.187）と組み合わせて、オアシスをつくっても面白い。ヤシの木を設置したい（→P.226）。

作品チェック

『機動戦士ガンダム』より。砂漠でグフと対峙するガンダムとガンキャノン。砂漠には、それなりに起伏があることがわかる。

『機動戦士ガンダム MS IGLOO2 重力戦線』より。モビルスーツの突進で舞う砂ぼこり。きっと全身砂まみれになるだろう。

ジオラマプラン③
荒れ地・泥地

難易度 ★★～

基本チャート

ベース	ベースを用意し、レイアウトを考える。スタイロフォームを使うなら、つくりたいサイズで切り出す（→P.200）。
地形	高低差をつけたいなら、スタイロフォームで積層する（→P.202）。石粉粘土（土色）で覆って地面をつくる（→P.200～201）。
地表	情景テクスチャーペイント（土　ブラウン）（→P.205）やグラウンドベース（→P.208）を塗って、土の地表を表現する。複数種類のバラストをまき、必要に応じて草パウダーや葉っぱ素材を足す。
自然物	インテリアバークやシリコンモールドで岩場をつくる（→P.203）。樹木を設置してもOK。
ガンプラ	ガンプラを設置する（足元を中心に泥汚れなどをつける）。

　荒れ地や泥地の地表は、土色が中心です。土色の石粉粘土にグラウンドベース（→P.208）を盛る、あるいは土色の情景テクスチャーペイントを塗るなどの方法で地表をつくるといいでしょう。そこに複数種類のバラストをまき、ところどころに複数色の草パウダーや葉っぱ素材をつけると、雰囲気が出ます（詳しくは「地表コレクション」参照→P.206）。

　岩石などを加えたい場合は、シリコンモールドがおすすめです。石粉粘土が乾く前に押しつけて固定し、着色すれば色合いにアクセントがつきます。

　ガンプラを設置したら、足元を中心に泥汚れをつけ、完成です。

石粉粘土にグラウンドベースを盛り、バラストや草パウダーなどをまいた。

岩などを加えると、形状面はもちろん、色合いの面でもアクセントがつく。

ディテールアップ！

ぬかるんだ泥を表現したい場合は、Mr.ウェザリングペーストのウェットクリアー（→P.191）を塗り重ねるといい。湿ったツヤ感を表現できる。

作品チェック

『機動戦士ガンダム 第08MS小隊』より。荒野でメンテナンス中の陸戦型ガンダム。土や砂の大地のほか、岩山や岩石などが見える。

『機動戦士ガンダム 第08MS小隊』より。岩場で構えるジム・スナイパー。岩場とはいえ、ところどころに緑も見える。

ジオラマプラン④
雪　原

難易度 ★～

基本チャート

ベース	ベースを用意し、レイアウトを考える。スタイロフォームを使うなら、つくりたいサイズで切り出す（→P.200）。
地形	高低差をつけたいなら、スタイロフォームで積層する（→P.202）。石粉粘土（土色）で覆って地面をつくる（→P.200～201）。
地表	雪原の地面をつくる。 ●方法①：雪パウダーなどをまく（→P.204） ●方法②：情景テクスチャーペイント（雪　ホワイト）を塗る（→P.205）。
自然物	樹木などを設置。寒帯地方なら針葉樹林などが合う（→P.224）。
ガンプラ	ガンプラを設置する（全身あるいは足元に雪汚れなどをつける）。

　雪パウダーや情景テクスチャーペイントの雪色など、雪素材は多く、事欠きません。サラサラの雪にしたいのか、湿った厚みのある雪にしたいのかなど、イメージに合わせて素材を選びましょう。

　地表に雪を盛る量でも、情景の雰囲気を調整できます。一面を真っ白な雪にすれば真冬の豪雪地帯、泥が混じったような雪にすれば雪溶けのシーズンといった印象になります。また、豪雪地帯で今も雪が降り続いている情景なら、樹木やモビルスーツにも雪が積もります。雪パウダーやウェザリングスティックで、雪汚れをつけていきましょう（詳しくは「地表コレクション」参照→P.206）。

豪雪地帯ならモビルスーツなどにも雪が積もる。雪パウダーをふりかける。

雪原に残る足跡。ガンプラの足を押しつけて、跡をつけよう。

ディテールアップ！

一面の雪にしたいならしっかりと雪パウダーを敷き詰め、雪と泥が混ざった感じにしたいなら泥素材と雪パウダーを混ぜてまこう。

作品チェック

『機動戦士ガンダム 第08MS小隊』より。こんな豪雪地帯にいたら、大きなモビルスーツでも全身が雪で覆われてしまう。

『機動戦士ガンダム0080 ポケットの中の戦争』より。北極基地は建物の壁面なども凍結していて、厳しい寒さを物語っている。

▶ ジオラマプラン⑤ 〈 山 岳 〉

難易度 ★★〜

基本チャート

ベース	おおよそのレイアウトを考える。
↓	
地形	山岳部分はスタイロフォームを積層して、だいたいの形をつくる（→P.200）。石粉粘土（土色）で覆って地面をつくる（→P.200〜201）。
↓	
地表	山肌の地面をつくる。地面には草パウダーやバラスト、土系の素材をまく。シリコンモールドを用いて石膏製の岩場を表現する方法もある（→P.203）。
↓	
自然物	完成品や自作の樹木、森、茂みなどをつける（→P.224〜225）。
↓	
ガンプラ	ガンプラを設置する（足元を中心に砂、泥などの汚し表現を入れる）。

　山岳の情景は、高低差の表現がポイントです。基本はスタイロフォームを積層して、イメージに合う高さを出しましょう。その上から石粉粘土を盛っていけば、高低差のある舞台が完成します。

　岩場の多い情景にしたいなら、石膏用の型であるシリコンモールドの出番。石粉粘土が乾く前に石膏製の岩石を押しつけて、固定してください。

　地表は泥や草、樹木などで構成されますので、それぞれの素材をつけていってください。設置したガンプラにも、同様の素材でウェザリングを施すと、ジオラマになじみます。

山岳特有の高低差があるシーンは、スタイロフォームを積層してつくる。

ゴツゴツした岩場を見せたいなら、シリコンモールドを多用しよう。

組み合わせる！

山岳は荒れ地・泥地（→P.183）の情景と組み合わせやすい。樹木や草を抑えめにすれば、殺伐とした雰囲気をかもし出せる。

作品チェック

『機動戦士ガンダムＵＣ』より。山岳の中に隠れるΖプラス。木々のスキマから岩肌が見え隠れしている。

『機動戦士ガンダム 第08MS小隊』より。グフ・フライトタイプの奥にそびえる山。モビルスーツよりはるかに巨大だ。

▶ ジオラマプラン⑥ 〈 市街地平時 〉

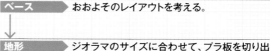

難易度 ★★★〜

基本チャート

ベース	おおよそのレイアウトを考える。
↓	
地形	ジオラマのサイズに合わせて、プラ板を切り出す（ベースの高さを出したいなら、その下にスタイロフォームを置いてもOK）。
↓	
地表	アスファルトの地面をつくる。 ●方法①：プラ板やコルクシートに、情景テクスチャーペイント（路面 ライトグレイ）を塗る（→P.209、P.240）。 ●方法②：グレー系の水性塗料やサーフェイサーで塗る（→P.209）。 ●方法③：アスファルトがプリントされたシートを貼る（→P.191）。
↓	
人工物・自然物	鉄道模型用の建物や街路灯、ガードレール、自動車、街路樹、人間などを設置（→P.234）。
↓	
ガンプラ	ガンプラを設置（サビや経年の汚れを入れる）。

　市街地には建物や街路灯、ガードレール、自動車など、さまざまな人工物があります。これらは鉄道模型用の素材が数多く出ているので、その中から選ぶといいでしょう（→P.194）。

　アスファルトの地面はプラ板やコルクシートに、路面色の情景テクスチャーペイントを塗る方法でつくることができます。ベースに高さがほしいときは、木製トレイやスタイロフォームを設置するとよいでしょう。

　平時なので、ガンプラは待機・警戒態勢を取らせましょう。ウォッシング（→P.254）などで汚し、使用感を演出するのもありです。

建物や小物は鉄道模型用の素材が使える。イメージに合うものをチョイス！

コルクシートに情景テクスチャーペイントを塗ってつくったアスファルト。ザラついた路面の質感がリアルだ。

ティテールアップ！

本物の街並みの写真を見るなどして、よりリアルな建物や小物類のレイアウトを考えよう！

作品チェック

『機動戦士ガンダム 鉄血のオルフェンズ』より。まだ戦闘が行われる前の市街地は、人びとの生活のにおいに溢れている。

『機動戦士ガンダム』より。偶然見つけた父を追いかけ、夜の町を走るアムロ。

ジオラマプラン⑦ 市街地戦時

難易度 ★★★★〜

基本チャート

市街地づくり → 左ページの方法で、破壊前の市街地をつくる。あとで加工しやすいように、建物は取り外しできるようにしておく。

破壊表現 → 建物を破壊する。
●爆弾やミサイルによるダメージを入れる（→P.237〜239）。
小物類を破壊する。
●街路灯やガードレール、街路樹、自動車などを破壊し、ガレキを盛る（→P.239、P.242）。

汚し表現 → 火災後のイメージで、全体にスス汚れをつける（→P.242）。

ガンプラ → ガンプラを設置（ダメージや汚れを入れる）。

　戦禍にまみれた市街地をつくるには、まずはいったんきれいな市街地をつくるといいでしょう。その際、建物は接着せず、取り外して加工できるようにしておいてください。
　ポイントは、空爆か、ミサイルの流れ弾を受けたのか、ビーム砲によるものかなど、どんな攻撃を受けたのかを具体的に設定しておくことです。それぞれで街並みの壊れ方は変わってきます。破壊加工には、プラのこやニッパー、ペンチ、リューターなどが使えます。また、戦塵によるスス汚れには、Mr.ウェザリングカラーやパステル粉などが便利です。

爆弾が直撃した建物。リューターで穴をあけ、ペンチなどで加工（→P.237）。

ガレキは薄く固めた石膏を砕いてつくる（→P.239）。雰囲気が高まる。

ディテールアップ！

スス汚れは、紙やすりで削ったパステルの粉を綿棒などで押しつけて表現する方法もある（→P.231）。質感が変わって、表現の深みが増す。

作品チェック

『機動戦士ガンダム THE ORIGIN』より。ガンタンク初期型同士が市街地でぶつかり合う。大口径砲を放てば、建物は大破する。

『新機動戦記ガンダムW Endless Waltz』より。市街地で戦闘が行われれば建物は崩れ、廃墟と化すだろう。

ジオラマプラン⑧ 軍事基地

難易度 ★★★★〜

基本チャート

ベース → おおよそのレイアウトを考える。

地形 → ジオラマのサイズに合わせて、プラ板を切り出す（ベースの高さを出したいなら、その下にスタイロフォームを置いてもOK）。

地表 → パネル張りのような軍事基地のアスファルトをつくる（→P.209）。

人工物 → ●鉄道模型用の工場や発電所、工場系小物類を設置（→P.195）。
●EXモデルのガンダムトレーラー（→P.196）などを配置してもいい。

ガンプラ → ガンプラを設置（サビや経年の汚れを入れる）。

　軍事基地も、鉄道模型用の素材を使って構成します。たとえば、工場や発電所などの建物素材を配置すれば、雰囲気を出せます。
　地面はパネル張りのようなアスファルトをつくることで、「らしさ」を高めることができます。プラ板にパネルラインを表現するモールドを入れ、グレー系で塗装すれば完成です。
　平時か戦時かなど、設定を細かく考えてガンプラを設置し、建物なども含めて汚し表現やダメージ表現を加えていきましょう。また、EXモデルのガンダムトレーラーなどを配置してもいいでしょう。

グリーンマックスの「格納庫（倉庫）」。軍事基地の情景にピッタリだ。

トミーテックのジオコレコンバットシリーズの「司令本部」。同シリーズには、軍事基地系の建物キットなどがある。

ディテールアップ！

平時なら待機中の機体や整備中で横たわっている機体を置き、戦時なら工場を守るように戦わせるなど、具体的なシーンを設定してつくるとリアリティが増す。

作品チェック

『機動戦士ガンダムSEED DESTINY』より。軍事基地には司令部棟や格納庫、管制塔など、特徴的な建物が建ち並ぶ。

『機動戦士ガンダム00』第2話「ガンダムマイスター」より。ガンダム作品には数多くの軍事基地が登場するので、お手本には事欠かない。

ジオラマプラン⑨ 格納庫
難易度 ★〜

基本チャート

ベース	格納庫素材を用意し、レイアウトを考える。そのレイアウトに合わせて、格納庫を組み立てる。
塗り分け	バーニアやパネルなど、ディテールアップパーツなどを貼りつけ、各部を塗り分ける（→P.232）。
つくり込み	トラスやキャットウォーク、ケーブルなどを追加するなど、格納庫をつくり込む（→P.233）。
ガンプラ	ガンプラを設置。

　格納庫ジオラマのベースとなるのは格納庫素材で、さまざまなバリエーションのものが市販されています。

　格納庫素材は基本的に単色成型なので、各部の材質の雰囲気を出すために、シルバーやゴールドで塗装するといいでしょう。その際、排熱ダクトをイメージしてバーニアパーツをつけたり、壁面の造型を細かくするためにパネルパーツをつけたりすると、ディテールアップできます。そのうえでキット付属、あるいは別売りのトラスやキャットウォークなどを加えて、モビルスーツの格納庫らしくつくり込んでいきます。

　また、基地内照明をイメージして、LEDを設置してもいいでしょう。

格納庫キットにディテールアップパーツのバーニアをつけたら、排熱ダクトに様変わり！

元はすべて同一色の格納庫キットでも、部分的に塗り分ければ、複数のパーツで構成されているように見える！

ディテールアップ！

整備中のモビルスーツにつなぐケーブル類は、リード線やスプリングなどを熱収縮チューブで束ねてつくれる（→P.233）。

作品チェック

『機動戦士ガンダム』より。メンテナンス時はケーブルやパイプにつながれる。作業用のキャットウォークなども必須だ。

『機動戦士ガンダム0080 ポケットの中の戦争』より。メンテナンス中の通称「アレックス」。モビルスーツは寝た姿勢で整備されることもある。

ジオラマプラン⑩ 宇宙
難易度 ★★〜

基本チャート

ベース	おおよそのレイアウトを考える。月面などの平面な地形なら、木製トレイやスタイロフォームが使える。宇宙空間なら、シリコンモールドでつくる小隕石などをベースにしてもいいだろう（→P.203）
地形	月面などの場合はスタイロフォームを積み上げたり、粘土で大きな谷をつくったりして崖や渓谷を設ける。
地表	モノクロに塗装したインテリアバークやモノクロ色調のバラストなどを設置して岩場感を出す。
人工物	宇宙都市をつくる場合、コンビナートやガスタンク形状の建物素材を使用する。グレーを基調とした色に塗り直して、コーションマークなどのデカールを壁面に貼りつける。
ガンプラ	宇宙用のモビルスーツを用いるのがポイント。

　宇宙はガンダム作品では定番のシーンであり、多くの人がつくりたい情景の1つでしょう。ただし、宇宙ジオラマにとって最大のポイントである無重力表現、果てしない宇宙空間の表現を行うには工夫が必要です。

　宇宙空間らしさを演出するものとして、小隕石があります。小隕石はシリコンモールド＆石膏でつくる方法（→P.203）と、発泡スチロール球をスチロール系接着剤で溶かしてつくる方法（→P.248）があります。

　レイアウトやガンプラのポージングでは、いかに無重力や浮遊感を感じさせるかがポイントです。実際の宇宙の映像も見るなどして、イメージを膨らませていきましょう。

シリコンモールド＆石膏で、小隕石や岩石などがかんたんにつくれる！

小隕石は発泡スチロール球をスチロール系接着剤で溶かす方法でもつくれる。

ディテールアップ！

小隕石はジェッソ（→P.191）でドライブラシをかけると、陰影が強調されて"らしさ"が増す。

作品チェック

『機動戦士Zガンダム』より。宇宙を駆けるゼータガンダム。周囲に小隕石やデブリが舞っているのは、宇宙ならではの情景だ。

『機動戦士ガンダムUC』より。宇宙空間を高速移動すれば、小隕石がぶつかってモビルスーツの装甲は凸凹になるかもしれない。

ジオラマプラン⑪ ジャングル

難易度 ★★★〜

基本チャート

ベース	おおよそのレイアウトを考える。
地形	高低差をつけたいなら、スタイロフォームで積層する（→P.200）。石粉粘土（砂色か土色）で覆って地面をつくる（→P.200〜201）。
地表	ちぎった天然素材プランツやバラスト、ストーンなどを混ぜた素材を地面の上に盛りつける（→P.208）。
自然物	自作でジャングルの木やツタをつくる（→P.228）。
ガンプラ	ガンプラを設置する（足元を中心に泥などの汚し表現を入れる）。

ジャングルの地表は枯れ木や枯れ草、大小さまざまな石・砂などが混ざり合ってできています。そうした地表を表現するには、実際にそれらの素材を混ぜ合わせるのがおすすめです（→P.208）。草やバラストを混合するバランスによって、色合いを変えられます。

ジャングルの木々はそれぞれで形状が異なっていたりするので、エナメル線を束ねて幹と枝をつくり、そこに葉っぱとしてギガプランツなどの草素材をつけて自作するといいでしょう。

少し幹を曲げ、間にエナメル線でつくったツタをはわせれば、ジャングルの木が完成します。

エナメル線とギガプランツ、「紙創り」の葉でつくったジャングルの木。

天然素材プランツやバラストなどを水溶きボンドと混ぜてつくったジャングルの地面。

ディテールアップ！

100円ショップやホームセンターでフェイク植物などを入手し、加工すればジャングルらしさを表現できる。

作品チェック

『機動戦士Zガンダム』より。ジャブローで戦うグフ飛行試験型。木に絡まったツタがジャングルらしさを演出している。

『機動戦士ガンダム 第08MS小隊』より。ジャングル特有のよどんだ沼を陸戦型ガンダムが進軍していく。

ジオラマプラン⑫ 水面

難易度 ★★〜

基本チャート

ベース	おおよそのレイアウトを考える。水の透明感を演出しやすいアクリルトレイがおすすめ。
地形	ビーチなどの陸地を設ける場合は、石粉粘土を盛るなどして、陸地部分をつくる。
水面	水面をつくる。●方法①：ジェルメディウムで水面をつくる（→P.214）。●方法②：透明レジンを使って深さを出し、水中まで見える水表現にする（→P.217）。
自然物	必要に応じて、陸地に樹木やバラストなどを置く。
ガンプラ	ガンプラを設置する。

水面を表現する方法はいくつかありますが、本書では①ジェルメディウムを使う方法、②透明レジンを使う方法をそれぞれ紹介します。

方法①ジェルメディウムは厚みのある水面表現には向きませんが、細かい波の雰囲気を出すことができます。

方法②透明レジンは透明の液体素材なので、水深のある水表現をするのに最適です。ガンプラを沈めて硬化させることで、水中にいるガンプラを見せることができます。ただし、透明度の高い状態で仕上げるには、コツと手間暇が必要なのでポイントをよく理解し、粘り強く作業しましょう。

ジェルメディウムなら、手軽にウェットな水面の質感をつくることができる。

透明レジンを使えば、水の中までを見せることができる。

ディテールアップ！

海か川か沼か、あるいは同じ海でも浅瀬か沖かなどで、水の色合いが異なる。それぞれベースに塗る塗料の色などで調整しよう。215ページにある水表現レシピを参考にしよう。

作品チェック

『機動戦士ガンダムSEED DESTINY』より。水上で戦うブラストインパルスガンダム。大きな水しぶきを表現する参考にしよう。

『機動戦士ガンダム サンダーボルト』より。水辺でたたずむダリル。青々とした美しい海が見える。ガンダム作品には、海のシーンも多く登場する。

ベースの種類

▶ ジオラマづくりを始めるにあたって、何をベースにするかを考えよう。

▶ おすすめはフィギュアや模型を飾るための①台座（木製/プラスチック製）、②100円ショップなどで入手できる木製トレイやアクリルトレイなどの雑貨類、③切削や接着で自由に成型できるスタイロフォームだ。

ジオラマづくりに着手する際、何をおいてもまず必要になるのがベースとなる素材です。基本的にはジオラマを載せられるものなら何でもOKですが、おすすめなのはフィギュアや模型を飾るための①台座（木製/プラスチック製）、②雑貨類（木製トレイやアクリルトレイなど）、③スタイロフォームです。①②はつくりたいサイズのものを買えば、それ以上の加工は不要なのでかんたん。スタイロフォームは切り出すことで、自由なサイズのジオラマをつくれますし、積層することで高低差を出すこともできます。つくりたいジオラマのサイズやイメージに合わせて選びましょう。

おすすめのベース材料

台座

ホームセンターや100円ショップで買えるプラスチック製台座や木製台座でヴィネットをつくってもいい。模型展示用の台座もある。

木製台座
フィギュアなどを飾るのに使う木製の台座。オイルステンやニスを塗れば、台座の色合いを変えられる。

ディスプレイケース／タミヤ
アクリルの透明ケースがついた展示用のケース。幅×奥行き×高さによって、いくつかのサイズバリエーションがある。写真はG。

雑貨類

100円ショップやホームセンターなどで市販されているさまざまなものが、ベースとして使える。

木製トレイ
裏返して使うと、ちょどよい台座になる。好きなサイズのものを選ぼう。

アクリルトレイ
透明なので水表現に向く。台座に求める高さに応じて、フタ側と容器側のどちらを使うか選ぼう。

スレート石板
石製の平坦なプレート。10cm×10cmほどなので、手の広サイズのヴィネットをつくるのに最適。

スタイロフォーム

元は建物の断熱材や保温材として用いられる建築部材。軽いうえに、切り出しがかんたんで成型しやすいため、情景模型のベースとして、広く用いられている。

模型用スタイロフォーム／モーリン
模型のベース用として発売されているもの。縦×横×高さで、さまざまなサイズバリエーションがある。

使用イメージ

スチロールカッター（→P.198）などで切り出し、自由な形のベースをつくることができる。

地形材料の種類

▶ 地形とは、地面の凸凹や高低差のある起伏など、ジオラマの形状のこと。

▶ 地形づくりの主な材料は、①石粉粘土と②ポリエステルパテの2種類。大きな起伏をつくりたいときは、スタイロフォームを積層するといい。

　地面の凸凹や高低差のある起伏などをつくるのに便利なのが石粉粘土です。粉状にした石でできた粘土で、伸びがよくて成型しやすいうえに、固まると紙粘土より硬く丈夫になり、塗装もできるので、ジオラマの地形をつくるのに最適です。

　ほかにはポリエステルパテを使えば、ほどよく凸凹した地面をつくることができます。また、大きな高低差をつけたい場合は、スタイロフォームを切り出して、積層していくのがおすすめです。粘土だけで盛り上げてつくると、重くなるうえに、量もかさむのでコストがかかります。

おすすめの地形材料

石粉粘土

粉状にした石を素材にした粘土。硬化後は塗装や加工が可能なので、ジオラマの地形づくりに最適。100円ショップで売られているものもある。

Mr.情景クレイ
／GSIクレオス

情景模型用の粘土。乾燥後は切削や研磨による加工をしたり、塗装したりできる。砂、泥、白土、赤土の4種。写真は泥。

軽いねんど 黒
／ダイソー

軽くてやわらかく、扱いやすい。接着力や経年耐久性を高めるため、水溶きボンド（→P.193）を練り込んで使うとよい。

ポリエステルパテ

ポリエステル製のパテ。硬化すると、塗装や切削加工が可能なので、なめらかな地面の形状をつくることができる。

パテ革命 モリモリ
／ウェーブ

ホビー用のポリエステルパテで、ほどよい粘性があり、盛りつけがしやすい。40g、120g、1kg(缶)がある。専用硬化剤が付属。

ポリエステルパテ
／タミヤ

主剤と硬化剤の2液性ポリエステルパテ。ペースト状なので、スキマや細かな部分にも使いやすい。肉やせやヒケが少なく、盛りつけに便利。

石膏

水と混ぜ合わせることで硬化する鉱物。ジオラマでは岩石やガレキをつくるのに役立つ。ホームセンターや100円ショップで購入できる。

焼石膏 A級石膏
／吉野石膏

純白度が高く、陶磁器や美術工芸品をつくるのに最適な石膏。もちろん、ジオラマ素材として使うこともできる。

プラスα 岩をつくるのに便利な シリコンモールドとインテリアバーク

シリコンモールド〈ランダム〉
／KATO

さまざまな形状の型に石膏を流し込んで固めるだけで、かんたんに岩がつくれる優れもの（使い方はP.203）。

インテリアバーク

観葉植物用の素材。岩や崖などの表現に使える。ホームセンターなどで入手できる。

地表材料の種類

▶ 地表とは草地や砂地、雪原など、地面の種類を示すもの。地形の表面部分ともいえる。

▶ 地表づくりの素材は、大きく分けて①パウダー群、②岩石群、③塗料群、④葉っぱ群、⑤シート群がある。ほとんどすべて鉄道模型用の素材で、模型専門店（模型コーナーがある家電量販店を含む）などで入手できる。

地表とは草地や砂地、雪原など、地面の種類を示すものです。地形の表面部分ともいえます。地表づくりの素材はさまざまで、大きく分けて①パウダー群、②岩石群、③塗料群、④葉っぱ群、⑤シート群があります。それぞれで表現できるものが異なるので、特徴やラインナップを把握し

て、イメージに合うものを選びましょう。

なお、パウダーやバラストなどをベースに盛りつけるには、**水溶きボンド**（→P.193）を使うか、**マットメディウム**（→P.192）を使う方法があります（やり方は→P.208）。

おすすめの地表材料

パウダー群

粉状の素材。草系と雪系に分かれる。水溶きボンドを塗りつけたベースにまくことで、草地や雪原などを表現できる。

草系

雪系

ナノプランツ
／KATO

スポンジを細かい粒状にした素材。複数色を混合して使うと◎。草向けにミックスグリーン、グラスグリーン、ディープグリーン、ブレンドカラー（緑）、ブレンドカラー（茶）がある。写真はディープグリーン。

スモールプランツ
／KATO

ナノプランツに比べ、やや粒子の粗い素材。イエローグリーン、ミックスグリーン、ライトグリーン、ミディアムグリーン、ダークグリーン、シャドーグリーンがある。写真はミックスグリーン。

カラーパウダー
／トミーテック

粒度の細かい草パウダー。草系のカラーは、ライトグリーンミックス、ライトグリーン、グリーン、ダークグリーンの4種。写真はライトグリーンミックス。

Rストーン スノーパウダー
／モーリン

鉄道模型用の雪パウダー。新雪、市街地の雪、粉雪（N用）、粉雪（細目）の4種があり、繊細な雪表現ができる。写真は粉雪（N用）。

岩石群

岩石・砂利の素材。小石くらいあるストーン系と、パウダーに近い粒状のバラスト系に分けられる。土や岩場の表現に使える。

ストーン系

バラスト系

Rストーン
／モーリン

小さな石の素材。少量を草地の中にまいたり、土の上にまいて荒れ地にしたりして使える。川石、小岩・中岩、川石（渓谷用）など、種類豊富。写真は川石（渓谷用）。

クラッシャブルストーン
／モーリン

砕いて使うことを前提につくられた大きめの石。ペンチやハンマーなどで砕いて、好きな大きさにして使える。

バラスト〈ナノ〉
／KATO

軽石を細かく粉砕してつくられた素材。砂や土の地面、砂利道などを表現できる。ハニー、グレー、ブラウン、ライトグレー、ダークブラウンの5種。写真はブラウン。

Rストーン バラストN
／モーリン

鉄道模型用で、Nゲージ（1/150スケール程度）のものは幹線、ローカル、ローカルⅡ、準幹線の4種があり、それぞれで色が異なる。写真はローカルⅡ。

塗料群

ベースに塗りつけることで、地表を表現することができる。
模型用の水性塗料を使ってもいい。

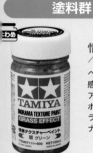

情景テクスチャーペイント
／タミヤ

ペースト状で、塗りつけるだけで自然に立体感が出せる。「砂 ライトサンド」「土 ダークアース」「土 ブラウン」「粉雪 ホワイト」「雪 ホワイト」「草 カーキ」「草 グリーン」「路面ライトグレイ」「路面 ダークグレイ」がラインナップ。写真は草 グリーン。

プラスα 塗装前に下地をつくっておこう

ジェッソ
／リキテックス

スタイロフォームに塗装する場合、下地としてジェッソを塗ることで、塗料の食いつきと発色がよくなる。

水性塗料

水性ホビーカラー
／GSIクレオス

においが弱めで、安心して使える。乾きやすく、塗膜も強い。対応する溶剤で薄めて使う。色の種類も多い。筆塗りもエアブラシ塗装も可。

アクリル塗料
／タミヤ

塗りムラやかぶりがほとんどなく、においも弱めで使いやすい。カラーバリエーションも豊富。筆塗りもエアブラシ塗装も可。

Mr.ウェザリングペースト
／GSIクレオス

朝露や湿った泥など、立体的でウェット感のある汚れを表現できる。ウェットクリアー、マッドブラウン、マッドホワイト、マッドイエロー、マッドレッドの5種。写真はウェットクリアー。

葉っぱ群

森や茂み、低木、木の葉っぱなどを表現できる素材。スポンジ素材のフォーリッジと、コケ・藻などを原材料にしたライケンに大別される。

フォーリッジ

ギガプランツ
／KATO

細かいスポンジを絡めた素材。低木から高木まで、さまざまな緑の表現に。アッシュグリーン、ライトグリーン、ミディアムグリーン、ダークグリーン、シャドーグリーンの5種。写真はミディアムグリーン。

テラプランツ
／KATO

ギガプランツよりも粗いスポンジを絡めた素材。樹木の密集表現などに使える。ライトグリーン、ミディアムグリーン、ダークグリーンの3種。写真はミディアムグリーン。

フォーリッジ
／トミーテック

植え込みや樹木、下草の表現が可能。ダークグリーン、グリーン、ライトグリーン、ライトグリーンミックスの4種。写真はグリーン。

ライケン

天然素材プランツ
／KATO

天然のコケを加工した素材。遠目に見た樹木、茂みなどに。ライトグリーン、ダークグリーン、イエローグリーン、ミディアムグリーンの4種。写真はライトグリーン。

ライケン
／トミーテック

低木や生け垣などの表現に使える。ブラウンミックス、グリーン、ライトグリーンの3種。写真はグリーン。

紙創り

1/144 ヤシの葉
／和巧

ミニチュアペーパーキット。ガンプラに合うサイズでは、1/144のヤシの葉などがある。シートから取り外し、木の幹に貼りつければヤシの木の出来上がり。

シート群

クラフト紙やマットなどにパターン（模様）が立体印刷されたシート。ベースに貼るだけで、道路などさまざまな地表を表現できる。

情景シート
／タミヤ

クラフト紙に立体印刷を施したシート素材。ベースに貼るだけで、かんたんに石畳やレンガなどを表現できる。石畳A/石畳B/石畳C/レンガ/路面ブロックAの5種。写真は石畳A。

NEWデザインプラスチックペーパー／津川洋行

貼るだけでレンガやタイル、石積などを表現できるプラスチックペーパー。写真左は玉石150、写真右はケンチ80。

水表現素材の種類

▶ 海や川、湖、沼など、水のある情景を表現できるようになると、ジオラマ表現の幅は一気に広がる。

▶ 主な水表現素材は①メディウムと②透明レジンに分かれる。サブ的な素材として、色のついた透明アクリル板や透明プラ板なども使える。

　海や川、湖、沼など、水のある情景を表現できると、ジオラマ表現の幅は一気に広がります。ポイントは、**水らしいツヤ感や透明感を見せること**。

　そうした表現に適した素材として、**メディウム**があります。本来は接着剤の一種ですが、乾くと透明になり、ツヤが出るため、情景模型の素材として広く用いられています。複数の種類が出ており、それぞれで乾燥時の光沢度や硬さが異なります。

　また、**透明レジン**など、情景模型用の水表現素材も発売されています。

おすすめの水表現素材

水の質感を表現するための素材

乾燥すると透明になるメディウム。それぞれの特徴を理解して使いこなそう。

グロスポリマーメディウム
／リキテックス

ツヤ出しメディウム。水の深さ（厚み）を出すために、水面の下地として塗るのに向いている。

ジェルメディウム
／リキテックス

強いツヤを出せるメディウム。水面に盛りつけて小さな水の動きを表現するのに使える。ただし、乾燥すると目減りする。

ヘビージェルメディウム
／リキテックス

固練りのジェルメディウム。より大きな波を演出できる。乾燥時間をしっかりと取ること（72時間程度）が、透明に仕上げるコツ。

マットメディウム
／リキテックス

つや消しのメディウム。接着力が強く、乾燥すると透明になり、ツヤも出ない。接着力が強いので、接着剤代わりにも使える。ただし、水表現には向かない。

水中を見せるための素材

水中を見せるには、透明レジンを使う。人体に危険のある物質なので取り扱いに注意が必要だが（→P.217）、完成度はよい。

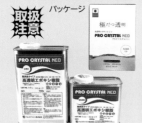

プロクリスタルNEO
／テムコファイン

2液混合タイプの高品質な透明レジン。黄変しにくく、より高い透明度を求めたい場合に向く。硬化収縮が極めて少ないほか、粘度が低く、気泡が入りにくい特徴がある。

波音カラー
／KATO

透明レジンを着色するための塗料。2液混合タイプの透明レンジを混ぜる際、いっしょに混ぜて調色する。カラーはネイビーブルー、ターコイズ、モスグリーン、セージグリーン、ダークオリーブ、ライトブラウン、ブラウン。写真はネイビーブルーとターコイズ。

水深や芯をつくるための素材

水深をつくりたい場合は、透明アクリル板や透明プラ板をベースにするとよい。薄い透明プラ板は熱であぶって、水しぶきのエフェクトパーツにすることもできる。

透明アクリル板

コバルトブルーやビリジアンなど、海や川の色にマッチする色がついた透明の板。上にジェルメディウムを盛れば、深さのある水面をかんたんにつくれる。きれいに切断するのは難しいので、つくりたいレイアウトに合ったサイズのものを買おう。

透明プラ板
／タミヤ

無色透明のプラ板。エンボスヒーターで軽くあぶってゆがませることで、水しぶきエフェクトをつくれる（→P.216）。ゆがませやすさから、0.2mm厚以下のものが推奨。

自然物素材の種類

▶ 森林や山岳など、自然を舞台にしたジオラマでも市街地のジオラマでも、樹木などの自然物素材が欠かせない。

▶ 自然物素材は、幹も葉も最初からついている完成品を使う方法と、オランダドライフラワーに草パウダーをつけてつくる方法などがあり、それぞれに長所がある。

　森林や山岳など、自然を舞台にしたジオラマでは、樹木を中心とした自然物素材が欠かせません。また、人工的な市街地であっても街路樹などがあると、彩りが増すでしょう。

　自然物素材は、幹も葉も最初からついている完成品と、オランダドライフラワーに草パウダーをつけてつくる方法などがあります。完成品はそのまま地面に挿すだけでいいので、作業がとてもかんたんです。オランダドライフラワーを使う方法は葉のボリュームや形状を自分で調整できるので、樹木の姿に変化をつけることができます。

おすすめの自然物素材

完成品系

ベースにそのまま挿して使える完成品の樹木。鉄道模型用の樹木をそのまま活用できる。KATOとトミーテックから、さまざまな樹木が発売されている。

【 KATO 】

左上から時計回りで桜の木、松の木、けやき(緑)、けやき(茶)、もみじ。ほかにもさまざまな種類があり、シーンに合わせて選べる。

【 トミーテック 】

左上から時計回りで、常緑樹(ライトグリーン)、落葉樹(ライトグリーン)、落葉樹(レッド)、落葉樹(グリーン)、常緑樹(グリーン)。ほかにも広葉樹や雑木、針葉樹などがある。

自作系

鉄道模型(Nゲージ)の樹木づくりで人気のオランダドライフラワーを使えば、手軽に表情豊かな樹木をつくることができる。

水溶きボンドに浸す

葉をつける部分を1分程度、水溶きボンドに浸す。

草パウダーをつける

草パウダー(ここではナノプランツを2色混ぜたもの)につける。

オランダドライフラワー

本物の草を加工してつくられているので、リアルな樹木表現に最適。使いやすい大きさにちぎり、剪定して草パウダーをつけて樹木をつくる。

プラスα お手製ツール "水溶きボンド"をつくろう

　木工用ボンドをそのまま塗ると、乾燥後にテカテカになってしまう。そこで、木工用ボンドを水で溶いた"水溶きボンド"を使おう。パウダー素材などの接着力が増すほか、石粉粘土に混ぜて練ると作業性が上がり、乾燥後のひび割れも防げる。手軽につくれる超便利ツールだ。

水、木工用ボンド、中性洗剤でつくる。ボトルなどに入れて、つくり置きしておくと便利。

水と木工用ボンドを1:1で混ぜる。木工用ボンド＋水100ccに対し、中性洗剤を1滴加える。

水と木工用ボンドは分離しやすい。ビー玉を入れたボトルを振ると混ざりやすくなる。

建物素材の種類

▶ 鉄道模型用の建物素材は種類が豊富で、塗装済みのものも多い。

▶ とくにNゲージは1/150程度のスケールなので、1/144スケールのガンプラでつくるジオラマとの相性が抜群にいい。幅広い種類が市販されているので、好みに合わせて選ぼう。

建物素材(ストラクチャー)は、市街地や軍事基地などをつくりたいときにとても重宝します。鉄道模型用の建物素材は種類が豊富で、塗装済みのものも多く、手軽にさまざまな街並みをつくることができます。

とくにNゲージは1/150程度のスケールなので、

1/144スケールのガンプラでつくるジオラマにぴったりです。とくにKATOのジオタウンシリーズ、トミーテックのジオコレシリーズ、グリーンマックスのストラクチャーが代表的です。各社のホームページやカタログをチェックして、作品のイメージに合う建物素材を見つけましょう。

おすすめの建物素材

市街地系

KATOとトミーテックから、鉄道模型用のものが市販されている。住宅やビル、商業施設など、種類が豊富なので探すのに困らないだろう。

【 KATO(ジオタウンシリーズ) 】

色分け&組み立て済みなので、すぐにジオラマに組み込める。ただし、ウェザリングはされていないので、少し汚して設置するとなおいい(→P.232)。

ショッピングビル1（ブルー）／KATO

オフィスビル1（レンガ）／KATO

【 トミーテック(ジオコレシリーズ) 】

組み立てる必要はあるが、塗装済みであるうえに、モデルによっては軽くウェザリングも施されているので、そのまま設置して使える。さらに汚してもいい。

解体中の建物A／トミーテック

銀行2／トミーテック

ミリタリー系

【 トミーテック(ジオコレコンバットシリーズ) 】

軍事基地や戦場と化した市街地などを表現するのに最適なキット。破壊された工場や司令本部、格納庫などのほか、ガレキや金網フェンスなど小物もラインナップされている。

金網フェンス／トミーテック
※8個セット

破壊された工場／トミーテック

格納庫／トミーテック

コンクリート塀／トミーテック
※16個セット

司令本部／トミーテック

瓦礫セットB

工場系

そのものズバリ軍事施設用のストラクチャーではないが、工場や変電所、格納庫なども使える。とくにグリーンマックスは工場系の建物素材が充実している。プラモデル形式の未塗装キットなので、組み立て・改造・塗装の自由度が高い。

車両修理工場
／グリーンマックス
※写真は組み立て・塗装見本です。

プラント工場
／グリーンマックス
※写真は組み立て・塗装見本です。

格納庫（倉庫）
／グリーンマックス
※写真は組み立て・塗装見本です。

地下駅出入口
／グリーンマックス
※写真は組み立て・塗装見本です。

トラス鉄橋
／グリーンマックス
※写真は組み立て・塗装見本です。

ミニトラス
／ピーエムオフィスエー
※写真は組み立て例です。

小物系

街路灯やガードレール、フェンスなどの小物も設置すると、市街地の雰囲気がさらに高まる。さまざまな小物系素材がKATOやトミーテックなどから、発売されている。

【 KATO（ジオタウンシリーズ）】

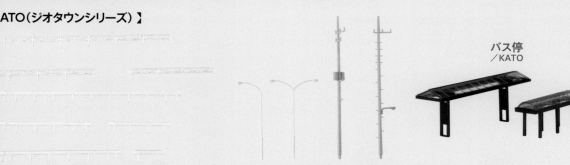

バス停
／KATO

ガードレール
／KATO

電柱・街路灯
／KATO

【 トミーテック（情景コレクションシリーズ）】

ガードレールB2
／トミーテック
※12個セット

柵2／塀2
／トミーテック
※各16個セット

フェンス3
／トミーテック
※8個セット

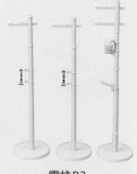

電柱B3
／トミーテック

乗り物・兵器の種類

▶ ガンプラ世界に登場する乗り物や兵器などのキットは、ジオラマでこそ生きる存在。

▶ ガンプラと組み合わせることで、特定の名シーンを再現することもできるし、より臨場感あふれる場面をつくることもできる。上手に活用して、ジオラマを味つけしていこう。

　ガンダム作品には、さまざまな乗り物や兵器が登場します。単独でキット化されているものもあれば、特定のキットに付属しているものもありますが、**それらはジオラマでこそ生きる存在**といえるでしょう。

　たとえば、EXモデルの「ガンダムトレーラー」を使えば、

『機動戦士ガンダム』の第1話「ガンダム大地に立つ!!」の名シーンを再現することもできます。また、キットによってはワッパや高所作業車などが付属していることもあり、それらをジオラマに取り入れれば、臨場感あるガンプラ情景模型をつくり上げることができるでしょう。

おすすめの乗り物・兵器

EXモデル

ガンダムトレーラーやガンペリーなど、さまざまなサポート兵器をキット化したEXモデル。1/144スケールのものはそのまま同スケールのガンプラと組み合わせられるので、情景に広がりを持たせることができる。

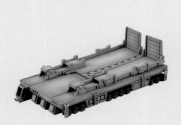

ガンダムトレーラー

『機動戦士ガンダム』などで登場した連邦軍のモビルスーツ運搬用トレーラー。実際に1/144スケールのモビルスーツを乗せて輸送中の情景をつくることができる。

ガンペリー

『機動戦士ガンダム』などで登場したモビルスーツの輸送機。1/144スケールのモビルスーツを入れることができる。

マゼラアタック

『機動戦士ガンダム』などに登場。ジオン公国軍の大型戦車。複数台を並べて、戦車部隊をつくっても面白い。

キット付属品

ガンプラに付属している乗り物やミニ兵器もある。スケールはぴったりなので、ガンプラの周囲に配置して、雰囲気を盛り上げよう。

ワッパ

「HGUC ザク地上戦セット」に付属。偵察用の機動浮遊機。索敵中のジオン公国兵を表現できる。

高所作業車

「MG シャア専用ザクⅡ Ver.2.0」に付属。格納庫ジオラマに置けば、メンテナンス風景を演出することができる。

モビルワーカー

「MSオプションセットシリーズ」に付属。『機動戦士ガンダム 鉄血のオルフェンズ』シリーズに登場。作業機械を改造した兵器で、同作を描くジオラマで使いたくなる。

その他

自動車など、鉄道模型用の乗り物も使える。ネット通販で買えるノンブランドのものもあるので、検索してみよう。

トヨタプロボックス1／KATO

コンテッサ1300クーペ NC79／津川洋行

人間フィギュアの種類

▶ 人間フィギュアを使えば、ジオラマという特定の空間に息づく人間たちを表現することができる。

▶ 人間フィギュアは、①キャラクター・軍人系と②一般人系に大別できる。ウェザリングやポージングの変更など自由に加工して、ジオラマに組み込んでいこう。

ガンプラというとモビルスーツにばかり目がいきがちですが、ジオラマであれば、その空間に息づく人間たちを表現することも大切です。平時で穏やかな生活を送っているのか、戦時で逃げ惑っているのかなど、シーン設定を考えて人間フィギュアを設置してみましょう。

人間フィギュアは大きく分けて、①キャラクター・軍人系と②一般人系に分けられます。①はガンプラに付属する特定のキャラクターや、パイロットのミニフィギュアが当てはまります。また、ビルダーズパーツHDからは一般兵や整備兵のセットである「MSフィギュア01」が発売されています。②は鉄道模型用の人間フィギュアが使えます。塗装済みのものが多いので、そのまま使えて便利です。

おすすめの人間フィギュア

キャラクター・軍人系

ガンダムシリーズに登場するキャラクターや一般兵・整備兵は、キット付属のものか、ビルダーズパーツHDの「MSフィギュア01」を使おう。一般兵なら、鉄道模型用の自衛隊セットなども合いそうだ。

ビルダーズパーツHD MSフィギュア01 ／バンダイ

男性パイロットや女性兵、整備兵など14体がセットになっている。軍服の色を塗り替えれば、さまざまな陣営の兵士をつくれる。

ザ・人間 自衛隊の人々2 ／トミーテック

情景コレクションシリーズの1つ。さまざまなポージングの自衛隊員が12体セットになっている。一般兵として使えるかも。塗装済。

一般人系

一般市民を使いたい場合は、鉄道模型用の人間フィギュアが合う。非常に数多くのバリエーションがあるうえに、塗装済みであるものもありがたい。

Nゲージ 若者 ／KATO

Nゲージ用の人間フィギュア。ほかにも小学生や学生、通行人、警察官など、街に息づく人びとが多種多様にラインナップされている。

ザ・人間 歩く人々2 ／トミーテック

情景コレクションシリーズの1つ。ほかにも学生や働く人のほかに、自衛隊や農家、漁港など、幅広い職業の人びとが発売されている。

ジオラマに役立つツール

▶ ジオラマづくりでポイントになるのが、いかにツールの購入コストを抑え、時短を図れるようにするかだ。

▶ 質にこだわらず安価な筆を使ったり、わりばしや綿棒、つまようじ、クリアファイルなど日用品を活用することで、コストパフォーマンスを高め、時間短縮も図ることができる。

　ここではガンプラづくりではなく、ジオラマづくりに役立つツールを紹介します。改造編と同じツールも出てきますが、用途が異なることがあるので、それぞれチェックしておいてください。

　つくるジオラマのサイズや構成にもよりますが、ジオラマづくりは基本的に時間がかかり、使用する素材も多岐に渡ります。そのため、ジオラマのツール集めでポイントになるのが、いかに購入コストを抑え、時短を図れるように

するかです。

　たとえば、筆は塗料や水溶きボンドなど、さまざまなモノを塗るのに使います。用途によってはすぐにダメになるので、筆は質にこだわるよりは安価なものを大量に用意して、使い切りにしていくほうがいいでしょう。また、わりばしや綿棒、つまようじ、クリアファイルなどの日用品の使用も使い切りにできて、手入れや片付けの時間をとらないので、コストパフォーマンスが高いです。

おすすめのジオラマ用ツール

基本工具　　一般的な模型用ツールから日用品まで、アイデア次第で何でも道具になる。

スチロールのり
/タケダ

スタイロフォームを接着するのに必須。スタイロフォームでベースをつくる場合は用意しておこう。

スチロールカッター
/白光

スタイロフォームを切り出すためのツール。電熱式で、切断時ににおいが出るので換気に注意しよう。電池式と電源式がある。

ペンチ

建物素材にダメージ表現を施すときに使える。破損箇所をはさんで、グリグリ動かすと、えぐれたダメージ痕を演出できる。

▼本体

◀ビット

工業用リューター（ルーター）

模型用よりパワーが大きめのリューター。建物素材を破壊するときに便利。ビットのつけ替え可。持っていなければ、模型用リューターでもOK。

瞬間接着剤 よわめ

ジオラマづくりはプラスチック以外の素材を扱うことが多いので、基本的に接着は瞬間接着剤で行う。

ニッパー

通常の刃がきれいなニッパーのほか、建物素材のダメージ表現用に刃こぼれしたニッパーを用意しておこう。

薄刃クラフトのこ
/タミヤ

プラスチックを切断するための小型のこぎり。建物素材やガンプラの一部を切断するのに使う（使い方はP.237）。

カービングヒートペン
/ファンテック

熱を帯びた刃でプラスチックを焼き切ることができるツール。焼き切れたダメージを表現できる。

エンボスヒーター

狭い範囲に高熱を与えられるツール。薄めのプラ板をゆがませるほどの高熱を発するので、やけどには要注意。

グルーガン／ダイソー

グルーという樹脂を溶かし、プラ板などを接着できるもの。コルクシートなど、瞬間接着剤では接着しづらいものにも使えて便利。

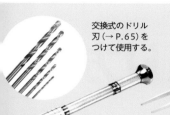

交換式のドリル刃（→ P.65）をつけて使用する。

ピンバイス
金属線やプラ棒などを挿し込むための穴をあけるのに使う。

ピンセット
幹素材に葉っぱを貼るなど、細かい作業に便利。さまざまなタイプがあるが、先端が細い精密タイプがおすすめ。

木工用ボンド
パウダーやバラストなど、各種素材をベースに貼りつけるために必要。水と1：1で割った水溶性ボンドを用いる。

平筆・面相筆
塗装やウォッシングのほか、水溶性ボンドを塗るなど幅広く使える。ジオラマの場合、きれいに均一に塗ることはあまり求められないので、使い切りを前提に安価なものを大量購入しておくと作業効率が上がる。

使い切りツール

汚れるものや消耗品は日用品で代替すると、コスパがよくなり、手入れの手間もなくなる。ぜひ活用しよう。

わりばし
パテや情景テクスチャーペイントなど、ペースト状の素材を盛るのに便利。

綿棒
主にウェザリング用で、パステル類をこすりつけてガンプラや建物などを汚すことができる。

つまようじ
細かいところにパテや素材を盛ったり、成型したりするのに用いる。

ゴム手袋
塗料や素材を扱うときなど、手が汚れる作業時に使うといい。手にピッタリ張りつくものだと作業しやすい。

スポイト
塗料や接着剤など、液状のものを扱うときに便利。

クリアファイル
好みのサイズにカットすれば、塗料や各種素材を混ぜるパレットとして使えて便利。

ネイルブラシ
100円ショップなどで買えるネイル用の筆。柄が小さいので、細かい作業がやりやすい。

紙コップ
作業に必要なパウダーやバラスト、水溶性ボンドなどを入れておくのに役立つ。

ウェザリングツール

基本的には、ガンプラにも使えるウェザリングツールが重宝される。画材屋などで買えるパステルもおすすめだ。

Mr.ウェザリングカラー /GSIクレオス
伸びのいい塗料で、油彩ウォッシングに使える。希釈なしで使えるのもありがたい。ステインブラウン、フィルタリキッドのフェイスグリーン、マルチブラックなどカラーバリエーションも多い。

ウェザリングマスター /タミヤ
「スス」や「サビ」、「サンド」など特定の汚れを表現する粉が入ったツール。3色1セットになっていて、専用のブラシ・スポンジに粉をとってガンプラや建物素材などにこすりつけていく。写真はAセット。

ウェザリングスティック /タミヤ
ペン型のツールで、クレヨンのような素材の先端をガンプラなどにこすりつけることでウェザリングを施すことができる。マッド、スノー、サンド、ライトアースの4種。写真はスノー。

パステル
紙やすりなどで削って粉末状にし、ガンプラや建物にこすりつけることで経年劣化やスス汚れを表現できる。画材屋などで買える。オイルパステルは不可。

エナメル塗料
ウォッシングやサビの汚れなどに使える。タミヤカラーのフラットブラック（XF-1）、クロームシルバー（X-11）、ダークグレイ（XF-24）の3色があると重宝する。

地形・地表①
地形と地表のつくり方

▶ ジオラマづくりの最初のステップは、舞台となる「地形・地表」をつくること。

▶ 具体的には、①ベースを決める、②地形をつくる、③地表をつくるという3ステップで進めていく。

▶ 本物の自然環境やガンダム作品をよく観察して、リアルで説得力のある舞台をつくっていこう。

ジオラマづくりの最初のステップは、舞台となる「地形・地表」をつくることです。地形とは、舞台の広さや起伏などのこと。地表とは、草地や森林、砂漠、荒れ地、雪原、海、市街地など、その舞台の環境のことを指します。

具体的には、①ベースを決める、②地形をつくる、③地表をつくるという3ステップで進めていきます。とくに地表は1つの環境で構成されるとは限らず、たとえば海と森林と岩場で構成された複合的な環境になることもあります。

ガンプラはSF世界のものですが、どんな舞台のジオラマでもありというわけではありません。基本的に自由な発想でつくってかまいませんが、実際の自然環境をリアルに再現していたり、ガンダムの世界観を忠実に再現していたりしたほうが、より説得力が高く、見応えのある作品に仕上がります。

3ステップでつくる地形・地表

ジオラマの舞台となる地形・地表は①ベースを決める、②地形をつくる、③地表をつくるという3ステップでつくる。まずは基本工程と必要な材料をチェックしよう。

1 ベースを決める

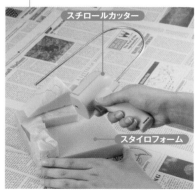

スチロールカッター
スタイロフォーム

ベースとは、ジオラマの土台となるもの。手頃なのは、100円ショップやホームセンターなどで購入できる木製やプラスチック製の台座。そのまま使えるので便利だ。サイズや高低差を自由に調整したいなら、スタイロフォームがおすすめ。

主な素材

・スタイロフォーム　・プラスチック製台座
・木製トレイ（裏返して使う）

2 地形をつくる

石粉粘土

高低差が決まる！

ベースの上に起伏などを表現していく。大きな高低差をつけたいなら、スタイロフォームを積層する。低い起伏をつくる程度なら、石粉粘土だけで成型していくことができる。ほかには、ポリパテで地面の形をつくっていくこともできる。

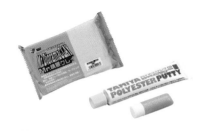

主な素材

・石粉粘土　　　・ポリパテ

3 地表をつくる

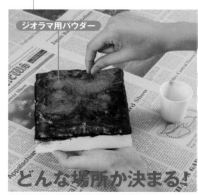

ジオラマ用パウダー

どんな場所か決まる！

草地や砂漠、雪原など、地表表現を行うにはジオラマ用パウダーがおすすめ。地面にパラパラとまくだけで、かんたんに好きな地表をつくることができる。また、タミヤの情景テクスチャーペイントを使えば、ほどよく立体感のある地表をつくることができる。水性塗料を使って、「地表の色」を塗ってもいい。

表面に何をまくかで場所が決まる！

草地に！　雪に！

主な素材

・パウダー　　　・情景テクスチャーペイント
・バラスト　　　・水性塗料

低い起伏の地形をつくる →P.201
高い起伏の地形をつくる →P.202
岩石や小隕石をつくる →P.203
パウダーで地表をつくる →P.204
塗装で地表をつくる →P.205
地表コレクション →P.206

テクニック 地形・地表②
低い起伏の地形をつくる

難易度
かんたん
ふつう
むずかしい

におい
しない
よわめ
つよめ

▶ 低い起伏をつくるには、①石粉粘土でつくる、②ポリパテ＋塗装でつくるという2つの方法がある。
▶ 自然環境をつくる場合、ほどよい起伏や凹凸をつけることで、リアルな雰囲気になる。
▶ 石粉粘土は砂や泥、白土など、いくつかのカラーバリエーションがあるので、塗装なしでそのまま使える。

バラストや観葉植物の土などをまいた。

石粉粘土でほどよく起伏のついた地形ができた。

高低差がほとんどない低い起伏をつくるには、大きく分けて①石粉粘土でつくる、②ポリパテ＋塗装でつくるという2つの方法があります。

どちらにしても舞台が市街地ではなく自然の場合、完全に真っ平らな地面というものは存在しませんから、**粘土やパテを盛りながら、適度な凹凸や起伏をつけていきましょう**。さらに地面をつくった上に草や雪、砂のパウダーをまけば、あっという間にガンプラを設置する舞台が完成します。

使用する道具

＜方法①＞	＜方法②＞
・石粉粘土	・草パウダー ・スタイロフォーム
・スタイロフォーム	・ポリパテ ・スチロールカッター
・スチロールカッター	・クリアファイル（パレット）
・ゴム手袋	・わりばし ・ジェッソ ・水性塗料
・ジェッソ 水溶きボンド（→P.193）	・平筆（ジェッソ用／塗料用）
・平筆（ジェッソ用／水溶きボンド用）	・塗料皿 ・バラスト

方法① 石粉粘土でつくる

情景模型用の石粉粘土は、いくつかのカラーバリエーションが出ている。そのため、ベースに盛りつけて乾燥させるだけで地面がつくれる。

1 スタイロフォームにジェッソを塗る

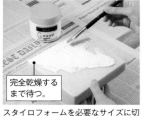

完全乾燥するまで待つ。

スタイロフォームを必要なサイズに切り出し、ジェッソでコーティング。上面と4つの側面すべてに塗っておこう。

2 石粉粘土を揉みほぐす

Mr.情景クレイ（泥）で泥地をつくる。

成型しやすいように、石粉粘土を揉みほぐしていく。ここでは平らな地表をつくるので、粘土も平たく延ばす。

3 石粉粘土を盛りつけていく

指で延ばしながら貼りつけていく。

石粉粘土に水溶きボンド（→P.193）を混ぜて練り、それをスタイロフォームに貼りつけていく。

4 成型して完成

ほどよい凸凹があると地面らしくなる。

つくりたい地面の形をイメージして、指でほどよく凹凸や起伏をつけていく。乾燥して石粉粘土が固まったら完成。

方法② ポリパテ＋塗装でつくる よわめ

ポリパテと塗装で、地面をつくることもできる。ポリパテにはほどよい粘性があるので、自然な形状の地面をつくるのに適している。

1 ポリパテを混ぜ合わせる

クリアファイルをパレット代わりにすると便利。

ポリパテを用意して、ベースのサイズに合わせて、必要な量の主剤と硬化剤をわりばしで混ぜ合わせる。

2 ポリパテを塗りつけていく

パテの盛り具合で地形を表現していく。

ジェッソでコートしたスタイロフォームにポリパテを塗りつけていく。わりばしで引き延ばしながら塗っていく。

3 地面の色を塗る

2色以上を混ぜ合わせると、質感がアップ。

パテが完全乾燥したら、水性塗料で地面の色に塗っていく。マホガニー（H84）とウッドブラウン（H37）を使用。

4 乾燥させたら完成

パウダー等のまき方はP.204参照。

塗装が乾いたあとで、草パウダー（緑色）とバラスト（茶色）をまいて完成。自然な草地が完成した。

テクニック

地形・地表③
高い起伏の地形をつくる

難易度

かんたん
ふつう
むずかしい

におい

しない
よわめ
つよめ

▶ 高低差のある地形は、**スタイロフォーム**を積層してつくるのがおすすめ。積み重ね方によっては山や丘だけでなく、洞窟などをつくることもできる。

▶ スタイロフォームでベースをつくったら、そこに石粉粘土を盛りつけていく。

スタイロフォームを積み重ねてつくった起伏の例。表面には、ジャングルの地形表現（→P.208）を加えた。

高低差のある地形をつくりたい場合、**スタイロフォームを積層する**のがおすすめです。粘土を盛り上げるのは限界がありますが、スタイロフォームは軽いので、いくらでも重ねることができます。やり方次第では、洞窟のような形をつくることもできます。

スタイロフォームを切り出すときは、**電熱式のスチロールカッター**がおすすめですが、**切ったときににおいが出る**ので換気に注意しましょう。

使用する道具

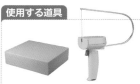
スタイロフォーム　スチロールカッター

石粉粘土
・スチロールのり
・カッターナイフ　・ジェッソ
・水溶きボンド（→P.193）
・平筆（ジェッソ用／水溶きボンド用）
・草パウダー、バラスト
　　（8のように仕上げる場合）

スタイロフォームを積層してつくる　よわめ

高低差のある地形は、スタイロフォームを積層してつくる。まずはベースとなる形をつくり、そこに石粉粘土を盛りつけていく。

1 どのような地形をつくるか考える

まずはどのような高低差のある地形をつくるか考える。実際の自然の写真などを眺めながら考えてもいいだろう。

2 スタイロフォームを切り出していく

細かい部分はカッターナイフで切る。

イメージに合わせてスタイロフォームを切り出し、ベースの上に置いてレイアウトしてみる。まだ接着はしない。

3 接着してベースをつくる

スチロールのり

レイアウトが決まったら、スタイロフォームを1つずつ接着していく。接着には、スチロールのりが便利。

4 おおまかなベースが完成

小高い丘に囲まれた草地、という完成イメージで地形をつくった。ここから調整していく。

5 余計なエッジを切っていく

スチロールカッターを使って、スタイロフォームの余計なエッジを切っていく。においが出るので、換気に注意。

6 ベースが完成

焦ることなく、じっくりとスチロールカッターを動かすと、穏やかでダイナミックな稜線を成型できる。

7 ジェッソを塗ってコーティング

スタイロフォームにジェッソを塗ってコーティングしていく。塗り終えたら、乾燥するまで待とう。

8 石粉粘土やパウダーを盛って完成

パウダー等のまき方はP.204参照。

石粉粘土を盛りつけ、草パウダー（土色）やバラスト（茶色）をまいて完成。イメージ通りの高低差が表現できた。

テクニック　地形・地表④
岩石や小隕石をつくる

難易度

かんたん
ふつう
むずかしい

におい

しない
よわめ
つよめ

▶ 石膏用の型であるシリコンモールドを使えば、岩石や小隕石を手軽につくることができる。
▶ 石膏は水性塗料で塗ることができるので、安山岩や小隕石などさまざまなバリエーションの岩石をつくることができる。

宇宙空間に漂う小隕石と、哨戒中のスタークジェガン！

HGUC スタークジェガン

KATOの**シリコンモールド**を使うと、岩石や小隕石を手軽につくることができます。型の形状にはいろいろなバリエーションがあり、その型に石膏を流し込んで固めるだけで、**多種多様な岩をつくることができる**のです。しかも、石膏は**水性塗料で着色できます**。また、岩石や小隕石は、P.244で紹介するスチロール球を使った爆発エフェクトのテクニックでもつくれます。こちらもまた塗装方法を変えるだけで、さまざまな種類の岩石や小隕石をつくることができます。

使用する道具

シリコンモールド

・石膏
・墨汁
・ジェッソ
・紙コップ
・わりばし（撹拌用）
・離型剤（中性洗剤）
・平筆（離型剤用／ジェッソ用）

シリコンモールドでつくる

岩石や小隕石などは、シリコンモールドという石膏を流し込んで使える型を用いれば、かんたんにつくることができる。

1 シリコンモールドに薄めた中性洗剤を塗る

紙コップの中の水に中性洗剤を数滴垂らした溶液を塗る。

シリコンモールドに水で薄めた中性洗剤を塗る。これは固めた石膏を取り外しやすくするための離型剤となる。

2 石膏を水で溶かしてかき混ぜる

石膏

あらかじめ色をつけるため墨汁を少量加えた水。

石膏と水の混合割合はパッケージの記載どおりに。比率が違うと、まったく石膏が固まらなくなってしまうので要注意。

3 シリコンモールドに石膏水を流し込む

シリコンモールドに水で溶いた石膏を流し込む。こぼしても問題ないように、木箱の中などで作業してもいい。

4 完全に乾燥させて固める

乾燥して固まるまで待つ。シリコンモールドが傾かないように、注意しよう。

5 固まったら石膏を取り外す

完全に乾燥して固まったら、型から石膏を取り外す。不用意に取り出すと、石膏が割れてしまうので丁寧に。

6 ジェッソでドライブラシを施す

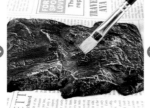

今回は小隕石にするので、ジェッソ（→P.191）でドライブラシをかけ、陰影を強調していく。

7 小隕石が完成

小隕石が完成。あらかじめ墨汁を混ぜたことで、黒色に近い灰色で成型され、白（ジェッソ）のドライブラシで小隕石らしい陰影が強調された。

8 ガンプラを配置して仕上げる

宇宙空間なので、浮遊感や無重力をイメージしてポージングを決め、ベースに固定する（詳しい方法はP.247）。

テクニック 地形・地表⑤
パウダーで地表をつくる

難易度

かんたん
ふつう
むずかしい

におい

しない
よわめ
つよめ

▶ ジオラマ用パウダーは数多く市販されており、草、砂、雪など種類も豊富。

▶ つくりたい地表のイメージに合わせて、複数種類のパウダーをまくことで、とてもかんたんに本物さながらの地面をつくることができる。

濃淡のメリハリが効いた草地に！

HGUC 1/144 陸戦型ガンダム

ジオラマ用パウダーは輸入品を含めて、各社から数多く市販されており、草、砂、雪など種類も豊富です。石粉粘土やパテでつくった地面の上にパラパラとまけば、まるで本物のような地表が完成するでしょう。

ポイントはつくりたい地表のイメージに合わせて、2種類以上のパウダーをまくことです。実際の自然環境が、1種類の草や砂だけで構成されていることは、あり得ません。まくパウダーの種類によって、さまざまな地表をつくれます（詳しくは地表コレクション参照→P.206）。

使用する道具

草パウダー（2色程度）　石粉粘土（黒かブラウン）

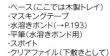

・ベース（ここでは木製トレイ）
・マスキングテープ
・水溶きボンド（→P.193）
・平筆（水溶きボンド用）
・スポイト
・クリアファイル（下敷きとして）
・ゴム手袋
・紙コップ

パウダーをまいて地表を表現する

ジオラマ用パウダーは数多く市販されており、草や砂、雪など種類も豊富。それを地面にパラパラとまくだけで、理想の地表が出来上がる。

1 ベースを用意して側面をマスキング

指で触ってテープの粘着力を落としておくと、あとで剥がしやすい。

ベースは100円ショップの木製トレイを裏返して使用。側面が粘土で汚れないように、マスキングテープを貼る。

2 石粉粘土に水溶きボンドを練り込む

ペースト状になるくらいまで練り込む。

石粉粘土に水溶きボンド（→P.193）を練り込む。ベースへの接着力や経年耐久性が高まる。

3 ベースに石粉粘土を盛りつけていく

盛りにくいときは適宜、水溶きボンドを追加。

ペースト状になった石粉粘土をベースに盛りつける。土の地面なので、完全にフラットでなくてOK。

4 石粉粘土に水溶きボンドを塗る

粘土の色が溶け出しても気にしないでOK。

パウダーをまくために、水溶きボンドを平筆で塗る。石粉粘土が生乾きのまま作業しても問題ない。

5 1色目のパウダーをまく

ナノプランツ（KATO）の「土色（茶）」

草パウダーをまく。手指でまくことで自然なランダム感が生じる。水溶きボンドは乾燥後、透明になる。

6 水溶きボンドをスポイトで上がけ

2色目の草パウダーをまくため、水溶きボンドをスポイトで上がけしてく。ここもランダム感があってよい。

7 2層目のパウダーをまく

ナノプランツ（KATO）の「グラスグリーン」

2色目の草パウダーをまく。やはり手指でパラパラとまいて、自然な質感に仕上げていく。

8 草地が完成！

マスキングテープも剥がす。

2色目のパウダーをまき終えた。このあと、ガンプラの足跡をつけるなどの演出（→P.212）を加えて完成。

テクニック 地形・地表⑥
塗装で地表をつくる

難易度
- かんたん
- ふつう
- むずかしい

におい
- しない
- よわめ
- つよめ

▶ 情景テクスチャーペイントを使うと、塗るだけでかんたんに雪原や草地、土の地面、あるいはアスファルト（→P.209）などの表現をすることができる。

▶ ポイントは薄く何層かに分けて塗ること。雪原や草地の場合は、パウダーと組み合わせて使ってもいい。

孤独感を強調するような、寒々とした雪景色に！

HGUC 1/144 陸戦型ガンダム

塗ることで地表をつくることができます。具体的には**情景テクスチャーペイント**を使用します。タミヤが発売しているペースト状の塗料で、さまざまなカラーバリエーションがあり（→P.191）、**雪原や草原、砂地、土の地面、アスファルト**を表現できます。

ポイントは1回で厚く塗りきるのではなく、**薄く2〜3層に分けて塗ること**です。また、ここで紹介する雪原のように、土肌の見え具合で、雪の積もり具合を伝えることができます。

使用する道具

情景テクスチャーペイント（雪 ホワイト）

雪パウダー

・石粉粘土（黒かブラウン）
・グロスポリマーメディウム
・ベース（ここでは木製トレイ）
・マスキングテープ
・水溶きボンド（→P.193）
・木べら
・ゴム手袋
・紙コップ

ペースト状の塗料で地表を表現する　よわめ

ポイントは薄く2〜3層に分けて塗ること。石粉粘土の表面が生乾きだと、色が混ざって汚くなってしまうので注意。パウダーと組み合わせると、さらに質感が増す。

1 ベースを用意し、土の地面をつくる

側面をマスキングテープで保護すること！

ベースは木製トレイを裏返して使用。P.204の方法で、石粉粘土を用いて地面をつくった。

2 情景テクスチャーペイントを塗る

粘土の表面が生乾きだと雪が茶色くなるので注意！

石粉粘土の表面が完全乾燥したら、情景テクスチャーペイントの「雪 ホワイト」を木べらで塗っていく。

3 薄く塗って、様子をチェックする

まずはこのくらい薄く引き延ばして塗る。一度に厚く塗らないように気をつけよう。

4 2層目を塗っていく

同じく「雪 ホワイト」で2層目を塗っていく。2層くらいに分けて塗り重ね、雪原のディテールを出していこう。

5 雪パウダーを振りかける

塗料が生乾きなら、接着剤いらず！

雪パウダー（モーリンのスノーパウダー新雪」）をパラパラと振りかける。サクッとした雪の質感が伝わる。

プラスα 風向きなども伝わる！

塗料を塗る方向はランダムでもいいが、あえて一定方向に塗ると、雪肌で風向きまで伝えられる！

6 ガンプラの足跡をつける

粘土の表面はカラカラに乾き、中はまだやわらかいくらいの乾燥具合で、ガンプラの足を押しつければ、雪原に残る足跡を表現できる。

7 凍結表現も加えて仕上げる

グロスポリマーメディウムを塗ると、凍った雪原を表現できる。メディウムはよく撹拌してから塗ること。

キホン 地形・地表⑦
地表コレクション

▶ ほとんどの地表はパウダー類をまくか、塗料類を塗るか、いずれかの方法でつくることができる。

▶ 使用する素材によって、色合いや質感、立体感を変えることができる。ここでは、①草地系、②土・泥地系、③砂漠・荒れ地系、④寒冷地系、⑤人工系、⑥岩場・隕石系に分けて、地表のかんたんレシピを紹介する。

さまざまな地表レシピをチェック!

それぞれ地表表現のサンプルとして、プラ板をベースにして作成。自分がつくりたい地表の参考にしよう。

カテゴリー① 草地系

← 明るい草地
情景テクスチャーペイント（草 グリーン）（→P.191）を盛る。わりばしなどで盛り、草の動きをつけていく。

← 暗い草地
水溶きボンドを塗布し、渋めの色合いのナノプランツ（ブレンドカラー緑グラスグリーン）をまいた。

→ 枯れた草地
黒く塗ったプラ板に枯草色の草パウダーをまき、枯れ葉素材チョップドドライ（ジェイティーティー・ミニチュア）を加えた。

→ 長めの芝生
オリーブドラブやマホガニーの水性塗料で塗装したプラ板に、すりつぶしたバラスト（ブラウン）、ギガプランツ（ミディアムグリーン）、ナノプランツ（ブレンドカラー緑）をまいた。

← 濡れた草地
つや消しブラック、オリーブドラブ、カーキで塗装したプラ板にすりつぶしたバラスト（ブラウン）、ギガプランツ（ミディアムグリーン）をまいて、Mr.ウェザリングペースト（→P.191）のウェットクリアーでコーティング。

← はげた草地
情景テクスチャーペイント（砂 ライトサンド）（→P.191）にナノプランツ（グラスグリーン）と、すりつぶしたバラスト少々まいた。

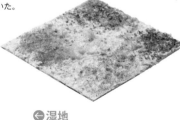

← 湿地
Mr.ウェザリングペースト（→P.191）のマッドブラウンを厚めに塗布し、ひび割れたところに同ウェットクリアーをかぶせ、グリーン系とホワイト系のパステル粉を少々まぶした。

カテゴリー② 土・泥地系

← 乾いた土
ブラックで塗ったプラ板の上にMr.ウェザリングペーストのマッドホワイトを厚塗りし、ひび割れたところを希釈したつや消しブラックでウォッシングした。

← 細かい砂利道
つや消しブラックで塗ったプラ板に水溶きボンドを塗布し、観葉植物の土をすりつぶしたものをまいた。

→ ドロドロの泥土
Mr.ウェザリングペースト（→P.191）のマッドブラウンを厚塗りし、ひび割れたところにつや消しブラックを塗り、マットメディウムで練った土素材を部分的に盛った。

→ 粗い砂利道
つや消しブラックで塗ったプラ板に水溶きボンドを塗布。その上に観葉植物の土をそのまままいた。

ここで紹介したやり方はあくまで一例で、素材の組み合わせやアレンジ次第で、さらに幅広い表現が可能になります。

応用例として、**カテゴリー⑤人工系の地表**は、タミヤの情景シート（→P.191）などを活用すれば、プラ板などのベースに貼りつけるだけでかんたんにつくることができます。そのまま使ってもいいし、ウォッシングなどで汚しをかけてもOKです。

カテゴリー⑥岩場・隕石系は、ベースであるスタイロフォームの側面にこれらの地表表現を施すと、崖をつくることもできます。

カテゴリー❸ 砂漠・荒れ地系

← 明るい砂漠
情景テクスチャーペイント（砂 ライトサンド）（→P.191）を盛り、乾燥させたあとで水性塗料のつや消しホワイトでウォッシングした。

→ 暗い砂漠
ブラックで塗ったプラ板にホワイトでドライブラシをかけて、その上に水溶きボンドを塗布し、土素材や砂素材をまいた。

← ひび割れた荒れ地
ブラックで塗ったプラ板にMr.ウェザリングペーストのマッドホワイトを塗る。乾燥後、剝がれないように、ひび割れのスキマからスチロール系接着剤を流し込んだ。

カテゴリー❹ 寒冷地系

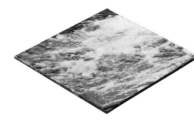

← うすい雪原
ブラックとマホガニーでプラ板を筆塗りしたうえに、情景テクスチャーペイントの「雪 ホワイト」を水で希釈して塗布した。

→ 深い雪原
インディーブルーでプラ板を塗装した上に、情景テクスチャーペイントの「雪 ホワイト」を厚塗りし、ドライヤーで乾燥させながら表情をつけた。

← 凍りついた路面
情景テクスチャーペイントの「路面 ライトグレイ」を盛って、鉄道模型用のガードレールを設置。つや消しスプレーを吹いて、ホワイトでドライブラシをかけた。

カテゴリー❺ 人工系

← きれいなアスファルト
情景テクスチャーペイントの「路面 ライトグレイ」をそのまま盛った。わりばしなどを使って、オモテ面が均一になるようにする。

→ 石畳
市販の石畳テクスチャーのシートを切ってプラ板に貼りつけ、つや消しホワイトとつや消しブラックでドライブラシをかけた。

← コルク道路
コルクに黒のサーフェイサーを吹いて、2倍に希釈した水性塗料のつや消しホワイトをランダムにエアブラシで吹きつけた。

カテゴリー❻ 岩場・隕石系

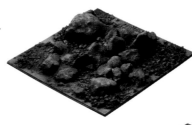

← 赤茶色の岩場
クラッシャブルストーン（→P.190）を砕いて瞬間接着剤で接着し、マホガニーとブラックで着色。

→ 青白色の岩場
クラッシャブルストーン（→P.190）を砕いて瞬間接着剤で接着し、クリアブルーとブラックで着色し、ホワイトの水性塗料でドライブラシをかけた。

← 月面（小隕石）
クラッシャブルストーン（→P.190）をかなり細かく砕いて接着し、缶スプレーのブラックを吹き、エアブラシのホワイトでハイライトを入れた。

テクニック 地形・地表⑧

ジャングルの地表をつくる

| 難易度 |
| かんたん |
| **ふつう** |
| むずかしい |

| におい |
| しない |
| **よわめ** |
| つよめ |

▶ ジャングルの地表は、湿り気の多い土に枯れ木や枯れ草などが混ざり合ってできている。

▶ ライケンやクラッシャブルストーン、バラストや草パウダーなどを混ぜ込んで、オリジナルのジャングル地表素材をつくっていこう。

模型とは思えないジャングルの土が再現された！

ジャングルは亜熱帯という特有の気候から、地表を構成するものも独特です。**具体的には、湿り気の多い土に枯れ木や枯れ草などが混ざり合っています。**イメージとしては、肥料などで用いられる腐葉土が近いかもしれません。そうした複雑な地表をつくるためには、さまざまな素材を混ぜ合わせる必要があります。

ここで紹介するレシピはあくまで一例なので、自分でさまざまな素材を混ぜ合わせて試作して、理想のジャングル地表をつくっていきましょう。

使用する道具

草パウダー（緑）

バラスト

・天然素材プランツ（ライケン）
・クラッシャブルストーン
・木くず ・木工用ボンド ・わりばし
・ハサミ ・クリアファイル（パレット）
・ペンチ ・ビニール袋
・プラ板（ヘラ代わり） ・水性塗料
・塗料皿 ・平筆（塗料用）
・ジェルメディウム

素材を混ぜ合わせてつくる よわめ

ジャングルの地面は、枯れ木や枯れ草が混ざった腐葉土のようなものでできている。そこで、さまざまな素材を混ぜ合わせて、腐葉土をつくって盛りつけていく。

1 天然素材プランツを切る

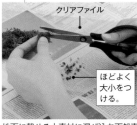

クリアファイル

ほどよく大小をつける。

地面に載せる土素材に混ぜ込む天然素材プランツ（ミディアムグリーン）を、ハサミで細かく切り出していく。

2 クラッシャブルストーンを砕く

これも大小つけていく。

クラッシャブルストーンも、ほどよい大きさに砕く。ビニール袋の中で砕くと、飛び散らなくていい。

3 素材をすべてシートに並べる

切った天然素材プランツ

砕いたクラッシャブルストーン

ナノプランツ（土色茶）

木くず

バラスト

ナノプランツ（ミックスグリーン）

混ぜ込む素材をシートの上に並べる。シートは何でもOKだが、クリアファイルなどが便利。

4 水溶きボンドで素材を混ぜていく

プラ板の切れ端などを使うと便利。

シートの上に水溶きボンド7：ジェルメディウム3くらいの割合で垂らして、すべての素材を混ぜ込んでいく。

5 混ぜた素材をベースに盛りつける

わりばしなどで全体に盛りつける。

石粉粘土でつくった地面の上に、混ぜた素材を盛りつけていく。水溶きボンドが、そのまま接着剤となる。

6 盛りつけたら乾かす

混ぜた素材を盛りつけた状態。乾燥前なので、ボンドの白色が見えている。ボンドが透明になるまで乾燥させる。

7 塗装して完成

乾燥後、水性塗料を塗る。腐葉土をイメージし、タン（H27）とオリーブドラブ1（H52）、マホガニー（H84）で。

プラスα そのまま使える素材もある

ジャングルの地表に使える素材も市販されている。リアリティインスケールのグラウンドベースだ。流通は限られているが、そのまま使えて便利。

ミディアムブラウン（写真左）とダークブラウン（写真右）。

テクニック

地形・地表⑨

アスファルトの地表をつくる

難易度
かんたん
ふつう
むずかしい

におい
しない
よわめ
つよめ

▶ 市街地や軍事基地などのアスファルトをつくる方法は、①情景テクスチャーペイントを塗る、②塗装するの2つ。
▶ 情景テクスチャーペイントならほどよい凹凸のあるアスファルトが、塗装なら真っ平らなアスファルトがつくれる。つくりたいアスファルトのイメージに合わせて選ぼう。

戦場のアスファルト。ほどよくスス汚れている。

　市街地や軍事基地など、人工的な環境の地面はアスファルトになっています。こうしたアスファルトをつくるには、①情景テクスチャーペイントを塗る、②塗装するという2つの方法があります。

　情景テクスチャーペイントを塗るとほどよい凹凸になるので、市街地のアスファルトに最適です。一方、塗装する方法は、比較的真っ平らな軍事基地のアスファルトに合うでしょう。

使用する道具

＜方法①＞
情景テクスチャーペイント（路面 ライトグレイ）
・プラ板
・わりばし

＜方法②＞
・塗装セット
・プラ板
・金属定規
・Pカッター（またはスジボリツール）
・ニードル（ピンバイス）
水性塗料

方法① 市街地のアスファルトをつくる よわめ

市街地のアスファルトは、情景テクスチャーペイントの「路面 ダークグレイ」か「路面 ライトグレイ」がおすすめ。塗るだけで、地面の出来上がりだ。

1 テクスチャーペイントをプラ板に塗る

わりばしで延ばしながら塗る

必要なサイズに切り出したプラ板に、情景テクスチャーペイント（路面 ライトグレイ）を塗る。

2 乾燥させたら完成

どのようなアスファルトにするかにもよるが、多少凸凹させたほうがテクスチャーが活きて、リアルになる。

プラスα テクスチャーペイント以外の方法もある

ほかの方法としては、グレーのプラ板を使ったり、グレーのサーフェイサーを吹く方法もある。仕上がりイメージに合わせて選ぼう。

グレーのプラ板をグレー系塗料でウォッシングしたもの。

白のプラ板にグレーのサーフェイサーを吹いたもの。

方法② 軍事基地のアスファルトをつくる よわめ

軍事基地のアスファルトは、複数のパネルを貼り合わせて構成されていることが多い。そこでプラ板でパネルをつくって、貼り合わせていこう。

1 プラ板に平行のモールドを入れる

Pカッター（→P.48）あるいはスジボリツールを使ってもよい。

適度なサイズに切り出したプラ板に、パネルを表現するモールドを入れていく。定規を当て、平行に入れていく。

2 グレーで塗装してシャドウ吹き

角は濃く、辺は薄く吹く。

まずはエアブラシを使い、グレー系の塗料で全体を塗装。乾燥後、フチにブラック系の塗料でシャドウを吹く。

3 パネルの四隅に穴をあける

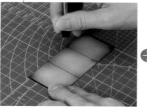

φ0.6mm程度のニードル（ピンバイスでもOK）でパネルの四隅に穴をあける。パネルを固定するビスのイメージ。

4 パネルの完成

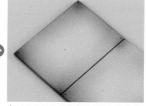

各パネルの四隅に穴をあけたら完成。これを複数つくって貼り合わせたら、軍事基地のアスファルトになる。

テクニック

地形・地表⑩
地面の亀裂をつくる

難易度	
かんたん	
ふつう	
むずかしい	

におい	
しない	
よわめ	
つよめ	

▶ 激しい戦闘や自然災害などによる振動を受ければ、雄大な大地に亀裂が走ることもある。何が起きて、どのような亀裂が入ったのか、想像してつくろう。

▶ 大きく分けて、①スタイロフォームを切断する、②ポリパテを砕いて貼る、という2つの方法がある。

激しい振動により大きな地割れが起きた！

激しい戦闘や自然災害など、さまざまな理由で地面に亀裂が入ることがあります。ガンプラが立つ地面に裂けるほどの大きな地割れがあれば、それだけで殺伐とした世界観を演出できるでしょう。

具体的には①スタイロフォームを切断する、②ポリパテを砕いて貼るという2つの方法があります。前者は地面の亀裂に、後者はアスファルトの亀裂に最適です。何が起きてどんな亀裂が入ったのか、具体的に場面をイメージしながらつくってみましょう。

使用する道具

<方法①>	<方法②>
・スタイロフォーム	・ポリパテ ・クリアファイル
・油性マーカー	・わりばし ・バラスト
・カッターナイフ	・プラ板 ・紙コップ
・瞬間接着剤	・瞬間接着剤
・石粉粘土	・水性塗料 ・塗料皿
・草パウダー ・バラスト	・平筆(塗料用) ・デザインナイフ

方法① 草地の亀裂をつくる よわめ

草地など、自然の地面に亀裂を入れるには、あらかじめベースとなるスタイロフォームを切るのがおすすめ。スタイロフォームはかんたんに切れるので、加工しやすい。

1 スタイロフォームにマーキングして切る

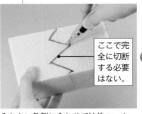

ここで完全に切断する必要はない。

入れたい亀裂に合わせて油性マーカーでマーキングし、カッターナイフで切り込みを入れていく。

2 スタイロフォームをパキッと割る

スタイロフォームを手で割る。かんたんに割れないときは、カッターナイフでもう少し深い切り込みを入れる。

3 少しずらしてくっつける

瞬間接着剤をつけすぎるとスタイロフォームを溶かしてしまうので、点づけ程度に。

切断面に瞬間接着剤をつけて、少しずらしてスタイロフォームをくっつける。どのくらいずらすか、ここで調整する。

4 石粉粘土を盛って、パウダーをまいて完成

接着剤が乾いたら、そこから地形・地表表現を加える。ここでは石粉粘土を盛り、草パウダーとバラストをまいた。

方法② アスファルトの亀裂をつくる よわめ

アスファルトの亀裂は、ポリパテを砕いてプラ板に貼りつけることで表現できる。砕き方次第で、さまざまな亀裂を表現することができる。

1 ポリパテとバラストを混ぜる

クリアファイル

ファイルにポリパテを出す。バラストを混ぜることで、骨材(砂利)代わりとして、アスファルト感を強調できる。

2 クリアファイルで挟んで平らにする

クリアファイルで挟んでポリパテが真っ平らになるようにする。あとはこのまま完全に乾燥するまで待つ。

3 ポリパテが乾いたら叩いて割る

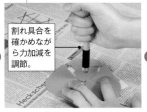

割れ具合を確かめながら力加減を調節。

ポリパテが乾燥したら、クリアファイルから取り出す。デザインナイフの柄などで叩いて、ほどよいサイズに割る。

4 プラ板に貼って塗装して完成

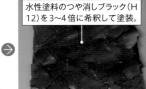

水性塗料のつや消しブラック(H12)を3～4倍に希釈して塗装。

瞬間接着剤でポリパテをプラ板に貼っていく。貼りつけ方によって、亀裂の入り具合が変わる。塗装したら完成。

テクニック　ガンプラ設置① ガンプラを**設置**する

難易度

かんたん
ふつう
むずかしい

におい

しない
よわめ
つよめ

▶ ジオラマにガンプラを設置する際、完全に固定する場合と、取り外し式にする場合がある。後者であれば、あとで自由にポーズや配置を変えられる。ただし、ガンプラを置くだけだと、自立するポーズしかとれない。

▶ 本書では、①石粉粘土で設置する方法、②ランナーで突き刺す方法の2つを紹介する。

足を固定したことで、派手なアクションポーズも可能に！

ガンプラは完全に固定する場合もあれば、取り外し可能にしておくケースもあります。ポーズや位置を変えて楽しみたいのであれば、取り外し式にしておくほうがよいでしょう。ただし、ガンプラを置くだけだと、自立するポーズしかとれません。

設置の仕方はさまざまで、ここでは①石粉粘土で設置する方法、②ランナーで突き刺す方法の2つを紹介します。後者なら取り外しできるうえに、通常はとれない迫力あるポージングも可能になります。

使用する道具

<方法①>	<方法②>
石粉粘土	ピンバイス
・つまようじ　・草パウダー　・バラスト　・瞬間接着剤	・デザインナイフ　・ランナーの切れ端　・瞬間接着剤

方法① 石粉粘土で設置する よわめ

石粉粘土は乾燥すれば固まるので、接着剤代わりにもなる。しかも、足を強く踏み込んで盛り上がった地面も表現できる。

1 石粉粘土に瞬間接着剤をつける

両面に塗って、地面側とガンプラ側の両方で接着。

石粉粘土を足パーツより少し広いくらいのサイズに引き延ばして、両面に瞬間接着剤をつける。

2 ガンプラの足を押しつける

粘土がムニュッとなるくらいまで。

石粉粘土をベースに貼りつけ、その上からガンプラの足を押しつける。強く踏ん張っているイメージで。

3 つまようじで細かく成形する

つまようじで盛り上がった土を成型する。つま先重心なら、前は少なめ、後ろは多めに土が盛り上がるはず。

4 パウダーやバラストをまいて完成

足元の石粉粘土の周辺にパウダーやバラストをまいて、ほかの地面となじませたら完成。

方法② ランナーを突き刺して設置する よわめ

余っているランナーをガンプラの足ウラに接着し、ベースに突き刺して固定させる方法もある。ランナーではなく、金属線などでもOKだ。

1 ランナーを削ってとがらせる

余っているランナーを2cmくらいに切り出し、一方の先端をデザインナイフで削ってとがらせる。

2 足ウラにピンバイスで穴をあける

ランナーの幅に合わせて、ガンプラの足ウラにピンバイスで穴をあける。2～3mmの深さで十分。

3 ランナーを足ウラの穴に接着する

とがらせたランナーを、瞬間接着剤で足ウラの穴にくっつける。

4 ベースに突き刺す

ランナーをベースに突き刺す。うまく挿さらない場合は、ベース側にも穴をあけておこう。

テクニック

ガンプラ設置②
ガンプラの**足跡**と**足元**を表現する

難易度	
かんたん	
ふつう	
むずかしい	
におい	
しない	
よわめ	
つよめ	

▶ 土や雪の地面に足パーツをめり込ませ、足跡を残せば、モビルスーツの重量感を演出することができる。

▶ 石粉粘土で地面をつくり、その上にガンプラの足を押しつけることで、かんたんに足跡を表現することができる。
歩幅やメリハリを工夫して、リアルな歩行シーンをつくろう。

足跡から伝わる
機体の重量感と
緊迫感！

HGUC 1/144 陸戦型ガンダム

　モビルスーツほど重量のあるものが歩行すれば、土や雪の地面なら足が地面にめり込み、足跡も残るはずです。そうした足跡を表現できれば、プラスチックのガンプラが重い金属製の物体のように見えてくるでしょう。

　石粉粘土が生乾きのうちにガンプラの足をめり込ませれば、かんたんに足跡をつけることができます。ただ歩いているときと何かがあってふんばったときでは、めり込み具合も違うはず。そうしたシーンを具体的に設定して、足跡の深さからも演出を加えていくとよいでしょう。

使用する道具

草パウダー

石粉粘土（地面づくりで使ったもの）

・ピンセット
・木べら
・水溶き接着剤（→P.193）
・水溶き接着剤
・ゴム手袋
・紙コップ

足跡を表現する

土の地面として盛った石粉粘土が生乾きのうちに、ガンプラの足を押しつけることで足跡表現していく。めり込ませ具合によって、ふんばり感や重量感を表現できる。

1 地面にガンプラの足を押しつける

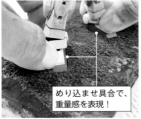

めり込ませ具合で、重量感を表現！

P.204でつくった草地で、まだ石粉粘土が生乾きのうちに、ガンプラの足をグッと押しつける。

2 足跡部分の石粉粘土を取り除く

今回は機体の重量感を伝えるため、足跡部分の石粉粘土を取り除く。深い足跡がついた、という演出だ。

3 あえて足跡の深さに差をつけた

右足の接地箇所

ガンプラの右足が接地する一番左は、あえて足跡の深さを残した。右足にはさほど荷重がかかっていない演出に。

4 足跡部分にペースト状にした粘土を塗る

地面をつくるときに使った石粉粘土に水溶きボンド（→P.191）を足してペースト状に練り、足跡部分に塗る。

5 足跡部分に草パウダーをまく

粘土ペーストを塗った足跡部分に、草パウダーをまいた。ナノプランツ（KATO）のグラスグリーンを使用。

6 ふたたびガンプラの足を押し込む

パウダーをまいた上にガンプラの足をめり込ませる。足ウラのモールドが地面につくように、グッと押し込もう。

7 リアルな汚れと足跡がついた！

ガンプラの足元には自然かつリアルな汚れがつき、地面には力強さの伝わる足跡がついた。

8 ガンプラを固定して完成！

足跡に合わせてガンプラを設置し、瞬間接着剤で固定。敵機を発見し、ちょうど右足を着いて「ライフルを構えた！」という瞬間を切り取った情景だ。

キホン
水表現①
水表現の基本

▶ 水表現にはさまざまな方法があるが、本書ではメディウム、透明レジン、アクリル板で表現していく方法を紹介する。

▶ ひと口に水といっても、海、川、ジャングルの沼など、さまざまなバリエーションがある。

▶ ガンプラが似合う水表現を考えることで、ガンプラのジオラマらしい作品が出来上がる。

水表現フローチャート

本書で紹介する水表現を整理すると、次のようになる。基本的にはメディウム、透明レジン、アクリル板で表現していく。

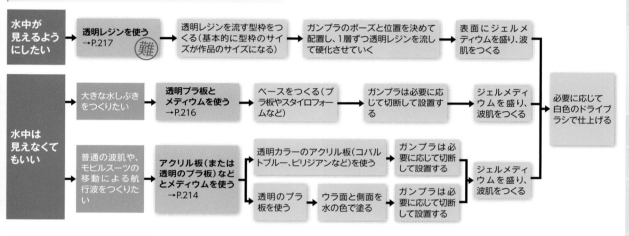

さまざまな水の色を知る

海や川、ジャングルの沼などでは水の色合いがまったく異なる。そうした色合いもイメージして、さまざまな水表現をつくれるようになろう。

同じ海でも浅瀬なのか、沖合なのか、あるいは日本海のような厳寒地の海なのか、太平洋側の明るい海なのかなどで、色合いは大きく異なります。まずはつくりたい場面に合わせて、本物の水がどんな色をしているかよく観察してみましょう。

海

写真：Tony/PIXTA（ピクスタ）
基本的には真っ青な色をしている。浅瀬なら明るめ、沖合なら深めの青にするのが基本となりそうだ。

川

写真：ぱりろく/PIXTA（ピクスタ）
清流か濁流かで異なるが、渓流のようなきれいな水なら、水自体は透明で、川底が透けて見える。

ジャングルの沼

写真：kanonsky/PIXTA（ピクスタ）
深緑色、あるいは茶色でよどんだ色をしている。葉っぱや枯れ枝が浮いていてもよさそうだ。

ガンプラならではの水表現を考える

ガンダム作品では水陸両用モビルスーツもたくさん登場するなど、水のあるシーンが多い。

ズゴックやアッガイをはじめ、ガンダム作品には多くの水陸両用モビルスーツが登場します。水の中を進軍しているのか、水中から突然飛び出してきたのか、あるいは海上で戦闘中なのかなど、ガンプラにどんな水表現を組み合わせれば似合うか考えてみましょう。

ガンプラ×水

『機動戦士ガンダム SEED DESTINY』より。水上で戦うフォースインパルスガンダム。機体に水がしたたっている。

ガンプラ×水しぶき

『機動戦士ガンダムUC』より。水中から飛び出してきたカプールにより、水しぶきが上がった。ジオラマで再現できたら迫力満点だ。

テクニック 水表現②

水面をつくる（ジェルメディウム）

難易度

かんたん
ふつう
むずかしい

におい

しない
よわめ
つよめ

▶ ジェルメディウムは、盛りつけ方次第で水面の自然な動きを表現できる。乾燥すれば透明になるので、ジオラマの水表現にうってつけだ。

▶ 機体の動きや風向きなどもイメージし、水面や航行波を表現していこう。

ズゴックの動きに合わせた波肌が表現された！

HGUC MSM-07 ズゴック

アクリル絵の具のつや出しや盛り上げに利用されるジェルメディウムは、ジオラマの水表現にうってつけの素材です。**盛りつけ方次第で水面の自然な動きを出せるのに加え、乾けば透明になるので、下地の色次第でさまざまな色の水面を表現できます。**

ジェルメディウムは乾燥すると目減りするので、少し多めに盛って、乾燥後に足りないと思ったらさらに盛り足す必要があります。また、大地に覆いかぶさるような巨大な波を表現することは難しいでしょう。

使用する道具

ジェルメディウム

水性塗料（青色系2色）

- ベース（アクリルトレイ）
- ジェッソ
- ホビーのこ
- マスキングテープ
- スポイト
- アルミホイル
- 瞬間接着剤
- デザインナイフ
- 紙やすり
- 木べら
- ダストブロワー
- 平筆（塗料用、ジェッソ用）
- ゴム手袋

STEP 1 沈めるラインを決める

まずはベースを用意し、ガンプラを沈めるラインを決める。この方法ではガンプラの切断が必要で、水中に沈む部分は見えなくなる。

1 ベースとしてアクリルトレイを用意

フタ

ベースに高さを求める場合、容器側でもOK。

ベースは100円ショップのアクリルトレイのフタを使用。塗料との組み合わせで、透明度の高い水面をつくれる。

2 ガンプラを沈めるラインを検討する

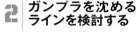

使うガンプラと合わせて、どこまで沈めるか検討する。沈み具合で印象が大きく変わるので、よく検討しよう。

3 ガンプラをカットする

ホビーのこ

沈める深さに合わせ、ガンプラにマーキングし、ホビーのこでカット。マスキングテープをガイドにすると便利。

4 ガンプラがカットされた

膝下まで水面に浸かっているという情景になる。

カットしたガンプラ。切断面が荒れているので、デザインナイフや紙やすりなどで整えておこう。

STEP 2 青色の塗料で塗る よわめ

水面の青さは、水性塗料を塗って表現する。ポイントは濃さの異なる2色程度の塗料を、ランダムに塗ること。濃淡をつけ、透明感も残すことが大切。

1 1色目の青色を塗る

スポイト

水性ホビーカラー「インディーブルー」

アクリルトレイのフタの内側にスポイトで塗料を垂らし、アルミホイルで叩いて塗る。ほどよいランダム感を出そう。

2 角などは筆で塗る

アルミホイルが届かない角などは筆を使い、ドライブラシで塗る。ドライブラシとは、毛についた塗料を新聞紙などで拭き取ってから塗ること。

3 2色目の青色を塗る

水性ホビーカラー「ブルー」

塗料がある程度乾いたら、今度は1色目より少し濃い青色の塗料をスポイトで垂らし、アルミホイルで叩き塗る。

4 ほどよい濃淡とムラをつけて塗った

2色の塗料を塗ったもの。ほどよい濃淡がついた。塗りムラがこのあと水面の表現を加えたときに活きてくる。

STEP3 波の表現を加えて仕上げる

波肌の表現には、ジェルメディウムがおすすめ。乾燥後、透明になり、ほどよく形状を保ってくれる。機体の動きや風向きを意識して、波を描いていこう。

1 ベースにガンプラを接着する

ごく少量の瞬間接着剤をつけ、ベースとガンプラを接着する。接着剤が多すぎると、白化してしまうので要注意。

2 ジェルメディウムを塗る

波肌表現となるジェルメディウムを木べらで塗る。乾燥後の透明感を保つため、厚みは最大でも5mmまでにする。

3 ジェルメディウムのツノを立てる

ジェルメディウムのツノをいくつも立たせるように、アルミホイルで軽く叩いて引き上げる。

4 細部や足回りなどにも塗る

狭い部分はアルミホイルをほそくよって叩く。脚や腰くらいまでメディウムがついていると、水ハネを表現できる。

5 動きをイメージして航行波をつける

機体の動きと、それによる波の動きをイメージしよう。さらに細長くよったアルミホイルでジェルメディウムをなぞるようにして、航行波を形づくる。

6 ダストブロワーで風向きを演出する

風向きをイメージして吹く。

ジェルメディウムが生乾きのうちに、ダストブロワーで水面をそっと吹き、風圧で波の形状を調整する。

7 水面と航行波が表現された

全体の水面と航行波の動きが表現された。大げさに波を演出したほうが、作品全体の迫力が増す。

8 ドライブラシをかけ、白波を表現する

メディウムのツノにサッと白色を乗せる。

72時間程度乾燥させ、ジェルメディウムが透明になったら、ジェッソでドライブラシをかけ、白波を表現。乾燥したら完成。

プラスα

色つきの透明アクリル板を使った水表現

透明アクリル板を使って、水深を表現することもできる。色つきの透明アクリル板にはコバルトブルーやビリジアンなど、あらかじめ水に適した色のものがあるので、とても便利。この上にジェルメディウムを盛れば、かんたんに水面が完成する。

コバルトブルー

コバルトブルーの透明アクリル板にジェルメディウムを盛り、白色のドライブラシをかけた。真っ青な海の完成。

ビリジアン

ビリジアンの透明アクリル板にジェルメディウムを盛り、白色のドライブラシをかけた。エメラルドグリーンの海だ。

透　明

無色透明のアクリル板のウラ面と側面を水系の色で塗装。表面にジェルメディウムを盛り、白色のドライブラシをかけた。

POINT

透明プラ板を使った水表現レシピ集

透明プラ板はアクリル板と違い、切断が容易でレイアウトの自由度が高いメリットがある。

ジェルメディウムは乾いたら透明になるので、ベースの色次第でさまざまな海を表現できる。ここでは浅瀬、沖、ジャングルの沼、キラキラの海の4つのレシピ例を紹介。筆などを使って、まだらに塗り重ねていく。

指でぬぐうように塗ることで、穏やかな水肌表現に。

浅　瀬

透明プラ板のウラ面にホワイト、スカイブルー、インディブルーを、オモテ面にジェルメディウムを塗った。

ジェルメディウムを塗ったあとアルミホイルで叩くと、波の質感が出る。

沖

透明プラ板のウラ面にコバルトブルー、インディブルー、ブラックを、オモテ面にジェルメディウムを塗った。

イエロー×ブラックやイエロー×ブルーで塗ると、より自然な緑色に。

ジャングルの沼

透明プラ板のウラ面にコバルトブルー、イエロー、ブラックをオモテ面にジェルメディウムを塗った。

光の反射によってキラキラする。

キラキラの海

透明プラ板のウラ面にホログラムシートを貼り、ジェルメディウムを筆で叩くように塗った。

難易度

かんたん
ふつう
むずかしい

におい

しない
よわめ
つよめ

テクニック

水表現③
大きな水しぶきをつくる

▶ 薄め（0.2mm厚以下）の透明プラ板をエンボスヒーターであぶると、水しぶきのエフェクトをつくることができる。必要な材料や道具が少なく、手ごろなわりに迫力ある情景をつくれる。

▶ エンボスヒーターはプラ板をゆがませるほどの熱を発するので、やけどなどには十分注意しよう。

水面からバシャッ！と飛び出した、まさにその瞬間を切り取った！

ベースはアクリルトレイの容器側を使い、P.214の方法で水面をつくった。ガンプラの固定はごく少量の瞬間接着剤で仮止めし、あとはジェルメディウムを塗って接着した。

HGUC MSM-07S ズゴック（シャア専用）

今まさにバシャッ！と水面から機体が飛び出してきて、大きな水しぶきが上がった。そんな情景をつくるには、透明プラ板を使う手法があります。0.2mm厚以下の透明プラ板を適当なサイズにちぎり、ガンプラの各部位に巻きつけながらエンボスヒーターであぶっていくのです。熱でプラ板がほどよく収縮し、ランダムな形状となります。熱を発するエンボスヒーターを扱うので、やけどやガンプラ自体を溶かさないようにくれぐれも注意してください。

使用する道具

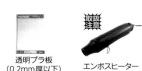

・ジェルメディウム
・木べら（もしくは平筆、ジェルメディウム用）

透明プラ板
（0.2mm厚以下）

エンボスヒーター

水しぶきエフェクトをつくる

少ない材料と道具で迫力満点のエフェクトをつくれるテクニック。やり直しもしやすいので、いろいろな巻きつけ方、ゆがませ方を試して狙った形を出せるようにしていこう。

1 ガンプラのポージングを決める

おぼれているような姿にならないように！

ガンプラのポージングを検討し、決めたら瞬間接着剤を関節などに流して固定する。

2 透明プラ板をちぎる

ハサミなどで切れ込みを入れてちぎる。

0.2mm厚以下の透明プラ板を手でランダムにちぎる。0.2mmを超えると、あぶってもうまくゆがまない。

3 透明プラ板をあぶる

やけどに注意！

腕など水しぶきエフェクトをつける部位に透明プラ板を巻きつけ、エンボスヒーターで軽くあぶる。

4 形状などを確認しながら進める

透明プラ板が熱で収縮してゆがみ、腕に巻きついた。収縮分を考慮し、透明プラ板は少し大きめに切っておこう。

プラスα **接着したいなら ジェルメディウムで**

パーツにうまくつかない場合は、ジェルメディウムを接着剤代わりに塗ろう。ジェルメディウムは乾燥すると透明になる。

5 各部に透明プラ板を巻きつけていく

同じ方法で、両脚にも水しぶきエフェクトをつけた。プラ板の直線的、平面的な形が残らないように各部をあぶる。

6 頭部や胴体にも巻きつけていく

複数枚の透明プラ板を、位置をずらしてつけていく。

胴体や頭部にも透明プラ板を押し当て、エンボスヒーターであぶる。全面に水しぶきが上がった情景になる。

7 全体に水しぶきエフェクトをつけた

ところどころジェルメディウムで固定しつつ、全体に水しぶきエフェクトをつけた。水面に設置すれば完成だ。

水表現④ 深さのある水表現をする（透明レジン）

難易度

かんたん
ふつう
むずかしい

におい

しない
よわめ
つよめ

▶ 透明レジンは透明度の高い液状の素材で、中に沈めたガンプラを見せるなど深さのある水表現ができる。

▶ 一層ずつ十分な時間をとって乾燥硬化させる必要がある。有害な気体も発するため、十分な対策を行い、焦らず丁寧に作業していくことが求められる。

沿岸の敵基地を強襲せんとする水戦の雄ズゴック！

透明レジンを使えば水中の様子まで楽しめる！

HGUC MSM-07 ズゴック

透明レジンを使うと、透明度が高く、深さのある水表現を行うことができます。海中を潜航中の機体や水中に沈んだ壊れたモビルスーツなど、ガンプラのジオラマと相性抜群なので、ぜひチャレンジしたいテクニックです。透明レジンは、何よりもその取り扱いに注意が必要です。とくに作業時や乾燥硬化時に有害な気体を発するので、手袋やゴーグル、マスクでの保護、換気の徹底をしてください。扱いは一筋縄ではいきませんが、成功すれば見応え十分の水中ジオラマが完成するでしょう。

使用する道具

透明レジン

波音カラー（今回はネイビーブルーを使用。）

・エンボスヒーター
・透明プラ板（1.7mm厚を使用）
・瞬間接着剤
・金属定規
・わりばし
・カッターナイフ（もしくはデザインナイフ）
・金属ブロック（正確に直角を出したい場合）
・マスキングテープ
・離型剤スプレー
・離型剤落とし
・計量器
・つまようじ
・アルミホイル
・コンパウンド（細目）
・ティッシュ（もしくはキムワイプ）
・ジェルメディウム
・クロスポリマーメディウム
・ジェッソ
・平筆
・紙コップ
・水溶きボンドで練った石粉粘土（スキマを埋める場合）
※海底ベースの材料は除く。

・綿棒
・木べら
・エアダスター
・グルーガン
・真鍮線
・ピンバイス
・有機溶剤対応のガスマスク

透明レジンの工程チャート

 STEP 1 ガンプラなどの下準備をする
ガンプラのポージングを決め、関節などを瞬間接着剤で固定する。

↓

 STEP 2 海底をつくる
海底を設けるかどうかも、検討ポイントの1つ。ガンプラ全体を沈めない場合、海底に足がついているはずなので、海底があったほうが自然だろう。

↓

STEP 3 型枠をつくる
プラ板で型枠をつくり、離型剤スプレーを吹く。

↓

 STEP 4 透明レジンを準備する
2液混合タイプの透明レジンを使う場合、きっちりと同じ分量になるように計量してから混ぜ、よく撹拌する。

↓

 STEP 5 透明レジンを着色して流す
波音カラーで色をつけ、1層ずつ流していく。1層の厚みは最大でも10mmまでとし、1層ごとに24〜36時間は乾燥させて完全に固まってから次の層を流していく。これを、求める水の深さになるまで繰り返す。

↓

 STEP 6 型枠を取り外し、形を整える
完全硬化後、型枠から取り外し、バリを取り、コンパウンドで磨くなどして表面を整える。

↓

 STEP 7 水面の演出を施す
ジェルメディウムで水面の形状を出す。

↓

完成！

⚠ 透明レジン作業の注意点！

①液体が皮膚に付着しないように気をつけましょう。扱う際には、手袋の装着が必須です。

②レジンが発するにおい（気体）を吸わないようにしましょう。呼吸器にダメージが及ぶケースもあります。できれば不織布の使い捨てマスクではなく、有機溶剤対応のガスマスクが推奨です。

③余ったレジン液は、絶対に排水口やトイレなどに流してはいけません。排水管内で硬化したら、排水管の交換が必要になる大事故につながります。

④換気を徹底しましょう。レジンはにおいが控えめとはいえ、有毒性の高いものです。

STEP 1 ガンプラなどの下準備をする よわめ

透明レジンを流し込んだときにガンプラが動かないよう、ポージングを決めたら各部を瞬間接着剤で完全に固める。ポージングなどの作品プランをしっかりと立てよう。

1 ポージングを決めて各部を固定する

瞬間接着剤

ポージングを決めて、ガンプラの関節を完全に固定する。関節などに瞬間接着剤を流して固定しよう。

2 とくに動きやすい脚部は入念に固定

とくに脚部はよく動くのでしっかりと固める。ポリキャップは接着剤の効きが弱いので、プラ部分同士を接着する。

3 各部を完全に固定した

各部を完全に固定したもの。敵基地に接近し、一気に浮上して急襲する瞬間というイメージだ。

プラスα スキマを粘土で埋めるのもあり

別キットの例

パーツ内部にレジンが流れると気泡が発生しやすくなるので、スキマを石粉粘土で埋めるのもありだ。

STEP 2 海底をつくる よわめ

シリコンモールドで石膏を固める方法で、ガンプラを設置するための海底をつくる。藻を生やすなど、水中を見せるためのつくり込みもする。

1 シリコンモールドで岩場をつくる

海底のベースは、シリコンモールドでつくった石膏製の岩石を使用（→ P.203）。あらかじめ墨汁を添加して着色している。

2 コルク片で岩肌の模様を加える

コルク片

岩石の下側は水溶きボンド（→ P.193）を練り込んだ石粉粘土（ホワイト）を盛り、生乾きのうちにコルク片で岩肌の模様をつけた。

3 底にバルサ材を貼り、藻をつける

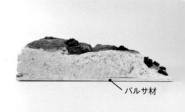

バルサ材

底をフラットにするため、バルサ材を貼った。海中の藻はギガプランツをマットメディウムで練ったもの（→ P.225）をつけた。

4 全体の色合いを揃える

ジェッソに黒色の塗料を少量足し、岩全体に塗って石膏と石粉粘土の色合いを揃えていく。

5 海底ベースの完成

乾燥後、ジェッソでドライブラシをかけ、岩肌の陰影を強調した。海底ベースの完成だ。

6 固定位置を検討する

ガンプラと海底ベースを合わせて、固定位置を検討。レジンを流す厚みや型枠の存在も意識しながら検討しよう。

7 固定位置をマーキングする

固定位置が決まったら、ガンプラをグリグリと押しつける。石膏なので写真のような跡がつき、マーキングになる。

8 ガンプラに真鍮線を通す穴をあける

ガンプラ側の固定箇所に、真鍮線を通す穴をピンバイスであける。2mm口径の真鍮線を使うので、同口径のドリルで。

9 ガンプラに真鍮線を通す

あけた穴に瞬間接着剤を少量流し、真鍮線を通して固定。より強固にするため、真鍮線は長めにカットし、できるだけガンプラの奥まで通す。

10 海底ベースにも穴をあけ、真鍮線を通す

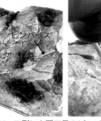

ピンバイス

ベース側にも同口径のピンバイスで穴をあけ、瞬間接着剤を少量流し、ガンプラにつけた真鍮線を通して固定する。

11 ガンプラを海底ベースに固定した

ガンプラを海底ベースに固定した。真鍮線のおかげで、ガンプラが倒れず、しっかりと固定されている。

プラスα コーティングはグロスポリマーメディウムで

透明レジンは硬化時に数時間、高熱を発することがある。プラの破損、粘土や石膏などへの侵食を防ぐため、グロスポリマーメディウムでコーティングする。

12 全体にグロスポリマーメディウムを塗る

透明レジンの硬化熱から守るため、ガンプラと海底ベース全体にグロスポリマーメディウムを塗る。

13 各部をしっかりとコーティング

多少の液だまりや筆跡は気にしない。全体をまんべんなく塗ることが大事。

14 草素材も漏れなくコーティングする

草素材もしっかりとコーティング。コーティングが甘いと、レジン中に草素材が舞い、せっかくの透明度が失われる。

STEP 3 型枠をつくる

プラ板を使い、透明レジンを流し込む型枠をつくる。ポイントは、しっかりと直角を出し、きれいな立方体の型枠にすること。

1 ガンプラのサイズを測る

型枠をつくるため、ガンプラと海底ベースのサイズを測る。高さ、幅、奥行きの3方向を測る。

2 型枠となるプラ板を切り出す

型枠となるプラ板を切り出す。今回は1.7mm厚の透明プラ板を使用。薄すぎると硬化熱でゆがむおそれがある。

3 保護シートを剝がす

厚手のプラ板には保護シートが貼られているので、使用前に必ず剝がす。

プラスα プラ板にはオモテとウラがある

保護シートが貼られているツルツルした面がオモテ、少しザラついた面がウラだ。ツルツルのオモテ面が型枠の内側にくるようにしよう。ザラザラした面を内側にしてしまうと、透明レジンが硬化したあと、透明レジンの表面がザラザラとして見栄えが悪くなってしまう。また、透明プラ板は白やグレーのものに比べて、ツルツル度（平滑度）が高いので透明レジンの型枠としておすすめだ。

4 直角を出して組み立てる

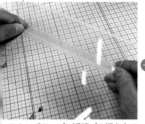

マスキングテープに透明プラ板を立てて、箱型に組み立てる。接合面に少量の瞬間接着剤を流して目止めする。

プラスα 正確に直角を出すコツ

直角を出すには、立方体の金属ブロックを使うとよい。ホームセンターなどで入手できる。

5 型枠が完成した

自分がカットした辺ではなく、もともとのプラ板の辺同士を合わせると、正確な箱型にしやすい。

NG 内側に接着剤を漏らさない

型枠の内側に瞬間接着剤が漏れ出てしまった例。完成時に、ここだけえぐれたようになってしまうので注意。

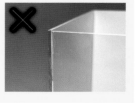

6 型枠の内側に離型剤を吹く

乾燥硬化した透明レジンを剝がしやすくするため、離型剤スプレーを吹きつけておく。

ムラなく吹けるスプレータイプで！

離型剤スプレー【シリコーン系・ノンフロンタイプ】／WAVE

流し込んで硬化させた透明レジンを型枠から外しやすくするためのもの。筆塗りタイプもあるが、筆跡を透明レジンにつけたくない場合はスプレータイプで。

7 ガンプラと海底ベースを入れて固定

筒状の容器

型枠にガンプラと海底ベースを入れて固定した。今回は演出として、型枠を傾けて透明レジンを流してみる。

8 ベースの底と型枠も仮止め

このあたりを接着している

透明レジンを流したとき、海底ベースが浮かないように海底ベースのウラ側中央と型枠をグルーガンで接着している。接着箇所には離型剤を塗らない。

STEP 4　透明レジンを準備する　つよめ

2液混合タイプの透明レジンを使用する。混合比率の指定に従って2液を混合し、よく撹拌することが大切。手袋、ゴーグル、マスクなどを着用し、十分に換気したうえで行おう。

1　使用する透明レジンを用意する

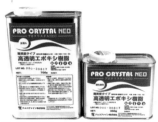

透明レジンを用意。今回は主剤と硬化剤の2液混合タイプを使う。必ず手袋、マスク、ゴーグルなどで手や目、鼻を保護しよう。換気も十分に！

2　計量器で測りながら主剤を注ぐ

計量器を使い、主剤を紙コップに注ぐ。2液混合すると熱を発するので紙コップが望ましい（本書では見やすくするために透明プラコップを用いた）。

3　まったく同量の硬化剤を注ぐ

主剤とまったく同じ量の硬化剤を注ぐ。別のカップに注いでから混ぜると、移すときにわずかな液量の差が生じるので、同じコップでやるとよい。

4　2液をよく撹拌する

わりばしを使い、よく撹拌する。混ざりにくいうえに撹拌が甘いと硬化不良を起こすので、数分間はよく混ぜる。

5　透明になるまでよく混ぜる

よく撹拌すると、これくらい透明になり、気泡も目立たなくなる。

プラスα　熱を当てて気泡を抜く

混ぜていると、気泡が発生する。気泡は大敵だが、エンボスヒーターを用い、熱を当てながら撹拌すると、気泡が抜けやすくなる。

6　よく撹拌され、きれいに混ざり合った

気泡もなく、きれいに撹拌された。このくらい透明になるまで、しっかりと撹拌しよう。

STEP 5　透明レジンを着色して流す　つよめ

透明レジンは専用の塗料で着色できる。1層ずつ24〜36時間程度は乾燥させ、完全硬化させながら流し込んでいこう。

1　専用の塗料を用意する

透明レジンを着色する。今回は波音カラーのネイビーブルーを使用する。

2　透明レジンに塗料を垂らし、着色する

今回はネイビーブルーで着色。数滴で色が変わるので、1滴ずつ垂らして色を確認しよう。

3　よく撹拌し、色味を確認する

わりばしでよく撹拌。黄変対策も兼ね、1層目なので濃いめにした。わりばしの見え具合で透過度を確認するとよい。

4　1層目の透明レジンを流し込む

1層目となる透明レジンをゆっくりと流し込む。1層あたりの厚みは、最大でも10mm程度に抑えよう。

5　気泡が発生した

透明レジンを流すと、このように気泡が発生することがある。演出上、不要な場合は消したい。

6　適宜、熱を当てて気泡を抜く

発生した気泡は、エンボスヒーターで熱を当てて取り除こう。

7　1層目の透明レジンを流し込んだ

1層目を流し終えた。これ以上厚いと硬化熱が高くなりすぎて型枠がゆがんだり、ガンプラが溶けたりするおそれがある。

8　2層目の透明レジンを流し込む

24〜36時間ほど乾燥させ、1層目が完全に硬化したら2層目を流す。ネイビーブルーで1層目よりやや薄めに着色した。

NG 透明レジンが変質している！

透明レジンは繊細な物質なので、さまざまな要因により、変質して硬化不良を起こしてしまうことがある。たとえば、右写真のようにその層だけ異常に収縮して型枠から離れたり（それにより型枠がゆがむこともある）、気泡が大量に発生したりする。

考えられる主な原因は、以下の通り。
①透明レジンが古い（未開封でも、出荷後2年以上経つと劣化するおそれがある）。
②硬化剤の量が多い（2液が均等に混合されていない）。
③流し込む量が多く、硬化熱が高くなりすぎた。あるいは、高温状態が長く続いた。

撹拌時に2液の混ざりが悪い、着色塗料を混ぜても色がくすむなどの場合は、透明レジンが変質・劣化している可能性が高い。高価だからもったいないと思っても、絶対に流し込まないほうがよい。流し込んだあとで硬化不良で失敗しても、リカバーする方法はないのでそのほうがもったいない。

主剤と硬化剤をよく撹拌しているが、いっこうに混ざる気配がない。色もどこかくすんでいる。

ターコイズで着色したが、やはりどこかにごった色になってしまう。これは透明レジンの変質・劣化の可能性大。

実際に流し込み、エンボスヒーターで熱を当てて流動性を上げたが、やはり色のくすみは抜けない。

波打つような形に ✕
硬化後、透明レジンが異常に収縮し、波打つような形になってしまっている。

型枠がゆがんだ ✕
透明レジンの収縮に引っ張られるようにして型枠もゆがみ、透明レジンが型枠から離れてしまった。

黄変した ✕
透明レジンの変質があった層だけが変色しているのがわかる。リカバーは効かないので失敗だ。

---

9 2層目の透明レジンを流し込んだ

やはり厚みは10mm以下に抑える。足の下半分が沈む程度まで、透明レジンが流し込まれた。

10 残った透明レジンをガンプラに塗る

紙コップの底に残った透明レジンを平筆でガンプラに塗る。全身水浸しという演出の下地にする狙いだ。

11 3層目の透明レジンを流し込む

やはり24〜36時間程度乾燥させたら、3層目を流す。ここもネイビーブルーで、さらに薄めに着色した。

12 足ウラにも透明レジンを塗る

水面から飛び出る足ウラにも透明レジンを塗る。水面から飛び出た瞬間なので、全身が濡れているはずだ。

プラスα 乾燥時はアルミホイルでカバー！

別キットの例
乾燥時はアルミホイルでカバーをしておくと、ほこりの侵入などを防げる。ただし、硬化には酸素も必要なので完全密閉はしない。

13 4層目の透明レジンを流し込む

4層目を流し込む。ネイビーブルーでごく薄く着色している。

14 4層目の透明レジンを流し込んだ

4層目まで流し終えた。型枠を傾けることで、水面にも動きを出し、水から飛び出した躍動感を伝える狙いだ。

STEP 6 型枠を取り外し、整える

すべての透明レジンを流し終え、完全硬化させたら、型枠を取り外し、各辺や面をきれいに整える。

1 型枠を取り外す

24〜36時間ほど乾燥させ、完全硬化したら型枠のプラ板を剝がす。離型剤スプレーを吹きつけているので、ベリベリとかんたんに剝がせる。

2 透明レジンのブロックができた

型枠を完全に取り外した状態。各辺にバリが生じているが、このあと整えていくので問題ない。

3 バリが生じている

型枠のスミにたまった透明レジンにより、バリが生じることがある。気になる場合は処理しよう。

4 各辺のバリを削ってきれいにする

各辺に生じたバリをカッターナイフなど（→P.107）で丁寧に取り除く。C面のようにならないように注意する。

5 離型剤落としを用意する

剝離剤オフ
（フィニッシャーズ）

レジンの表面は離型剤の油分でツルツルなので、離型剤落としを使ってその油分を落としていく。

6 透明レジンについた油分を拭き取る

ティッシュに離型剤落としを少量含ませ、硬化したレジンの表面を軽く拭き取る。これだけで油分が一気に落ちる。ゴム手袋を装着して行うこと。

7 コンパウンドで磨く

くすみや汚れがあったらコンパウンドを綿棒につけ、拭き取る。傷つけないよう、くれぐれもやさしく拭くこと。

STEP 7 水面の演出を施す

水面の波肌はジェルメディウムでつくる。エアダスターも使って迫力のある波の動きを演出すれば完成だ！

1 水面にジェルメディウムを盛る

ジェルメディウムを水面部分に盛りつける。木べらでペタペタとツノを立てるように盛り、勢いある波肌にする。

2 ガンプラにもジェルメディウムを盛る

水面から飛び出した瞬間なので、腕や頭部、胴体など、水面から出ている部分にも盛りつけていく。

3 ジェルメディウムを盛った

ジェルメディウムを盛った。波の動きが、機体の激しいアクションを想像させる。

4 エアダスターで吹く

さらに波の動きを大きくし、飛沫を表現するためにエアダスターでジェルメディウムを吹く。

5 エアダスターで吹いた

波が前から後ろへと流れていくように吹いたことで、前に進もうという機体の大きな推進力が感じられる！

6 乾燥したら完成

ジェルメディウムが乾燥し、透明になったら完成。水中の透明度と水上の波＆水しぶきのメリハリが効いている。

屋外に出て、青空のもとで撮影した。透明レジンやジェルメディウムが照り輝き、美しさと躍動感が増す！

キホン 自然物①
樹木の基本

▶ 樹木の種類は、舞台の設定と合うようにすることが大切。

▶ 樹木のつくり方は、大きく分けて①完成品を使う、②ドライフラワーでつくる、③半完成品を使うという3つがある。完成品を使う場合、油彩ウォッシング（→P.224）を行ったり、雪のシーンなら雪パウダーをかけることで深みが増す。

自然環境を舞台にしたジオラマをつくる場合において、樹木はさまざまな情報を与えることができます。たとえば、広葉樹林が生えていたら比較的温暖な地域、針葉樹林が生えていたら反対に寒い地域、あるいはヤシの木があれば南国だと推測できます。

樹木のつくり方は、大きく分けて①完成品を使う、②ドライフラワーでつくる、③半完成品を使うという3つがあります。完成品だけでもさまざまな種類が発売されているので、イメージに合うものを探して使いましょう。

なお、森や茂みをつくりたい場合は、樹木を数本立てるのではなく、別素材を使うアプローチで行ったほうがいいでしょう（→P.225）。

街路樹が街並みに彩りを加えている。

❶完成品を使う

これは「樹木模型 Nゲージ用2〜12cm 大小混載40本セット」（FeiLimei）

完成品の木は、各メーカーからさまざまな種類が発売されている。

ベースに接着するだけでOK。かんたんだが、同じ木をたくさん生やすと見た目が単調になりがちなのが難点。

>>詳しくはP.224

❷ドライフラワーでつくる

オランダドライフラワーをほどよいサイズにちぎり、剪定して葉がつく部分を1分程度、水溶きボンドに浸す。

2色程度を混合した草パウダーをつけて完成。1/144スケールにぴったり！

❸半完成品を使う

自作した幹に、市販の葉っぱ素材を貼る。反対に市販品の幹に、手づくりの葉を貼りつけてつくることもできる。

葉っぱの量を調節することで、複数の木を立てたときに、変化やメリハリをつけられるメリットがある。

雪パウダーをかける

針葉樹に降り積もる雪。ジオラマの主役ではないが、舞台を引き立たせる重要なアクセントとなる。

油彩ウォッシングする

>>詳しくはP.224

ウォッシング塗料で木を汚すことで、自然な樹木の汚れを表現できる。

テクニック 自然物②
完成品の樹木を設置する

難易度

かんたん
ふつう
むずかしい

におい

しない
よわめ
つよめ

▶ 樹木を生やしたいとき、もっとも手っ取り早いのは市販の完成品の樹木を設置する方法だ。

▶ ピンバイス、木工用ボンド、そして挿し込みたい樹木があれば、すべての工程を行うことができる。

▶ 市販品でも葉をすいたり、油彩ウォッシングをしたりすれば、見た目の変化をつけられる。

ジオラマにアクセントを加える木！

ジオラマに樹木を生やしたいとき、もっとも手っ取り早いのは**市販の完成品の樹木を設置する**方法です。ベースに穴をあけて、そこに木工用ボンドを流し込み、樹木を挿し込めばOK。とてもかんたんです。

市販品の樹木は形状が画一的という難点がありますが、**葉をすいたり、油彩ウォッシングをしたりすることで、変化をつける**こともできます。P.193で紹介しているように、いろいろな種類の樹木が市販されています。舞台のアクセントとなる木を設置していきましょう。

使用する道具

<方法①>	<方法②>
市販の完成品の樹木	市販の完成品の樹木
・ピンバイス ・木工用ボンド ・ハサミ	・平筆（ウォッシング用） ・ドライヤー ・キムワイプ（もしくはティッシュ） ウォッシング用塗料

方法① 市販の完成品の樹木を設置する

樹木を生やしたい場合、市販品の完成品を挿すのが一番手っ取り早い。穴をあけて、その穴にボンドを流し込み、樹木を挿し込めば完了だ。

1 地面に穴をあける

垂直に穴をあける。

樹木を挿す位置を決め、そこにピンバイスで穴をあける。ドリルの径は、挿し込む樹木の幹の太さに合わせよう。

2 穴にボンドを流し込む

あけた穴に木工用ボンドを流し込む。木工用ボンドは乾燥すれば、透明になるのではみ出しても問題ない。

3 穴に樹木を挿す

木工用ボンドを流し込んだら、樹木を挿し込む。特別な設定がないかぎり、傾いていたらおかしいので垂直に挿す。

プラスα 葉をすいてディテールを調整する

市販品の樹木は枝葉がわりと画一的につくられているため、単調に見えがち。ハサミですくように切って、変化をつけるといい。

方法② 油彩ウォッシングをする よわめ

樹木の味わいを深めたい場合は、油彩ウォッシングがおすすめ。ウェザリング専用塗料でバシャバシャと塗り、キムワイプなどで拭き取っていく。

1 油彩ウォッシングに使える塗料

ステインブラウン　フェイスグリーン　マルチブラック

おすすめは、Mr.ウェザリングカラーシリーズ。汚れ表現を手軽につくれる。エナメル塗料を薄めて使ってもOK。

2 葉に塗料を塗っていく

筆を使って、葉に塗料を塗っていく。あとで拭き取るので、全体にバシャバシャと塗っていこう。

3 ドライヤーで乾かす

軽くドライヤーで乾かしてから、ティッシュやキムワイプで拭き取る。重力を意識して、上から下へと拭き取る。

4 ベースに設置して完成

塗料をほどよく拭き取ったら、ベースに設置。薄く汚れた樹木に生まれ変わった。存在感が高まっている。

テクニック 自然物③

森・茂みをつくる

難易度	
	かんたん
	ふつう
	むずかしい

におい	
	しない
	よわめ
	つよめ

▶ 森や茂みをつくるなら、鉄道模型用の草素材がおすすめ。粒度の異なる草素材を複数色、ランダムに配置することで自然な森や茂みを表現できる。

▶ ギガプランツはそのままでは取れやすいので、マットメディウムで練り込んでから使うとよい。

粒度の異なる草素材で、メリハリのある茂みが表現された！

樹木のスキマから見えるガンプラから迫力が伝わる！

HGUC 1/144 陸戦型ガンダム

森や茂みを表現するには、鉄道模型用の草素材を使うのがおすすめです。KATO のギガプランツとテラプランツという粒度の異なる草素材を、複数色用いてランダムに配置することで全体にメリハリがつきます。なお、ギガプランツはそのまま接着するとぼろぼろとかんたんに取れてしまうので、マットメディウムで練り込んで強度を上げてから貼るとよいでしょう（水溶きボンドではやや強度不足）。強度を高めつつ、手でかんたんにちぎって貼れるので作業性が抜群にアップします。

使用する道具

ギガプランツ（2〜3色）	・ジッパーつきバッグ
テラプランツ（1〜2色）	・クリアファイル
	・瞬間接着剤
マットメディウム	・つまようじ
	・オランダドライフラワー
	・ナノプランツ（樹木用、2色程度）
	・紙コップ
	・ゴム手袋

森と茂みをつくる　よわめ

ギガプランツとテラプランツ（ともにKATO）という、粒度の異なるスポンジ素材を用いて表現する。接着強度を高め、複数色を使ってランダムに配置していこう。

1 ギガプランツをマットメディウムで練る

ミディアムグリーン
ライトグリーン
アッシュグリーン

3色のギガプランツを密閉できるジッパーつきバッグに入れ、マットメディウムを流し込んでもみ込む。

2 クリアファイルに広げて乾燥させる

クリアファイルに広げて出し、よく乾燥させる。クリアファイルはマットメディウムで接着されないので便利。

3 ギガプランツのシートができた

乾燥すると、このようなシート状に固まる。少しスキマがあるくらいに広げておくと、よく固まる。

4 手指でちぎってジオラマに貼る

P.204でつくった草地につけた。

適量を手指でちぎり、瞬間接着剤を少量塗って、固定したい部分へ押しつけて貼る。

5 バランスを見ながら盛りつけていく

貼りつけながら、バランスを確認していく。ほどよい強度がありつつ、手でかんたんにちぎれるので、ちょい足しなどの調整がしやすい。

6 テラプランツを用意する

今度はテラプランツを用意。もっちりとしたスポンジ状の素材で、大きめの茂みをつくるのに向く。

7 テラプランツを貼る

テラプランツをちぎり、瞬間接着剤を少量つけてジオラマに貼る。今回はミディアムグリーンとライトグリーンを組み合わせていく。

8 オランダドライフラワーで樹木をつくる

樹木はオランダドライフラワー（→P.193）でつくる。つまようじを刺して穴をあけ、そこにオランダドライフラワーでつくった樹木を挿して固定。

テクニック

自然物④ ヤシの木をつくる

難易度

かんたん
ふつう
むずかしい

におい

しない
よわめ
つよめ

▶ 紙創りの葉っぱ素材を使うと、ヤシの木など独特な形状の木をつくることができる。
▶ 幹はアルミ針金にマスキングテープを巻きつけて、特有の樹皮を表現していく。
▶ ビーチはホワイトの石粉粘土を盛り、明るい色合いの砂パウダーを振りかけてつくる。

紙創りでリアルなヤシの葉が表現された！

アルミ針金とマスキングテープで、立派な節の幹に！

　紙創りの葉っぱ素材を使うと、独特な形状であるヤシの木をつくることができます。**木の幹はアルミ針金を芯にし、マスキングテープで樹皮を表現し、水性塗料で塗ってつくっていきます。**ヤシの木はビーチや海岸線に生えているものなので、ビーチらしく地面となる石粉粘土はホワイトを、上にまく砂パウダーは明るめのものを使うとよいでしょう。今回は遭難し、救助を求めるジオン兵というコンセプトで、あえてヤシの木を大きく強調する作品に仕上げました。

使用する道具

・アルミ針金	・グロスポリマーメディウム	グリーン、フィギュア塗装に使うカラー)
・紙創りの葉っぱ素材	・マットメディウム	・平筆(水性塗料用)
・マスキングテープ	・紙やすり(240番)	・スプーン
・人間フィギュア	・水性サーフェイサー	・木べら ・つまようじ
・スレート石板	(ホワイト)	・ピンセット ・紙コップ
・石粉粘土(ホワイト)	・水性塗料(ホワイト、タ	・塗装用クリップ
・瞬間接着剤	ンイエロー、オリーブ、	・ドライヤー
・砂パウダー		

STEP1 浜辺をつくる よわめ ビーチはホワイトの石粉粘土と砂パウダーでつくる。メディウムを盛る分、石粉粘土は傾斜をつけて盛るのがポイント。

1 ベースに瞬間接着剤を塗る

ベースはスレート石板(→P.188)を使用する。石粉粘土を盛るため、少量の瞬間接着剤を塗る。剝がれ防止だ。

2 ホワイトの石粉粘土を盛る

よく練った石粉粘土をスレート石板に盛りつける。ビーチなので、ホワイトを使用。

3 あえて傾斜をつけて盛りつけた

海側に向かって、傾斜をつけるようにして盛った。フラットに盛ると、海面のほうが高くなってしまう。

4 ペースト状にした砂パウダーを塗る

ビーチサンド(モーリン)のベージュ

砂パウダーを盛る。ガッチリと固めたいので、マットメディウムを混ぜて練り込み、ペースト状にして盛っていく。

5 ペースト状の砂パウダーを塗った

石粉粘土の上にペースト状にした砂パウダーを盛りつけた。ただ、ビーチにしてはやや重い印象だ。

6 明るい色の砂パウダーを振りかける

クラフトサンド(モーリン)の「ホワイト」

ビーチらしい軽さを出すため、明るい色合いの別の砂パウダーを振りかける。下地が生乾きなら、接着剤いらず。

7 つまようじで文字を書く

石粉粘土や砂ペーストが生乾きのうちなら、つまようじで文字などを描くことができる。ビーチらしい演出だ。

8 グロスポリマーメディウムを塗る

木べら

海面部分にグロスポリマーメディウムを塗り広げる。ドライヤーを当てながら塗ると、波肌を表現しやすい。

STEP 2 ヤシの木をつくる よわめ

ヤシの木は、アルミ針金とマスキングテープで幹にし、紙創りの葉っぱをつけてつくる。あえてスケールを崩し、ヤシの木と遭難者の対比を強調する演出にした。

1 アルミ針金にマステを巻きつける

…がヤシの…太さに…

3mmのアルミ針金にマスキングテープを巻きつける。1巻きずつ段差がつくようにする。

2 巻いたマステを紙やすりで荒らす

240番の紙やすりでマスキングテープをこすり、樹皮の質感を出す。巻きつけた段差を逆なでするイメージで。

3 ヤシの木特有の樹皮の質感になった

マスキングテープをほどよく荒らした。ヤシの木特有の樹皮の質感になっている。

4 白のサーフェイサーを吹く

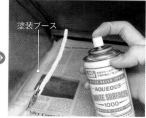

塗装ブース

工程3のヤシの木の幹に、水性のサーフェイサー（ホワイト）を軽く吹きつける。塗装のための下地づくりだ。

5 塗装の下地ができた

サーフェイサーを吹いた。下地づくりだけでなく、塗料の大敵であるマスキングテープの粘着力をなくす意味も。

6 水性塗料を用意する

タンイエロー　ホワイト

塗料を用意。今回はフィギュアの塗装などによく使われるファレホのモデルカラーを使用する。水性で使いやすい。

7 水性塗料を塗る

凹凸があるので、筆で突くように塗るとよい。

タンイエローを希釈せずに塗り、乾燥したらホワイトをドライブラシで塗った。

8 葉っぱ素材を用意する

葉っぱ素材を用意。今回は紙創りの「ヤシの葉」を使用。存在感を出すため、1/48スケールのものを選択した。

9 葉っぱを塗る水性塗料を用意

USライトグリーン　ブラック　ライトイエロー

緑色と黒を混ぜると、オリーブグリーンになる。今回は、さらにライトグリーンを混ぜて調色した。

10 葉っぱ素材を水性塗料で塗る

水で3倍程度に希釈し、乾燥させながら何回か塗り重ねる。

調色した塗料で紙にしみ込ませるように塗り、乾燥させながら塗り重ねると葉っぱらしい質感になる。

11 幹に葉っぱ素材をつけていく

ここに瞬間接着剤を少量流し込んで固定する。

幹の先端につまようじを差し込み、マスキングテープのスキマをつくって、そこに葉っぱ素材のワイヤー部を挿す。

12 ヤシの木をビーチに固定する

幹の根っこ側に瞬間接着剤をつけて、ビーチの上に固定する。どこから見てほしいかを考え、木の向きを決めよう。

13 人間のフィギュアを塗る

P.235の方法でジオン兵の制服として着色。

…フィギュアを用意。今回はビーチで救…を待つ兵士として、ビルダーズパーツHDの「MSフィギュア01」を使用。

14 人間のフィギュアを固定して完成

瞬間接着剤を少量つけ、フィギュアを設置すれば完成。ビーチで救助要請をするジオン兵、という情景だ。

プラスα あえてスケールを崩す演出に！

ジオラマづくりにおいて、作品のスケールを決め、それを守ることは基本だが、ときにはスケールを一部崩して、見せたい箇所を強調する演出をしてもよい。今回は人間フィギュアの1/144スケールが基準だが、ヤシの幹と葉はそれよりも大振りにつくった。大きなヤシの木に対し、人が小さく見えるが、遭難して心細い彼の心理描写を表している。

大きなヤシの木の下で、必死に手を振り上げ、助けを求める遭難者。その必死のアピールは救助者に届くだろうか。

デクニック

自然物⑤
ジャングルの木とツタをつくる

難易度

かんたん
ふつう
むずかしい

におい

しない
よわめ
つよめ

▶ 未開の地であるジャングルは、さまざまなサイズや形状の木がランダムに生えているほうがサマになる。

▶ 木はエナメル線を束ね、ポリパテで塗装して幹と枝をつくり、そこに葉っぱ素材を貼りつければ完成。ツタはエナメル線に塗装するだけでOK。

このページのテクニックでつくったジャングルの多種多様な木やツタ！

ジャングルは人の手が加えられていない未開の地、という特徴的なシチュエーションです。そのため、画一的な木が並んでいるより、さまざまなサイズや形状の木がランダムに生えているほうがサマになります。

そこで、ジャングルの木もオリジナルでつくっていくといいでしょう。基本的にはエナメル線にポリパテを塗って幹と枝をつくり、そこに葉っぱ素材を貼りつけていきます。ツタもエナメル線1本で表現できるので、比較的かんたんにつくることができます。

使用する道具
- ・エナメル線
- ・ギガプランツ
- ・紙創りの葉っぱ素材
- ・ポリパテ
- ・ペンチ
- ・ラジオペンチ
- ・金属用ニッパー
- ・ピンセット
- ・メタルプライマー
- ・つまようじ
- ・クリアファイル（パレット）
- ・水性塗料
- ・塗料皿
- ・平筆（塗料用／ウォッシング用）
- ・ウォッシング用塗料
- ・瞬間接着剤
- ・保存容器

STEP 1 ジャングルの木をつくる よわめ

ジャングルの木は湾曲した独特の形状をしているため、エナメル線で自作するのがいい。

1 エナメル線を束ねる

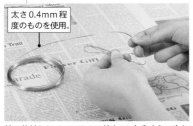

太さ0.4mm程度のものを使用。

幹の芯材として、エナメル線を10本分くらい束ねていく。木の長さは自由だが、2〜3cm程度にするとちょうどいい。

2 全体をペンチでひねる

ペンチでエナメル線の束を固定し、ラジオペンチで端から少しずつひねって巻いていく。こうして1本の太い幹をつくる。

3 一方の先端（枝側）を切る

金属用ニッパーを使って、一方の先端を切る。するとエナメル線の束の先端がばらけるので、このばらけたほうを枝側とする。

4 ポリパテを塗って幹をつくる

枝部分は塗らなくてOK。

エナメル線にメタルプライマーを塗って乾かしたあと、つまようじでポリパテを塗っていく。このポリパテの形が、そのまま幹の形状となる。

5 幹部分を塗装する

ポリパテが乾燥したら、幹部分を塗装していく。ここでは、マホガニー（H84）とオリーブドラブ（XF-62）を塗り重ねた。

6 枝部分に葉をつけていく

枝部分に瞬間接着剤を塗って、葉をつける。ここではギガプランツ（ダークグリーン）を使用。枝全体に葉がつくように、しっかり押しつけよう。

7 | つきすぎた葉を間引く

多めに葉がついたら、適量になるように指でとって間引いていく。間引きすぎたら、また瞬間接着剤を塗って、ギガプランツをつければいい。

8 | 葉をほどよい量にする

ジャングルの木であれば、1本あたりの葉の量はこれくらいでちょうどいいだろう。ここに「紙創りの葉」（→P.191）をつけてアクセントを加える。

9 | 軽く塗装して葉の色をなじませる

ボトボトになるくらい塗ると、紙創りの葉がしなって葉っぱらしくなる。

2種類の葉をつけたので、葉全体を軽く塗装して色をなじませる。ここではMr.ウェザリングカラーのフェイスグリーンを使用。

STEP 2 ジャングルのツタをつくる　よみめ

ジャングルのツタは、エナメル線を1本切り出して塗装すれば出来上がり。木と木の間にはわせれば、サマになる。

1 | ツタとなるエナメル線を塗装する

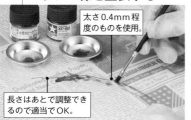

太さ0.4mm程度のものを使用。

長さはあとで調整できるので適当でOK。

エナメル線を切り出したら、塗装するためにメタルプライマーを塗る。プライマーが乾いたら、マホガニー（H84）とオリーブドラブ（XF-62）で塗装。

2 | 始点となる木にツタを巻きつける

P.208でつくったジャングル。

塗料が乾いたら、始点となる木にツタを巻きつけていく。ピンセットで巻きつけ、木とツタのスキマがなくなるようにしよう。

3 | 終点となる木にツタを巻きつける

終点となる木にも、ツタを巻きつけていく。木にくるくると巻きつけたら、余った部分は金属用ニッパーでカット。

---

4 | ほどよくたるませるとよい

ツタはピンと張っているよりも、ほどよくたるんでいるほうがそれらしくなる。ほどよくたるませて、リアルなツタの雰囲気を出そう。

『機動戦士ガンダム　第08MS小隊』より。密林の中で戦う陸戦型ガンダム。ジャングルのうっそうとした雰囲気がよくわかる。

『機動戦士Zガンダム』より。ジャブローで戦うグフ飛行試験型。手前の樹木にツタが絡まっている。

5 | 完成

ジャングルの地面に木とツタを加えたもの。幹は軽く湾曲させて、その間にツタをはわせた。木とツタを増やせば、ジャングルらしさが増す。

木に絡まったクモの巣。スチロール系接着剤をつけた指先をゴム手袋でこすって、フワッとかぶせるようにつける。

テクニック

建物①
市販品の建物を設置する

難易度

かんたん
ふつう
むずかしい

におい

しない
よわめ
つよめ

▶ 鉄道模型のNゲージは1/150スケールなので、1/144スケールのガンプラと相性は抜群。鉄道模型メーカー各社から、さまざまな建物素材が発売されているので、つくりたい街並みのイメージに合わせて選ぼう。

▶ 台座がある建物素材の場合、その台座を活かすか、活かさないかという2つの選択肢がある。

Before

建物の台座とアスファルトに段差がついてしまっている。スケールを考えると、段差がつきすぎる。

After

段差が埋まって一体感が出た。

市街地をつくる場合、必要になるのが建物素材（ストラクチャー）です。鉄道模型のNゲージは1/150スケールなので、1/144スケールのガンプラと相性は抜群。鉄道模型用品を発売する各メーカーから、住居やビル、商業施設など、さまざまな建物素材が発売されているので、それらを設置して市街地を構成していきましょう。

ここでは設置の際に、建物素材の台座を活かさないパターンと活かすパターンの両方を紹介します。

使用する道具

瞬間接着剤
・建物素材
・平筆（塗料用）
・塗料皿
・紙やすり

ニッパー

情景テクスチャーペイント（路面 ライトグレイ）

デザインナイフ

プラ板

方法① 台座を活かさないパターン よわめ

ジオコレの建物など、一部の建物素材には台座がついている。石畳などが表現されているが、あえてこれを取り外してジオラマのベースとなじませる方法がある。

1 建物を組み立てる

説明書を見ながら、建物を組み立てる。接着剤や塗装が必要な建物素材もあるので、説明書きをよく見ておこう。

2 台座を取り外す

台座は使わずにジオラマに設置したいので、台座を取り外す。手で外せるものなら、かんたんに取り外せる。

3 ダボがあったらカットする

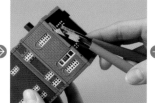

はめ込み式の場合、ダボがついているので、ニッパーでカットし、デザインナイフや紙やすりで平らにしよう。

4 ジオラマのベースに設置する

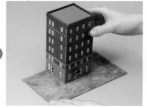

アスファルトなど、ジオラマのベースに瞬間接着剤で設置する。台座がないので、自然に高さが合う。

方法② 台座を活かすパターン よわめ

石畳や歩道などが表現されている建物素材の台座を活用する手もある。その場合、台座の高さに合わせてジオラマのベースをつくる必要がある。

1 台座を活かしたいが段差がある

台座の石畳を活かしたいが、このままジオラマのベースに設置すると、台座が浮いてしまう。

2 台座以外の部分をカサ増しさせる

台座のサイズを測り、その台座だけよける形でプラ板を切り出す。プラ板の厚さは、台座分の高さが埋まるものに。

3 プラ板を接着してベースを盛り上げる

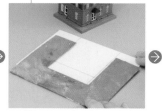

カサ増しのために切り出したプラ板をベースに接着し、その上にアスファルト色に塗ったプラ板（→P.209）を貼る。

4 建物素材を設置して完成

最後に建物を設置すれば、完成。台座とアスファルトの路面が同じ高さになって、自然な仕上がりとなった。

テクニック

建物②

建物の見栄えをよくする

難易度

かんたん
ふつう
むずかしい

におい

しない
よわめ
つよめ

▶ 市販の建物素材に油彩ウォッシングを行えば、使い古されたオリジナリティあふれる建物に変化する。パステルなども活用して、使用感を表現する汚れをつけていこう。

▶ レイアウトに合わせて建物素材を切断したいときはスジボリテープとスジボリツール、プラのこを使う。

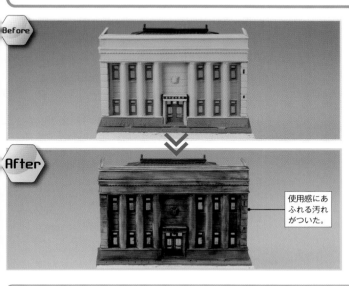

Before

After

使用感にあふれる汚れがついた。

　建物素材は、たくさんの種類が市販されていますが、それでもバリエーションには限りがあります。「何か工夫して、見栄えを変えたい」、そんなときには油彩ウォッシングがおすすめ。どんな新品の建物も、使い古された雰囲気に様変わりします。

　また、ジオラマのレイアウトに合わせて、建物を切断して設置したい場合もあります。そんなときはスジボリテープ（→ P.67）を貼って、スジボリツールやプラのこで切断していきましょう。

使用する道具

<方法①>　ウォッシング用塗料
・建物素材
・平筆（ウォッシング用）
・ドライヤー　・綿棒
・パステル　・パレット
・キムワイプ　・紙やすり

<方法②>　プラのこ
・建物素材
・スジボリテープ
・Pカッター
・瞬間接着剤

方法① 油彩ウォッシングをする よわめ

エナメル塗料で汚す油彩ウォッシングは、建物素材のウェザリングにも有効なテクニック。さらにパステルなどをつけると、使い古された建物に生まれ変わる。

1 ウォッシング用塗料で塗る

平筆で建物全体に塗っていく。

塗料を塗る。ここでは Mr. ウェザリングカラーのステインブラウン、マルチブラック、グランドブラウンで。

2 ドライヤーで乾かして拭き取る

ドライヤーで軽く乾かしたら、キムワイプなどでほどよく拭き取る。重力の方向を意識して、縦方向に拭き取ろう。

プラスα パステルを活用する

画材屋などで買えるパステル（チョーク）を、紙やすりの上で削る。黒やグレー、茶色など、2～3色用意するといい。

綿棒にパステルをつけて、建物にこすりつけていく。建物のエッジなどに多めにこすりつけると、リアル感が増す。

方法② 建物を切って設置する よわめ

ジオラマのベースのサイズによっては、建物素材を切断して設置することもある。切断にはプラのこが便利だが、Pカッターやスジボリツールで削れば、パキッと割れる。

1 レイアウトを決めて台座にマーキング

スジボリテープ

このラインで切っていく。

ベースに建物素材の台座などを合わせて、切断ラインを考える。そこをスジボリテープでマーキング。

2 台座を切る

スジボリテープをガイドにする。

建物素材の台座を切る。Pカッター（→ P.63）などでミゾをつくり、プラのこで切断すると、かんたんに切れる。

3 建物もマーキングして切る

切断ラインが揃うように、建物側にもスジボリテープを貼り、側面ごと切る。切断ラインがずれないように注意。

4 ベースに設置して完成

ベースからはみ出ていたら、格好がつかないので慎重にラインを決めて切ろう。

台座と建物側面、屋根と、必要なパーツをすべて切断したら、瞬間接着剤でベースに設置して完成。

テクニック 建物③
格納庫を塗り分ける

難易度

かんたん
ふつう
むずかしい

におい

しない
よわめ
つよめ

▶ 格納庫は、①塗り分けと②つくり込み(→右ページ)で仕上げていく。

▶ ①塗り分けを行うことで、「複数の部品でできている」という表現ができる。各部品の役割などを考え、理由づけをしたうえで塗っていこう。

　格納庫は、①塗り分けと②つくり込み(→右ページ)で、仕上げていくといいでしょう。

　格納庫素材は単色成型であることが多いですが、本来なら多種多様な部品で構成されているはずです。そうした部品素材の違いを表現するために、塗り分けていきます。とくにどの部品がどのような役割を果たすか、具体的に理由づけして塗り分けることで説得力が増します。

使用する道具

 瞬間接着剤

デザインナイフ

・ニッパー
・格納庫素材各種
・使用するディテールアップパーツ
・塗装セット

Before

素組みした格納庫素材に、ディテールアップパーツを貼った。それぞれイメージに合う形状のものを選ぼう。

プラスα **デカールも追加しよう**

整備兵への注意を促すコーションマーク(→ P.151)として、「CAUTION!」デカールを貼った。こうした細かいデカール貼りで、リアリティが増していく。

イエローとブラックのラインが入ったデカールも、注意喚起の役割を果たすコーションマークの1つ。全体のバランスを見ながら貼り足していこう。

After

リフト・エレベータのレール

リフトやエレベータのレールをイメージし、ゴールド(H9)とシルバー(H8)で塗装。ゴールドの部分は、シルバーとゴールドを1:1で調色している。

床の塗り分け

別パーツに見えるように、マスキングしたうえで、床の一部をシルバー(H8)で塗り分けた。均一に吹きつけるよりも、ややムラをつくったほうが雰囲気が出る。

ディテールアップパーツの貼りつけ

追加したディテールアップパーツや壁の一部をシルバー(H8)で塗装。整備ドックのハードポイント(整理ツールの追加可能部分)、排気ダクトなどの色を替えると単調さが解消される。

建物④ 格納庫をつくり込む

難易度	
かんたん	
ふつう	
むずかしい	

におい	
しない	
よわめ	
つよめ	

▶ ②つくり込みには、市販のディテールアップパーツ（バーニアやダクト、ノズルなど）のほか、キャットウォーク、トラス、ケーブル類など、さまざまな素材が使える。

▶ 人間フィギュアや作業車などの重機・機器、コンテナ類などを設置すると、さらに雰囲気がアップする。

格納庫にさまざまな素材を組み合わせてつくり込んでいけば、格納庫という閉鎖された空間の情景を奥深く、味わい深いものにしていくことができます。使える素材には、各種ディテールアップパーツのほか、キャットウォークやトラス、ケーブル類があります。ほかにも人間フィギュアや重機・機器、コンテナ類など、各メーカーから市販されている小物類を設置すれば、情景が生き生きとしてくるでしょう。

使用する道具

瞬間接着剤
デザインナイフ

・ニッパー
・格納庫素材各種
・使用するディテールアップパーツ、デカール
・リード線、スプリング、熱収縮チューブなど
・塗装セット

Before

塗り分けまでを完了した格納庫。ここからディテールを高めるための素材を追加し、つくり込んでいく。

After

高所作業車と整備員

車両は「MG シャア専用ザクⅡ ver.2.0」の付属品を組み立てて塗装。整備兵はHOゲージの人形フィギュアから流用し、スジボリでディテールを追加。

空気調整を行う排熱ダクト

排熱ダクトに見立てるため、ディテールアップのバーニアを接着し、シルバー（H8）で塗装した。マスキングして、きれいに塗りたい。

整備機材を下支えするトラス

キット付属のものを使用し、全体にシルバー（H8）を吹いたあと、エッジを中心につや消しブラック（H12）を薄く吹き、くすみをつけた。

キャットウォークの設置

キット付属のものを使用。全体にシルバー（H8）を吹いたあと、キャットウォークの支柱とその細部をつや消しブラック（H12）とゴールド（H9）で塗り分けた。

モビルスーツにつなぐ整備ケーブル

リード線やスプリングを熱収縮チューブでまとめ、ハンダゴテで熱してハンガーらしいケーブルを設けた。

テクニック

建物⑤
市街地をつくり込む

難易度

かんたん
ふつう
むずかしい

におい

しない
よわめ
つよめ

▶ 市街地は建物、街路樹、街灯、自動車、人間、ガードレール、アスファルトなどで構成されている。
▶ 1/144スケールであるHGに対して、1/150程度のスケールであるNゲージの素材が使える。
▶ 平時ならではの生活感がある空間を生み出そう。

　平時の市街地として、「モビルスーツが待機する交差点」をつくりました。T字路とすることで、限られたスペースに情報を集約しており、建物、街路樹、街路灯、自動車、人間、ガードレール、アスファルトなど、市街地を構成する要素がわかるようになっています。それぞれの素材は鉄道模型用の素材などが使えるので、塗装や汚しを施して設置しましょう。

オランダドライフラワー製の街路樹を配置

街路樹はオランダドライフラーを用いた手法（→P.193）でつくった。剪定時に樹木の高さを調節できるので、街の情景に合わせやすい。

人びとの息づかいが聞こえてきそう

歩道は道路との段差に合わせ、タミヤの「情景シート石畳C」を使用した。人間フィギュアは「会話が聞こえてきそうな雰囲気」を意識して配置するのがコツ。

Nゲージの小物で細部まで演出！

KATOの「信号・方向板」「電柱・街路灯」、津川洋行の「ガードレール」を配置。Nゲージにはこうした小物素材が揃っていて、街の情景づくりに役立つ。

建物はトミーテックの「建コレ 円筒形ビル3」を用い、モビルスーツが待機する駐機場のある交差点を演出した。

HGUC ジム・コマンド

コルクシート製のアスファルトを配置

アスファルトはコルクシートに情景テクスチャーペイントを塗ってつくった。白線はマスキングしたうえで、ジェッソを塗って描いた（→P.240）。

全体をウォッシングして整えた

ベースは木製トレイを裏返して使用。側面はジェッソを塗ってあえて木目を消し、水性塗料のつや消しブラック（H12）で塗装した。全体にGSIクレオスのMr.ウェザリングカラー「マルチブラック」「グランドブラウン」を25倍程度で希釈し、ウォッシングを施して自然な経年汚れを演出しつつ、全体の色調を整えている。

Nゲージ用の自動車が行き交う交差点

Nゲージ用の自動車を配置。車線は、この自動車に幅を合わせて描いている。自動車や人が行き交う情景は、平和な街並みを印象づける。

テクニック

建物⑥

フィギュアを塗装・加工する

難易度
- かんたん
- ふつう
- **むずかしい**

におい
- しない
- **よわめ**
- **つよめ**

▶ 人間の姿も、ジオラマを彩る重要なアクセントになる。
▶ 本書では、1/100フィギュアを塗る方法、1/35フィギュアを塗る方法、フィギュアに油彩ウォッシングする方法、フィギュアのポーズを変える方法を紹介する。

Before

After

原作カラーに合わせて塗り分けた。

MG シャア専用ゲルググ Ver.2.0

そこで生活している人だったり、たまたま通りがかった人だったり、シチュエーションはさまざまですが、人間の姿もジオラマを彩るアクセントになります。

そこで、ここではMGシリーズなどのガンプラに付属する1/100フィギュアを塗る方法、ハードグラフシリーズに付属する1/35フィギュアを塗る方法、油彩ウォッシングで見栄えをよくする方法、フィギュアのポーズを変える方法を紹介します。

使用する道具

＜おさらい、方法①＞	＜方法②＞	＜方法③＞
・塗装セット	・ウェザリング用塗料	・デザインナイフ
・ルーペ（必要に応じて）	・塗装セット	・棒やすり
・ニッパー	・ピンセット	・瞬間接着剤
	・キムワイプ	・つまようじ
	（もしくはティッシュ）	・セロハンテープ

フィギュアを塗る方法のおさらい ［つ/よ］

極細の面相筆は必須アイテム。あとは、模型用のルーペがあれば、細かい作業の精度が格段に上がる。

1 クリップにつけてサーフェイサーを吹く

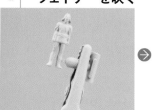

ランナーを一部残して切り出し、そこを塗装用クリップに挟んでサーフェイサーを吹く。

2 薄い色から順番に塗る

あせらず丁寧に塗ろう！

今回はホワイト、オレンジイエロー、肌の色、バイザーのグレー、モンザレッド、ミッドナイトブルーの順で塗る。

3 はみ出した部分などを塗り直す

ひと通り色を塗ったら、はみ出しや塗り残しがないかを確認し、必要があれば塗り直して調整する。

4 ランナーを切ってゲート部分を塗る

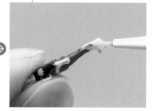

全体を塗り終えたら、残したランナーを切り取る。ゲート跡には色がついていないので、そこもきちんと塗る。

方法① 1/35スケールのフィギュアを塗装する ［つよめ］

ハードグラフシリーズのフィギュアは、ある程度色分けされているが、塗装してさらに質感を高めたい。

1 まずはフィギュアを組み立てる

フィギュアの塗装にはファレホが最適！

フィギュアは複数のパーツで構成されるので、説明書を見ながら組み立てる。キットによっては接着剤が必要。

2 黒のサーフェイサーを吹く

下地として、黒のサーフェイサーを吹く。黒を吹いておくことで、このあとのシェード（影）の表現が引き立つ。

3 シェード（影）をかける

エアブラシ

光が当たる方向をイメージして吹く。

影の表現をつけるため、つや消しホワイト（H11）を吹く。頭頂部から吹くことで、陰になる場所に黒が残る。

4 塗装する

ファレホ各色で筆塗り。発色よくツヤを抑えて、渋い仕上がりになる。顔などの細かいところは面相筆で。

方法② 油彩ウォッシングをする よわめ

鉄道模型用の塗装済み人形も、油彩ウォッシングすることで質感が高まる。塗料を塗って拭き取り、ほどよい汚れを表現しよう。

1 塗装済み人形を用意する

鉄道模型用の人形には、塗装済みのものがある。質感を高めたいと思ったら、油彩ウォッシングの出番。

2 ウォッシング用塗料を塗る

専用薄め液で3倍程度に希釈したMr.ウェザリングカラーのマルチブラックを使用。

筆でウォッシング用塗料を塗りたくっていく。あとで拭き取るので、多めに塗っておこう。

3 塗料をほどよく拭き取る

ドライヤーをかけてもOK。

キムワイプなどを使って、人形から塗料を拭き取っていく。拭き取るときは、重力を意識して上から下へ。

4 拭き取ったら完成

塗料を拭き取ったら完成。戦場で汚れた兵士という趣きになった。拭き取り具合によって、汚れ加減を調整できる。

方法③ フィギュアのポーズを変える よわめ

フィギュアは関節を切って接着し直すことで、さまざまなポーズに変えることもできる。戦場に立ち向かう勇姿や逃げ惑う姿など、ポーズを変えてジオラマを彩ろう。

1 ポーズを変える人形を用意

ポーズを変更する人形を用意する。ここでは「情景コレクション ザ・人間 自衛隊の人々」を使用。

2 曲げたい関節をすべてカット

まずはデザインナイフで、曲げたい関節をすべてカット。カットしたパーツが飛び散らないように注意。

3 接着部を棒やすりで平らにする

棒やすり

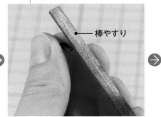

接着し直す角度に合わせて、棒やすりを使って接着面を平らにしていく。ななめに当てるイメージで。

4 関節に切り込みを入れる

テープに貼って作業するとやりやすい。

一直線のパーツを曲げたい場合は、デザインナイフを使って、くの字に切り込みを入れる。

5 切り込みに瞬間接着剤を垂らす

接着剤のノズル

切り込みを入れたら、そこに瞬間接着剤を垂らして関節を曲げていく。これでヒザを曲げた姿勢をつくれる。

6 各パーツを胴体に貼りつける

つまようじ

各パーツの形が決まったら、とらせたいポーズに合わせて、瞬間接着剤で胴体に貼りつけていく。

7 ベースなどの上に設置する

ポーズを変えたら、ジオラマのベースなどの上に置く。ここでは塗装したモビルワーカーに乗せた。

『機動戦士ガンダム 鉄血のオルフェンズ』より。モビルワーカーの上で指揮を執るオルガ。視線の先は何を見つめているのか。

POINT

さまざまなガンプラ付属の小物類

　RGやMGのキットには、パイロットのフィギュアがついていることが多い。また、キットによっては、エレカーや高所作業車、モビルワーカーなどといった小物や小型兵器が付属している。これらを塗装してジオラマに設置することで、ガンプラジオラマの世界観を深めることができる。

エレカー

「MGシャア専用ゲルググ ver.2.0」に付属。『機動戦士ガンダム』に登場する車をジオラマに設置できる。

高所作業車

「MGシャア専用ザク ver.2.0」に付属。メンテナンス用の作業車。パイロットや整備兵を乗せたい。

モビルワーカー

「HG MSオプションセット1＆CGSモビルワーカー」に含まれている。大量に設置すれば、鉄華団の戦闘シーンがつくれそうだ。

テクニック ダメージ表現① 建物を破壊する

難易度
かんたん
ふつう
むずかしい

におい
しない
よわめ
つよめ

M_2 ジオラマ編

基礎知識 道具・材料 地形・地表 ガンプラ設置 水表現 自然物 建物 ダメージ表現 その他

フィギュアを塗装・加工する／建物を破壊する

▶ 建物の破壊表現は、市街地戦闘を表現するジオラマの華である。ポイントは、どのような攻撃を受けて、どんなダメージがついたのかという破壊プランを立てること。

▶ プラのこや工業用リューター、ニッパーなどがあれば、さまざまなダメージ痕をつけることができる。

Before

砲撃を受けて
大きくえぐられた！

After

パステルを削った粉をつけてスス汚れも加えた。

市街地での戦闘を表現するのであれば、舞台となる街並みの建物にもぜひダメージ痕をつけたいものです。建物素材は基本的にプラスチック製なので、**プラのこやリューターなどを使って切断したり、傷つけたりすることができます**。ポイントは、**どのような攻撃を受けたのかしっかり考えて破壊プランを立てること**。たとえば、外側から砲撃を受けたなら、傷口は建物の内部に向いているはず。ペンチやニッパーも使って、ダメージ痕を調整していきましょう。

使用する道具

<方法①>　工業用リューター
・ニッパー（刃こぼれしたもの）
・水性塗料
・塗料皿
・面相筆（塗料用）

<方法②>
プラのこ
・ニッパー
・ペンチ
・油性マーカー

方法① 建物に小さなダメージをつける　よわめ

流れ弾などが当たって、外壁などが少し壊れたようなダメージは、工業用リューターとニッパーでつくる。どんな攻撃を受けたのか想像して、ダメージ痕をつくろう。

1 リューターで傷をつける

機銃掃射や建物の破砕片がぶつかった傷痕をイメージ。

工業用リューター（→P.198）を当てて、細かく傷をつけていく。軽く叩いて当てていく。

2 ニッパーで傷口を演出

ニッパーで挟むようにして、切り傷のような痕をつけていく。エッジなどを挟むように傷つける。

3 ダメージ箇所を塗装する

ここではつや消しブラック（H12）を使用。

水性塗料で、ダメージ箇所を塗装。軽くタッチするように塗る。スス汚れたイメージだ。パステルを加えてもOK。

4 完成

スス汚れもつけて、破壊時に火災が起こった様子にした。

ダメージを受けた箇所とその周辺を塗装して完成。ダメージ箇所とその周辺で、塗る量にメリハリをつける。

方法② 建物に大きなダメージをつける

建物の一部が吹き飛ぶほどの大きなダメージは、プラのこなどで一気に切断してから、傷口を調整していく。どんなダメージを受けたのか、設定を考えてから取り組もう。

1 破壊する箇所をマーキングする

壊す箇所を油性マーカーでマーキングしていく。今回は砲撃により、建物の角が吹き飛んだダメージ痕をつける。

2 マーキングに沿ってプラのこで切断

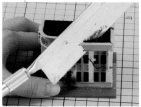

マーキングに沿って、プラのこを当てて切断していく。一気に切ろうとせず、丁寧に刃を入れていこう。

3 ペンチで破損箇所をおおまかにつくる

ここでは砲撃を受けた方向を考え、右向きに引っ張る。

切断面をペンチでつかみ、軽く曲げたり、折ったりして、破損箇所の形状をおおまかにつくっていく。

4 ニッパーで破損箇所を演出

ニッパーでちょこちょこと切るようにして、破損箇所の形状を成型していく。このあと塗装などをして仕上げる。

難易度

かんたん
ふつう
むずかしい

におい

しない
よわめ
つよめ

テクニック ダメージ表現②
建物に破壊表現をつける

▶ ガンダム世界には多種多様な攻撃兵器があるが、ここではミサイルなど実弾系の兵器で攻撃を受けた場合の破壊表現を紹介する。

▶ ミサイルが直撃した場合、周囲にガレキが散乱し、スス汚れがつくだろう。そうしたリアルな破壊表現を目指そう。

砲弾の直撃で、ガレキが散乱！

建物の破壊表現を行う場合、ポイントとなるのが**どんな兵器で攻撃されたか**です。ガンダム世界には多種多様な攻撃兵器がありますが、ここではミサイルのような実弾系の兵器で攻撃を受けた場合の破壊表現を紹介します。どのような角度から、どれくらいの威力のミサイルがぶつかって爆発を起こしたのかなどを想像し、破壊プランを立てましょう。実弾兵器の場合、ミサイルの直撃なら周囲にガレキが散乱し、スス汚れがつきます。これらのポイントを押さえ、リアルな破壊表現を目指していきましょう。

使用する道具

 マットメディウム

 石膏

・わりばし
・つまようじ
・クリアファイル
・水性塗料（黒系）
・バラスト

実弾（ミサイル）によるダメージ表現 よわめ

実弾兵器によるダメージの場合、周囲にガレキを散乱させるのがポイント。スス汚れたガレキを盛りつけていこう。

1 石膏を適度なサイズに砕く

クリアファイル

手やデザインナイフの柄で砕く。

まずは石膏を薄く固めて、それを砕いていく。石膏によるガレキのつくり方はP.239を参照。

2 マットメディウムと石膏を混ぜる

つや消しブラック（H12）を混ぜて着色。

砕いた石膏にマットメディウム（ツヤの出ないメディウム）やバラストなどを混ぜる。

3 わりばしで盛りつけていく

ダメージ痕の真下はとくに多めに。

石膏とマットメディウムをほどよく練り合わせたら、それをわりばしで建物のダメージ痕周辺に盛りつけていく。

4 つまようじで調整する

そのままでは不自然な感じになるので、つまようじで破損箇所を調整していく。ほどよく凸凹をつくりたい。

POINT

その他の破壊テクニック

戦場では、自動車が潰れたり、建物の一部が破損したり、あるいは窓ガラスが割れるなど、市街地にさまざまなダメージが加えられる。ここでは、そうした表現に使えるちょっとした破壊テクニックを紹介する。汚し表現と組み合わせて活用してみよう。

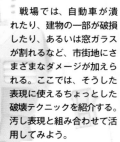

自動車をつぶす

自動車はペンチで握ってつぶす。ウォッシングで汚すほか、ラストオレンジを塗ってオイル漏れを施してもよい。

建物を破壊する

ニッパーで少し切れ込みを入れて、ペンチでねじるようにちぎる。破損箇所ごとで、ちぎり方に変化をつけよう。

ガラス窓（クリアパーツ）を割る

ニードルを当て、ニードルの柄の後ろを金づちで叩く。大小無数の穴をつけ、機銃掃射によるダメージ表現にする。

テクニック ダメージ表現③

ガレキの山をつくる

難易度	
かんたん	
ふつう	
むずかしい	

におい	
しない	
よわめ	
つよめ	

▶ 大小さまざまなガレキをつくって、街並みのあちこちに盛りつけると、荒廃した風景をつくることができる。

▶ ガレキは薄く固めた石膏を砕いてつくる。砕いたバークチップ（インテリアバークを砕いたもの）やクラッシャブルストーン、バラストなどを石膏に混ぜて固めることで、自然にランダムな形状に砕ける。

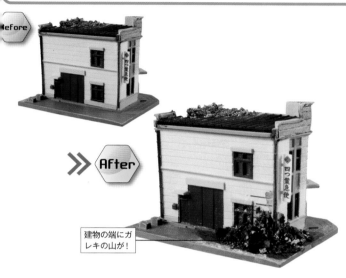

Before

After

建物の端にガレキの山が！

戦場となってしまった市街地には、あちこちにガレキの山ができます。戦闘が行われたあとなのに、街並みがきれいでは、むしろ不自然です。

そこで、**大小さまざまなガレキをつくって、街並みのあちこちに盛りつけていきましょう。** P.237～238の方法で壊した建物と組み合わせれば、戦闘によって荒廃した風景をつくることができるでしょう。

ガレキは固めた石膏を砕いてつくります。 ガレキのサイズや形がバラバラになるように工夫しましょう。

使用する道具

石膏

わりばし

・アルミホイル
・クラッシャブルストーン
・バラスト（粗目・細目）
・バークチップ（大・小）
・瞬間接着剤
・塗装セット
・紙コップ

石膏でガレキをつくる よわめ

ガレキは薄く固めた石膏を砕いて割れば、かんたんにつくることができる。バラストなどを石膏に混ぜることで、ランダムな形に砕ける。

1 混ぜるものを用意する

クラッシャブルストーン　バラスト（粗目）　バラスト（細目）

バークチップ（大）　バークチップ（小）

石膏に混ぜるものを用意。混ぜることで、砕いたときにランダムな形状になる。必ずしもこの通りでなくていい。

2 石膏と水も混ぜて型に流す

型全体に行き渡る程度で。薄くてOK。

石膏と水を所定の割合で溶き、1の材料も入れて、アルミホイルでつくった型（縦10×横20cm程度）に流す。

3 完全に乾燥させる

完全に乾燥するまで待つ。およそ3～4時間程度。

4 石膏をほどよいサイズに砕く

デザインナイフの柄などで砕いてもいい。

完全に固まったら、手で砕いていく。1でさまざまな材料を混ぜたことで、自然にランダムな形状に砕ける。

5 ベースに盛りつけていく

建物にも貼りつける。

瞬間接着剤を使って、砕いた石膏をベースに盛りつけていく。ここでは建物素材の土台部分に盛った。

6 塗装と汚しをして完成

建物部分まで塗料がついてもOK。

水性塗料のつや消しブラック（H12）とマホガニー（H84）を塗って、塗装＆汚し表現を施す。さらにバラストをまいてもいい。

『機動戦士Ζガンダム』第2話「旅立ち」より。モビルスーツが建物に激突すれば、建物は崩れ、ガレキが飛散するだろう。

テクニック **ダメージ表現④**

アスファルトの破壊表現をつくる

難易度
かんたん
ふつう
むずかしい

におい
しない
よわめ
つよめ

▶ アスファルトの道路は、コルクシートに情景テクスチャーペイント（タミヤ）の「路面 ライトグレイ」を塗る方法がおすすめ。塗るだけで路面の質感を手軽に表現できる。

▶ 亀裂などのダメージ表現は、コルクシートをちぎって再接着することで表現できる。

強烈な衝撃によりアスファルトがひび割れ、それが放射線状に広がった様子に！

HG ガンダムエアリアル

アスファルトの道路は、コルクシートに情景テクスチャーペイントの「路面 ライトグレイ」を塗る方法がおすすめです。**コルクの質感がそのままアスファルトの路面として活きてくるので、**塗るだけで手軽に舗装された道路をつくることができます。

さらにコルクシートはかんたんにちぎって再接着できるので、着弾などによる衝撃でひび割れた道路といったダメージ表現もつくれます。着弾点から放射線状に広がるひび割れをイメージし、工作していきましょう。

使用する道具

コルクシート

- 情景テクスチャーペイント（路面 ライトグレイ）
- 円形のスレート石板（ベース）
- ジェッソ
- 黒系の水性塗料
- 草素材（中央分離帯の植栽）
- 平筆（ジェッソ用、水性塗料用）
- カッターナイフ
- わりばし
- マスキングテープ
- 瞬間接着剤
- 油性マーカー
- グルーガン
- ゴム手袋

コルクシートで道路をつくる方法 `よわめ`

コルクシートに情景テキストチャーペイントの「路面 ライトグレイ」を塗ると、手軽にアスファルトらしい路面を表現できる。コルクシートは手でかんたんに割れる。

1 コルクシートを用意する

ベースは100円ショップなどで入手できるコルクシートを使う。アスファルトの破壊表現にうってつけの材料だ。

2 コルクシートを道路の色に塗る

水分が少なく塗りにくければ、タミヤのアクリル溶剤を少量加えよう。

情景テクスチャーペイントの「路面ライトグレイ」をコルクシートに出し、わりばしなどを使って塗り広げていく。

3 白線を引くため、マスキングをする

乾燥したら白線を引くため、マスキングテープを貼る。車線の数や幅など、どんな道路かを決めよう。

4 ジェッソで白線を引く

今回は1/144スケールで、片側4車線の道路にする。

ジェッソで白線部分を塗る。白色の塗料で塗ってもいいが、ジェッソのほうが色がシャープに出る。

5 マスキングテープを剝がす

中央分離帯に、P.225の方法で植栽を設けている。

ジェッソが乾燥したら、マスキングテープを剝がす。情景テクスチャーペイントはフラットに塗ることが大事だ。

プラスα はみ出しを確認して修正しよう

白線のはみ出しなどがあれば、情景テクスチャーペイントで修正する。多少の塗りムラなどは、むしろリアリティにつながる。

6 ベースを用意する

Slate PLATE

今回のベースは円形のスレート石板を使用する。着弾による衝撃波の広がりを、ベースの形からも強調する狙い。

7 ベースの形に合わせてマーキング

油性マーカー

工程5のコルクシートを裏返し、ベースに合わせてカットするラインをマーキングしていく。

POINT

コルクシートをちぎって再接着するテク！

コルクシートを使うメリットは、手指でかんたんにちぎって再接着ができること。この基本テクを身につけておこう。

1 コルクシートをちぎる

道路にできた亀裂を表現するため、手指で適当なサイズにちぎる。

2 断面を黒色に塗る

黒く塗り、亀裂の立体感を強調。

ちぎったコルクシートの断面を、つや消しの黒系塗料（水性）で塗る。

3 断面に瞬間接着剤を塗る

瞬間接着剤

ベース側のコルクシートの断面も黒色に塗り、乾燥したら瞬間接着剤を少量つける。

4 コルクシートを再接着する

ちぎったコルクシートの破片を接着する。少しだけ傾けると、亀裂が強調される。

---

8 マーキングに合わせてカットする

カットした端材

マーキングしたラインに合わせて、カッターナイフでコルクシートをカットした。端材も使うので、残しておく。

9 亀裂のラインをウラ面にマーキングする

着弾点から広がる衝撃で、どのように道路に亀裂が走るかをイメージし、コルクシートのウラ面にマーキング。

10 マーキングに合わせてカットする

マーキングに合わせてカットしていく。カッターナイフで切れ込みを入れ、手指でちぎるとリアルな切れ目になる。

11 断面を塗って再接着を繰り返す

上記POINTの方法で「カットして断面を塗り、接着」を繰り返す。このとき、全体がややボウル状になるイメージで。

---

12 ピースを確認しつつ作業を進める

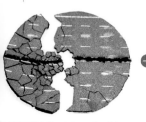

左側が作業を進めたもの。先に全部カットすると、カットしたピースがどこにつくのかわからなくなるので要注意。

13 亀裂の入った道路が完成

ちぎって再接着を繰り返して、ボウル状の「着弾による衝撃でひび割れた道路」が完成した。

14 グルーガンを使ってベースに接着する

グルーガン

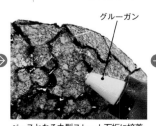

ベースとなる丸型スレート石板に接着。瞬間接着剤ではコルクシートが接着しにくいので、グルーガンが便利。

15 コルクシートをベースに接着した

ベースに接着した。コルクシートとベースの間が不自然にあいているが、ここは端材を使って埋めて演出する。

---

16 グルーガンを使って端材を接着

端材を適当なサイズに細切りにして、グルーガンを使って貼りつけていく。

17 端材を接着してスキマを埋めた

スキマを埋めるように、細切りにした端材を貼った。見えなくなる内部は空洞にすることで、端材を節約した。

18a ガンプラを設置して完成（横アングル）

ガンプラを固定して完成。道路が破壊されるほどの激戦の跡地に降り立つガンダムエアリアルという情景だ。

18b ガンプラを設置して完成（上アングル）

上から見た様子。円形のベースと相まって、ここに着弾し、その衝撃が放射線状に広がったのだと伝わる。

テクニック ダメージ表現⑤
市街地に破壊表現を施す

難易度

かんたん
ふつう
むずかしい

におい

しない
よわめ
つよめ

▶ 市街地が戦禍に遭えば、建物は壊れ、ガードレールや街路灯、自動車などは破壊され、人は消えて街はススまみれになる。

▶ どんな攻撃を受けてそうなったのかをしっかりと設定して、リアルな破壊表現を追求しよう。

P.234の市街地が戦禍に遭い、破壊された様子をつくりました。モビルスーツがボロボロになりながらも力強く踏み出して敵機にライフルを向ける、まさにその瞬間です。破壊された街並みと、「守ろう」「生きよう」とするモビルスーツの躍動感のコントラストが最大の演出ポイント。建物や自動車などを徹底的に破壊し、全体にスス汚れをつけていきます。どんな攻撃を受けたのか、戦闘のストーリーを考えてダメージや汚れをつけていきましょう。

機銃掃射で壊れた窓ガラス

敵機の機銃掃射でガラスが砕けた建物。ガラス部分はニードルの柄の後ろを金づちで叩いて割り、破片を建物の下にまいて接着した。

ひしゃげた街の象徴的な看板

ランドマークだったビルの看板をひしゃげさせて、戦闘の激しさを表現。紙製なので、破らずシワを寄せて表現した。

信号機が消えた街

電線が断線したのか、信号機が機能していない。こうしたディテールの積み重ねが、情景全体のリアリティにつながる。

なぎ倒された樹木

爆風によりなぎ倒された樹木。根元をあえて地面につなげたままにすることで、無理やりなぎ倒された生々しさを伝える。

自動車が潰れ、オイルが漏れ出す

自動車はペンチで潰し、オイル漏れはMr.ウェザリングカラー「ラストオレンジ」を希釈せず塗り、ティッシュで水分を吸い取って着色。

ひび割れ、隆起したアスファルト

着弾によってアスファルトがひび割れた様子を表現（やり方はP.240）。コルク製だから、迫力あるひび割れ表現を手軽につくれる。

P.239の手法でつくったガレキを各所に配置。全体を25倍程度で希釈したMr.ウェザリングカラー「グランドブラウン」でウォッシングし、スス汚れをつけた。

シールドを広げた姿勢で、パァン！と敵銃弾を弾いた動きを表現。シールドはリュータービットで傷をつけ、黒パステルを削った粉末やシルバーの塗料で汚した。

HGUC ジム・コマンド

テクニック

その他①
爆発エフェクトをつくる

難易度

かんたん
ふつう
むずかしい

におい

しない
よわめ
つよめ

▶ モビルスーツは敵のビーム攻撃やミサイル攻撃が直撃すると、大爆発を起こして大破する。そうしたシーンを表現する爆発エフェクトを盛り込めれば、「今まさに直撃を受けた!」という情景をつくることができる。

▶ 爆発エフェクトは、スチロール球とスチロール系接着剤を使ってつくることができる。

直撃によって大きな爆発が!

HGUC ジム

いくら頑丈なモビルスーツであっても、敵の攻撃が直撃すれば大爆発を起こします。そうした爆発エフェクトは、スチロール球で表現することができます。スチロール系接着剤を垂らすと溶けるスチロール球の性質を利用し、爆発エフェクトの形状をつくっていくのです。ただし、スチロール球はスチロール系接着剤を数滴垂らしただけで、どんどん溶けていくので、垂らしすぎに注意してください。使用する塗料を変えれば、同じやり方で小隕石をつくることもできます。

使用する道具

スチロール球

スチロール系接着剤（流し込みタイプ）

瞬間接着剤

・スポイト
・デザインナイフ
・塗装セット

スチロール球を溶かしてつくる つよめ

スチロール球は、スチロール系接着剤を垂らすことで溶ける。その性質を利用し、爆発の形状をつくっていく。

1 スチロール球に接着剤を垂らす

スポイト

スチロール球にスチロール系接着剤を垂らし、溶かしていく。スポイトを使うなどして、数滴ずつ垂らすこと。

2 溶かしたスチロール球

このくらいまで溶かして、大まかな形状をつくったらOK。あとの微調整はデザインナイフなどで行う。

NG 溶かしすぎないように注意!

スチロール系接着剤をちょっとつけただけで、スチロール球はどんどん溶けていく。溶かしすぎに注意しよう。

✗

3 ガンプラに当てて位置・角度を決める

まだ接着はしない。

実際にスチロール球をガンプラに当てて、ガンプラにつける位置や角度を決める。ポージングも考えておこう。

4 接着部が合うように調整する

スチロール球とガンプラの接合部が合うように、デザインナイフでスチロール球の接着部を削っていく。

5 ガンプラに合わせながら調整する

スチロール球を削ったらガンプラに再び合わせて、ぴたりと合うまで丁寧に削って調整する。

6 スチロール球を塗装する

サーモンピンク（H29）、オレンジ（H14）、イエロー（H4）、つや消しブラック（H12）、つや消しホワイト（H11）で。

ドライブラシ感覚で、スチロール球を筆塗りする。色合いは中心ほど濃く、外に広がるほど明るくなるように。

7 ガンプラとスチロール球を接着

つけすぎると球が溶けるので注意。

塗装が乾燥したら、ガンプラとスチロール球を接着する。瞬間接着剤を点づけする感覚で固定していく。

難易度

かんたん
ふつう
むずかしい

におい

しない
よわめ
つよめ

その他②
発射エフェクトをつくる

▶「今まさに砲弾やビームを放っている」という情景をつくるには、発射エフェクトが欠かせない。攻撃している武器が実弾兵器なのか、ビーム兵器なのかで盛り込むべきエフェクト表現が異なる。

▶ここでは①砲弾の発射エフェクト、②実弾武器からの発煙エフェクトの2つを紹介する。

ガンダム作品では、キャノン砲やマシンガンなどの実弾兵器、ビーム・ライフルなどのビーム兵器など、さまざまな武器が登場します。こうした武器を「今まさに放っている!」という情景をつくりたい場合、発射エフェクトが必須となります。

ここでは①砲弾の発射エフェクト、②武器からの発煙エフェクトの2つを紹介します。発泡スチロールや綿棒など、いずれも身近な素材からつくることができます。

砲弾の発射

ガンキャノンのトレードマークでもあるキャノン砲から砲弾を発射させた。自然な発射煙の形状がカッコいい!!

> 両肩の240mm
> キャノン砲から
> 勢いよく砲弾が
> 放たれた!!

HGUC 1/144 ガンキャノン

発射による発煙

ザク・マシンガンをぶっ放すシャア専用ザクⅡ。射撃の勢いで重心はやや後ろに傾き、マシンガンからは白い煙が!

射撃直後のザク・マシンガンから煙が立ちのぼる!

『機動戦士ガンダム』第1話「ガンダム大地に立つ!!」より。放たれたザク・マシンガンから煙が立ちのぼる。

HG シャア専用ザクⅡ（THE ORIGIN）

使用する道具

プラ棒

発泡スチロール

・デザインナイフ
・ニッパー
・プラ棒　・ピンバイス
・ピンセット　・瞬間接着剤
・ランナーの切れ端
・塗装セット

使用する道具

ヘアスプレー

綿棒

・瞬間接着剤
・紙やすり（240番）
・ピンセット

※つくり方は次のページ。

砲弾の発射エフェクトをつくる 〔よわめ〕

発泡スチロールを細かくちぎって煙部分をつくり、ランナーで砲弾をつくる。

1 発泡スチロールを小さくちぎる

発泡スチロールを指でちぎって、小さな球をたくさんつくっていく。大きさや形状が均一である必要はない。

2 小さな球をプラ棒につける

2～3cm程度の長さに切った1mm径のプラ棒に、ちぎった発泡スチロールの球を接着。プラ棒に瞬間接着剤をつけ、ピンセットで球を貼っていく。

3 ほどよく盛りつけたらOK

この写真くらい盛りつけたらOK。発泡スチロールは瞬間接着剤でも溶けるが、溶けることで個々の球がくっついて一体化し、ほどよい煙の形状になる。

4 ランナーを削って砲弾をつくる

砲弾はランナーからつくる。砲弾の形状になるよう、先端をデザインナイフで削っていく。鉛筆削りの要領だ。後ろ側はニッパーで切って平らにならす。

5 プラ棒に「ランナー砲弾」を接着する

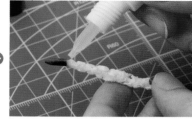

「ランナー砲弾」の後ろ側にφ1mmのピンバイスで穴をあけ、そこにプラ棒を挿して、瞬間接着剤で接着する。

6 煙部分をドライブラシで色づけする

つや消しブラック（H12）を3～4倍に希釈し、ドライブラシで煙部分に色をつけていく。うっすら色がつく程度でOK。

発煙エフェクトをつくる 〔よわめ〕

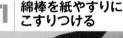

マシンガンなどを発射すれば、発煙が起こるはず。

1 綿棒を紙やすりにこすりつける

240番くらいの紙やすりに綿棒を軽くこすりつける。少し繊維がほどける程度で十分。

2 ピンセットで細い繊維を引き出す

ピンセットを使い、綿棒の先端から繊維を細く引き出す。この1本1本が煙になる。

3 ヘアスプレーで繊維を固める

繊維を引き出した部分にヘアスプレーをかけて、細い繊維を軽く固める。少し吹きかける程度でいい。

4 繊維をマシンガンにつける

綿棒から繊維を抜き取り、発煙エフェクトをつけたい箇所につけていく。瞬間接着剤の点づけで接着する。

ビーム・ライフルからビームが発射された！

ビームの発射

『機動戦士ガンダム』最終話の名シーン、いわゆるラストシューティングを再現した。エフェクトパーツをグラデーション塗装すれば、ビーム兵器の発射エフェクトもつくれる。

HGUC 1/144 RX-78-2 ガンダム

その他③
小隕石を浮かせる

難易度	
	かんたん
	ふつう
	むずかしい
におい	
	しない
	よわめ
	つよめ

▶ ミサイルによる噴煙エフェクトを応用し、小隕石を浮かせて見せる演出を紹介する。

▶ 演出上の最大ポイントは、いかに噴煙エフェクトなどをうまく使い、金属線など「見せたくないもの」を見せないようにして完成させるか、だ。

金属線などを見せずに、小隕石を浮かせる演出に！

同時に複数のミサイルが放たれた、その躍動感と迫力！

HGUC スタークジェガン

噴煙エフェクトのテクニックを応用すれば、宇宙空間に浮遊する小隕石を表現することができます。そもそも金属線や糸などを使えば、ジオラマ上に小隕石を浮かせることは可能です。しかし、実際の宇宙空間に金属線に支えられたり、糸でつられたりしている小隕石は存在しません。そこで、噴煙エフェクトを上手に使って、そのような「見せたくないもの」をまったく見せないようにして、小隕石を浮かせます。今回は多数のミサイルを同時に発射する、迫力満点の作品に仕上げました。

使用する道具

- アルミ針金（ここでは直径3mm）
- 発泡スチロール（灰色のブロック）
- 発泡スチロール球
- 5mmプラ棒（グレー）
- 真鍮線（ここでは直径2mm）
- ジェッソ
- つや消し黒色の塗料
- おろし金（粗め）
- ニッパー（プラ用／金属用）
- デザインナイフ
- ピンバイス（ここでは直径2mm）
- 平筆（ジェッソ用）
- 瞬間接着剤&硬化促進スプレー
- スチロール系接着剤
- クリアファイル
- ゴム手袋 ・スポイト

STEP 1 噴煙エフェクトをつくる

よわめ

ミサイルの噴煙エフェクトはアルミ針金を芯材に、細かくすりおろした発泡スチロールを瞬間接着剤で溶かしながらつける方法でつくる。手軽だが、効果は抜群だ。

1 アルミ針金を用意する

芯材となる直径3mmのアルミ針金を用意する。この針金に発砲スチロールを付着させていく。

2 アルミ針金で弾道を検討する

最終的にはミサイルの軌道をイメージして、アルミ針金を金属用ニッパーでカットし、ガンプラに合わせていく。

プラスα 今は取り外せるようにしておく

最終的にはミサイルポッドの射出口にアルミ針金を固定するが、現時点では取り外せるようにしておく。

3 灰色の発泡スチロールを用意する

塗装しないで済むよう、灰色のものを使う。

発泡スチロールは100円ショップなどで、写真のようなものを入手できる。梱包資材のものを使ってもOK。

4 発泡スチロールをすりおろす

発泡スチロールを、おろし金ですりおろす。おろし金は粗めのものがよい。

5 ほどよい大きさのかたまりにする

完全に粉末状にするのではなく、発泡スチロールのかたまりがある程度残るくらいがよい。

6 アルミ針金に瞬間接着剤を塗る

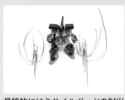

クリアファイル（下敷き）

芯材とするアルミ針金に瞬間接着剤を塗る。発泡スチロールが噴煙エフェクトとなるので、まんべんなく塗ろう。

7 アルミ針金に発泡スチロールをつける

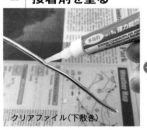

瞬間接着剤を塗ったアルミ針金を、すりおろした発泡スチロールの中に入れ、付着させる。

8 発泡スチロールをつけた

瞬間接着剤によって発泡スチロールが溶け、ほどよい噴煙エフェクトの質感に近づく。

9 甘いところに重ねづけする

溶けすぎてしまったところは瞬間接着剤を点づけして、発泡スチロールを重ねづけしていく。よく換気した部屋で行うこと。

10 硬化促進スプレーで固める

溶けすぎないように、すぐさま瞬間接着剤の硬化促進スプレーを吹きかけて固める。

プラスα 発泡スチロールは不安定な素材

発泡スチロールはとても不安定な素材で、すぐには接着できない。また、すぐに溶けることもあれば、しばらく溶けず、形状を保っていることもある。数日かけてよく観察しながら、作業を進めよう。なお、発泡スチロールをアルミ針金に付着させたら、決して触れないこと。溶けた発泡スチロールが指について糸を引き、扱いが大変になる。硬化促進スプレーを使うなどして、ある程度硬化されてから、重ねづけなどを行おう。

11 ミサイルをつくる

グレーの5mmプラ棒

付属のミサイル弾頭

ミサイルはキット付属のミサイル弾頭をニッパーなどで分割し、5mmプラ棒を接着してつくる。

12 ミサイルをつける

アルミ針金の先端に瞬間接着剤を点づけし、ミサイルを固定する。発泡スチロールの粉末で接合部を補強するとよい。

STEP 2 ガンプラをベースに固定する

ミサイルの発射エフェクトを際立たせるためのポージングやレイアウトを検討。今回は宇宙空間の情景なので、「浮遊感」も意識して検討していく。

1 ベースを用意してポージングを検討

P.203の手法でつくった小隕石（石膏）をベースにする。ガンプラのポージングやレイアウトを検討する。

プラスα ベースの重さも大事なポイント

今回は宇宙空間の情景なので、重心が偏った不安定なポージングにする。こうした場合、ベースが軽いと作品が倒れてしまうので注意しよう。今回の石膏の小隕石は、十分な重みがあるので問題ない。まるで機体そのものが浮いているかのように見せたいので、ベースとの接点はかかとの1箇所のみとし、浮遊感の演出を試みる。

2 固定位置をマーキングする

ここにかかとがつく。

ガンプラの固定位置が決まったら、デザインナイフでベースである石膏にマーキングする。

3 固定箇所に穴をあける

固定には直径2mmの真鍮線を使うので、同じ口径のピンバイスでかかとに穴をあける。

プラスα より高い安定性を出すには？

より高い安定性が求められる場合、足首だけでなく、すねから膝まで真鍮線を通すとよい。真鍮線に瞬間接着剤を塗り、差し込む。

4 ベースに穴をあけ、真鍮線で固定

ベース側にも同じ口径の穴をあけ、ガンプラの足につけた真鍮線を差し込む。足ウラに瞬間接着剤を塗っておこう。

5 噴煙エフェクトを固定する

弾頭パーツを外してできたミサイルポッドの穴に、噴煙エフェクトの針金を差し込んで、瞬間接着剤で固定した。

6 すべての噴煙エフェクトを固定した

すべての噴煙エフェクトをガンプラに接着。灰色の発泡スチロールを使うことで、塗装なしで自然な煙の色合いに。

STEP 3 小隕石を浮かせる つよめ

宇宙空間らしく、周囲に浮遊する小隕石も加えていく。ポイントはいかに金属線など、「見せたくないものを見せない」ようにレイアウトしていくか、だ。

1 発泡スチロール球を用意する

発泡スチロール球は100円ショップのものより、ホームセンターなどの工作材料のほうが密度が高く扱いやすい。

2 スチロール系接着剤で溶かす

発泡スチロール球にスチロール系接着剤（Mr.セメントSP）をスポイトで振りかけて、溶かしていく。

3 小隕石の形状が完成

発泡スチロール球が溶けて、ほどよく岩石のような形状になった。

4 黒色に塗る

溶けた発泡スチロール球に、ブラック（つや消し）の缶スプレーで塗装。模型用の水性塗料での筆塗りしてもOK。

5 ジェッソでドライブラシをかける

乾燥後、ジェッソ（→P.191）でドライブラシをかけ、凸凹感と陰影を強調する。

6 小隕石が完成

この方法で、いくつかの小隕石をつくった。溶けてあいた穴が、リアルな隕石らしくてよい。

7 小隕石の配置を検討する

小隕石の固定位置を検討。宇宙空間なので「浮いて見える」ことが大事。噴煙エフェクトをうまく使いたい。

プラスα ガンプラとの距離感が大事！

スマホカメラなどで覗きながら検討しよう。

浮いているように見せるコツは、ガンプラとの距離感。ガンプラにカメラのピントを合わせたら、小隕石が少しボケるくらいがベスト。

8 小隕石を固定する

小隕石の固定位置が決まったら、瞬間接着剤で固定する。同じ発泡スチロールなので、少量の点づけでOK。

9 噴煙エフェクトにドライブラシをかける

噴煙エフェクトにジェッソでドライブラシをかけ、噴煙の立体感を強調する。

噴煙エフェクトにつけることで金属線などを見せずに小隕石を浮かせることができた！

上から見た様子。小隕石の取りつけ位置は、作品を見せたい角度を決めてから調整するのもありだ。

10 完成

小隕石をつけて完成。噴煙エフェクトと接着することで、金属線など見せたくないものを見せずに情景を完結させられる。

『機動戦士ガンダムUC』episode7「虹の彼方に」より。スタークジェガンから無数のミサイルが放たれる！　こうした大迫力の「瞬間」を、ジオラマで切り取ってみよう。

ミサイルの弾道にあえてばらつきをもたせることで、迫力や躍動感をもたらすことができる。

ジェッソによるドライブラシの効果で、噴煙エフェクトの陰影が強調されている。

テクニック

その他④

建物に陰影をつける

難易度

かんたん
ふつう
むずかしい

におい

しない
よわめ
つよめ

▶ 陰影をつける塗装によって、まるである1点から太陽などの光が差しているかのような情景をつくることができる。塗装で光を表現するワンランク上のテクニックだ。

▶ ポイントはどの方向から光が差すのかを決めて、具体的にどのように光と影がつくか考えること。

建物コレクション 交差点の建物B

光が当たっているような陰影がついた！

モノは光が当たれば、影ができます。その光が強ければ強いほど、白と黒のコントラストがはっきりと出るでしょう。ジオラマに光によるコントラストをつけたいとき、実際にライトで照らす方法もありますが、塗装によって**あたかも1点から光が当たっているかのように見せる方法**もあります。ジオラマのどの方向から光（太陽）が当たっているかを考え、陰影をつける塗装を施すことで、**実際は見えない太陽の存在まで、見る人に伝えることができる**のです。

使用する道具

塗装セット

・建物素材
・パステル
・綿棒
・紙やすり（240番）

陰影をつける [コ/よ]

ポイントは、どう光が差すか具体的にイメージすること。LEDの光を当てるなど、実際の陰影のつき方を参考にしよう。

1 陰影をつける建物を用意

陰影をつける建物を用意する。ここでは、「建物コレクション 交差点の建物B」（トミーテック）を使用。どのように光が当たっている情景にするか考えよう。

2 つや消しブラックで影を吹く

ここでは、建物の角に光が当たっているイメージで。

光が当たっている方向を意識しながら、つや消しブラック（H12）を吹く。このブラックが影になるので、全体に薄く吹きかける。

3 ホワイトを吹き重ねて陰影をつける

乾燥後、つや消しホワイト（H11）を吹き重ねる。光が当たって白くなっているイメージで。イメージが湧かない場合は、LEDライトを当てて検討する。

4 全体をチェックする

建物の角（この写真で見た中央）に光が当たり、左右に広がっているイメージ。白と黒のコントラストが見事についた。

5 パステルで調整する

仕上げとして、パステルで汚す。紙やすり（240番）で黒、茶、こげ茶などのパステルを削り、影を強調したいところに綿棒で粉をこすりつけていく。

6 陰影のついた建物が完成

パステルによって濃淡の色合いがさらに深まった。これをジオラマ全体に施すと、光が差す方向まで見える情景となる。

テクニック

その他⑤

ベースを飾りつける

難易度

かんたん

ふつう

むずかしい

におい

しない

よわめ

つよめ

▶ ベースはジオラマの土台であるだけでなく、作品全体の印象に大きな影響を与える大事な要素だ。

▶ ベースとなる木材を塗ったり、バルサ材でつくる飾り木を貼ったりすることで飾りつけることができる。その作品で伝えたい印象やメッセージを考え、ベースからとことん演出していこう。

ベースの重厚感が作品全体の印象を引き締める！

HGUC 1/144 陸戦型ガンダム

ベースは作品の土台であり、全体の印象を大きく決定づける大切な存在です。ベースの木目がそのままだったり、スタイロフォームが剥き出しのままでは、未完成のように見えてしまうでしょう。そこでここでは、①**木製トレイを着彩する方法**、②**ベースの側面にバルサ材を貼って飾る方法**の2つを紹介します。ベースも含めて1つの作品として演出し、仕上げることで、作品のメッセージを強く伝えていきましょう。

使用する道具

〈方法①〉
・水性塗料（ここではバーントアンバー）
・ジェッソ
・平筆（ジェッソ用、水性塗料用）
・ゴム手袋

〈方法②〉 バルサ材
・水性塗料（ここではバーントアンバー）
・木工用ボンド ・カッターナイフ
・平筆（水性塗料用）
・ゴム手袋

方法① 木製トレイを着彩する方法 よわめ

木製トレイは水性塗料で着彩して仕上げることができる。作品全体のイメージに直結するので、色味をよく考えて決めよう。

1 木製トレイを着彩したい

木製トレイをベースにしたが、木目が剥き出しで格好よいとはいえない。着彩してベースも仕上げていこう。

2 ジェッソを塗って下地をつくる

まずはジェッソ（→P.191）を平筆で塗って木目を消していく。着彩の下地にもなるので、一石二鳥だ。

3 水性塗料を用意する

着彩には水性塗料のバーントアンバーを使用する。今回はファレホのモデルエアーのものを使う。

4 水性塗料を塗る

モデルエアーのバーントアンバーを希釈せずに、平筆で塗っていく。

5 水性塗料を塗り重ねる

塗り重ねると色調が重くなり、印象が変わってくる。今回はやや重厚感を出し、作品全体を引き締めていく。

6 完成

4つの側面をすべて塗り、乾燥させたら完成。木目の軽さが消え、情景とマッチした重厚感のあるベースになった。

プラスα ベースの色が作品のイメージを印象づける

ベースの色は、作品の印象を大きく左右する。たとえば、今回は地上戦なので、どっしり感と土色を連想させるバーントアンバーを選択した。一方、たとえば水色や黄色でベースを塗ると、全体の印象がポップになる。展示会などで注目は集めやすいが、作品としてはよくも悪くも軽い印象となるだろう。

無骨な陸戦型ガンダム、重心の低い姿勢、草木が茂る大地と、バーントアンバーのベースが見事にマッチ！

ちょっとした飾りつけの差で
見え方は大きく変わる!

　自分の部屋に飾って楽しむためであれば、どのようなベースでもよいのですが、コンテストや展示会などに出品したりする場合、ベースの演出まできちんとこだわる必要があります。ベースも作品のメッセージを伝える重要な要素の1つなので、ベースの仕上げや演出がイマイチの場合、コンテストなどでは加点されないのはもちろん、そもそも評価の土台にすら乗らないこともあります。

　コンテストなどへの出展を考えていなくても、作品としての完成度アップに直結する部分ですので、ぜひアイデアや工夫をこらして、ベースの演出・仕上げにまでこだわって楽しんでほしいと思います。

　ここでは、スタイロフォームの側面にバルサ材を貼って飾りつける方法を紹介します。バルサ材の貼り方で見え方がどう変わるのかも検証していきますので、参考にしてみてください。

方法② ベースの側面にバルサ材を貼る方法 【よわめ】

バルサ材は軽くて切削や塗装がしやすい木材なので、切って塗って貼ると、ベースを飾りつけるのにうってつけだ。

1 スタイロフォームでベースをつくる

P.202の方法で、スタイロフォームを用いてやや起伏のある地面を作成した。側面が剥き出しで、まだ未完成だ。

2 バルサ材を用意する

側面を飾りつけるためのバルサ材を用意する。作品によっては、ベニヤ板やプラ板なども飾りつけに使える。

3 バルサ材を切る

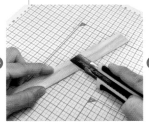

ベースの寸法を測り、それに合わせてバルサ材をカットする。カッターナイフなどでかんたんに切削できる。

4 バルサ材を塗る

バルサ材を水性塗料のバーントアンバーで、希釈せずに筆塗りする。ジェッソは塗らない。

5 バルサ材を貼る

木工用ボンドを使って、着彩したバルサ材をスタイロフォームの側面に貼っていく。

POINT　2つのパターンで見え方の違いを検証する

　下に飾り木を浅くしたもの(バルサ材1段)、深くしたもの(バルサ材2段)の2枚の写真を並べた。

　浅いパターンは大地の迫力のほうが強く伝わり、よりダイナミックな印象を与えることができる。ベースの範囲を超えて世界が広がっていくような、ジオラマ的なアプローチといえる。

　一方、深いパターンは、飾り木が「作品世界の境界線」を演出し、箱庭的な印象となる。ジオラマの1シーンを切り取るヴィネット的なアプローチともいえる。

　作品として演出したい方向性、伝えたいメッセージに合わせて飾り木をアレンジしていこう。

浅いパターン

バルサ材を1段貼ったパターン。大地の迫力が強く印象づけられ、ジオラマの外側まで「世界の広がり」を感じさせる。

大地の迫力が強調され、世界の広がりを感じさせるジオラマ的演出に。

深いパターン

バルサ材を2段貼ったパターン。飾り木の存在感が強く、「境界線」のある箱庭的な印象となる。

飾り木が作品の境界線のように機能し、ヴィネット的な印象となる。

おさらい
基本テクニック

▶ ガンプラづくりの基本テクニックを紹介。改造・ディテールアップやジオラマづくりに必要になるものもあるので、しっかりとおさらいしておこう。

登場する道具

- ●カッティングマット
- ■ニッパー
- ●デザインナイフ
- ●紙やすり
- ●棒やすり
- ●コンパウンド
- ●スチロール系接着剤
- ●瞬間接着剤
- ●ラッカーパテ
- ●ティッシュ
- ●ガンダムマーカー類
- ●スミ入れペン
- ●塗料と溶剤
- ■筆
- ●ブラシエイド
- ●エアブラシ
- ●塗料皿
- ●調色スティック
- ●塗装用クリップ
- ●コート剤
- ●リアルタッチマーカー
- ●ウェザリングマスター
- ●ウェザリングスティック
- ●Mr.ウェザリングカラー
- ●パステル
- ●コテライザー
- ●ホットナイフ
- ●ピンバイス
- ●線香
- ●綿棒
- ●リューター
- ●プラのこ

▼ 組み立てのテクニック
パーツの切り離しから組み立ての基本テクニック。

1 パーツの切り離しは二度切りで

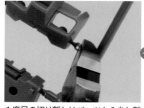

1度目の切り離しはパーツから少し離れたところで。パーツを傷めにくい。

2度目はギリギリでカット。ゲート跡が白化しないように注意。

2 ゲート処理は紙やすりかデザインナイフで

ニッパーで切り取って残ったゲート跡は、紙やすりできれいに削る。

大きく残っている場合は、デザインナイフで落としてもいい。

3 組み立てはポリキャップに注意して丁寧に

説明書の順序を守って、丁寧に組み立てる。パーツの向きや左右に注意。

ポリキャップはつぶれやすいので、無理な圧力がかからないように注意。

+α 塗装や改造のときはダボ穴の処理をしておく

ダボ穴の処理をしておくことで、パーツを取り外しやすくなる。

凸型のダボをニッパーなどで短めにカットしておく。

ダボ穴はデザインナイフを入れて回し、穴を広げる。

▼ 合わせ目消しのテクニック
パーツの合わせ目を消すテクニック。

1 接着はスチロール系接着剤で行う

ハケで内側から外側へ塗る。両方のパーツに二度塗りするのがコツ。

パーツを合わせて密着させる。溶けたプラがムニュッと出るくらいがいい。

+α 大きなスキマはパテ

接着剤だけでスキマが埋められないときはパテを使って埋めよう。

+α 時短なら瞬間接着剤

時短をしたい場合は、瞬間接着剤を使う方法もある。仕上げ方は同じ。

2 まずは棒やすりで削り、紙やすりで磨く

2～3日乾燥させて完全硬化してから棒やすりをかけて、はみ出しを削る。

次に紙やすりでなめらかにする。400番から1200番まで順に磨いていく。

3 合わせ目がわからなくなればOK

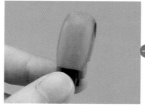

やすりがけでできたキズがないかチェック。塗装する場合はこのまま。

+α 塗装しなければコンパウンド

コンパウンド

布

塗装しないで完成させる場合は、紙やすりのあとでコンパウンドをかける。

1 キットを分解し、パーツを洗浄する

皮脂やホコリを落とすことで、塗料がのりやすくなる。

仮組みしたキットを分解し、パーツや部位ごとに小分けにする。

2 サーフェイサーで下地塗装を行う
塗料の食いつきをよくするために下地をつくる。

塗装用クリップ

サーフェイサー

塗装するパーツを塗装用クリップなどに固定。

サーフェイサーを吹きつけて下地を整える。

全体に均一に吹きつけたら乾燥させる。

3 使用する塗料・溶剤とパーツを用意する

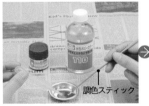 

調色スティック

乾燥台

使用する塗料と対応した溶剤を用意して希釈する。水性塗料は水でもOK。

下地塗装をしたパーツを用意。必要に応じてマスキングしておく。

4 エアブラシ塗装はフチから吹く

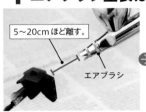

5～20cmほど離す。

エアブラシ

エアブラシ塗装の場合は、フチから吹いていく。2回目は中央へと吹く。

一度に吹かず、乾燥させながら、3回ほどに分けて吹くこと。

+α 缶スプレーでもOK

15～20cmほど離す。

色数は限られるが、缶スプレーで手軽に塗装できる。数回に分けるのがコツ。

+α 筆は縦横に重ね塗る

筆塗りの場合は、縦に塗って乾かしてから横に塗る。ムラがなくなればOK。

1 仕上げに細部を塗装する

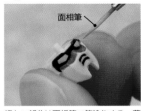 

面相筆

ガンダムマーカー（塗装用）

細かい部分は面相筆で筆塗りする。薄い色から順に塗っていく。

ちょっとした塗装なら、ガンダムマーカーでOK。

2 スミ入れをする（スミ入れペン）

スミ入れペン（シャープペン）

スミ入れペン（流し込みタイプ）

スミ入れペン（シャープペン）でモールドをなぞる。はみ出したら消しゴムで。

流し込みタイプは押し当てれば、モールドをつたってスミ入れができる。

+α 拭き取りタイプでスミ入れをする

スミ入れペン（拭き取りタイプ）

拭き取りタイプの「スミ入れふでペン」は、ガシガシ塗ってから、綿棒やティッシュで拭き取るもの。隙間のスミがちょうどよく残ってくれる。

3 組み立てて、コート剤で仕上げる

15～20cmほど離す。

コート剤

部位単位に分けて、コート剤を吹く。回転させながら吹いていく。

塗装しないで簡単に仕上げたい場合は、全身を組み立ててからでもよい。

+α 塗装道具の片付けは念入りに

エアブラシの塗料カップ

ブラシエイド

エアブラシに残った塗料は、溶剤を入れて「うがい」をさせて洗浄する。

溶剤で洗うだけでは取れない筆などの汚れは、ブラシエイドできれいになる。

装甲の汚れ

リアルタッチマーカーを全体に塗り、ティッシュや綿棒で拭き取る。

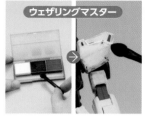

ウェザリングマスターのススをエッジの中心につけていく。綿棒で調整。

塗装のはげ

ウェザリングマスターのシルバーをエッジの中心にこすりつける。

エッジにつけていく。

筆でエナメル塗料を薄めずに塗る。ダークグレー、ブラックを重ねて調整。

エナメル塗料

赤サビ

リアルタッチマーカーのブラウンで点を打ち、ぼかしペンと指でにじませる。

リアルタッチマーカー

バーニア汚れ

ウェザリングマスターで赤焼けと青焼けを施す。本体側にもスス汚れを。

ウェザリングマスターのスポンジ

砂汚れ

ウェザリングマスターのサンドをハケでつける。ライトサンドなども重ねる。

ウェザリングマスターのハケ

泥汚れ

スミ入れ塗料を足全体に塗り、ティッシュで拭き取ったあと、ウェザリングスティックのマッド、アースを塗る。

スミ入れ塗料　ウェザリングスティック

水あか

2色のMr.ウェザリングカラーを混ぜる。

綿棒

Mr.ウェザリングカラーのマルチホワイトとマルチグレーを混ぜて、平筆で上から下に流れるようにバシャバシャと塗る。乾く前に綿棒で拭き取る。

すり傷をつける

三層塗装

ラッカー塗料でシルバー、レッドブラウン(防サビ剤)、ボディ色の順に塗装。乾燥してから紙やすりでこすって、ダメージで下地が露出した状態を表現する。

デブリ衝突の凹みをつける

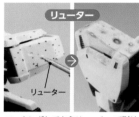

リューター

マーキングしてからリューターで削り、ウェザリングマスターでスス汚れを。

コテライザー

コテライザーのブロアーを近づけて熱で凹ませる。メリハリを意識する。

ダメージ痕をつける

ホットナイフ

ホットナイフで傷痕をつける。少し荒らすのがコツ。エナメル塗料で仕上げ。

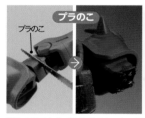

プラのこ

組み立ててからプラのこでカット。切り口にジャンクパーツを詰めて塗装。

弾痕をつける

ピンバイス

ピンバイスで銃口サイズの穴をあけ、デザインナイフで荒らす。仕上げに塗装。

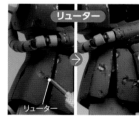

リューター

リューターで弾痕をつける。かすったような傷跡も可能。塗装して仕上げる。

ビーム痕をつける

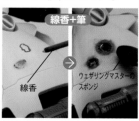

線香+筆

線香　ウェザリングマスターのスポンジ

線香で凹ませ、周辺をパテで成型。塗装とウェザリングマスターで仕上げ。

ホットナイフ+ディテールアップ

ホットナイフ

ビームで爆破。ホットナイフで装甲をカット。周囲を整え、内部構造を再現。

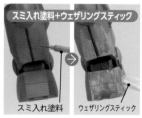

索引

●監修者紹介

『G作戦』
小西 和行 (こにし かずゆき)

東京都世田谷区生まれ。日本映画学校（現・日本映画大学）卒業。『機動戦士ガンダム』ブームの中で、小中学生時代を過ごす。その後、一時期ガンプラから離れていたが、1995年のMG（マスターグレード）シリーズ発売後からガンプラ製作に復帰。2000年に趣味がこうじてガンプラを中心としたガンダムグッズ専門SHOP『G作戦』（http://www.g-sakusen.com/）をオープン。イベントにて模型教室の開催、若手モデラーの育成、模型の楽しみを伝える活動を精力的に行う。監修書に『やりたいことから引ける！ガンプラテクニックバイブル』（成美堂出版）

瀬川 たかし (せがわ たかし)

「ものづくりの楽しみと可能性を伝える」をテーマに株式会社セガワモデリングを設立。日本を中心に世界各国で350回以上のジオラマワークショップを開催し、延べ14,000人以上が参加している。スクウェア・エニックスの「スクエニ模型店！」をはじめ、モデリングコンテンツへの出演、模型専門誌へのジオラマ作例掲載は多数。現在は国内外企業からのオファーによる模型・ジオラマ製作など、幅広く活動している。著書に『やりたいことから引ける！ジオラマテクニックバイブル』（成美堂出版）。

●監修協力

シゲヤマ☆ジャクソン (しげやま じゃくそん)

1972年、青森市安方出身。小中学生時代、ガンプラにのめり込むが高校でやめ、2012年頃から本格的に復帰。小西和行氏とめぐり逢い、氏の運営する『G作戦』で製作代行やガレージキットの原型製作などを手がける。前書では、ジョニー・ライデンの組み立て・塗装作例で参加。尊敬する人物は、高見沢俊彦氏である。

担当作品はP.41のZガンダム（航空機風DU）、P.43のブグ（メタル化DU）、P.45のガンダムMk-Ⅱ（シャープ化）、P.49のシャア専用ザクⅡ（コミック風）、P.57のジム・スナイパーカスタム、P.129のガンキャノン（頭部）、P.157のガンダム（メカニックモデル風）。

●製作協力

森 浩一郎 [P.118のジム・キャノン、P.172のグレイズリッター（マクギリス機）]
優 [P.23のνガンダム（はじめてのDU）、P.25のνガンダム（ステップアップDU）、P.27のνガンダム（とことんDU）]
YU-GO [P.29のνガンダム（福岡立像）、P.128のガンダム（頭部）、P.129のグフ（頭部）]
加藤優介 [P.31のνガンダム（完全武装）、P.129のゲルググ（頭部）]
泰勇気 [P.61の陸戦型νガンダム]
藤川まさみ [P.159のエアリアル（パーメット6風LED）]

※本書は、2018年に発行された『やりたいことから引ける! ガンプラテクニックバイブル 改造・ジオラマ編』の改訂版です。進化し続けるガンプラと、模型ツールの動向を踏まえた項目の見直しや、読みやすさの向上を行っております。

●STAFF

本文デザイン ── 小山 巧／齋藤 清史
（志岐デザイン事務所）
撮影 ──────── 嶋田 圭一
撮影協力 ───── 戸ヶ崎 葎／田嶌 友里香
イラスト ───── 駒見 龍也
執筆協力 ───── ブッケン（bookend）
編集協力 ───── パケット（阿曽 淳史）
企画・編集 ─── 成美堂出版編集部（原田 洋介、芳賀 篤史）

●SPECIAL THANKS

株式会社バンダイナムコフィルムワークス
株式会社BANDAI SPIRITS ホビー事業部

協力（50音順）

オルファ株式会社	株式会社GSIクレオス	株式会社ハセガワ
ガイアノーツ株式会社	株式会社スジボリ堂	リキテックス／バニーコルアート株式会社
株式会社アイガーツール	株式会社タミヤ	株式会社ファンテック
株式会社ウェーブ	株式会社津川洋行	株式会社ミネシマ
株式会社カトー	株式会社トミーテック	ゴッドハンド株式会社
株式会社グリーンマックス	株式会社ハイキューパーツ	モーリン株式会社

やりたいことから引ける! ガンプラテクニックバイブル 改造・ジオラマ編 Ver.2.0

2024年1月1日発行

監　修　『G作戦』小西和行　瀬川たかし
発行者　深見公子
発行所　成美堂出版
　　　　〒162-8445　東京都新宿区新小川町1-7
　　　　電話(03)5206-8151 FAX(03)5206-8159
印　刷　TOPPAN株式会社

©SEIBIDO SHUPPAN 2024　PRINTED IN JAPAN
©創通・サンライズ
ISBN978-4-415-33361-8
落丁・乱丁などの不良本はお取り替えします
定価はカバーに表示してあります